2014年卷

中国比较法学
法律全球化：中国与世界

THE CHINESE JOURNAL OF COMPARATIVE LAW

主　　编◎高鸿钧
执行主编◎王志华　于　明

中国政法大学出版社
2015·北京

声　明　　1. 版权所有，侵权必究。

　　　　　2. 如有缺页、倒装问题，由出版社负责退换。

图书在版编目（CIP）数据

中国比较法学. 法律全球化：中国与世界：2014年卷/高鸿钧主编. —北京：中国政法大学出版社，2015.9
ISBN 978-7-5620-6184-7

Ⅰ.①中… Ⅱ.①高… Ⅲ.①比较法－中国－文集 Ⅳ.①D920.0-53

中国版本图书馆CIP数据核字(2015)第198046号

出　版　者	中国政法大学出版社
地　　　址	北京市海淀区西土城路25号
邮寄地址	北京100088 信箱8034分箱　邮编100088
网　　　址	http://www.cuplpress.com（网络实名：中国政法大学出版社）
电　　　话	010-58908524（编辑部）58908334（邮购部）
承　　　印	固安华明印业有限公司
开　　　本	720mm×960mm　1/16
印　　　张	21.25
字　　　数	340千字
版　　　次	2015年9月第1版
印　　　次	2015年9月第1次印刷
定　　　价	55.00元

卷首语

孟德斯鸠的《论法的精神》，视野极广，材料颇丰，但他的社会学分析却夹杂着许多道听途说，几乎成为分析社会学。梅因的《古代法》研究，言必有据，论则精炼，然他的历史学法，不过是西方和印度法的法学历史。今天，有关古代各国法制的研究，显然更加深入和广泛，对当代世界法律的了解，也更加准确和及时。

在社会现代化过程中，西欧首先以民族国家模式，取代了传统的帝国和邦国。由此，帝国或邦国之法，也被民族国家之法所取代。这种法律以主权为"主机"，以理性为源代码，以"民意"为动力，形成了覆盖国家领土的"法网"。由此，国家法是唯一法律。国家之外的国际法，不过是国家法的延伸；而国家之内的习惯法，至多只有"替补队员"的位置。

然而，在20世纪的最后几十年，伴随着经济全球化，法律也出现了全球化趋势。由此，民族国家时代的法律范式受到了严峻挑战。在国家之上，全球化和跨国法势头强劲：国际人权法日渐蚕食国家法的主权，欧盟法等跨国法公开鲸吞国家的领土，而候鸟般四处游走的新商人法，则试图超越国家主权和领土的双重禁锢。在国家之下，各种地方法和非官方法律文化开始登录全球网络，公开反对"妾身未明"的地位，挑战国家法的霸权。于是，在当代世界，全球法、国家法和地方法同时共存，它们既彼此竞争又相互补充。

对于上述三种法律，我们不应作出孰优孰劣的简单判断。仅就全球法而言，它既有反霸权主义之法，也有霸权主义之法；既有保护公民权利之法，也有侵害公民权利之法。中国已经被卷入全球化过程，其法学理论和法治实践，也已深受法律全球化的影响。因此，从比较法的角度，深入研究法律全球化的趋势，揭示法律全球化的复杂原因，分析全球法、国家法和地方法的关系，不仅有助于改进中国的比较法学和一般法学理论，而且有助于推进中国法治实践的发展。

为此，中国法学研究，很久以前就开始关注法律全球化问题。2014年11月22~23日在上海召开的比较法学年会，议题即"法律全球化：中国与世界"。本次年会共有一百五十多位专家学者与会，提交论文六十余篇，从一般理论、司法、公法和私法等维度，对法律全球化问题进行了深入和广泛的讨论。这次会议推进了国内对于法律全球化问题的研究。本辑文章主要选自这次年会参加者所提交的论文。

本次年会由华东政法大学外国法与比较法研究院承办，上海市法学会外国法与比较法研究会协办。在这次年会的举办过程中，华东政法大学校长何勤华教授给予了鼎力支持；比较法研究会常务副会长李秀清教授，作为承办本次会议的东道主，带领她的团队，默默工作，无私奉献。没有他们的努力，就不会有这次年会的成功举办。在此，我代表比较法学研究会诚致谢忱。与此同时，本辑的编辑和出版，全由本研究会秘书长王志华教授主持，由副秘书长于明博士予以协助；其中辛苦，自不待言。

自比较法学研究会成立以来，在前辈学者沈宗灵、江平和刘兆兴教授的领导下，中国的比较法学得到了飞速发展，许多比较法学新秀脱颖而出，大批比较法学著作相继涌现，各种比较法学活动越来越多。对于中国比较法学界"三代领导人"的重大贡献，我们深表敬意和谢意。但与此同时，我们也感到一种巨大的责任和压力。显然，我们必须努力工作，把前辈学者所开创和发展的中国比较法事业不断推向前进，为中国法学和法学发展作出应有的贡献。

作为研究会年刊的《中国比较法学》是《比较法在中国》的延续，一如既往地秉承自由之意志、独立之精神，不仅选登每届年会论文，而且已成为中国比较法学的重要园地。

高鸿钧
2015 年 5 月 10 日

目 录

高鸿钧	卷首语	1

法律全球化专题

高鸿钧	法律全球化的理论与实践：挑战与机会	3
郭道晖	法治中国在法治世界中的角色	20
倪正茂	法律世界化：比较法学研究的逻辑皈依	26
鲁　楠	全球化时代比较法的优势与缺陷	38
泮伟江	法律全球化的政治效应：国际关系的法律化	67
陆宇峰	宪法新进展：全球社会宪法的形成与碰撞	82
张文龙	全球恐怖主义：幽灵、正义与寓言 ——"9·11"事件的断想	94
刘双舟	法律市场的全球化及其影响	103
李求轶	日本比较法学的实验场 ——法律全球化视野下的法整备支援	108

比较法理论与比较司法制度

李晓辉	比较法研究中的世界法律地图	123
杨静哲	"法律多元"的诞生及其制度背景	131
王志华	苏维埃国家与法理论的历史演变	153
种 林	最高法院司法解释：中法比较研究	174
陈 刚	摇摆中的"司法"及其伦理危机	188
韦华腾 张 元	广东与美国各州民间保安体制之比较	201

比较公法与比较私法

杨 平	美国、法国和中国的违宪审查模式中政治理念的比较	229
罗智敏	意大利公共参与的经验与启示	238
上官丕亮	废除死刑的全球化与中国死刑罪名立法的宪法控制	254
张 彤	两岸四地私法冲突与协调的路径	275
王春梅	归入与裂变：中国民事主体制度法律移植的路径转向	291
何 隽	迈向卫生公平：WTO中的药品知识产权	306
于 明	全球化时代的比较法学——中国法学会比较法学研究会2014年年会综述	320

附录：中国法学会比较法学研究会负责人及常务理事名单 …… 332

法律全球化专题

法律全球化的理论与实践：
挑战与机会[*]

高鸿钧^{**}

伴随着经济全球化，法律出现了全球化的趋势。法律全球化对民族国家时代的法律构成了挑战。本文尝试回顾法律全球化的过程，考察法律全球化的主要表现，分析法律全球化的主要理论范式，进而提出中国应对法律全球化的建议。

一、法律全球化：简短的回顾

众所周知，至少自20世纪晚期开始，世界各国尽管历史、文化和社会制度多种多样，但越来越多的国家都选择了法治之路。法治意味着经济管理、政治运行和社会生活都依循法律规则，而这种世界范围的社会治理法治化的趋势导致了"全球法律化"。与此同时，法律开始跨越主权国家的疆界，在跨国和全球范围"游走"，从而导致了"法律全球化"。简言之，全球法律化意指不同社会走向法律之治，暗含着人类社会治理模式演化的时间之矢，即法治文明取代其他文明；而法律全球化则意指某些地域性或行业性法律走向不同社会，标示出法律扩散的空间之力，即跨国法和全球法日益扩展。没有全球法律化的背景，法律全球化的影响远不会如此深远；没有法律全球化的影响，全球法律化只会停留在不同的地域层面。

然而，法律全球化趋势是历史的宿命，还是虚假的必然？是法治地球

---

* 本文原发表于《求是学刊》2014年第3期。
** 清华大学法学院教授。

村的昭示，还是神话乌托邦的幻觉？是众生平等的未来福音，还是弱肉强食的现实梦魇？凡此种种，见仁见智，论说纷纭。

广义的全球化可以追溯到哥伦布发现新大陆的时代。自此之后，"全球"才真正进入人类的视野，而同时西方列强也开始把自己的势力扩展到全球范围。

从时间之维考察，全球化与现代化并驾齐驱。从传统社会向现代社会的转型源于西方。这种转型始于文艺复兴，途经宗教改革与启蒙运动，定型于民主宪政体制的确立。传统的特权身份制社会转向现代社会的主要标志是：以法律上人人平等的权利结构，取代了不平等的等级权力结构；以个人自治为基础的契约关系，取代了传统的人身依附关系；以效率导向的形式合理性价值追求，取代了非理性或实质合理性的价值追求；以非人格化的科层制管理，取代了传统社会人格化的个案裁量；以外求的旨在满足感官欲望的世俗追求，取代了内信的、以获得心灵安宁为依归的性灵追求；以相互冲突的多元文化，取代了整齐划一的宗教意识形态。[1] 西方的现代化过程，也是其以帝国和城邦国家为主要政体的传统秩序解体的过程，取而代之的是自1648年《威斯特伐利亚和约》所建立的民族国家体系及以此为基础的国际秩序。这种民族国家和国际秩序并没有缓解而是激化了西方各国之间的冲突和争斗。[2] 它们还把冲突和争斗的范围扩大到非西方地区。在西方列强的干预和影响之下，非西方世界的大部分国家或地区也相继被卷入这种现代化历程，并以西方民族国家的模式取代了传统的政治和社会秩序。因此，世界范围的现代化也"在经历着全球化的过程"[3]。

西方社会的现代化与其资本主义的产生和发展相耦合。马克思和恩格斯在1848年的《共产党宣言》中就断定，资本会无限扩张、跨越国家疆界，因为"不断扩大产品销路的需要，驱使资产阶级奔走于全球各地"，而世界市场的开拓，"使一切国家的生产和消费都成了世界性的"，由此，"民

---

〔1〕 高鸿钧：《现代法治的出路》，清华大学出版社2003年版，第246~247页。

〔2〕 根据蒂利的统计，欧洲国家自16~19世纪一直深陷战争之中，20世纪虽然频率有所下降，但两次世界大战在规模和影响范围上远远大于以前的战争。参见[美]查尔斯·蒂利：《强制、资本和欧洲国家（公元990-1992年）》，魏洪钟译，上海世纪出版集团2007年版，第80~81页。鉴于民族国家之间的政治分立、恶性竞争和频繁战乱，早在18世纪末，康德就冀望通过"自由国家的联盟"打破民族国家壁垒，结束世界的"自然状态"，实现"永久和平"。参见[德]伊曼努尔·康德：《永久和平论》，何兆武译，上海世纪出版集团2005年版，第13~41页。

〔3〕 [英]安东尼·吉登斯：《现代性的后果》，田禾译，译林出版社2000年版，第56页。

族的片面性和局限性日益成为不可能"。[4] 伴随着资本主义生产方式的世界性传播，此前分散的社会和独立的民族国家，逐渐被卷入美国学者沃勒斯坦所称的"现代世界体系"[5]。

凡此种种，都可以看作是全球化的早期预言。实际上，直到20世纪的最后10年，全球化才在某种程度上成为现实。首先是科学技术和经济的全球化，随之而来的是法律的全球化。法律的全球化是指法律开始跨越国家的疆界，在世界范围传播、流动。作为全球化的重要组成部分，法律全球化与科技和经济的全球化并驾齐驱。

二、法律全球化的主要理论范式

在当代世界，关于法律全球化的著述很多，理论也丰富多彩。相比之下，葡萄牙学者桑托斯和美国学者邓肯·肯尼迪的法律全球化理论，较为系统且影响很大。此外，美国学者沃勒斯坦的"现代世界体系"理论虽然并不直接论及法律全球化，而主要涉及经济全球化的格局及其后果，但对思考法律全球化也具有重要的理论意义，因而被研究法律全球化的学者所广泛引用。以下我们分别讨论这三种理论。

首先，根据葡萄牙学者桑托斯的分析，当代法律全球化有四种路径：一是全球化的地方主义（globalized localism）；二是地方化的全球主义（localized globalism）；三是世界主义（cosmopolitanism）；四是人类共同遗产（common heritage of humankind）的保护。从目前的情势看，前两种进路是主要路径，后两种进路是次要路径；前两种进路是霸权主义的全球化，后两种进路是反霸权主义的全球化。[6]

桑托斯认为，国家法与国际法的二元划分，是对真实"世界地图"的扭曲。当代世界存在三重主要的法律空间，即地方法、国家法和全球化法。不幸的是，国家法被视为现代社会唯一之法，而国际法不过是国家法在领土以外的延伸。针对晚近全球法的发展，桑托斯指出了七种主要类型，并分析了它们的特征。它们是：①民族国家治理的全球化法；②以欧盟法为典型的跨国法；③伴随资本全球化和跨国公司而形成的新商人法；④由于

---

[4]《马克思恩格斯选集》第1卷，人民出版社1974年版，第254~255页。
[5]［美］伊曼纽尔·沃勒斯坦：《现代世界体系》第1卷，罗荣渠等译，高等教育出版社1998年版，第97~99页、第194页、第461~464页。
[6]［葡］博温托·迪·苏萨·桑托斯：《迈向新法律常识——法律、全球化和解放》（第2版），刘坤轮、叶传星译，中国人民大学出版社2009年版，第220~225页。

移民全球化而产生的移民法；⑤经历殖民统治历史的原住民法；⑥以国际人权等为核心内容的次级世界主义（subaltern cosmopolitanism）之法；⑦全球公域中生长出的保护人类共同遗产的人类法。在他看来，上述七种全球法中，判断其属于霸权主义的全球法还是反霸权主义的全球法，关键取决于两个因素：一是看它们的形成是自上而下还是自下而上；二是看它们所代表的利益是核心国家还是边缘国家，是压迫者和排斥者还是被压迫者和被排斥者，是局部统治集团还是全人类[7]。

桑托斯对于当代法律全球化的考察和分析，全面、系统、敏锐并富有洞见。反霸权主义的立场，维护世界弱者权益的情怀，以及追求解放的世界主义精神，贯穿他的字里行间。但是，桑托斯的理论存在明显的缺陷。其一，他把自上而下的法律全球化等同于霸权主义的法律全球化，把自下而上的法律全球化等同于反霸权主义的法律全球化，这种划分显然过于简单。实际上，自上而下的法律全球化包含着国际人权和民主与法治的全球化，而自下而上的法律全球化也包含着许多反理性宗教或社会习俗的全球扩散。其二，桑托斯把边缘力量和民间法律作为全球的解放动力，而低估了它们对于现代民主和法治的破坏性。因此，他的主张失之偏颇。同时，他的关于共同体美德的共和主义追求、法律政治化的主张、偏爱非正式法制的情怀，尤其是对"爱心法庭"和"啤酒法官"[8]的向往，就显得过于理想化。其三，桑托斯所主张的对抗性后现代主义，其核心在于用多元对抗一元，用边缘对抗中心，用抗争对抗压迫，用民主对抗市场，用经验常识对抗意识形态，用反霸权对抗霸权，用世界主义对抗帝国主义。就这些主张而言，他显然过分看重全球化过程中对抗的作用，而忽视了沟通、对话与协调的内在机制。他把民主与市场对立起来，显然忽略了两者之间的互惠关系。

其次，美国学者邓肯·肯尼迪从西方法律和法律思想的内在发展过程出发，系统考察了1850~2000年间西方法律范式的转变。他把这段历史分为三个阶段：1850~1914年间古典法律思想支配阶段；1900~1968年间社

---

[7] [葡]博温托·迪·苏萨·桑托斯：《迈向新法律常识——法律、全球化和解放》（第2版），刘坤轮、叶传星译，中国人民大学出版社2009年版，第240~385页。

[8] [葡]博温托·迪·苏萨·桑托斯：《迈向新法律常识——法律、全球化和解放》（第2版），刘坤轮、叶传星译，中国人民大学出版社2009年版，第123页。

会法学思想得势阶段；1945～2000年间政策分析进路与公法新自由主义并存阶段。显然，他所提炼的范式主要着眼于法律思想和价值取向，且认为不同范式之间的转换存有交叠时期。根据他的叙事，第一阶段以个人为本位，强调形式平等，重视以法典为基础的私法，"英雄人物"是起草和诠释法典的法学教授，引领者是德国；第二阶段以社会为本位，强调社会正义，重视以特别法为特征的社会法，"英雄人物"是社会法学权威学者、立法者和行政官员，引领者是法国；第三阶段是前两个阶段两种范式的混合，政策分析进路是对第二个阶段范式的继承与延伸，采取实用主义方法权衡和协调利益冲突，而公法新自由主义则是对第一阶段范式的复归与拓展，重视以宪法权利为核心的个人权利，"英雄人物"是挥舞司法能动主义利器的法官，引领者是美国。他进一步指出，在西方向世界输出法律的过程中，不同时期输出的是作为西方主导范式的法律。按照上述三个阶段划分，第一阶段输出的是德国法模式，第二阶段输出的是法国法模式，第三阶段输出的则是美国法模式。[9] 在他看来，源自西方的现代社会治理历程也主要经历了三个阶段：一是与自由放任时期相对应的立法治理阶段（现代之初至19世纪末，美国则到20世纪30年代）；二是与福利国家时期相对应的行政治理阶段（19世纪末至20世纪70年代末）；三是与新自由主义时期相对应的司法治理（juristocracy）阶段（20世纪70年代至今）；第三个阶段，恰与新自由主义所主导的经济全球化和法律全球化时期相耦合。

肯尼迪通过反思和梳理法律制度和法律思想150年间的全球化历程，明确地指出一个事实，即这期间法律的全球化不过是西方法律的全球化。他敏锐地捕捉到西方法律全球化的不同阶段和相应的主导国家及其"英雄人物"。但是，他的理论也存在一些缺陷。其一，为何把法律全球化的上限时间定为1850年，而不是更早。实际上，从16世纪开始，西方国家在殖民扩张过程中，就把本国的法律输入到殖民地，其中明显的例子是英国把本国的法律输入到印度和北美地区。其二，在他所描绘的三次法律全球化中，扮演主角的分别是德国、法国和美国，而英国却与之无缘。如果他把法律全球化的上限时间提早到1650年，那么此后200年的引领者恐怕就非英国莫属了。至于他为何忽视英国在西方法律全球化中的重要作用，我们就不

---

[9] 参见［美］邓肯·肯尼迪："法律与法律思想的三次全球化：1850—2000"，高鸿钧译，载《清华法治论衡》第12辑，清华大学出版社2009年版，第47～17页。

得而知了。

最后,根据沃勒斯坦的研究,世界体系始于15世纪中叶,它以西方殖民扩张为起点,以资本主义经济为动力,最终控制了世界。伴随着现代世界体系的形成,世界各国组成了一个复杂的系统,其中分化为中心区域、半边缘区域和边缘区域;处于不同区域的国家或地区,在分工上扮演不同的角色。中心区域控制着世界体系中的贸易和金融市场,利用边缘区域提供的原材料和廉价劳动力,把加工产品销往边缘区域,并通过操控世界金融市场,大获其利;边缘区域向中心区域提供原材料、廉价劳动力和销售市场,并服从世界金融市场的游戏规则,因而处于十分不利的地位,变得日益贫穷;半边缘区域介乎前两者之间,对于中心区域,它扮演着边缘区域的角色,对于边缘区域,它扮演着中心区域的角色。这个经济体系虽然把世界连成一体,却没有与之对应的政治体系;虽然具有自己的中心,但中心霸主却处在变动中。世界体系的最初霸主是葡萄牙,随后是西班牙;自16世纪中叶以后,荷兰成为霸主;到了19世纪,英国取代荷兰成为霸主;20世纪中叶,美国成为霸主。[10]

沃勒斯坦对于现代世界体系的论述,为从经济视角理解全球化提供了重要启示。法律全球化很大程度上是经济全球化的伴生物。同时,他从现代世界体系的角度揭示了不同国家在全球分工和利益分配中的地位和命运,其中蕴含着反霸权的立场和对边缘国家所寄予的同情。但是,他过分强调了经济因素,对其他因素关注不足。例如,他关于中心、半边缘和边缘区域的划分,就可能掩盖同一区域的不同国家政治、社会和文化的差异。同时,这种划分也会掩盖同一国家不同地区的差异。例如,一个中心区域的国家可能存在贫民区,而边缘区域国家也可能存在富人区。当然,关于世界体系的其他主要划分,如三个世界的划分和南方与北方之分,也都存在类似于沃勒斯坦划分的问题或其他问题。[11] 世界体系的视角尽管存在某些缺陷,但它有助于我们从世界历史的宏观背景与全球总体格局出发,思考法律全球化的问题。

---

[10] [英]戴维·赫尔德等:《全球大变革——全球化时代的政治、经济与文化》,杨雪冬等译,社会科学文献出版社2001年版,第54页。

[11] [美]麦克尔·哈特、[意]安东尼奥·奈格里:《帝国——全球化的政治秩序》,杨建国、范一亭译,江苏人民出版社2003年版,第318~319页。

敏锐的读者会发现,上述所选取的三种法律全球化理论,其作者在西方都属于"左翼"。实际上,笔者并不偏爱西方的视角或"左翼"的立场,而是看重他们对经济和法律全球化的批判精神及其反霸权主义勇气。更为重要的是,当代其他学者尚没有提出系统的和影响广泛的法律全球化理论。

三、法律全球化的主要表现[12]

在当代世界,法律全球化的现象虽然错综复杂,但以下表现尤为突出。

第一,国际人权的普遍性与强制性得到强化。在人权领域中,联合国和国际组织已经形成了许多标准人权文件。其中最重要的人权文件是《世界人权宣言》、《公民和政治权利国际公约》和《经济、社会和文化权利国际公约》。虽然《世界人权宣言》的政治性多于法律性,缺乏强制实施的普遍效力,但是它毕竟为国际人权的发展和其后的各种世界人权文件提供了精神源泉并奠定了价值基础,成为国际人权的一个重要起点。当今世界大多数国家都签署和加入了上述几个重要的国际人权公约,并通过宪法、法规和司法实践确认实施这些人权公约。

国际人权文件除了规定一般权利和自由,其中《公民和政治权利国际公约》第4条第2款还规定了七种不得克减的基本权利:生命权,免受酷刑和不人道待遇权,免受奴役权,人格权,不因债务而受监禁权,思想、良心和宗教自由权,以及不受溯及既往的法律惩罚之权。这些权利被认为是道德性质的权利,是人之为人应享有的权利,因而具有普适性和不可剥夺性,对于主权的绝对性构成了实质性限制,加入公约的主权国家不得拒绝承认或对这些基本权利予以改变或施加限制。据此,任何缔约国的法律与之相抵触,必须进行修改;任何缔约国不得侵犯或剥夺这些权利,否则就会受到国际社会的谴责乃至联合国的制裁。同时,许多国际性的人权执行机构相继成立并开始有效运作,例如联合国大会、经社理事会、联合国人权委员会、联合国人权事务高级专员公署、人权事务委员会、反对酷刑委员会、消除种族歧视委员会、儿童权利委员会以及消除妇女歧视委员会等。与此相应,国际人权保护的救济措施也得到了强化。这些措施包括缔约国报告程序、缔约国间控诉制度以及个人申诉制度等,国际人权组织有权要

---

[12] 此部分主要取自笔者一篇旧作的相关内容,对原来内容进行了某些修改。参见高鸿钧:"法律移植:隐喻、范式与全球化时代的新趋向",载《中国社会科学》2007年第4期,第120~124页。

求缔约国修改国内法律并对有关受害者提供救济。[13]

需要强调指出的是，在冷战期间，由于"两个阵营"的对立，国际人权主要成为政治斗争的工具。随着"冷战"的结束，国际社会在保护人权问题上采取了合作态度，尤其在反恐、防止核竞争与核扩散、打击国际刑事犯罪等领域，均通过合作取得了重大进展。另外，当时国际人权文件所规定的基本自由和权利，生效已有半个多世纪，其普适性如得到国际社会更广泛的认同，就应在不同文明和国家之间的平等对话中，对这些基本权利的内容、含义和表述形式，作进一步的改进和扩展，使之在价值取向和话语表述上具有更广泛的包容性。

第二，全球治理机制的建构与努力。关于"全球治理"[14]和"国际法治"[15]的概念，学界存有广泛的争论。但这两个概念的提出在某种程度上表明，全球化背景下所出现的许多问题，无法在民族国家的架构下和范围内得到有效解决，而必须从全球的视角予以考量。众所周知，在全球治理中，世贸组织和世界银行等组织扮演了积极的角色。世贸组织自成立以来，缔约国必须根据有关协议调整自己的法律制度，例如取消内部行政规定、修改知识产权保护法、改革司法制度等。[16]同时，世贸组织的争端解决机制非常独特，且效率极高，被誉为"皇冠上的明珠"[17]。其一，该争端解决机制由双层体制构成，基层为专家组，上层为上诉机构，"两审终审"，简洁高效；其二，专家组与上诉机构的人员配备非常讲究，都是非争端方现任、前任WTO代表或学者，以个人身份任职，确保裁判中立、专业和有威信；[18]其三，专家组报告采取"反向共识"的原则通过，即只要争议各方不一致表示反对，报告就获得通过，这使专家组报告几乎获得了自动通

---

[13] 曾令良、余敏友主编：《全球化时代的国际法——基础、结构与挑战》，武汉大学出版社2005年版，第107~108页。

[14] 参见[美]约瑟夫·S.奈、约翰·D.唐纳胡主编：《全球化世界的治理》，王勇等译，世界知识出版社2003年版。

[15] 车丕照："法律全球化与国际法治"，载高鸿钧等：《法治：理念与制度》，中国政法大学出版社2002年版，第799页。

[16] 莫世健："世贸争议解决机制对两岸关系的影响"，载朱景文主编：《法律与全球化：实践背后的理论》，法律出版社2004年版，第397~410页。

[17] [美]约翰·H.杰克逊：《国家主权与WTO：变化中的国际法基础》，赵龙跃等译，中国社会科学出版社2009年版，第160页。

[18] [美]戴维·帕尔米特等：《WTO中的争端解决：实践与程序》（第2版），北京大学出版社2005年版，第91页。

过的效果,[19] 杜绝了争端方采取拖延战术；其四，争端解决机制安排灵活，允许争端方在争议解决过程中"庭外和解"，自行解决纠纷；其五，一旦争端解决机制的裁决生效，争议双方必须执行，否则 WTO 可以授权原告方针对被告方采用跨领域的"交叉报复"，给败诉方以严重威胁，甚至造成实质损失。实际上，世贸组织中负责解决争端的上诉机构具有了准司法职能，其裁决具有了准司法判决的效力。

世界银行和国际货币基金组织等向发展中国家提供贷款援助时，常常附有条件，要求受援国改革政治体制和法律制度。在国内层面，它们要求实行法治，扩大公民参与范围，行政管理须透明公开、负责、廉洁和公正等；在国际层面，它们要求决策透明、广泛参与、信息畅通、高效管理以及健全财政制度等。[20] 为了获得国际金融机构的援助或贷款，许多发展中国家不得不接受这些附加条件，按照有关要求改革本国的法律。事实上，许多受援国都进行了政治和法律改革，市场化和法治化的水平比以前有所提高，由此，世界银行和国际货币基金组织为全球治理作出了贡献。但应该指出的是，在 20 世纪 90 年代，世界银行和国际货币基金组织所奉行的基本是新自由主义的"自由市场律令"，把接受上述政治改革的要求作为援助发展中国家的条件，结果导致了许多弊端，如市场缺乏监管而陷入混乱和经济危机；引进大量西方的政治和法律制度但由于缺乏相应的法律文化和社会条件，并不能有效运作。这些国际组织推动发展中国家进行政治和法律改革，其初衷是希望这些国家实现民主化和法治化；但问题在于操之过急，且要求过于具体，没有给受援助的发展中国家预留较多的准备时间和较大的选择余地。从 20 世纪 90 年代后期开始，特别是在美国金融危机之后，世界银行开始采纳阿玛蒂亚·森和施利格里茨等温和市场派的建议，调整了方向，强调推动平等的重要性，并不把政改作为经济援助的强制性条件，而是让有关国家根据自己的条件循序渐进地进行政治改革和法律改革。[21]

---

[19] 杨国华、李咏箑：《WTO 争端解决程序详解》，中国方正出版社 2004 年版，第 37 页。

[20] 曾令良、余敏友主编：《全球化时代的国际法——基础、结构与挑战》，武汉大学出版社 2005 年版，第 9～10 页。

[21] A. Santos, "The World Bank's Uses of the 'Rule of Law' Promise in Economic Development", in D. M. Trubek and A. Santos (eds.), *The New Law and Economic Development*, Cambridge University Press, 2006, pp. 266~267.

第三，全球游走的新商人法。早在中世纪后期，伴随着商业的复兴，西欧就出现了跨国适用的欧洲商人法（Lex Mercatoria）。最初，商人以城市为居住地从事跨国贸易，在借鉴罗马法和商事习惯法的基础上形成了自己的法律，并组成了自己的商事法庭。[22] 随着民族国家的建立，欧洲化的身份性商人法相继被统一到各国的法律体系之中，成为国家法律的组成部分。在法国和德国，商人法通过法典化而被纳入了国家法体系；在英国，商人法则是通过法官的判决而被纳入了普通法体系。此后，国际商法也以主权国家作为基础，商人自我建构和发展的跨国商人法不复存在。

然而，自经济全球化以来，跨国商事活动急剧增加，贸易呈现出全球化的趋势。[23] 由此，大多数国家的国内企业被卷入到全球市场的竞争漩涡中，跨国企业之间的竞争也日趋激烈，这迫使所有企业都开始进行战略调整，开始改革企业组织模式和运营方式。随之而来的是，合资和并购以及债务重整等活动空前活跃，跨国公司的数量、规模及其在世界商业活动中的重要性，都远远超过任何历史时期。[24] 在跨国的交易活动中，发达国家的跨国公司通常认为发展中国家的法律不够"民主"和"规范"，因而力图避开那些国家的法律；发展中国家的跨国公司则认为发达国家的法律（包括国际法）主要源于西方并由西方国家所操纵，不利于非西方国家，因而也力图避开它们。为了避免风险和降低交易成本，跨国公司的交易以及其他跨国商事活动逐渐趋于法律化。鉴于国家法和国际法都无法适应跨国公司交易活动的需要，全球的新商人法便应运而生。由此，商人法在经历了欧洲化和国家化之后，又进入了全球化的过程。

根据托依布纳的研究，跨国或全球新商人法的有效性不是来自国家或国际权威，而是来自商人的合同。这种商事合同的效力不是源于国家法律而是源于合同本身，即商人法源于商事合同，而该合同的效力又源于由合同创制的法律，由此就形成了一种奇特的悖论式循环。同时，新商人法借

---

[22] ［美］伯尔曼：《法律与革命——西方法律传统的形成》，贺卫方等译，中国大百科全书出版社1993年版，第421~424页。

[23] ［英］戴维·赫尔德等：《全球大变革：全球化时代的政治、经济与文化》，杨雪冬等译，社会科学文献出版社2001年版，第208~262页。

[24] 据统计，目前跨国公司的产值已占西方发达国家总产值的40%，世界100个最大的经济实体中，有一半以上是公司而不是国家。参见纪玉祥："全球化与当代资本主义的新变化"，载俞可平、黄卫平主编：《全球化的悖论》，中央编译出版社1998年版，第35页。

助于合同，约定了纠纷解决的机制，而纠纷通常诉诸国际仲裁。仲裁地点及其人员的选择都取决于当事人的合同约定，通过商事合同建构出纠纷解决机制。裁决的执行虽然有时诉诸国际法院，但法院的介入并非基于特定国家的法律规定，而是基于国家之间具有契约性质的互惠条约。一般说来，这种纠纷"几乎没有理由要诉诸法院"，因为"仲裁员的最终裁决""比法院判决更易于得到执行"。[25] 有的学者把这种纠纷解决机制称作超越国家法律体制的"私人化司法"。[26] 鉴于新商人法的上述特征，有人把商人法所体现的法律文化，称作超越民族和国家法律文化的"第三种法律文化"[27]。

鉴于新商人法的效力及其纠纷解决机制均来自当事人之间的合同，这种通过合同建构的法律被称作"反身型法律"（reflexive law）[28]。这种法律在来源和权威上有别于国家法和国际法，表现出"自我合法化"的特征，因而被称为"自我繁衍"和"自我发展"的"自创生"法律制度。[29] 有人认为新商人法具有全球性、匿名性、专业性和自创生性四个特征，并认为这些特征是经济全球化和现代法律功能分化的产物。[30] 也有人认为，商人法虽然不受国家法和国际法约束，其效力源于当事人之间的合意，因而是一种独立的法律体制，但在国际商事合同和仲裁领域，都可能涉及国家法或国际法的规则或原理，[31] 由此，新商人法只具有相对独立的特征，还没有达到"自创生"的程度。晚近的研究还表明，新商人法的发展并非是完全

---

[25] Y. Dezalay and B. Garth, "Merchants of Law as Moral Entrepreneurs: Constructing International Justice from the Competition for Transnational Business Disputes", *Law and Society Review*, 1996, Vol. 29, p. 6.

[26] [美] W. 海德布兰德："从法律的全球化到全球化下的法律"，刘辉译，载 [意] D. 奈尔肯和 [英] J. 菲斯特编：《法律移植与法律文化》，高鸿钧译，清华大学出版社 2006 年版，第 174 页。

[27] [葡] 博温托·迪·苏萨·桑托斯：《迈向新法律常识——法律、全球化和解放》（第 2 版），刘坤轮、叶传星译，中国人民大学出版社 2009 年版，第 263 页。

[28] 参见 [德] 贡特尔·托依布纳："全球的'布科维纳'：世界社会的法律多元主义"，高鸿钧译，载《清华法治论衡》第 10 辑，清华大学出版社 2008 年版，第 261～262 页。

[29] 关于作为自创生系统的法律，参见 [德] 贡塔·托依布纳：《法律：一个自创生系统》，张骐译，北京大学出版社 2004 年版。

[30] 鲁楠："匿名的商人法：全球化时代法律移植的新动向"，载《清华法治论衡》第 14 辑，清华大学出版社 2011 年版，第 164～227 页。

[31] H. J. Mertens, "Lex Mercatoria: A Self-applying System Beyond National Law", in G. Teubner (ed.), *Global Law Without a State*, Dartmouth Publishing Company Limited, 1997, pp. 31～43.

自发的，而是受到某种力量的影响和支配，这种力量就是"跨国律所"[32]或英、美律师。[33]

第四，美国法律全球化。美国等西方国家通过"法律与发展"项目推销西方的法律。早在20世纪60年代，美国等西方国家就开展了法律与发展项目，主要目的是向发展中国家输出法律。它们为此成立了许多专门的研究机构，将美国或其他西方国家的法律理念、制度和法学教育模式移植到许多亚洲、非洲和拉丁美洲的发展中国家，还向这些国家派遣教师和政府法律顾问，以及为其培训法律人才。由于项目的实施者所秉持的线性进化论、简单移植论以及机械工具论等理论前提存在根本性的错误，其法律移植的计划不久就以失败而告终。[34]

20世纪80年代中期，美国发起了新的法律与发展项目，在1993~1998年间，美国资助了184个国家进行法律改革。[35]其中主要涉及的是拉美国家，例如哥伦比亚、萨尔瓦多、洪都拉斯和巴拿马等国都接受了法律改革项目基金。新一轮法律与发展项目是在经济全球化的背景下实施的，美国试图通过法律输出占领世界法律市场，并通过推广美国法的试验，进而实现世界法律的美国化。这些项目尽管没有取得完全的成功，但毕竟影响了许多拉美受援国法律发展的方向和法律改革的进程。鉴于这种法律输出的强大攻势和巨大压力，桑托斯将这种法律的全球化称作"高强度的全球化"。[36]此外，美国以援助法律改革的名义，猎食了20世纪后期苏联和东欧国家的法律改革，使这些转型国家在许多领域接受了美国法。[37]

第五，国际司法机制得到强化。长期以来，由于缺乏世界各国公认的强有力的司法组织，使得国际法成了一只"没有牙齿的老虎"。联合国和其

---

[32] H. J. Mertens, "Lex Mercatoria: A Self-applying System Beyond National Law", in G. Teubner (ed.), *Global Law Without a State*, Dartmouth Publishing Company Limited, 1997, p. 40.

[33] [葡]博温托·迪·苏萨·桑托斯：《迈向新法律常识——法律、全球化和解放》（第2版），刘坤轮、叶传星译，中国人民大学出版社2009年版，第263~265页。

[34] [美] D. 杜鲁贝克："论当代美国的法律与法治研究运动"（上、下），王力威译，载《比较法研究》1990年第2、3期。

[35] [葡]博温托·迪·苏萨·桑托斯：《迈向新法律常识——法律、全球化和解放》（第2版），刘坤轮、叶传星译，中国人民大学出版社2009年版，第398页。

[36] [葡]博温托·迪·苏萨·桑托斯：《迈向新法律常识——法律、全球化和解放》（第2版），刘坤轮、叶传星译，中国人民大学出版社2009年版，第392页。

[37] 参见高鸿钧："美国法全球化：典型例证与法理反思"，载《中国法学》2011年第1期。

他国际组织很大程度上也只是协调者，缺乏实际的执法能力，国际法院在司法方面的作用一直不尽如人意。根据《联合国宪章》的规定，安全理事会的决议具有法律的效力，可根据《宪章》第7条的规定采取强制措施，并可对拒绝执行国际法院判决的国家采取强制措施。但是由于冷战对峙和安理会的否决机制，安理会在许多重大问题上无法达成一致意见。冷战结束后，安理会的地位明显加强，在许多重大国际问题上开始取得一致，由此采取行动的力量也大为增强。同时，国际法院的作用也在强化，在审理国际案件方面比以前更有作为。特别值得注意的是，伴随着《国际刑事法院规约》（1998）的生效，2002年国际刑事法院正式成立。该法院的管辖范围虽然以加入该规约为前提条件，且其管辖的犯罪种类也仅仅涉及少数几个罪名（灭绝种族罪、危害人类罪、战争罪和侵略罪），不过，成员国一旦加入该规约就须接受国际刑事法院的强制管辖。[38] 根据该规约的有关规定，有权启动国际刑事法院审判程序的可以是缔约国，也可以是安理会。更为重要的是，国际刑事法院可自动启动审判程序，即由检察官启动。这意味着，国际刑事法院可跨越主权国家的界域对某些犯罪行为实行自动管辖。国际刑事法院的设立及其运作，可以看作是在犯罪和刑事司法领域实行全球治理的重要尝试。尽管美国等某些大国没有参加这个规约，但国际刑事法院的设立，对于国际社会共同打击和震慑世界上最严重的犯罪，进而推进国际社会在刑事法律领域的协作，具有重大意义。[39]

第六，跨国法的涌现和发展。跨国法最突出的例证是欧盟法律的一体化进程。东盟和根据《北美自由贸易协定》由美国、加拿大、墨西哥所组成的北美跨国自由贸易区域等，也为跨国法的构建和发展提供了例证。跨国法形成的基本路径为，首先是经济贸易领域的合作和法律协调，其次是法律走向一体化，最后是政治上开始协调甚至走向一体化。欧盟是后者的显例。跨国法虽然不是全球法，但它毕竟超越了国家法和以此为基础的国际法，推动了法律的全球化；反过来，法律全球化的进程也推动了跨国法的形成和发展。

---

〔38〕 至今缔约国已经超过100个。
〔39〕 参见高铭暄等主编：《国际刑事法院：中国面临的抉择》，中国人民公安大学出版社2005年版；王秀梅：《国际刑事法院研究》，中国人民大学出版社2002年版。

四、法律全球化的挑战与中国的应对

对于中国来说,法律全球化既是挑战,也是机会。笔者尝试在上述考察和分析的基础上,提出以下四点看法。

第一,在全球化时代,世界由工业社会进入了信息社会。在信息社会,信息没有国界,只有网络;没有中心,只有结点;没有等级,只有界面;没有历史,只有当下。在信息时代,缺席者即在场者,消费者即生产者,言说者即收听者,游戏者即被游戏者。在即时互动过程中,原因与结果、现象与本质、本地与他乡、虚拟与真实、演员与观众、自我和他者,相互交叠,彼此交融,难以辨识界域。实际上,信息社会也是个高风险社会,风险不仅具有突发性,而且具有跨国性和全球性的特征。网络犯罪、电子商务、虚拟货币(如比特币)以及其他新出现的事物,对民族国家的法律构成了新的挑战。在保护信息安全和跨国交易安全以及保护个人隐私等方面,传统的法律已经显得苍白无力,而任何一个国家的法律也显得势单力薄,因此,必须在跨国或全球层面进行新的法律规制。

第二,在法律全球化过程中,美国等西方国家把本国法律输入到非西方国家,其中包含霸权主义的逻辑。为此,非西方国家在法律全球化中,必须反对西方法律中心论和优越论,进而根据自己的需要自主地决定是否和如何移植或借鉴西方的法律。实际上,全球化进程的深入也重构了原来的世界体系的分工格局,并改变了世界体系绝对有利于核心国家的局面。许多非西方国家利用开放的自由贸易市场和国际法律机制,开始促进经济增长,推动政治民主化,增强综合国力。凡此种种,都有助于这些国家改善国民的物质生活条件,摆脱在世界体系中的半边缘或边缘地位,从而跻身现代世界强国之列。

另外,经济全球化和法律全球化也导致了不利于霸权国家的新局面。美国的金融危机和欧债危机、G7增加到G20,以及"金砖五国"的崛起,都从另一个侧面表明,世界体系的分析结论已经过时,中心、半边缘和边缘国家之间的界限已经弥合,你中有我、我中有你。在全球化时代,国家法的独霸局面已受到严厉的挑战,国家之上的跨国法和全球法开始形成,而国家之下的地方法或社群法重新发力,并溢出国界而在全球之网发出声音,产生共鸣。由此,出现了美国等西方国家所始料未及的吊诡——第三世界以举国之力打造国际都市,崛地而起的七星大厦和一望无际的世纪大道,成为第三世界中的第一世界风景线,使老牌世界帝国的白宫和红场相形见绌。与此相映成趣的是，核心国家首都的流浪人群和"占领"大军，如同大观园里的刘姥姥，成为嵌在第一世界中的第三世界流动景观。

西方国家为了改变金融危机以来的被动局面，在经济贸易领域，美国、欧盟和日本开始构建新型全球或区域性协调平台。在东半球，构建"跨太平洋伙伴关系协议"（Trans-Pacific Partnership，简称 TPP）；在西半球，构建"欧美跨大西洋贸易与投资伙伴协议"（Transatlantic Trade and Investment Partnership，简称 TTIP）；在全球层面，构建"多边服务业协议"（Plurilateral Services Agreement，简称 PSA），目前 21 个高收入会员已启动谈判（中国台湾地区和香港特别行政区也成为其中的会员）。这些新型贸易平台的构建，其特点有三：一是进入门槛很高，许多国家或地区因政治体制等原因被作为"非市场经济地位国"，基本上被打入另册、排斥在外，从而使这些新型贸易平台成为发达国家或地区之间实现强强联合的"富国（或地区）贸易俱乐部"；二是用以取代 WTO 的平台，以绕开 WTO 所面临的类似多哈回合的谈判困境，并避免中国等发展中国家通过加入 WTO 逐渐掌握游戏规则而从中获利的格局；三是把范围扩大到投资和服务贸易领域，例如 PSA 专为 3D 打印、物联网以及互联网等服务贸易而构建，抢占未来世界贸易的制高点。敏感的人士已经察觉到，这些新型区域或全球贸易平台的构建，将深深改变当代的国际和全球贸易的游戏规则，甚至会在很大程度上重构世界经济秩序。[40]

但是，在法律全球化过程中，中国等发展中国家，必须坚持开放的心态，不断深化改革，防止狭隘的民族主义情绪，防止保守主义的停滞和倒退；积极参与并主动构建国际、跨国和全球贸易组织，善于学会和运用有关规则，并不断提升话语权和规则制定权。如果说中国十多年前的"入世"是通过开放推动改革，那么当今中国就应该通过改革促进开放。因为时至今日，开放所释放的能量已经不断减弱，如果政治、经济和社会体制不进行深度改革，开放就会逐渐失去内在动力。我们高兴地看到，全面深化改革已经成为中国政府和民众的共识，在不久的将来，这种共识就会转化为具体行动和丰硕成果。

第三，必须指出，中国作为发展中国家的大国，必须在继续发展实力

---

[40] 巩胜利："TPP + TTIP + PSA 颠覆全球秩序"，首次发表在共识网 http：//www.21ccom.net/articles/qqsw/qqgc/article_ 2013040880788.html，访问时间：2013 年 12 月 3 日。

的同时，强化"软实力"，彰显道义优势。毋庸讳言，普世价值绝非等于西方的价值体系，普世价值应具有包容不同文明和多元文化的特征，应在世界不同文明的对话和协商中产生。但是，简单拒斥普世价值，无疑是缺乏自信的表现，也与中国传统的世界主义"天下"观相悖。中国作为具有悠久历史和丰富文化的世界大国，明智的做法不是拒斥普世价值，而是积极参与普世价值的对话和构建，从而避免西方的价值被简单地当作普世价值。阿玛蒂亚·森在自己的著作中和国际讲坛上，用古代印度宗教经典和史诗中所蕴含的传统正义观，同罗尔斯等西方学者的正义观进行对话，并用印度"血脉"的正义理念来补充和矫正西方流行正义观的不足。[41] 这种做法很值得我们学习。

在当代，文明需要在以下几个维度努力：在重构传统文化的基础上，形成一套价值体系，这套价值体系应既具有传统的根基，又具有现代适应性；应既具有中国特色，又具有人类的普适性。例如，阴阳互体、刚柔互用、常变互动和相反相成的辩证宇宙观，天人合一、道法自然、节用惜物、天地人协调互惠的自然生态观，先天下之忧而忧、后天下之乐而乐、兼爱尚同和四海一家的人类社会观，得道多助、失道寡助、民为邦本、放伐暴君的政治伦理观，明德慎罚、罪刑相应、一断于法和期刑去刑的人道法律观，以及以仁义礼智信、温良恭俭让为核心的人格伦理观。[42] 凡此种种，经过精心提炼和重构性阐释，便可以成为具有普适意义的价值体系，可以同其他文明进行对话，并对其他文明的价值体系作出补充乃至矫正，从而推动一种真正普世价值的形成和确立。中国只有形成这类具有世界精神的价值体系，才能在世界上占据道义的制高点，才能在世界上具有强大的精神感召力，才能对人类作出更大的贡献，才能改变西方的价值体系成为世界价值体系的逻辑，才能避免价值相对主义立场对普世价值的拒斥和由此带来的"防守"与被动局面。

第四，法律全球化打破了民族国家的法律体制，并对20世纪后期的世界法律格局带来了巨大冲击，以至于桑托斯认为需要重新"绘制世界法律

---

〔41〕［印］阿玛蒂亚·森：《正义的理念》，王磊、李航译，中国人民大学出版社2012年版，第8页、第191～192页、第195～206页。

〔42〕鲁楠、高鸿钧："中国与WTO：全球化视野的回顾与展望"，载《清华大学学报（哲学社会科学版）》2012年第6期，第16页。

地图"。与此同时，法律全球化使得基于民族国家体制的法学理论逐渐失去了解释力，因而不仅需要建构英国退宁教授所说的"一般法理学"，而且需要创建新的部门理论和国际法理论。[43] 一百多年来，中国一直在探索现代法治之路。近三十年来，中国的法治和法学都取得了长足进展，但总结"中国经验"或推广"中国模式"，还为时过早。还时至今日，中国的法治和法学都方兴未艾，未来任重道远。中国面临双重任务：一方面是在国际上挑战和改变西方所操控的世界经济体系和政治秩序；另一方面是推进本国经济、政治和法律的现代化。前者集中体现为反对霸权主义，后者集中体现为反对专制主义。

因此，我们需要通过重构古今中西的法治和法学，实现中国的法治现代化。这种重构包括三个维度：一是对中国的法律传统进行重构；二是对中国的法律现实进行重构；三是对西方法律理念和制度进行重构。这种重构是在深度反思、具体辨析和整体把握的基础上，对古今中外的法律义理、法律制度和法律文化进行筛选、加工、升华和整合，从而形成中国的法治模式和法学范式。这种法治和法学应既具有中国传统的血脉根基，又具有现代的精神气质；既能体现中国独特的法律智慧，又能包容人类普适的法律价值；既能切合中国社会发展的需要，又能为人类法律文明和世界和平作出重要的贡献。

总之，面对经济和法律全球化的挑战，中国必须同时启动"三驾马车"，从民生、民权和民心三个方面进行努力。在民生方面，我们必须发展经济，强国富民，而这需要发展受到合理调控的市场经济；在民权方面，我们需要建构限制公权、保护民权的制度机制，使我们的政府管理更民主、更有效，使我们的人民更自由、平等和有尊严；在民心方面，我们需要复兴中国的传统文化，把那些具有普遍价值的文化发掘、整理出来，并加以现代的诠释和升华，使之抚慰我们的灵魂，安顿我们的心灵，充实我们的精神，化育我们的德性，并与其他文明进行价值对话。这三个方面分别涉及的是经济系统、政治领域和生活世界，而全面深化改革就应在这三个领域同时并进。

---

[43] [英] 威廉·退宁：《全球化与法律理论》，钱向阳译，中国大百科全书出版社 2009 年版，第 325~327 页。

法治中国在法治世界中的角色

郭道晖*

党的十八大提出建设"法治中国"的目标,与"法治国家"概念都内含"国家",它们有无区别?理论界似乎仍然当它是二而一的概念,没有对法治中国的特殊意义作出解读。

笔者认为,"法治中国"是一个更宽泛的概念:它是涵盖法治国家、法治政府和法治社会的宪政概念,它还特别是与"法治世界"相衔接的大概念,属于国家主权范畴。法治国家则只是指全部国家机器、国家权力的民主化、法治化,属于国家对内统治的治权范畴。法治政府一般特指行政权力,诸如依法行政、法治行政、服务行政,等等。法治社会则属于社会权力范畴,它是相对于法治国家的概念和与之独立并存、实行社会自治自律的实体。它与法治国家的关系是互补、互动、互控的。

一、"法治中国"的国际意义

这里有必要解释一下"法治中国"的一个特殊内涵:在国际关系上,它意味着是"法治世界"的一员,是国际法的主体。舍此,就没有必要在"法治国家"概念之外,再重叠地来一个包含"国家"的"法治中国"概念。提出建设"法治中国"的目标,表明我国力图提升中国在全球范围的影响力,在世界舞台上扮演良好的大国形象,成为举足轻重的角色。

今日中国已是世界第二大经济体,堪称"世界大国"。虽然它的软硬实

---

* 中国法学会比较法学研究会顾问。

力同"世界强国"还有很大的差距,被称为"不完全大国",但在世界政治和法律地位上非同往昔:它是联合国安理会常任理事国;是WTO和其他一些区域性国际组织(如亚太经合组织、上合组织、金砖五国等)的成员或者支柱;在国际政治和经济的影响力上可算得上是发展中国家和新兴国家集团的领班;中国的人民币还可能成为国际货币……总之,中国在国际事务上日益扮演一种"世界性角色",应当担负大国的国际责任,恪守国际条约义务,严格遵循并且积极参与创建国际规则,现在还要同世界头号强大国家——美国建立"新型大国关系"。如果还停留在闭关锁国、不让外人"说三道四"的独善其身状态;或者维持"专制中国",甚至发展为民族沙文主义的"霸权中国",对内不讲人权法治,对外不守信义和平,不按国际法制行事,不承担大国责任,就不会为当今或未来"法治世界"所容而陷于孤立。从积极方面说,也会影响我们作为大国在国际上应当拥有的话语权、参与权(参与制定国际规则的权力)和国际威信。习近平总书记在2014年7月接受拉美四国媒体联合采访时曾指出:中国坚决维护国际公平正义,致力于推动世界多极化、国际关系民主化。我们将更加积极有为地参与国际事务,致力于推动完善国际治理体系,积极推动扩大发展中国家在国际事务中的代表性和发言权。我们将更多提出中国方案、贡献中国智慧,为国际社会提供更多公共产品。习近平总书记这一席谈话,表明了法治中国在法治世界中的大局视野。

既然法治中国意味着中国要成为在法治世界中负责任、有威望、有实力贡献的一员,那么我国的法治就应当同世界接轨(当然这绝不是、也不会去搞所谓"全盘西化"——这种指摘只是那些"恐资病患者"和反普世价值的先生们杜撰的)。应当承认,我国的人权立法距离已签订的国际人权条约的要求还有较大差距。早在1998年,中国政府就已签署了《公民权利和政治权利国际公约》。国家领导人在多种场合也曾公开承诺一定会批准该公约。这等于向全世界宣告:中国绝不会自外于普世的法治文明与国际义务。可是全国人大至今还没有批准这个条约,这有损中国的法治与人权形象。知识界上千人士曾经签名要求全国人大批准这个条约,这是正当的、必要的,应当得到人大代表的重视和积极回应。批准这个条约应当属于全国人大的职务行为,对公约中不同意或目前还办不到的条款,可以声明保留(当然过多过虑的"保留"也有损中国的国际形象),但总体上不可搁置不问。长期拖延不批,就是人大的失职了。

如果我们的党政领导干部有"法治中国"这样的大思维，他们在履行公职行为时，就能站在国家全局、世界大局的大视野上，不致斤斤计较于本地区、本阶级、本利益集团的一时一事成败和权位的得失，而能把依法治国上升到依宪治国、依宪执政层面，建设法治中国，对国内力行宪政民主，追求公平正义；对国外信守和平发展，担当大国责任，这样才会受到国际社会的尊重。

二、法治中国的比较法学者应有的全球新视野

十年前（即2004年），笔者在提交的比较法学年会论文《全球化与比较法学新思维》的一段论述中，提出比较法学要把重点移到介绍和辨析当代西方发达国家为应对全球化的发展趋势而提出的新理论、新观念、新法制，使法治上升到新的宪政或宪治层面。

譬如，在法理学、宪法学方面，过去我们推介的多是国家权力之间的分权与制衡，这在我国固然仍是尚未完全实现、需待继续努力推动的；而当代西方学者提出的"新宪政论"，则主张进一步寻求从社会力量中营造制约国家权力的机制，这也是笔者在早年提出的"以社会权力制约国家权力"的模式。这种理念和机制尚未引起我国法学者尤其是比较法学者的关注。这次党的十八大首次提出要建立"法治社会"的目标，是在法治思维上迈出了有远见的一步。可惜十八届四中全会对此没有提及，没有进一步阐述其理念并设计相应的制度。

（一）什么是法治社会？

我们绝不应将"法治社会"简单化地理解为只是"以国家的法来管控社会"。法治社会是作为一个相对独立的实体，与法治国家并存和对应的，进而互补、互动、互控的一种社会存在形式和建设法治国家的社会基础与动力。"法治社会"既自主自治又以社会监控国家。它不是政府的对手、敌手，而是帮手。因此，我们要改变过去只把社会当作"国家的社会"，是国家的附庸，或两者对立的偏颇。

法治国家是指国家机器的民主化与法治化。"法治社会"则是指全部社会生活的民主化、法治化以及自治化，包括社会基层群众的民主自治，各社会组织、行业的自律，企事业单位和社区的民主管理，社会意识、社会行为、社会习惯都渗透着民主、法治的精神，形成一种受社会强制力（社会权力）制约、由社会道德规范和社会共同体的组织规范所保障的法治文明。更重要的是，"法治社会"是一种既支持又监控、抗衡国家权力的社会力量。

迄今，理论界对于"法治社会"的见解，要么往往只是把它当作一个涵盖国家的大概念，同法治国家是同一的；要么将它包含于国家之中，社会是国家的社会；要么把它等同于法治国家，人们讲法治社会，与讲法治国家是同义语。这还是"国家—社会"一体化时代的旧观念。在我国，改革开放以前，如果把"社会"作为独立的实体同"国家"对立起来，还被斥为否定我们国家的"人民性"（以为既然是"人民中国"，就天然地代表人民、代表社会，是与社会利益完全一致的，二者不分你我）。笔者十多年前在探讨建设"法治国家"时，提出应当同时促使我国形成"法治社会"，培育"社会权力"。没有法治国家，很难形成法治社会；没有法治社会，也难以支撑法治国家。只有二者互动互补，才能共相完善。但就总的发展趋势而言，法治国家先于法治社会而为主导；法治社会则是法治国家的基础和动力，并且是未来的归宿——到"国家消亡"时，法治社会和社会法治文明永在。

其实，法治社会是相对于法治国家而言的。单讲建设法治国家，而不问是什么样的法治国，甚或有可能造成对国家权力的神圣性过度崇拜，走向"国家至上主义"，导致实质的"不法国家"、专制国家。20世纪二三十年代，德国魏玛共和国实行的就是实证主义或国家主义法治国，认为"法律就是法律"，只要是主权者（国家）制定的，不论其良恶，都是合法的，都必须无条件服从。这种国家至上的法治国为后来希特勒的法西斯主义专政开启了闸门。

再则，历史实践也表明，法治国家如果没有法治社会作为辅助法治国家和互动互控的基础力量，法治国家如果脱离了法治社会的监控，很难建立。何况，按照马克思的预想，国家最终是要"消亡"的，而只要地球不毁灭，人类社会永存，社会也不能无法治。理论上，法治社会比法治国家更久远。

现今，中共中央提出建设"法治社会"的目标，笔者认为这在建设法治国家方面迈出了有远见的一步。对法治社会，绝不应简单化地理解为"以国家的法来管控社会"。法治社会是作为一个相对独立的实体，与国家并存和对应，进而互补、互动、互控。近年来，中央提倡"社会管理创新"，可以有多种方式，不能只限于国家（政府）单向管控社会。笔者认为其最重要的创新应当是社会自主自治和社会监控国家。要改变过去把社会只当作是"国家的社会",是国家的附庸,或两者对立的偏颇。

虽然十八大提出了建设法治社会的愿景,可惜十八届四中全会关于依法治国的决定却没有进一步的阐释和规划。理论界对此也重视不够,缺乏理论准备。笔者建议法学界特别是比较法学界的同仁们对这个领域的问题多加关注,以推进法治社会的形成。

(二)阐释"法治中国",还需要有全球化的新思维

当我们还在强调落实受本国管辖的公民权利、国民权利(如平等的国民待遇),或宣扬"国家主权高于人权"时,国际社会已在谈论超越国家的"球民"权利了。他们认为,正如民主化创造了国家公民的角色,福利国家创造了"社会公民"的角色,[1] 全球化则创造了"球民"的角色。1995年3月在哥本哈根举行的"关于社会发展的世界高级首脑会议"提出的一份报告称:对全球化的挑战的回答,是要树立"全球公民权利"的思想。[2] 在有的地区(如欧盟),原来局限于民族国家范围内的公民权,已开始部分地延伸为"欧盟公民权"或可称为"盟民权",可直接受欧盟的超国家权力的保护(欧盟成员国的公民可越过本国政府和司法机关直接向欧盟议会或法庭投诉)。联合国属下的各国公民,或"地球村"的"村民",于"国民"的资格外,还应同时拥有"球民"的身份,享有全球人类应当共同享有的和平权、生存权、环境权、人类共同财产权、移民权等"球民权"。我们不仅是"炎黄子孙",同时也是人类共同祖先的后代,应当享有作为人类的权利和担当全球人类共同的义务。[3] 特别是在全球范围内具有活动能力的世界性非政府组织和跨国企业,"跨越了民族国家的边界,直接地、不必经过(本国的)政党、议会、政府的过滤",就能在全球发生影响力乃至支配力。[4]

当我们还在为我国的渐进式民主建设和政治体制改革作论证时,法治发达国家已进而构想一种在全球化条件下,超越一国范围的民主的"全球

---

〔1〕 参见[德]乌尔利希·贝克:《全球政治与全球治理:政治领域的全球化》,张世鹏译,中国国际广播出版社2004年版,第30页。

〔2〕 [德]乌尔利希·贝克:《全球政治与全球治理:政治领域的全球化》,张世鹏译,中国国际广播出版社2004年版,第7页。

〔3〕 1978年联合国大会通过的1号文件确认:"所有的人都属于一个种类,都是一个共同祖先的后代,在尊严、权利以及人性的所有方面,他们都生而平等。"

〔4〕 联合国出版的《全球治理委员会报告:我们的全球邻居》,参见[德]乌尔利希·贝克:"全球化时代民主的两难困境",载《联邦德国议会周报副刊:政治与现代史》1998年第38期。

民主"。在我们还刚开始研究市民社会问题时，法治发达国家已在展望"建设一个全球社会的新世界"。[5] 在我们刚开始研究并介绍西方法治国家的一些理念、原则与经验时，法治发达国家却认为国家只是人类共同体中的一个特殊形态，不是唯一的法的共同体；人们不再只是国家的组成人员，在更大范围中已是全球社会的组成人员。因此，法治主义应当超脱国家范围的局限，扩展到全球社会，从而设想未来的"世界法制"或"法治主义的世界化"和"大同法治世界"了。[6]

举出这些"后现代"或"后国家"的理论观点，当然不是要将这些观点照搬到还处于"前现代"或向现代化过渡的中国，变为我国的实践。但从比较法学视角考虑，我们的研究不能只跟随我国法治建设的缓慢进程亦步亦趋，而应当有适当超前的研究和远见。我们应当有全球化的眼光和"从未来审视现在"的襟怀，多关注介绍世界各国法治与法学的前沿思想理论，并比较、辨析其是非得失，使我国的法制与法治建设和法学研究得以在全球化视野下提升法治理念，预设较高的目标，使之由形式法治上升为实质法治，建设民主自由的宪政国家，并为未来参与营造全球法治大同世界的远景，预留继续前进的空间，从而得到"取法乎上而得乎中"的效果。

---

[5] 参见［德］乌尔利希·贝克："全球化时代民主的两难困境"，载《联邦德国议会周报副刊：政治与现代史》1998年第38期。

[6] 参见郭道晖："多元社会中法的本质与功能"，载《中外法学》1999年第3期，并收入郭道晖《法的时代挑战》一书，湖南人民出版社2003年版。

法律世界化:比较法学研究的逻辑皈依

倪正茂[*]

法律世界化是比较法学研究的逻辑皈依。[1] 这可证于比较法学发展的历程。依此设定比较法学研究的目标,当可促进"地球村"村民的融合与世界各国的和平发展。

关于比较法学的发展历程,约兰达·埃米涅斯库在《关于不同法律体系的可比性问题》一文中指出:"叙述比较法的发展历史,通常引用弗·波洛克于1990年在巴黎召开的比较法国际会议上作报告时所说过的话:'正如我们今天所理解的那样,比较法是一门新的科学。参加过它的创立的人们,现在还活着。'"他认为,比较法是在弗·波洛克发言时才产生的,因为尽管在15世纪就可以找到比较法的先驱者,但比较法的历史,还是应当从1990年会议上展开激烈争论时开始。[2] 日本学者大木雅夫在《比较法》一书[3]中也指出:不少学者认为,现代意义上的"比较法"产生于1990

---

[*] 上海政法学院终身教授、比较法学研究所所长。

[1] 在拙作《比较法学探析》(中国法制出版社2006年版)中,笔者曾论析过"比较法"、"比较法研究"、"比较法学"等概念的学术性问题,认为只有"比较法学"概念是可取的,因为根本不存在什么"比较法";同时指出,"比较法"已成为一个研究法律比较的约定俗成的概念;但为了求得学术用语的精准化,仍建议使用"比较法学"及"比较法学研究"的概念。可参见2012年中国比较法研究年会上提交的拙论:"比较法学研究的逻辑起点"。

[2] 参见[罗马尼亚]约兰达·埃米涅斯库:"关于不同法律体系的可比性问题",张正钊译,载《国外比较法学论文选辑》,王正泉等译,群众出版社1986年版,第151页。

[3] [日]大木雅夫:《比较法》,范愉译,法律出版社1998年版。

年在巴黎召开的第一届国际比较法大会。

对上述观点,比较法学界并不一致首肯。北京大学沈宗灵教授认为:"在西方,自古希腊至19世纪以前,虽然有对法律的不同发展程度的比较研究,但比较法学并未形成一门学科,比较法学作为一门学科是在19世纪中期开始兴起的,至第二次世界大战后则取得了巨大的发展。"[4] 上海社会科学院储有德先生则认为:"比较法学的真正形成是在19世纪后半叶,这时候比较法学才被法学界认为是一门重要的学问。"[5] 此外,法国的勒内·达维德和我国张礼洪先生也各自发表了不同的见解。[6]

有鉴于上述情况,比较法学界著名的列·让·康斯坦丁内斯库指出:"在比较法的起源,这是一门新学科还是一门老学科的问题上,分歧早已开始了。"[7]

笔者的看法是:应该把比较法学研究的实践与比较法学学科名称的提出分开。这样,我们大致可以确定,比较法学的发展经历了三个时期:

第一个时期,从古代即已开始直到近代的比较法学研究的实践时期。这一时期的特点是:开始了法律的比较研究并取得了客观的成果;随着时代的发展,有关研究的领域从法律比较扩展到了法律文化的其他方面,主要是法律观念与立法技术的比较方面。

第二个时期,近代即整个19世纪,为比较法学的酝酿时期。这一时期的特点是:法律文化的比较研究的范围进一步拓展,明确提出了"比较法"或"比较法学"的概念,建立了"比较法"研究机构,开设了"比较法"讲座,出版了数量甚多的"比较法"著作。

第三个时期,现代即1990年巴黎比较法学国际大会以来,尤其是第二次世界大战结束以来,为比较法学的形成与发展时期。这一时期的特点是:明确论定比较法学是一门独立的法学学科,以"比较法"或"比较法学"为名的著作大量出版,比较法学研究向更广更深的程度迅速发展,但是,距离比较法学的成熟尚远。

---

[4] 沈宗灵:《比较法总论》,北京大学出版社1987年版,第15页。

[5] 储有德:《比较法学基础》,上海社会科学出版社1988年版,第14~15页。

[6] 分别参见[法]勒内·达维德:《当代主要法律体系》,漆竹生译,上海译文出版社1984年版,第2~4页;张礼洪:"比较法学的目的和方法论",载《现代法学》2005年第4期。

[7] [德]列·让·康斯坦丁内斯库:"比较法学的发展",载《国外比较法学论文选辑》,王正泉等译,群众出版社1986年版,第250页。

如果拙见成立，那么，从比较法学的发展历程可以显见其逻辑皈依（或曰逻辑指向、逻辑终点），即法律的世界化。

国外比较法学研究的实践时期，显然是与其时之万国分立、各国甚少往来相应，因而大多以本国法律的历史比较或本国各部族、部落或部落联盟法律的优劣比较为主的。例如约公元前1792～前1750年在位的古巴比伦第六代国王在夺取统治权后，根据国内的社会经济关系，"在各国原有奴隶制法典的基础上，结合阿摩利人氏族部落的习惯，制定了一部新的成文法典——《汉谟拉比法典》"；制定该法的目的是"为了迅速消除法的不统一和地方上各自为政的混乱现象"；当时所进行的比较法学研究可见诸"他（汉谟拉比国王）命令将两河流域过去存在的习惯法加以斟酌损益，在新的基础上编撰一部全国通用的统一法典"。[8]

中国比较法学研究的实践时期也大致如此。有史料可稽的是春秋战国时期，对各诸侯国法律有所了解的知识分子，纷纷试图将他们所了解的各国法制优点综合运用于他们所心仪的诸侯国。李悝之驻魏主持变法并制定《法经》；[9] 商鞅之自魏赴秦主持变法；[10] 晋铸刑鼎，邓析制竹刑以及孔子之非议晋铸刑鼎，等等，无不都与法律比较相关。而且，如无法律比较，就无法取长补短，厉行在当时来说的"良法"之治。由于当时的交通、通讯很不发达，因而可予比较的范围也就有限。但这显然可以视之为当时的"法律世界化"了。也就是说，即便是在法律比较实践的初始阶段，就已经隐然可见法律比较的目标指向、归结点或逻辑皈依，就是法律的"世界化"了。

国外比较法学发展的第二时期即其酝酿时期，比较法学作为一门独立学科跃跃然破土而出，大致可分为两个阶段，即有两个高潮。

第一阶段是17～18世纪的欧洲资产阶级革命时期。这一时期里的资产阶级革命，首先是极大地推动了信息的传播。以荷兰为例，一方面，荷兰

---

[8] 外国法制史教材编写组编：《外国法制史》，北京大学出版社1982年版，第4～6页。

[9] 李悝（约公元前455～前395年），战国时期魏国人，"他最突出的事迹，就是在整理春秋以来各诸侯国所颁成文法的基础上，编著了我国第一部比较系统的封建法典——《法经》"（张国华、饶鑫贤主编：《中国法律思想史纲》（上），陕西人民出版社1983年版，第173页）。

[10] 商鞅（约公元前390～前338年），"少习刑名之学"（《史记·商君列传》），曾事魏相公叔痤，熟悉李悝、吴起在魏国变法的理论和实践。公元前361年，秦孝公即位，下令求贤，商鞅携李悝《法经》入秦，主持变法。

资产阶级把本国的法律文化带往所到各国，强制推行；另一方面，荷兰的资产阶级也不得不部分地尊重与吸收所到之处的法律文化。于是，法律文化比较的需要也臻于空前未有的强烈。既有客观的条件，又有主观的需要，法律文化比较便得到了重视与发展。其典型代表者，在荷兰便是格老秀斯与斯宾诺莎。格老秀斯的主要著作有《论海洋自由》(1609年)和《战争与和平法》(1625年)。在这两本书中，格老秀斯作了大量的法律比较研究。"这本巨著……像是储藏各种看法、引语、相互对立的理论和争论的宝库。"[11] 撰著《战争与和平法》一书的过程，一方面是他比较研究西班牙的维多利亚、亚叶拉和意大利的根特利等国际法学家的国际法著作的过程，另一方面又是他比较研究各国处理战争与和平关系的法律法令的过程。又如1640年资产阶级革命后的英国，同样为法律比较研究提供了条件、增强了驱动力。革命前后的一批英国思想家、法学家，在酝酿比较法学方面也作出了自己的贡献。例如，曾任英国女王法律顾问的哲学家、法学家培根，就是其中之一。据格特里奇所著《比较法》(1946年)的介绍，在西方法学史中，培根是第一个提到比较法的人。在答复英王詹姆士一世关于英格兰与苏格兰两国法律统一之事的咨询时，培根建议两国法律家合作汇编法律，使两国法律"得以核对和比较，借以表明和识别它们之间的差别"。培根还建议首先由两国法律家将两国法律分列两栏，供英王作取舍之决定。[12] 稍晚于培根的英国著名思想家霍布斯，在运用比较方法研究法律问题上，也作出了自己的独特贡献。这突出表现在法律分类研究上。在进行法律分类时，霍布斯相当集中地运用了比较方法，将罗马各种法律与英国各种法律作比较研究，以证明自己钟情的分类方法的科学性。通过比较研究，霍布斯把法律分成了自然法与成文法两大类。此外，霍布斯在其他法律文化方面也进行了大量的比较研究。至于有"比较法学奠基人"之誉的法国思想家孟德斯鸠，在比较法学的酝酿方面，贡献就更明显、更巨大了。孟德斯鸠的主要著作有《波斯人信札》、《罗马盛衰原因论》和《论法的精神》等。其中，《论法的精神》一书，比较研究了共和政体、君主政体与专制政体下的法律制度、法律精神及立法、司法方面的问题，比较研究了这三种

---

[11]《国际社会科学百科全书》第6卷，第256～258页，转引自上海社会科学院法学研究所编：《法学流派与法学家》，知识出版社1981年版，第316页。

[12] 参见沈宗灵：《比较法总论》，北京大学出版社1987年版，第17页。

不同的政体与法律的关系，比较研究了英国、法国和其他国家的立法、司法、刑法、犯罪、法治情况等问题。孟德斯鸠的法学比较研究，明显地从法律比较推进到了法律意识比较、法律行为比较、政治法律文化比较等方面。因此，对孟德斯鸠作为"比较法学奠基人"的认识，我们更注重的是，他大大拓宽了法律文化比较的涵盖面，从而为比较法学的酝酿贡献了比霍布斯等人更多的东西。于孟德斯鸠之后，著名的法国思想家卢梭，在研究经济法律文化、政治法律文化方面，也为比较法学的酝酿做了许多工作。在《论人类不平等的起源和基础》以及《社会契约论》等主要著作中，卢梭以历史的比较研究的方法，阐明了政治、法律的发展规律，法律的意义，法律的分类等。略事浏览格老秀斯、斯宾诺莎、培根、霍布斯，尤其是孟德斯鸠以及卢梭等西方思想家的著作，便可发现，由于交通、通讯的发达所带来的文化交流范围的扩展与深入，他们的法律比较就更具全球性和世界眼光了。在《论法的精神》一书中，孟德斯鸠的法律比较触角，甚至伸展到了长期奉行"闭关锁国"政策的中国。而法国的伏尔泰通过比较，甚至认定中国的法律优于欧洲的法律。伏尔泰指出："在别的国家，法律用于治罪，而在中国，其作用更大，用以褒奖善行……"[13] 整个19世纪，国外比较法学的发展呈现出了更加蓬勃的气象。这一时期，欧美各主要资本主义国家大力进行资本输出，企图控制世界、称雄全球，国际贸易、外事交往与武装侵略紧密结合在一起；与军事侵略、经济掠夺同步进行的是文化侵略与一般文化交流，包括法律文化的交流。这些活动，一方面促进了资本主义各国的立法，如《法国民法典》(1804年)、《德国民法典》（1896年）的纷纷制订；另一方面也有力地促进了民法、商法等的比较研究，此外还大大丰富了法学教育与研究工作。与此同时，自然科学如解剖学、生物学、地质学、物理学、胚胎学中比较方法的广泛运用，导致比较解剖学、比较生物学、比较地质学、比较物理学、比较胚胎学等新型学科不断涌现等等，使得作为独立学科的比较法学的酝酿，几乎到达呼之欲出的高潮阶段了。

德意志法学家和刑法改革家A. 费尔巴哈生于1775年11月，卒于1833年5月。他于1801年出版了《德国通用刑法教科书》；于1805年任巴伐利

---

[13] 参见［法］伏尔泰：《风俗论》上册，梁守锵译，商务印书馆2006年版，第250~251页。

亚司法部长后，受命制定《巴伐利亚王国刑法典》，该法典于1813年生效。他的法学研究与法律实践活动，主要是在1795年至1830年之间。"早在自己科学活动的开始，费尔巴哈就十分注意研究外国法律体系，其中包括伊斯兰教刑法、古俄罗斯法律以及亚洲各民族法律在内的可比基础。"在制定《巴伐利亚王国刑法典》的过程中，A. 费尔巴哈"曾对法国刑法和意大利刑法进行过认真的比较研究"。"费尔巴哈给自己提出一个问题：巴伐利亚能不能颁布一个以法国民法典为基础的民法典？比较研究帮助他弄懂了拿破仑法典的基本原则，而且指明这些基本原则有哪些不符合巴伐利亚的社会结构和现行法律。"在1810年写的《德国法律科学之一瞥》一书的序言中，A. 费尔巴哈断言：应当承认哲学、历史学和比较是法律科学据以发展的平等组成部分。在该书中，A. 费尔巴哈写道："为什么解剖学家有比较解剖学可用，而法学家却没有比较法学？任何一门科学中一切发现的最丰富来源，就是比较和对照。"A. 费尔巴哈强调："只有对不同法律体系进行比较，才可能把法学变成一门真正的科学。"[14]

1829年，卡尔拉·查哈里叶与K. 米捷尔马伊叶尔二人共同创办了世界历史上第一份比较法学杂志，标志着比较法学酝酿时期的一个新高潮的到来。紧跟德国法学家的步伐，法国法学家在1831年于法兰西学院第一次创立了"比较立法讲座"；1832年，科烈日·杰·弗朗斯建立了一个比较立法教研室；法国法学家费克里斯于1834年开始出版《外国立法杂志》，主张运用比较方法来完善本国的立法；英国法学家也不甘落后，1838年，伯尔奇出版了《殖民地法和外国法评述》一书；1850～1852年间，英国法学家勒·列维出版了两卷本的《商法的原则和管理——大不列颠商法和罗马法以及其他59个国家的法典或法律的比较》一书；1869年，英国牛津大学开设了"历史和比较法学讲座"；同年，法国建立了"比较立法学会"，比利时法学家阿斯谢尔·扎克京斯和别斯特拉克创办了《比较法学杂志》；1884年，西班牙出版了《国际法、比较立法和审判实践杂志》；1895年，英国也建立了"比较立法学会"。

东方的日本，由于资本主义发展得较晚，其比较法学酝酿也略晚于欧洲各国。但在1868年明治维新以后，日本法学界也迎头赶追世界潮流，在

---

[14] 参见《简明不列颠百科全书》第3卷"费尔巴哈"条。又见［德］列·让·康斯坦丁内斯库："比较法学的发展"，载《国外比较法学论文选辑》，群众出版社1986年版，第256～258页。

比较法学酝酿方面做了许多工作。据日本法学家能田五十介绍，延茂穗积于1887年参加了《关于五种法律渊源的理论》和《对英国法、法国法和德国法的比较研究》的汇编工作，1888年延茂穗积发表了《各国法律的统一》，1889年又发表了《法律的进化》，在比较法学研究方面贡献了宝贵的意见；他未完成的著作《法律进化理论》，则是一部促进比较法学发展的巨著。除延茂穗积外，还有东京大学教授清治末冈，在1889年出版了《宪法比较研究》巨著，此书附录的《论行政管理科学比较研究的必要性》一文，着重探讨了比较法学的重要性的问题。[15]

西方与东方的比较法学家的研究活动，从表面看，大多限于将本国法律与外国法律进行比较。但这些比较绝非以鼓吹本国法律之长、贬斥他国法律之短为务，而是以不分主客而力求公正地较长论短为职志，其目的大体在于取人之长、补己之短，或析此之长、较彼之短，选优论劣而为改进本国法律以求走向世界服务。从总体来看，正是由于众多比较法学家的努力，法律应具公平、正义的原则，法律应当保障人权、自由、平等的观点，法律应当成为促成各国人民利益的有力保障的信念，被普及到全球各国了。正是在比较法学的酝酿时期里，诞生了英国的《自由大宪章》（1215年）、《权利请愿书》（1628年）、《人身保护律》（1676年）、《权利法案》（1689年）；诞生了美国的《弗吉尼亚法案》（1776年）、《独立宣言》（1776年）、《美利坚合众国宪法》（1787年），以及1791年的第一批《宪法修正案》；诞生了法国的《人权和公民权宣言》（1789年）、瑞士的《瑞士联邦宪法》（1874年）；等等。虽然所有这些宪法或宪法性法律被冠以各国家的国名，但其中所确立的宪法和法律原则，有相当多的部分为后世各国所遵行，从而显示了部分的"世界性"。

值得注意的是，由于国别出身、阶级立场等的限制，这里的"世界性"有可能表现为让本国学习外国的法律；也有可能表现为宣扬本国法律之优长，冀求别国学习、模仿本国的法律，从而为其侵略他国张目、为其殖民他国鼓吹。但不管其"方向"选择的是什么，也不管其所选择的"立场"、"出发点"及"方向"对错如何，都可认为其是一定意义上的法律的"世界性"，企求以统一的世界法来治理世界。

---

[15] [日] 能田五十："日本比较法学的过去和现在"，载《国外比较法学论文选辑》，群众出版社1986年版，第317~324页。

在同一时期，中国的法律比较虽然由于"闭关锁国"而不如欧洲近代之盛况灼然，但是，只要能够走出国门，中国的思想家中，也不乏以世界性的眼光，作法律文化的比较并拟取人之长而补己之短的人了。早在鸦片战争前后，龚自珍、魏源、林则徐等即力主"更法"、"改图"，以法律与法律观的中外比较与历史比较结论为依据，努力作了宣传鼓动。其中，魏源提出了"师夷长技以制夷"的主张。他所著的《海国图志》一书，指出"墨利加北州（美国）之以部落代军长，其章程可垂奕世而无弊"；瑞士"不设君位，唯立官长、贵族等办理国务"、"推择分官理事，不立王位"。魏源可谓是近代通过比较而提出向外国学习的第一人。同时期的林则徐被范文澜先生称为"勇于探索救国救民、强国御侮途径的开眼看世界的第一人"。[16]为了解外国，他很重视翻译外国书报，他养有"善译之人"，亲自主持、指点、出版了一批涉外书报，如《四洲志》、《澳门新闻报》、《澳门月报》、《华事夷言》等。龚、林、魏之后，太平天国后期的杰出政治家洪仁玕，在《资政新篇》中，也记录了他比较研究中外法制后所形成的观点。他认为，要建设好一个"一统江山万万年"的国家，必须效仿西方国家的政治、法律和经济建设的方法。他指出，英国和美国"法善"，日本和俄国效法英美也臻于列强之林，都值得学习。在中国历史上，他第一个提出了一整套经济法制构想，其中包括建立专利制度的主张。从太平天国失败直到康梁变法，其间著名的思想家，如马建忠、冯桂芬、王韬、郑观应、陈炽、薛福成等，都比较研究过中外法制，并提出了许多变法维新的具体建议。例如，马建忠指出："各国吏治异同，或为君主，或为民主，或为君民共主之国，其定法、执法、审法之权，分而任之，不责于一身，权不相侵。故其政事，纲举目张，粲然可观。"[17] 王韬指出："君为主，则必尧舜之君在上，而后可久安长治；民为主，则法制多纷更，心志难专一；究其极，不为流弊。惟君民共治，上下相通，民隐得以上达，君惠亦得以下逮，都愈呼吸，犹有中国三代以上之遗意焉。"[18] 郑观应提倡设议院，借鉴西方以"变通其法"；薛福成力主西人东来之后必须迅速变法以应时变；等等。

显然，无论东西，抑或中外，在比较法学发展的酝酿时期，除少数丧

---

[16] 中国近代史编写组编：《中国近代史》上册，人民出版社1962年版，第21页。
[17] 马建忠：《适可斋记言记引》卷二。
[18] 王韬："弢园文录外编·重民下"。

心病狂地为侵略、扩张摇旗呐喊者外,绝大多数学者的研究的目标、指向,都十分明显地以取他国之长来补己之短为务。也就是说,这一时期的比较法学研究已经更加明显地表现出了它的逻辑皈依必为法律的"世界化"。

需加指出的是,格老秀斯、斯宾诺莎、培根、孟德斯鸠、卢梭等都是生活在 1900 年之前的人,既然他们被誉为"比较法学奠基人",又怎么可以说"比较法学"创始于 1900 年的巴黎会议呢?

当然,在比较法学发展的酝酿时期,尽管已经开展了大量的比较法学研究,但毕竟还没有明确形成"比较法"或"比较法学"这样的法学学科。因此,在学科名称正式提出并为各国法学家首肯的意义上认定"1900 年为起点",也还是可成一说的。而 1900 年之后的比较法学发展之逻辑皈依,已经显然见之于它的现实成果了。

国外比较法学研究的第三时期,即现代比较法学的形成和发展时期,可以 1900 年的比较法巴黎大会为起始。此后迄今,可以大致分为三个阶段:

第一阶段为 20 世纪的前 30 年。作为这一阶段开始的标志,是 1900 年的比较法学巴黎国际大会。出席大会的,几乎囊括了当时从事比较法学研究的所有西方法学家。会议的中心人物——法国学者萨列伊里认为,法律改革已经成了时代的命令,法律的向前发展,不可能不利用比较法学;法国比较法学家郎贝认为,比较法学研究要兼顾时间和空间两个方面,既要进行历史的比较,也要进行国际的比较。萨列伊里与郎贝都认为,比较法学的任务主要在于发现或创立一种一切文明国家共同适用的法律或法律原则。巴黎大会决定,要为起草统一的国际法律,即以法典形式出现的各文明国家共同适用的法律而努力。储有德在《比较法学基础》一书中把这一时期比较法学的成绩与活动归纳为以下五个方面:一是比较法学的研究内容,从对各国具体法律的比较发展为对法律制度的比较;二是比较法学研究的范围,已不再局限于《拿破仑法典》与德国、瑞士等国民法典之间的比较,而扩大为大陆法系与海洋法系的比较;三是联合国的一些专门机构,如国际劳工局、罗马统一司法研究所、海牙比较法学院、国际法学合作研究所、国际刑法学会等机构,为了协调各国的立法,也大力提倡比较法学研究;四是许多国家纷纷成立与健全了比较法学研究机构与团体,大学的专项教研机构也得到发展;五是比较法学的学术活动与著作出版也大大增多。

第二阶段始于第二次世界大战的结束,约至 20 世纪 70 年代为止。据沈宗灵教授介绍，第二次世界大战以后比较法学的巨大发展，主要体现在两个方面：一是比较法学著作的大量出版；二是大型比较法学国际会议的定期召开。[19]

在著作方面，最有代表性的是大型工具书《国际比较法百科全书》的出版。该书于20世纪60年代由国际法律科学协会发起编写；共分17卷，每卷约1200页；1971年起陆续出版。此外，较有影响的著作是1968年出版的勒内·达维德的《当代主要法律体系》、1977年出版的康德拉·茨威格特等的《私法领域的比较法概论》等。苏联法学家季列于1975年出版了《社会主义比较法学》。

在会议方面，1950年开始恢复每隔4年召开一次的国际比较法大会。而且，每次会议讨论的议题范围都比前一次扩大，与会者人数也逐次增加。与此同时，比较法学者的国际交流与合作活动也日益频繁。

第三阶段始于20世纪70年代中期，迄于目前。这是现代比较法学迅速发展的阶段。对这一阶段的特点的共同认识是：不同社会制度的法律比较得到了承认和空前的发展；比较的范围逐渐向整个法律文化领域拓开。

上述特点，在1978年于匈牙利举行的第十届国际比较法学大会上得到了比较充分的反映。这次会议是国际比较法学会自1924年成立以来，首次在社会主义国家召开的国际比较法学大会。除匈牙利法学家外，还有世界各国七百多位比较法学家云集布达佩斯，人数之多超过了历次大会。会议议题可归纳为以下五个主要方面：其一，关于一般法律理论；其二，法学方法论问题；其三，法制史问题；其四，宪法问题；其五，其他部门法问题。上述五个主要法律和法学问题的比较研究，已经打破了不同社会制度国家的界限。比较范围与界限的突破，使比较法学得到了新的生命力，大大地扩展了比较法学发挥作用的天地。

中国比较法学研究的第三个时期始于辛亥革命的胜利。辛亥革命以后的整个民国时期里，无论是哪一派掌权，中外法律的比较、法律观念的比较，都如"江河行地，日月经天"般，被视为理所当然的事，比较法学的形成也就有了良好的土壤。

辛亥革命后的每一次立法，几乎都有中外法律专家的参加。孙中山先生即指出，开展立法工作必须组织中外专家参加调研，否则不易告成。他

---

[19] 沈宗灵：《比较法学总论》，北京大学出版社1987年版，第23~25页。

任命清末的法律改革家伍廷芳为司法部长,较为迅速地延揽国外法学家共同承担新的法律的起草任务。纵观辛亥革命后的立法,举凡宪法、刑法、民法、商法、诉讼法,几乎无不仿效甚至直接地抄袭西方法律。为了立法的需要,这一时期中国对西方资本主义国家的法律开展了相当认真的研究与比较研究。这种研究的需要,竟促成民国初年成立了一个比较法学机构——中国比较法学会。这是中国历史上第一个比较法学会。它的成立,是中国比较法学形成的标志。

中国比较法学一旦形成,便以异常迅疾的姿态径自发展。被中国政府聘请来华从事立法、司法、法学教育等方面咨询工作的外国专家,如法国的爱诗嘉拉(J. Escara)、宝道(Podeux)、美国的庞德(Pound)等人,对中国比较法学的发展,起了一定的促进作用。在中国法学家与教育家的努力下,北方的北洋大学、北京大学、朝阳大学开设了比较法学课程,讲授比较宪法、比较民法。上海于1915年成立了东吴大学法学院,对外以英文校名"The Comparative Law School of China, Soochow University"(中译为"中国比较法学院")出现。此外,上海于1927年成立了东吴法律学研究院,规定学生必须通过学习"充分掌握世界主要法律体系的基本原理"。

新中国成立后,由于受左倾路线的影响,比较法学的研究曾一度停滞不前,先是对一切资本主义国家的法律、法律文化采取绝对对立与排斥的态度,后是连同其他大部分社会主义国家的法律与法律文化也一概斥为"修正主义"而将其拒之门外。这从1957年原上海东吴大学法学院——中国比较法学院倪征燠教授发出的"救救比较法"的呼吁,可见一斑。1957~1959年以后,由于连年不断的政治运动,由于与苏联、东欧国家交恶,特别是由于1966~1976年的"文化大革命",几乎把比较法学研究推到了绝境。但是,法魂不灭,比较法学总是可以绝处逢生的。1976年粉碎"四人帮"之后,中国比较法学迎来了发展的春天。中国比较法学研究会于1990年5月成立并举行了第一届年会,此举标志着中国比较法学开始了一个全新的发展阶段。从此,关于比较法学的性质、地位、作用、特征、方法等方面的宏观研究,关于比较宪法、比较民法、比较刑法、比较诉讼法、比较犯罪学等的微观研究,都得到了迅速的发展。

显然,中外比较法学研究发展的当前阶段,各国比较法学家更成熟、更理性了;当然,水平也更高了。笔者这里所说的"成熟"、"理性"与"高水平",主要都是指各国的比较法学家。其一,都更重视放眼世界,学习其他法系、其他国家法制建设的成功经验；其二，都更重视探讨有关促成法律在全球性交流中发挥更好、更大作用的探讨；其三，都在努力为法律的世界化贡献自己的智慧。其彰明较著的成果，毫无疑问，早已凸显在联合国与世贸组织的建设与发展中。这两个全球性组织的形成所显现的是：首先，二者均奠基于各缔约国共同确认的有关法律规定；其次，二者诞生之后，又不断地制定出为各缔约国所一致赞同的法律。这些法律几乎遍及除国体、政体等政治领域以及涉及意识形态领域之外的一切人类社会的生活领域。因此，笔者认为，法律世界化既是比较法学研究的逻辑皈依，而且在相当大的程度上也是这种逻辑皈依的现实写照。由此可见，不被狭隘私利束缚，不为意识形态所囿，不受价值观念干扰，从全人类走向未来的需求出发，兢兢业业地比较研究人类已经积累起来的法律实践经验，努力为法律的世界化服务，每一个比较法学研究者都可以因此而取得成功！

全球化时代比较法的优势与缺陷

鲁 楠[*]

自20世纪90年代以来,随着冷战的结束,全球化进程开始加速,它所带来的现象给包括法学在内的几乎所有人文社会科学都带来了重大影响。作为法学的一部分,比较法对全球化有着特殊的敏感性,所受到的影响也尤为明显。本文将勾勒比较法与全球化相互影响的各种表现,反思比较法的方法论在解释法律全球化诸多现象时的优势与缺陷,并提出发展中国家比较法范式的初步构想。

一、法律脱域

(一)全球化与"脱域"

"世界范围内的社会关系的强化,这种关系以这样一种方式将彼此距离遥远的地域连接起来,即此地所发生的事件可能是由许多英里以外的异地事件而引起,反之亦然。"[1] 这是21世纪初英国著名社会学家吉登斯(Anthony Giddens)为"全球化"赋予的经典定义。在他看来,不能将全球化简单视为某种意识形态的推广,也不能将其看作是经济或者政治任何一种单

---

[*] 清华大学法学院助理教授,法学博士。
[1] [英]安东尼·吉登斯:《现代性的后果》,田禾译,译林出版社2000年版,第56~57页。

向逻辑的扩张,[2]而应从普遍相互联系的角度把握全球化的性质。

吉登斯认为,全球化是现代性的延伸,是"脱域"(disembededness)属性的深度扩展。"脱域"这一概念最早来自于匈牙利经济史学家波兰尼(Karl Polanyi)。据考证,这一概念最初来自于矿物提炼的隐喻,[3]指涉经济从社会中脱离而出,形成自主系统的历史过程。[4]吉登斯对此进行了创造发挥,主张"脱域"是"社会关系从彼此互动的地域性关联中,从通过对不确定的时间的无限穿越而被重构的关联中'脱离出来'"。[5]

此种"脱域"的内涵包含三个维度。其一,"脱域"意味着时间与空间的分离,即时间从过去时空一体化的状态中脱离出来,形成"虚化时间",这使不同的功能系统形成彼此差异的时间感知,而不再与传统意义上的自然时间重合;其二,"脱域"意味着空间(space)与地点(place)相分离,即空间从它与物理地点的紧密结合中摆脱出来,形成"虚化空间",在这一虚化空间中,权力、符码与认同机制得以重组;其三,"脱域"意味着时间与空间的伸延,即分别"脱域"后的虚化时间和虚化空间在全球层面伸展,并以新的方式彼此结合,形成新的虚拟时空结构。[6]吉登斯主张,应当从这种新的虚拟时空结构的意义上来重新理解全球化。

"脱域"带来了一系列现代后果。首先,作为时空统一体的古老社群,甚至是民族国家,开始出现破裂的迹象,其发展越来越受制于共时化的世界体系,卷入世界社会的互动;其次,现代社会的功能分化不再局限于地理空间,而是横向延伸至全球,形成全球化的政治系统、经济系统、法律系统及科学系统等;最后,世界性规范和认同机制在这一过程中受到重塑,古老的身份认同、文化认同、政治认同都遭遇了不同程度的动摇,而新型

---

[2] 其中较为强调全球化经济面向的理论包括新自由主义全球化理论与现代世界体系理论,参见朱景文:《比较法社会学的框架和方法——法制化、本土化和全球化》,中国人民大学出版社2001年版,第561~585页。

[3] [匈]卡尔·波兰尼:《大转型:我们时代的政治与经济起源》,冯钢、刘阳译,浙江人民出版社2007年版,导言,第15页,注释①。在波兰尼的译本中,embeddedness与disembeddedness被译为"嵌入"与"脱嵌"。

[4] [匈]卡尔·波兰尼:《大转型:我们时代的政治与经济起源》,冯钢、刘阳译,浙江人民出版社2007年版,第50页。也参见[德]尼可拉斯·鲁曼:《社会之经济》,汤志杰、鲁贵显译,联经出版社2009年版,第47~103页。

[5] [英]安东尼·吉登斯:《现代性的后果》,田禾译,译林出版社2000年版,第18页。

[6] 参见[英]安东尼·吉登斯:《现代性的后果》,田禾译,译林出版社2000年版,第15~18页。

的认同模式和规范性资源在孕育之中。

吉登斯进一步主张,存在两种类型的"脱域"机制。一种是象征标志(symbolic tokens)的产生,另一种是专家系统(expert system)的建立。前者是指日益普遍化和抽象化的"相互交流的媒介,它能将信息传递开来,用不着考虑任何特定场景下处理这些信息的个人或团体的特殊品质"。[7] 借助这些象征标志,即货币、权力、信任、真理、法律等媒介,形成超越地域的沟通和相关的实践。后者是指"由技术成就和专业队伍所组成的体系",[8] 借助这些专家体系及其所积累的知识资源,为"脱域"所形成的复杂社会互动提供必要的智力支持。

(二)法律全球化

在全球化时代,法律作为社会关系的一种规则表现,也受到此种"普遍相互联系"的深刻影响。在这一过程中,法律的形态、语义和逻辑都发生了深刻的改变,我们将这一复杂的现象称为法律全球化。[9] 与全球化过程一样,法律的全球化也不可避免地具有"脱域"的种种特点与表现形式。

第一,从时间上讲,过去在不同的空间场域分别发展的法律,开始出现"共时化"现象。在民族国家时代,法律发展受制于民族国家自身发展的内在逻辑,法律发展的议程与民族国家的发展议程相互同步,这导致法律的发展水平受制于民族国家的发展水平。而随着全球化时代的来临,法律在全球层面开始形成统一的时间进度,除却少数的文化"孤岛",世界上绝大多数地域和国家的法律都被裹挟进入现代性的历史过程,服务于现代性在全球层面的展开,进入了相同的历史通道。这一趋势使全球法律开始具有内在的趋近性甚至趋同性。

第二,从空间上讲,法律开始突破地域藩篱,产生超越领土国家的形式。在民族国家时代,法律是由民族国家制定或认可,在领土范围内生效的规则总体。而国际法则是民族国家主权意志相互协调的产物,这一总体

---

[7] 参见[英]安东尼·吉登斯:《现代性的后果》,田禾译,译林出版社2000年版,第19页。

[8] 参见[英]安东尼·吉登斯:《现代性的后果》,田禾译,译林出版社2000年版,第24页。

[9] [美]沃尔夫·海德布兰德:"从法律的全球化到全球化下的法律",载[意]D. 奈尔肯、[德]J. 菲斯特:《法律移植与法律文化》,高鸿钧等译,清华大学出版社2006年版,第157页。

安排被称为"威斯特伐利亚二重奏"(Westphalia Duo)。随着全球化时代的到来,民族国家格局及其法律形式皆受影响,其学理受到质疑。全球的(global)、国际的(international)、区域性的(regional)、跨国的(transnational)、社区间(communal)的多重法律空间,以及地区性国家的、亚国家的、非国家的多种法律形式纷纷出现,[10]对传统法律理论构成了挑战。这些法律空间和法律形式超越国家主权,绕过领土边界,渗透进入民族国家的法律体系,产生了巨大的影响。过去受缚于"民族国家容器"[11]的地方法律形式也在全球层面重新组织并发挥作用。原住民法、宗教法、行业法纷纷借助全球化过程突破国家界限,延伸至世界其他地域,造成各种法律形式的"全球播散"。[12]

第三,从象征符号上讲,法律的有效性不再全然锚定于国家主权,开始出现其他赋予法律有效性的规范力量。在民族国家时代,"主权"是民族国家存在的象征符号,它既是政治权力的源头,也是法律创制与运用的规范性根基。法律与主权的结合,造成法律共同体与政治共同体的相互交叠,合法性与主权的相互支持,维持了民族国家的一体性。在国际法上,主权的象征符号假定了民族国家内部法律文化的先定和谐,从而大大简化了国际治理的复杂性。[13]但在全球化时代,法律的象征符号开始逐步与主权相分离,[14]形成自主的法律系统,并可以与彼此差异的其他规范力量相结合。这些规范性力量包括商业交往的内在需求、宗教信仰的理念力量、具有普遍性主张的道德信条,以及全球风险的客观压力。这些规范性力量促使行业法、宗教法、人权法、环境法等法律形式纷纷倾向于脱离国家主权,去获得各自的全球表现形式。

---

[10] [英]威廉·退宁:"全球化与比较法",载[英]埃辛·奥赫绪、[意]戴维·奈尔肯:《比较法新论》,马剑银、鲁楠等译,清华大学出版社2012年版,第95页。

[11] 关于"民族国家容器"的比喻,参见[美]A. 杰汀霍夫:"国家形成与法律变迁:国际政治的影响",载[意]D. 奈尔肯、[德]J. 菲斯特:《法律移植与法律文化》,高鸿钧等译,清华大学出版社2006年版,第135页。

[12] [英]威廉·特文宁:"法律播散:一个全球的视角",魏磊杰译,载《清华法治论衡》第14辑,清华大学出版社2011年版,第22~57页。

[13] David Kennedy, "New Approaches to Comparative Law: Comparativism and International Governance", *Utah Law Review*, 2 (1997), p.554.

[14] 徐栋:"全球化语境下国家与主权关系的再思考",载《清华法治论衡》第15辑,清华大学出版社2012年版,第193页。

第四，从社会关系上讲，法律所赖以存身的身份认同发生变化。政治共同体不再是法律存在的唯一载体。多元共同体与多样身份认同开始催生出多元法律形式。一种不同于人类学意义上的全球法律多元主义正在呼之欲出。[15] 这种法律多元主义扎根于在全球化时代不断兴起的新型共同体，这些共同体规模不等，彼此嵌套。其中包括原住民、环保主义者、网络空间社群、国际移民、跨国信仰共同体、商人联合体，等等。

第五，从专家体系上讲，全球化时代正在形成在全球层面运作的法律专家体系。这些法律专家分布于跨国公司、跨国律师事务所、国际政府组织、跨国非政府组织、跨国媒体、全球社会运动等机构中，利用经过融合、转化和创新的法律知识，服务于种种彼此差异的全球法律谋划。这些全球法律专家，或者来往于国际组织与民族国家政府之间，以"法律企业家"的姿态，为法律的输入与输出穿针引线；[16]或者回旋于公共机构与私人团体之间，以"法律发展专家"的面貌，为各种包含公、私两种利益的法律项目出谋划策。[17]

第六，从整体趋势上讲，法律全球化并非均衡发展，在这一过程中，形成了不均衡的世界法律格局。一些在世界体系中处于中心地位的国家或地区，如美国和欧盟，借助国家实力进行法律输出，将本国或本地区法律进行全球推广，在一段时间内，造成全球法律"美国化"[18]或者"欧洲化"[19]的趋势；而处于边缘或半边缘地位的国家则被迫或主动处于继受地位。葡萄牙学者桑托斯（Boventura de Sousa Santos）称之为"自上而下的全

---

〔15〕［德］贡特尔·托依布纳："'全球的布科维纳'：世界社会的法律多元主义"，高鸿钧译，载《清华法治论衡》第 10 辑，清华大学出版社 2008 年版，第 241~279 页。

〔16〕 关于"法律企业家"，参见［美］安东尼·科恩、麦凯尔·拉斯克·麦德森："冷战法：法律企业家和欧洲法律场域的出现（1945—1965）"，载［德］沃尔克玛·金斯纳、［意］戴维·奈尔肯编：《欧洲法律之路——欧洲法律社会学视角》，高鸿钧等译，清华大学出版社 2010 版，第 211~241 页。

〔17〕 Thomas Carothers, "Rule of Law Temptations", in James J. Heckman et al. (eds), *Global Perspectives on the Rule of Law*, Routledge, 2009, pp. 1~27.

〔18〕 高鸿钧："美国法全球化：典型例证与法理反思"，载《中国法学》2011 年第 1 期，第 5~45 页。

〔19〕 See Francis Snyder, *The Europeanisation of law: The Legal Effects of European Integration*, Oxford: Hart Publishing, 2000.

球化"。[20] 此种不均衡的局面，引发了关于霸权主义全球化和"帝国法"[21]等诸多批评。而与此同时，自下而上的或者说"抵抗性"的法律全球化也在集聚力量。[22]

第七，从学理方面来讲，法律全球化所带来的冲击不仅影响到实践层面，也波及法律理论。它要求提出全新的法律理论，对法律全球化的复杂现象给予全面解释和反思。英国法学家退宁（William Twining）认为，全球化给法律理论提出了三种挑战，分别是：①全球化和相互依赖对那种将法律视为离散、封闭实体的"黑箱理论"形成挑战；②全球化对主流法律理论传统上国内法与国际法的划分形成挑战；③全球化需要形成超越不同法律文化的法律理论，以构成一个概念框架和元语言。[23] 但应当看到的是，尽管这种理论追求"或许就像为了认识宇宙，而描述一个海浪或掌握一片草坪那样玄妙"[24]，然而，它刚刚起步。

在这一过程中，比较法所蕴含的智识资源有助于此种法律理论的形成，但传统比较法所存在的缺陷阻碍了这一理论抱负的实现。因此，在法律全球化的新视野下，有必要对比较法的优势与缺陷进行反思。

二、比较法的优势

吊诡的是，在现代西方法律传统中，比较法一直被视为"特异、边缘而又无聊的学科"[25]，它"更多的是一门艺术而非科学"[26]，长久以来，比较法学甚至会因为自己是否属于一个独立的学科而争论不休。[27] 究其原因，

---

[20] [葡]博温托·迪·苏萨·桑托斯：《迈向新法律常识：法律、全球化和解放》（第2版），刘坤轮、叶传星译，中国人民大学出版社2009年版，第225页。

[21] UgoMattei, "A Theory of Imperial Law: A Study on U. S. Hegemony and the Latin Resistance", *Indiana Journal of Global Legal Studies*, 10 (2003), pp. 383~448.

[22] [葡]博温托·迪·苏萨·桑托斯：《迈向新法律常识：法律、全球化和解放》（第2版），刘坤轮、叶传星译，中国人民大学出版社2009年版，第222~224页。

[23] [英]威廉·退宁：《全球化与法律理论》，钱向阳译，中国大百科全书出版社2009年版，第64~69页。

[24] [英]威廉·退宁：《全球化与法律理论》，钱向阳译，中国大百科全书出版社2009年版，第223页。

[25] [加]H. 帕特里克·格伦："比—较"，载[英]埃辛·奥赫绪、[意]戴维·奈尔肯：《比较法新论》，马剑银、鲁楠等译，清华大学出版社2012年版，第102页。

[26] Butler, "International Law and Comparative Method", *Current Legal Problems*, 30 (1977), pp. 105~106.

[27] J. R. Gordley, "Is Comparative Law a Distinct Discipline?", *American Journal of Comparative Law*, 46 (1998), pp. 606~616.

固然在于比较法始终未能发展出像自然法学、实证主义法学和社会法学那样高度系统化的学理,其知识论与方法论尤显不足。但其他的原因也在于,自其诞生之日起,比较法所努力的重点在于对不同法域的法律规则、制度与文化进行叙述、评价与沿革性观察,[28]借此追求实现"文明人类共同法"[29]的理想目标。因此,国家理论一直并不处于比较法的核心,它不可避免地具有强烈的文化中心主义色彩,从而对民族国家的政治服务性似乎不强烈。但与此同时,比较法中所暗藏的比较方法、多层视角、脱域取向、反思效果,使比较法具有独特的优势,使它在全球化时代将发挥更重要的作用。

(一)比较方法

顾名思义,比较法主张全面、彻底的比较方法。与其他法学理论相比,比较法学对比较方法的强调是十分突出的,这种比较方法不仅包括涉及规则与制度的微观比较,而且包括对文化乃至整个法律文明进行考察的宏观比较。[30]从某种意义上讲,建立在此种比较方法基础上的学术传统,具有与众不同的认识论基础,其中有三个方面值得重视。

第一,比较的认识论承认差异。作为比较的前提,比较法视差异为世界的本来面目,是其存在的基本状态。因能正确地看待差异、包容差异,甚至赞美差异,才能够产生比较的动力和兴趣。多样性而非单一性,是比较法的一贯主张。[31]这使比较法能够平和地看待人类文明的多样性。而且,作为秉承这种比较认识论的知识体系,它天然地对不同法律体系的过去保持尊重。在实践中,比较法学与法律史学具有亲缘性。通过历史性回溯,比较法学家能够对不同法律体系的过去具有"理解之同情",进而对现状能进行有理有据的批判。此外,比较法对世界法律的未来走向抱有开放的见解。这种开放的见解部分来自于比较法对多样性的包容,部分来自于对不

---

[28] 关于比较法的叙述、评价与沿革三个层次,参见朱景文:《比较法社会学的框架和方法——法制化、本土化和全球化》,中国人民大学出版社2001年版,第22~29页。

[29] [美]大卫·S. 克拉克:"千禧之年,了无新意?——世纪初与世纪末的比较法",赖骏楠译,载高鸿钧等编:《比较法学读本》,上海交通大学出版社2011年版,第40页。

[30] 关于宏观比较与微观比较,参见[德]K. 茨威格特、H. 克茨:《比较法总论》,潘汉典等译,法律出版社2003年版,第6~7页。

[31] [英]罗杰·科特雷尔:"差异有如此糟糕吗?比较法与多样性青睐",载[英]埃辛·奥赫绪、[意]戴维·奈尔肯:《比较法新论》,马剑银、鲁楠等译,清华大学出版社2012年版,第151~172页。

同法律体系历史的把握。对多样性的包容，使比较法能够从诸多法律的备选方案中择善而从，而非固执于单一的选项。而对历史的把握，使比较法能够摆脱同时代人难以脱离的一些"偏见"，包括民族国家的永续性、特定法律文明的支配性和特定法律形式的不变性，等等。因此，对于法律全球化所带来的变局，比较法学家往往高度敏感。

第二，比较的认识论追求"和合"。在人类历史的发展过程中，冲突与合作两股力量往往彼此并存、交相为用。因此，在学术研究中，有的研究以冲突作为逻辑起点，有的则以合作为逻辑起点。尽管多数学术研究都以"价值无涉"相标榜，但背后难免有意愿性因素发挥作用。从描述的角度来看，比较法并不排除对冲突的精密观察；但从意愿的角度来看，比较法相对偏于合作的取向。这使比较法在承认差异，甚至了解冲突的基础上，始终试图在诸多殊相中寻求共相，探索彼此差异的法律体系之间沟通与协调的"公分母"。这样的意愿使比较法在国际私法、国际商法和国际公法等传统领域取得了巨大的成就，很多著名的国际公约和国际示范法都是比较法的杰出成果。这种追求和合的努力不同于追求单一性的化约主义，而是追求兼容趋异与趋同两种趋势的和合主义，其背后暗藏着一种和解的认识论，而非冲突的认识论。[32] 在这一意愿主导之下，尽管很多比较法学家难免受制于自身所属的文明和所接受的知识体系，但他们整体上对"文明冲突论"[33] 始终保持着高度敏感，并努力试图避免单一文明及其法律传统独霸天下的局面。

第三，比较的认识论具有后形而上学的旨趣。第二次世界大战以后，西方哲学进行的一项重大调整是对传统形而上学的否思。德国哲学家哈贝马斯认为，这一思潮由"语言哲学转向"展开，[34] 而类似的转向也发生在现象学以及后现代主义哲学等不同脉络中。虽然这些理论拥有各自不同的内在理路，但都不约而同地主张，应对所有未经理性反思的形而上学预设进行批判性检验。这一理论趋势在很大程度上动摇了传统西方哲学的三大

---

[32] [加] H. 帕特里克·格伦："比—较"，载 [英] 埃辛·奥赫绪、[意] 戴维·奈尔肯：《比较法新论》，马剑银、鲁楠等译，清华大学出版社2012年版，第104~118页。

[33] 参见 [美] 塞缪尔·亨廷顿：《文明的冲突与世界秩序的重建》，周琪等译，新华出版社2002年版。

[34] [德] 于尔根·哈贝马斯：《后形而上学思想》，曹卫东、付德根译，译林出版社2001年版，第24页。

根基,即本体、意识与主体,使西方哲学迈入了后形而上学时代。哲学上的理论转向势必会对包括法学在内的社会科学产生巨大影响。与传统法学范式相比,比较法适应了哲学转向的时代潮流。从方法论上讲,比较法的风格与现象学接近,强调现象直观,悬搁本体假设,注重深度描述,这样能够防止陷入意识形态的偏见,为其在不同文化体系与意义系统之间建立起中立的比较框架提供了重要的思想前提。

(二) 多层视角

比较法具有多层视角。一般认为,自然法学强调法律的意义之维,实证主义法学强调法律的规则之维,社会法学强调法律的实践之维,而法律正如一个空阔曲折的大厅,法学的每一束光线仅能照亮其中的某一部分,导致"有所见,亦有所蔽"的后果。作为法学的组成部分,比较法也难免有类似的问题。但由于比较法自身所具有的多层视角,使它能够照亮的部分更多。

第一,比较法同时照顾到法律文明的三个层次,即器物、制度与观念。[35] 器物是指承载法律现象的物质载体;制度是指法律运行的制度框架;观念则是支配和影响法律发挥作用的精神因素,包括文化、习俗、宗教等方面。器物、制度与观念各自变动的频率和难度皆有差别。其中,器物的变化最快,阻力也最小;制度的变化和难度要相对困难;而观念的变化最慢,在改变的过程中所受阻力最大。但是,器物、制度与观念三者往往彼此联通,互相支持。一个完整的法律理论需要兼顾法律文明的这三个层次,深察其中的复杂关联。然而,传统法律理论往往偏重法律的制度层次,忽略器物层次和观念层次,而比较法恰恰能够弥补此类不足。

第二,比较法同时兼顾法律的文本层次和实践层次,既考察书本之法,又涉及行动之法,甚至深入行动背后的意义指向。现代法律往往处于"事实"(fact)与"规范"(norm)二者的紧张关系之中。在规范层面,法律需要论证其正当性(legitimacy);而在事实层面,法律需要外部力量的支撑。这使现代法律既是符号系统,也是行动系统,既包含有"效力"的层次,也含有"实效"的层次。然而,在传统法律理论中,此种张力往往无法得到全面的考察。自然法学偏重于法律的规范层次,实证主义法学偏重于法

---

[35] 参见高鸿钧:"法律文化与法律移植:中西古今之间",载《比较法研究》2008 年第 5 期。

律的效力层次,而社会法学则偏重于法律的实效层次。在这种偏重中,往往以忽略甚至牺牲其他层次为代价。这种理论上的偏颇,使法律理论在完成跨文化比较使命时,容易暴露出严重不足,甚至为不同法律文明之间的相互了解和沟通设置不必要的障碍。从规范层面来讲,试图单纯以一种法律文明孕育的思想资源去论证其具有普遍性的价值,容易陷入思想困境。以自然法学为例,它所汲取的思想资源来自于西方法律文明的自然法传统,为现代社会的权利、自由、尊严等价值提供了巨大的思想支持。然而,如欲论争权利、自由和尊严等价值具有"普遍性",则需走比较法所开辟的道路,在不同法律文明的对话中寻求共识。从事实的层面来讲,实证主义法学所开辟的对法律语义结构的分析固然极具价值,然而容易抹杀其他法律文明的差异性,也将法律的实效问题弃之不顾。而在比较法的视野中,法律的意义、效力与实效三者至少在理论上是等量齐观的。

第三,比较法不拘泥于实证主义的法律概念,因而能够看到多重法律空间和多种法律类型。桑托斯认为,至少存在地方法、国家法和全球化法这"三重法律空间"[36],主要有:①民族—国家规制的跨国化;②区域一体化的法律;③商人法的再现;④移动中人们的法律;⑤土著民族的法律;⑥次级世界主义与人权;⑦全球公域的法律这七种法律类型。[37] 而按照实证主义的法律概念,其中多数法律空间和法律类型将无法被识别和定义。因为根据实证主义的法律概念,法律是由主权部门制定或认可的规则总体,这种法律实证主义与民族国家格局相互匹配。然而,在全球化时代,民族国家格局的松动也使法律实证主义受到挑战。比较法则不同,它能较早地认识到实证主义法律概念的局限性,看出这一概念与民族国家时代的密切关联。这部分得益于跨文化比较所提供的开阔视野,也部分得益于历史性追溯所提供的丰富信息。从跨文化比较的视野看来,实证主义所提供的法律概念往往难以解释西方之外很多法律文明的复杂现象;而从历史的角度观察,这种法律概念也仅仅是人类历史上特定发展阶段的产物。更重要的是,与法律实证主义不同,比较法的目标和使命使它必须对法律全球化的

---

[36] 即地方法、国家法和全球化法,参见[葡]博温托·迪·苏萨·桑托斯:《迈向新法律常识:法律、全球化和解放》(第2版),刘坤轮、叶传星译,中国人民大学出版社2009年版,第523页。

[37] 参见[葡]博温托·迪·苏萨·桑托斯:《迈向新法律常识:法律、全球化和解放》(第2版),刘坤轮、叶传星译,中国人民大学出版社2009年版,第239页。

现象和挑战给予积极回应；若采取法律实证主义的法律概念，将难以成功地绘制出全球化时代的世界法律地图。

（三）"脱域"取向

比较法突出"脱域"取向。随着"脱域"所带来的时—空分离，民族国家作为法律的时空统一体开始出现破裂的迹象，法律空间的多维化与法律时间的共时化形成法律全球化时代独特的悖论。如何化解这一悖论，成为法学理论的难题之一。传统自然法学倾向于对法律作超时间处理，认为在法律之上存在超越时空的普遍性资源，这造成的结果是取消了法律的时间性；实证主义法学则倾向于对法律作非时间处理，认为法律的语义结构可以套用到任何特定的时空和政治组合形式上，其结果是仅仅拘泥于对法律的现代性描绘和国家主义构建。这两种经典法学范式，都不同程度地落后于法律全球化实践。值得一提的是，晚近西方法学受到批判主义和后现代主义思潮的影响，"现代性"预设开始遭受质疑，甚至出现以空间多维性取消共时性的理论潮流，这导致的结果是仅看到趋异性，而弃趋同性于不顾。在笔者看来，这并非解决悖论的合理方式。从比较法的视角观察，法律"脱域"的问题需要从三个层面进行考虑。

其一，法律空间的多维化与法律时间的共时化是一体两面、相互依存的关系。空间多维化充分展现了全球化时代法律的趋异性，共时化展现了法律的趋同性，趋异与趋同是全球化时代法律的共有现象。其二，与前现代社会的法律图景不同，现代社会的多维法律空间建立在相互衍生的基础上，背后有频密的人类交往实践作为依托，趋异建立在趋同的基础上。因此，一些超越空间差异性的普遍性法律模式具有现实基础，在此基础上，承载人类交往意愿与和平理想的普遍性法律，如人权法得以出现，法律世界主义的理想得以萌生。其三，与此同时，共时性并不妨碍多维法律空间的展开，而是为此种展开提供了新的条件。在传统社会，法律空间要么压缩在特定文化、历史社群内部，要么局限在特定身份社群之中，无法充分展开。而共时性的出现，使法律空间突破社群界限在全球范围内横向扩展，使法律所依赖的身份认同更加多元化、抽象化。因此，比较法所描绘的法律图景是一种"现代多元化"图景，它既非单纯强调传统多元性，否定现代性，也非单纯强调现代统一性，否定文化多样性。无疑这一理论洞见对于把握法律全球化的复杂局势是有益处的。

(四) 反思效果

比较的认识论促使反思。与其他的法学研究范式相比,比较法自身具有较强的反思性,这种效果来源于比较的认识论。从成长心理学的角度来看,在人类成长的历程中,往往经历了认识自我、区分他者,进而自我反思的阶段。[38] 而如何看待自我、对待他者,始终是人类成长的中心性问题,其背后的动力在于人类反思能力的增长、将之推展到社会发展的历史过程,我们也不难发现,人类反思能力的增长、交往理性的能量释放是社会走向开放、成熟的内在动力。在德国思想家哈贝马斯看来,现代性的重要成就是"破天荒的第一次,那种已经在理性化的世界观中获得的普遍性潜能能够被释放出来,世界的统一再也不是根据哲学实在化的统一原则来对象式地促成。从此后,世界的统一将只是反思性的,并通过理智的统一而被断言"。[39] 从某种意义上讲,比较法恰恰致力于促进人类的自我反思和沟通的社会实践。作为比较的前提,须以平等态度看待"他者",甚至为了使比较得以成功,需要将研究者所熟悉的本土法律体系进行陌生化处理,将"非他者"进行"他者化",这便造成"他山之石,可以攻玉"的局面,促使研究者对本土法律体系进行深度反思。而祛除傲慢与偏见,是促进法律改革、达成新的法律共识的必要准备。

在全球化时代,这种反思效果使比较法在两个方向上能够有所作为。其一,比较法暗藏着克服法律理论及法律制度设计方案被单一形态主宰的傲慢。自人类逐步进入现代社会开始,法律全球化的过程几乎为西方法律所垄断,美国法学家邓肯·肯尼迪(Duncan Kennedy)令人信服地指出,在1850~2000年这150年中,先后是以德国法为代表的古典法律形式、法国法为代表的社会法形式与美国法为代表的新公法形式主义结合政策分析,主宰着法律与法律思想全球化的进程。[40] 而在现在及可预见的未来,似乎世界法律文明的其他部分仍未能形成重塑世界法律地图的自我意识和实践,这无疑是令人担忧的。近年来,比较法所提供的广阔视野和反思取向进一

---

[38] [德] 尤尔根·哈贝马斯:《交往与社会进化》,张博树译,重庆出版社1989年版,第71~96页。

[39] 参见[德] 尤尔根·哈贝马斯:《交往与社会进化》,张博树译,重庆出版社1989年版,第108页。

[40] [美] 邓肯·肯尼迪:"法律与法律思想的三次全球化:1850—2000",高鸿钧译,载《清华法治论衡》第12辑,清华大学出版社2009年版,第47~117页。

步暴露了法律全球化过程的单向性和霸权色彩,并努力推动和构想与此针锋相对的努力。其二,比较法包含参照更广阔的全球化背景和时代趋势,改良本土法律的内在动力。与传统意义上的民族国家法律精英不同,比较法学家更清楚地意识到,本土法律体系的发展受到世界法律发展总体趋势的影响。在全球化时代,那种与世隔绝地发展封闭法律体系的努力终属徒劳无益;在几乎所有法律领域与世界接轨,已经成为各国法律发展与改革的内在标准。随着法律全球化过程的逐步深入,比较法的反思潜力将进一步转化为各国新一轮法律改革的动力。

三、比较法的缺陷

尽管比较法具有以上提及的四点优势,使它有潜力成为全面解释法律全球化现象的基础理论。但是,20世纪80年代所形成的"传统比较法"暗藏着一些缺陷,阻碍了这种潜力的发挥。自20世纪90年代以来,受到新一轮全球化浪潮的影响,西方比较法学界掀起了一场比较法的"范式革命",对传统比较法的批判与反思引起了广泛关注。[41]

退宁认为,传统比较法受到西方法律学术传统的巨大影响,这种学术传统的"理想模型"暗含的九点假定受到全球化的冲击。[42] 这九点假定分别为:①法律包含两种主要秩序类型:国内法和国际公法;②民族国家、社会和法律体系在相当程度上是封闭的、自给自足的、可以孤立开来进行研究的实体;③现代法律和现代法理学是世俗的;④现代民族国家法首先是理性官僚制的、工具性的;⑤从"自上而下"(裁判者、官员、立法者、社会精英)的视角可以对法律作最好的理解;⑥法律学科的首要主题与其说是对社会现实的经验研究,不如说是观念和规范;⑦现代国家法律几乎专属于北半球国家(欧洲/英美)的创制;⑧对非西方法律传统的研究只是西方法律学术中具有边缘性的、并不重要的一部分;⑨隐含在现代法律之下的基本价值是普适性的。在退宁看来,在全球化背景下,这些预设严重阻碍了比较法的潜力发挥,需要加以突破。而雷曼则认为,在20世纪后半叶,美国和欧洲的比较法虽各有进展,但潜在问题是结构破碎、理论基础

---

[41] See *Utah Law Review*, 2 (1997); *American Journal of Comparative Law*, 4 (1998).
[42] [英]威廉·退宁:"全球化与比较法",载[英]埃辛·奥赫绪、[意]戴维·奈尔肯:《比较法新论》,马剑银、鲁楠等译,清华大学出版社2012年版,第85~86页。

缺乏和目标定位不清，其根本原因在于对比较法本身缺乏深刻反思。[43] 在他看来，退宁所列举的那些问题是比较法理论匮乏病症的外在反映。雷曼希望通过树立典范、协调目标、加强合作等方式来革新比较法，但这些"药方"能否奏效令人信心不足，因为理论匮乏的症状必须以理论反思来加以治愈。高鸿钧教授认为，传统比较法范式的缺陷包括八个方面：①缺乏理论基础，没有形成整体理论框架；②缺乏独特的目标；③欧洲中心主义倾向；④传统的法系划分不合时宜；⑤过分注重私法；⑥关注书本之法，忽视行动之法；⑦缺乏与其他学科的合作；⑧知识与语言面临困难。[44] 在他看来，这些缺陷都阻碍了比较法的进一步发展，降低了比较法对法律全球化等现象的解释能力。但值得重视的是，近些年在比较法与法律全球化领域，来自批判法学的邓肯·肯尼迪、戴维·肯尼迪（David Kennedy）与桑托斯都有较高理论水准的研究出现，三位学者不约而同地将矛头指向了比较法背后的西方现代主义政治法律谋划。[45]

结合以上提及的数次讨论和比较法自身的进展，笔者认为，在关于法律全球化问题上，传统比较法范式有以下四个缺陷尤为突出。这些缺陷分别为：西方中心论、国家中心论、功能比较论与私法中心论。

（一）西方中心论

比较法的优势在于承认差异，因此其内在逻辑本应不含有西方中心主义，但是在实践中，比较法的西方中心主义倾向人所共知。它表现在：①比较法的话语与知识体系西方化；②比较法的议题严重偏向于英美法与大陆法；③比较法更加关注西方法律传统对非西方法律传统的移植和改造，而对非西方法律传统本身缺乏关注。

之所以形成这种倾向，有其理论与现实原因。其一，比较法脱胎于西

---

[43] Mathias Reimann, "The Progress and Failure of Comparative Law in the Second Half of the Twentieth Century", *The American Journal of Comparative Law*, 50 (2002), pp. 685~699.

[44] 高鸿钧："比较法研究的反思：当代挑战与范式转换"，载《中国社会科学》2009 年第 6 期。

[45] ［美］邓肯·肯尼迪："法律与法律思想的三次全球化：1850—2000"，高鸿钧译，载《清华法治论衡》第 12 辑，清华大学出版社 2009 年版，第 47 ~ 117 页；David Kennedy, "New Approaches to Comparative Law: Comparativism and International Governance", *Utah Law Review*, 2 (1997), pp. 545 ~ 637; David Kennedy, "The Mystery of Global Governance", in *Ohio Northern University Law Review*, 34 (2008), pp. 827 ~ 860；［葡］博温托·迪·苏萨·桑托斯：《迈向新法律常识：法律、全球化和解放》（第 2 版），刘坤轮、叶传星译，中国人民大学出版社 2009 年版，第 19 页。

方法律传统，其话语、概念与知识体系来源于西方，西方话语好比这一知识体系的"母语"；其二，自人类社会进入现代以来，西方的崛起乃不争的事实，这造成了西方法律与法律思想的全球传播；[46]其三，在现代社会兴起的历史过程中，唯有西方政治与法律制度展现了现代适应性，这种适应性是内生而非外迫的结果；[47]其四，由于从事比较法研究的学者多数来自西方，或者受到西方的法律教育，因此在观察过程中以西方作为立足点也无可厚非。

但是，自20世纪90年代以后，这种西方中心论遭到了比较法学界的抨击。部分来自于批判法学的学者认为，比较法的西方中心主义实质是霸权话语，是强者主宰弱者的叙事；[48]而部分致力于研究非西方法律制度与传统的学者认为，西方中心主义遮蔽了法律多样性，是西方压倒东方的叙事；[49]更有一批学者，将矛头指向了西方主导的整个现代性构造。[50]笔者认为，揭露霸权话语，向弱者揭秘强者的"统治术"固然必要，但由此走向极端，全然否定西方现代法律的杰出成就有欠公允；展现法律的多样性当然没有问题，但由此对非西方法律制度和文化缺乏批判和反思也不足取法，那种将他者"异国情调化"[51]的倾向不过是其文化种族主义的另类表现。而且应当看到的是，对现代性的批判应被视为现代性自身反思过程的组成部分。

更值得指出的是，自20世纪90年代进入新一轮的全球化以来，一些新的问题和新的现象也使西方中心论暴露出不足。首先，一些新兴发展中国家逐步跃上人类发展的舞台，其寻找适合本国、本文化的现代发展模式的政治、法律实践引人注目，比较法的西方中心论已不足以解释这些全新的实践。其次，在一些区域，如欧盟、东亚、非洲与拉美，区域性法律整合

---

[46] [美]邓肯·肯尼迪："法律与法律思想的三次全球化：1850—2000"，高鸿钧译，载《清华法治论衡》第12辑，清华大学出版社2009年版，第47~117页。

[47] [德]马克斯·韦伯：《新教伦理与资本主义精神》，康乐、简惠美译，广西师范大学出版社2007年版，第14页；[美]道格拉斯·诺斯、罗伯斯·托马斯：《西方世界的兴起》，厉以平、蔡磊译，华夏出版社2012年版，第4页。

[48] Günter Frankenberg, "Stranger than Paradise: Identity & Politics in Comparative Law", *Utah Law Review*, 2 (1997), pp. 262~266.

[49] [英]沃纳·蒙斯基："欧洲之外"，载[英]埃辛·奥赫绪、[意]戴维·奈尔肯：《比较法新论》，马剑银、鲁楠等译，清华大学出版社2012年版，第190~241页。

[50] 鲁柯："比较法的现代性歧途"，载《比较法研究》2003年第5期。

[51] Nathaniel Berman, "Aftershocks: Exoticization, Normalization, and the Hermeneutic Compulsion", *Utah Law Review*, 2 (1997), p. 282.

初露端倪,甚至有巨大进展,这些法律整合融合了极为复杂的法律文化、制度元素,非西方中心论所能识别与解释。以欧盟为例,随着欧盟的扩张,它越来越面对与和西欧法律文化传统截然不同的其他法律文化的整合问题,包括东欧前社会主义国家,以及土耳其等。这不仅是巨大的政治挑战,也是极为复杂的法律挑战,简单的欧洲中心论和大陆法系/英美法系二分法已暴露出不足。再次,在全球层面,一些国际组织,如联合国、WTO、世界卫生组织等已经渐次发展出自己的法律体系,甚至形成了自己的法律文化,这些法律体系的特点已不能用西方中心论的比较法模式所解释。例如,WTO法不能简单地用英美法或大陆法的划分来加以识别,而是融合了多个法系的特点而逐步形成的变体。[52]复次,一些主要宗教的世界性传播,将宗教法带向了新的层面,其结合现代因素在不同的地域产生了诸多变化。事实证明,部分精神脱胎于基督教的西方法律传统,在话语、知识与意义系统上与其他宗教法律传统差别巨大,只有摆脱西方中心论才能真正认识到非基督教法律传统的意义、价值和现代影响。最后,自20世纪90年代以来,整个世界体系正在发生深刻的变化,此种变化绝非福山所预估的"历史终结"[53],而是多样性在历史中的展开过程。在这一过程中,"西方中心"很可能将成为明日黄花,失去它赖以支撑的语境。我们应着眼于全球化所带来的变动性,从内部寻找改变既有世界体系的契机,而不是单纯从事霸权逻辑的"揭秘";应当强调全球化时代的法律多元的现代性背景,而非全盘否定现代性的法律成就。这样看来,西方中心论终将为法律全球化的事实所扭转,而比较法需要顺应并加速这一过程。

(二)国家中心论

比较法一向注重法律的历史传统与源流关系,突出其历史之维和文化之维,这使它在全球化的"脱域"时代反而能够别具慧眼。然而,自20世纪90年代以来,一些比较法学者指出,比较法自身也未能如人们所预期的那样,摆脱国家中心论。[54]这表现为:①很多比较法的研究成果,过分注

---

[52] 鲁楠、高鸿钧:"中国与WTO:全球化视野的回顾与展望",载《清华大学学报(哲学社会科学版)》2012年第6期。

[53] [美]弗朗西斯·福山:《历史的终结及最后之人》,黄胜强、许铭原译,中国社会科学出版社2003年版,第331页。

[54] [法]皮埃尔·勒格朗、[美]罗德里克·芒迪编:《比较法研究:传统与转型》,李晓辉译,北京大学出版社2011年版,第68~88页。

重国家法，轻视超国家法和次国家法；②重视国家所制定或认可的"正式法"，轻视习惯法等非正式法；③重视有典型国家代表的法系研究，轻视并非按照国家尺度加以衡量的宗教法、商人法等研究。这造成比较法渐渐等同为国别比较，其理论潜力也由此受到限制。

究其原因，笔者认为有三。其一，比较法诞生于民族国家时代，难免受到民族国家格局的巨大影响。直到今天，民族国家尽管不是世界法律舞台上唯一的行动者，却是最重要的行动者。[55]其二，比较法虽然含有别具一格的方法论，但由于缺乏系统反思，使它难免受到西方法律学术传统"公论"的影响，而这种"公论"也是在民族国家形成的历史过程中逐步孕育的。这一历史过程造就了法律的"威斯特伐利亚二重奏"图景，其背后包含的三组区划，即国际法/国内法、市场法/家庭法、公法/私法的划分是西方古典法律思想的现代遗产。[56]其三，作为法学研究最主要的赞助者，民族国家也期待有利于自身法律发展和政治整合的法律理论，而将与此目标不相关的学科和知识体系边缘化。这往往迫使比较法窘迫于在民族国家法学体系中证明自己的地位和意义。

随着全球化时代的到来，以上所提及的三点原因都渐次遭到动摇。其一，全球化开始打破民族国家格局。很多过去蜷曲于民族国家内部的元素开始突破国家容器，在全球层面扩展。经济的全球化、恐怖主义的全球化、互联网支持的全球互动、跨国移民、宗教复兴、全球粮食危机和环境危机，等等，都引发了民族国家所难以解决的"全球化问题"；国家已经不再是全球层面的唯一行动者，跨国公司、NGO、国际人权运动、恐怖组织、地下财团纷纷跃入全球层面，在制定和改变法律的方面发挥着大小不一的影响力。其二，西方法律学术传统中的"威斯特伐利亚二重奏"也遭到动摇。按照"威斯特伐利亚二重奏"的理想模型，国内法负责处理主权国家的内部事务，而国际法则处理表现为条约或习惯的主权国家间的关系，即国家间法。虽然国际法一直试图紧跟全球化的步伐，在理论上和实践上回应全球化的

---

[55] 朱景文编：《全球化条件下的法治国家》，中国人民大学出版社2006年版，第202~220页。

[56] [美]邓肯·肯尼迪："法律与法律思想的三次全球化：1850—2000"，高鸿钧译，载《清华法治论衡》第12辑，清华大学出版社2009年版，第62页。

种种挑战，[57]但扎根于民族国家体系的事实，使它难以对全球化的新现象给予有力的回应。其三，随着全球化的深入，法学研究的赞助者已不限于民族国家。跨国公司、跨国律师事务所、跨国仲裁机构、欧盟等超国家组织，都为跨国"法律企业家"提供了前所未有的活动场域，使他们发展出符合多种需要的全新法律实践和法律理论，而比较法可以在这一新的局面下寻找到新的发展空间。基于以上三点原因，比较法需要克服自身的国家中心论主张，在更为广阔的视野下经营和发展自己的理论。

（三）功能比较论

功能比较方法在20世纪初由拉贝尔（Ernst Rabel）和马克斯·莱因斯坦（Max Rheinstein）所提出，[58]在第二次世界大战后茨威格特与克茨撰写的经典的比较法著作中得到了系统表述。理查德·海兰认为，功能主义观念与美国社会法学、德国利益法学和自由法学派，以及现实主义法学密切相关，[59]受到了社会法学思潮全球传播的影响。[60]迄今为止，功能比较一直被视为比较法方法论中最重要，也是最有说服力的部分。[61] 功能比较有以下四点优势。其一，它能跨越不同法律体系的殊相，找到共相，使比较具有较为坚实的基础；其二，它着眼于事实，而非名相的规则，能克服法律教条主义的不足；其三，将法律看作是发挥一系列功能的整体，从而避免只见树木、不见森林的弊病；其四，它使比较法具有旁观者的视角，加强了比较法学者观察的客观性和公允度。晚近欧盟在统一私法方面所取得的巨大进步，被视为是功能比较的杰出成果。

但是，在全球化时代比较法的范式革命中，功能比较论的劣势也逐步被指出。高鸿钧教授认为，功能比较有两个方面的缺陷。其一，功能比较

---

[57] David Kennedy, "New Approaches to Comparative Law: Comparativism and International Governance", *Utah Law Review*, 2（1997），p. 545.

[58] ［美］理查德·海兰："比较法"，载［美］丹尼斯·帕特森编：《布莱克维尔法哲学和法律理论指南》，汪庆华等译，上海人民出版社2013年版，第189页；［法］皮埃尔·勒格朗、［美］罗德里克·芒迪编：《比较法研究：传统与转型》，李晓辉译，北京大学出版社2011年版，第96~97页。

[59] ［法］皮埃尔·勒格朗、［美］罗德里克·芒迪编：《比较法研究：传统与转型》，李晓辉译，北京大学出版社2011年版，第96~97页。

[60] ［美］邓肯·肯尼迪："法律与法律思想的三次全球化：1850—2000"，高鸿钧译，载《清华法治论衡》第12辑，清华大学出版社2009年版，第47~117页。

[61] ［德］K. 茨威格特、H. 克茨：《比较法总论》，潘汉典等译，法律出版社2003年版，第46~55页。

缺乏参与者视角，难以把握法律的意义之维；[62]其二，功能比较偏重法律的求同研究，其中潜藏着排斥差异和消除多元的危险。[63]因此，近二三十年来，一些关于比较法方法论的探索纷纷涌现，其中，劳伦斯·弗里德曼（Lawrence Freidman）所开启的法律文化研究得到了更多关注，[64]帕特里克·格伦（Patrick Glenn）所倡导的法律传统研究[65]也引起了反响，皮埃尔·勒格朗（Pierre Legrand）所提出的注重法律的"文化思维方式"的阐释学[66]部分地弥补了功能比较的不足。

在全球化时代，功能比较除了以上提及的不足以外，尚有四点不足值得注意。

第一，功能比较的方法论是一种中观理论，对宏观比较的支持有所不足。在设定功能的背后，难免要预设结构，从而将功能的界限和范围框定，这导致功能比较建立在结构比较的基础上。如果无法预设比较双方的结构具有相似性，功能的相似性便失去支撑。米凯莱·格拉齐亚代伊指出，当"比较法的范围已经超越了罗马法在欧洲普通法区域传播过程中所标记的法律地理疆域时"，其缺陷便暴露得更加明显，因为这种方法"在进行实证研究之前，就假定世界上所有的法律经验有一个基本的一致性"。[67]随着比较法面对与欧洲文化迥然不同的其他法律文化，此种假设的一致性便可能变得令人怀疑。在法律全球化的背景下，很多法律体系的结构千差万别，一

---

[62] 高鸿钧："比较法研究的反思：当代挑战与范式转换"，载《中国社会科学》2009年第6期，第168~169页。

[63] 高鸿钧："比较法研究的反思：当代挑战与范式转换"，载《中国社会科学》2009年第6期，第169~170页。持有类似批评观点的还可参见[美]理查德·海兰："比较法"，载[美]丹尼斯·帕特森编：《布莱克维尔法哲学和法律理论指南》，汪庆华等译，上海人民出版社2013年版，第190~192页。

[64] L. Friedman, "Legal Culture and Social Development", *Law and Society Review*, 6 (1969), p. 34；[英]奈尔肯："法律文化概念的界定和使用"，载[英]埃辛·奥赫绪、[意]戴维·奈尔肯：《比较法新论》，马剑银、鲁楠等译，清华大学出版社2012年版，第122~144页；高鸿钧："法律文化与法律移植：古今中西之间"，载《比较法研究》2008年第5期；高鸿钧："法律文化的语义、语境及其中国问题"，载《中国法学》2007年第4期。

[65] 参见[加拿大]帕特里克·格伦：《世界法律传统》（第3版），李立红等译，北京大学出版社2009年版。

[66] [比]马克·范·胡克：《比较法的认识论与方法论》，魏磊杰、朱志昊译，法律出版社2012年版，第73~77页。

[67] [法]皮埃尔·勒格朗、[美]罗德里克·芒迪编：《比较法研究：传统与转型》，李晓辉译，北京大学出版社2011年版，第98页。

种法律体系的结构中所需要的功能未必在另一种结构中同样需要——这便造成同物异名和同名异物两种现象都不存在的困境。例如，在宗教法和行业法中，便不必存在民族国家的法律结构所必需的一些功能。因此，功能主义往往遮蔽全球法律的多样性。

第二，在功能比较所预设的结构中，民族国家处于支配地位。尽管比较法发展出了更为宏观的法系作为比较单位，但法系常常不具有完整的结构框架，而是通过独特元素来加以识别的"样式"[68]建立。在法系之下，结构往往要具体化为代表性国家才能展开。例如，大陆法系的典型国家是法、德两国，而英美法系的典型国家是英、美两国。这使功能比较渐渐与国别比较相合流。

第三，功能比较往往注重功能的静态比较，忽略动态比较。因此，传统比较法往往对法律功能改变、重设及其造成的"结构漂移"缺乏感知。在很多法律实践中，往往并非结构造就功能，而是功能造就结构。[69]功能为社会的需要所催生，并进而变化出新的结构，新的法律从中兴起。当我们从法律全球化的视角观察，便会发现很多类似的法律现象。例如，第二次世界大战以后国际人权运动所催生的人权法，经济全球化和跨国公司所催生的新商人法，欧洲各国的联合所造成的欧盟法，都是新的法律创造，它在超越民族国家的空间中制造了新的结构，这非功能比较所能解释的。

第四，功能比较忽视法律的意义之维。米凯莱·格拉齐亚代伊认为，"这一方法的实践者是在错综复杂的法律中经过充分训练的律师，他们倾向于选择与他们一样经过类似训练的同僚对话"，而对于法律的"外行"和实际承受者而言，这很可能是另一幅光景。[70]因此，功能比较所反映的是一种带有浓重专家技术论色彩的方法论。如果说，在比较法所诞生的欧洲语境下，在专门从事私法的技术性协调的法律人之间运用功能比较尚不至于产生严重问题的话，在法律文化彼此冲撞、协调、融合的背景下，在宗教法与世俗法、官方法与民间法、全球法与地方法彼此激荡的时代，仅从旁

---

[68] 关于法系的"样式"，参见［德］K. 茨威格特、H. 克茨：《比较法总论》，潘汉典等译，法律出版社2003年版，第108页。

[69] 关于功能与结构的关系，"二战"后社会理论的一项引人注目的变化是卢曼的社会系统论，参见鲁楠、陆宇峰："卢曼社会系统论视野中的法律自治"，载《清华法学》2008年第2期。

[70] ［法］皮埃尔·勒格朗、［美］罗德里克·芒迪编：《比较法研究：传统与转型》，李晓辉译，北京大学出版社2011年版，第101页。

观者视角出发，抓住功能这一单薄的连接项，而不从事对法律意义之维的理解和沟通，比较法学家将难以有所作为。

（四）私法中心论

埃辛·奥赫绪认为，传统比较法的内容明显偏向于私法，"主流的法律专家总是私法专家，主流的比较法多研究私法，通常排除家庭法，而私法涵盖最多的领域是合同与侵权"。[71] 退宁教授也主张，在第二次世界大战后至20世纪90年代是主流比较法范式的形成时期，比较法理想类型"对实践的关注主要集中在私法上，尤其是常常被看作是代表了法律体系或传统核心的债法"。[72] 为何比较法会出现私法中心主义的偏向，而长期未能获得矫正？其中大体有三个原因。

其一，历史原因。作为一个独立的学科或者知识体系，比较法最早诞生于欧洲。由于受到罗马法传统的影响，在追求欧洲"共同法"的历史过程中，私法成为协调与联系欧洲各个国家法律体系的重要纽带。其二，现实原因。由于民族国家形成了各自的法律体系，甚至欧洲中世纪具有超国家色彩的"商人法"也渐次被民族化，因此，在国际层面处理民商事纠纷的途径转变为国际私法。比较法从这种实践需要中孕育产生，与国际私法密切结合在一起。直到20世纪后半叶，这一发展方向仍然占据重要地位。[73] 其三，结构原因。比较法的私法中心主义偏向也是民族国家体系的产物，其背后的结构基础是公法/私法的二元划分。在这一结构中，对私法进行相互比较，进而追求趋同的难度远远低于公法，这也是比较法在私法领域蓬勃发展的深层次原因。此外，邓肯·肯尼迪指出，在古典法律思想传播的过程中，公法/私法的划分恰好有利于它向非西方国家的传播。因为在非西方国家的法律精英看来，私法往往更具有普适性、先进性，反映世界潮流，迎合法律精英改革的愿望；而公法则反映本国的独特性、独立性，体现自主愿望。[74] 这也使比较法更多地投入到富有前景的私法事业之中。

---

[71] EsinÖrücü, *The Enigma of Comparative Law: Variations on a Theme for the Twenty-first Century*, Leiden, Boston: MartinusNijhoff Publishers, 2004, p.171.

[72] [英] 威廉·退宁："全球化与比较法"，载 [英] 埃辛·奥赫绪、[意] 戴维·奈尔肯：《比较法新论》，马剑银、鲁楠等译，清华大学出版社2012年版，第90页。

[73] 参见 [美] 大卫·S. 克拉克："千禧之年，了无新意？——世纪初与世纪末的比较法"，赖骏楠译，载高鸿钧等编：《比较法学读本》，上海交通大学出版社2011年版，第53页。

[74] 参见 [美] 邓肯·肯尼迪："法律与法律思想的三次全球化：1850—2000"，高鸿钧译，载《清华法治论衡》第12辑，清华大学出版社2009年版，第47~117页。

而在全球化时代，以上三点原因都已几乎不复存在。其一，随着法律全球化的深入，比较法开始逐步脱离欧洲，脱离古老的罗马法传统。到了今天，比较法学家共同体已经容纳了来自世界各地多种法律传统的专家人士，比较法的视野大大扩展。在很多法律传统中，私法甚至并不处于核心，更多的法律传统甚至未必发展出私法与公法的划分。其二，自20世纪初以来，西方一些主要国家开始进入福利国家时代，公法在法律体系中的地位越显突出，在很大程度上冲击了传统意义上的私法/公法划分。其三，在跨国层面，以冲突法的模式协调主权国家间的私法关系变得更加困难，人们转而采取拟定国际实体法的方式，大力推进私法的趋同化，而这在国际法的层面动摇了私法/公法的二元对立。其四，第二次世界大战以后，一些过去属于国内事务的"公法"领域在国际法上得到长足发展，《联合国人权宣言》与两个国际人权公约的拟定，带来了国际人权法的重大发展；根据《罗马规约》建立的国际刑事法院，以及预防国际犯罪的需要促使国际刑法也取得了长足的进步；一些超国家组织的出现，以及诸多后发民族国家的民主化改革，使宪法的理念与设计开始突破民族国家的界限进行全球传播。这些现象都带来了公法的全球化。因此，比较法急需扭转自身的私法中心主义倾向，在传统上属于公法的领域结出学术硕果。值得一提的是，自20世纪90年代以来，比较法在这一方面确实已经取得了重要的进展。

四、迈向新比较法？对中国比较法的展望

（一）西方对新比较法的探索

20世纪下半叶，茨威格特与克茨在撰写《比较法总论》的过程中，曾经引用德国法学家古斯塔夫·拉德布鲁赫（Gustav Radbruch）的一句名言："某些科学如果必须忙于探讨自己的方法论，就是带病的科学"。[75] 但直到今天，这句名言对比较法而言仍不适用。或许相反的表述更具价值——只有那些从不反思自身方法论的科学，才是有病的科学。而值得庆幸的是，自20世纪末以来，西方比较法学界一直在酝酿着"范式移转"的剧烈运动。在美国，这股运动大体上有两种变革的思路。[76]

---

[75] [德] K. 茨威格特、H. 克茨：《比较法总论》，潘汉典等译，法律出版社2003年版，第44页。

[76] Nora V. Demleitner, "Challenge, Opportunity and Risk: An Era of Change in Comparative Law", *The American Journal of Comparative Law*, 4 (1998), pp. 650~651.

一种是由批判法学家组成,其观点较为激进,主要包括以下四点:①延续批判法学法律是政治延伸的主张,揭露比较法话语与知识体系背后的权力支配;[77]②抨击隐藏在比较法中立表象背后的种族主义、殖民主义、霸权主义和男性中心主义;[78]③重新审视民族国家的内部法律文化,展现被民族国家掩盖的法律文化多样性;[79]④祛除比较法的宰制性,释放其解放潜能,[80]使比较法成为教育和启迪受压迫民族和群体的知识。[81]

而与批判法学不同,主流比较法学家较为温和,其观点包括以下五个方面。①坚持比较法的学术性,强调学术与政治之间的差异和区隔;②承认比较法学术传统暗含进步的潜力,主张从内部进行反思和改进;③在范围上包容尽可能多的非西方法律传统;④革新比较法的传统内容,对法系、法律移植等进行反思和调整,并引入新的比较法议题,如法律全球化等;⑤推动比较法的跨学科研究,将社会学、政治学、人类学等引入比较法,以克服比较法的理论匮乏。[82]

值得一提的是,不论是激进派,还是温和派,都不约而同地注意到全球化所带来的影响,主张将全球化纳入比较法的视野,并进而探讨法律与法律思想全球化的种种问题。笔者认为,尽管两派针锋相对,在立论的基础上存在诸多差异,但无疑在促使比较法范式移转的问题上拥有共识。事实证明,不论从"破"的角度,还是从"立"的角度来看,比较法的改革

---

[77] Günter Frankenberg, "Stranger than Paradise: Identity & Politics in Comparative Law", *Utah Law Review*, 2 (1997), pp. 259~274.

[78] HoratiaNuir Watt, "Globalization and Comparative Law", in Mathias Reimann and Reinhard Zimmermann (eds), *The Oxford Handbook of Comparative Law*, Oxford: Oxford University Press, 2006, pp. 593~603.

[79] Nathaniel Berman, "Aftershocks: Exotication, Normalization, and the Hermeneutic Compulsion", *Utah Law Review*, 2 (1997), pp. 281~286.

[80] [葡] 博温托·迪·苏萨·桑托斯:《迈向新法律常识:法律、全球化和解放》(第2版),刘坤轮、叶传星译,中国人民大学出版社2009年版,第1~5页。

[81] [美] 邓肯·肯尼迪:"法律与法律思想的三次全球化:1850—2000",高鸿钧译,载《清华法治论衡》第12辑,清华大学出版社2009年版,第47~117页。

[82] Nora V. Demleitner, "Challenge, Opportunity and Risk: An Era of Change in Comparative Law", *The American Journal of Comparative Law*, 4 (1998), pp. 650~651; UgoMattei, "An Opportunity Not to Be Missed: The Future of Comparative Law in the United States", *The American Journal of Comparative Law*, 4 (1998), pp. 709~718; Mathias Reimann, "Stepping out of the European Shadow: Why Comparative Law in the United States must Develop Its Own Agenda", *The American Journal of Comparative Law*, 4 (1998), pp. 637~646.

已经势在必行,"破"和"立"不过是这一过程的两个方面,二者都需要建立在对传统比较法的理论遗产进行系统清理和反思的基础上。

桑托斯指出:"在当今法的全球化如此急剧发展的时期,法的比较研究事业远比以往更具相关性,也更具急迫性,并且由比较法学者在整个世纪所积累的知识财富不能轻易被弃置一边。"[83] 为此,他提出六个方面的改革意见:①强调法律的使用价值,而非交换价值;②强调法律图景的多样性,而非强调吸收、划一和标准化;③强调法在同一地理政治空间内的多元性和多样性,而非强调国家和法的等同;④强调法的背景的可塑性,而非强调单一的工具主义;⑤强调将法律推理作为"价值"和"事实"之间的首先交汇处,而非强调抽象的规范;⑥强调法律过程在世界体系的政治经济中以及经历现代性的轨迹中的嵌入,而非强调法的抽象自治或法的自创生性。[84]

对于以上意见,笔者表示部分赞同。

首先,法律的"使用价值"与"交换价值"应当得到同步展现,而非仅仅强调其中的一方面。在全球化时代,法律的社会功能和效果,即法律的使用价值,与以法律符码作为权力延伸物,即交换价值之间已经出现某种程度的混合。从全球层面来看,法律的使用价值恰恰是通过其交换价值实现的。只有借助高度抽象化的法律代码,法律的功能才能脱离地方性,在全球层面运行。因此,仅仅光复法律的"使用价值",破除法律符码背后的霸权逻辑,并不足以集聚抵抗的力量,也难以扭转整个法律全球化进程,从而释放比较法的解放潜能。只有重塑法律符码,同时改变法律的交换价值与使用价值,才会使比较法焕发出新的生机。

其次,强调法律图景的多样性固然值得重视,但应防止多样性偏爱所带来的对于趋同性的厌恶。事实上,多样性能够和平共存需要一些基本的共识作为条件,需要相当的普遍性资源作为支撑。缺乏这些共识和普遍性资源,多样性很可能沦为庇护奴役、杀戮、专制和压迫的借口。但是,应着力避免普遍性话语成为某种单一意识形态或文化传统宰制的产物,而应

---

[83] [葡]博温托·迪·苏萨·桑托斯:《迈向新法律常识:法律、全球化和解放》(第2版),刘坤轮、叶传星译,中国人民大学出版社 2009 年版,第 238 页。

[84] 参见[葡]博温托·迪·苏萨·桑托斯:《迈向新法律常识:法律、全球化和解放》(第2版),刘坤轮、叶传星译,中国人民大学出版社 2009 年版,第 238~239 页。

致力于跨文化的沟通，在不断的相互理解和各自的反思中提炼普遍性资源。

最后，将抽象的法律现象重新嵌入世界体系和现代性的历程中予以观察，有助于我们发现隐藏在其背后的掠夺本质和霸权逻辑，而就此否定法律"脱域"的现实性，似乎略显偏颇。从某种意义上讲，法律的"脱域"是难以忽视的事实，尽管它违背很多人的意愿和料想。只有正视这种现代社会高度发展后的现象，才可能对法律全球化的进程有更为准确的判断。

也许，新的比较法只能在彼此纠结的复杂张力中，在锲而不舍的相互沟通和反思中才能破茧而出。

（二）对中国比较法的反思

中国历史上有着丰富的比较法实践。中国著名的比较法学家潘汉典认为，中国比较法诞生的时代可以追溯到公元前4世纪，当时李悝所著的《法经》是"当时东方封建社会最早的一部比较立法的成就"。[85] 然而，有着丰富比较法经验的中国，在历史上却没有内生出一套关于比较法的知识体系，这一知识体系是由西方引入中国的产品。这造成了一种奇特的现象，即中国越来越丰富的法律实践与相对贫乏的比较法理论创新之间出现了对立。随着中国主动走向世界，这种对立变得愈发尖锐起来。在这一背景下，笔者认为，在比较法层面，有以下五个命题值得深刻反思。

第一，反思古今与中西的关系。自近代以来，中国一直在古今与中西这两种关系中进行自我定位，寻找出路，大体形成了两种思路。[86] 一种从古今之变的角度出发，将中国问题理解为由传统向现代的转型；另一种从中西之争的角度切入，将同样的问题理解为中国与西方文明的碰撞。前者从时间之维审视，后者从空间之维观察；前者重视古今之间的断裂，后者强调文明内部的延续；前者看到现代社会的趋同，后者看到不同文化的趋异；前者强调法律现代化，突出形式合理性法、职业司法、官僚制等现代因素，后者强调法律的地方性知识，突出实质理性考量、习惯法与非正式司法等传统因素。从某种意义上讲，如何合理定位古今与中西关系，是中国比较法的核心命题。

笔者认为，应从三个方面来理解这一问题。首先，古今与中西问题应

---

〔85〕 潘汉典："比较法在中国：回顾与展望"，载《比较法研究》1990年第2期。
〔86〕 高鸿钧："中国文化复兴宣言"，载《清华法治论衡》第7辑，清华大学出版社2006年版，卷首语。

分别看待。一方面，自人类社会进入现代以来，现代性已经席卷世界，中国由传统向现代社会的转型也是大势所趋。在这一过程中，治理现代社会的法律经验，包括运行市场经济、组织现代政治，以及在"从身份向契约"[87]转化的社会建立社会团结的法律设计方案，具有内在一致性，属于古今问题。另一方面，由于文化作为生活世界中蕴藏的"前理解"资源发挥作用，会渗入法律，使法律也成为文化体系的组成部分而具有差异性，属于中西问题。其次，不能用古今问题取代中西问题。即便所有的文明及其法律体系都进入现代性的历史回路，也会形成丰富多彩的法律方案。在这一历史过程中，中国会结合历史和文化传统，形成具有特殊性的现代法律和法律思想。我们不应因这些特殊性与西方的现代性方案有所差异，而否定其价值。例如，中国反思和融合古代法律思想具有现代意义的部分，如法家"一断于法"的观念、儒家重视法律道义基础的主张都值得探索和提倡。最后，我们也不能用中西问题取代古今问题。不论各种文明提出何种法律方案、提炼何种法律思想，都须符合现代社会组织的基本原则，包括：①承认人的自由、选择与尊严；②建立开放、竞争、合作的社会制度；③设计能够应对现代大型复杂社会的治理机制。任何违背这些基本原则、无法应对现代社会需要的法律，即便它"符合"特定文化传统的某些想象，也将难以在现代社会通行。

第二，反思内部与外部的关系。从文化视角观察，很多文化系统都具有"内聚"的特点和"排外"的特性。文化具有内聚性，表现为它往往形成自我参照的系统，更愿意利用自身的历史记忆来想象未来，提出解决问题的方案；文化具有排外性，表现为它常常对异于自身的文化抱有警惕，以种种方式防止异域文化"侵入"和破坏本文化的内在和谐。经验表明，越是在历史上成功的文化，这种内聚性和排外性就越强烈。但吊诡的是，历史上的成功经验往往成为以后失败的根源。文化的内聚性固然有助于维持文化的连续性，但在社会剧烈变革的时代，本文化传统内部往往并不具有解决问题的思想资源和现成方案，而文化的排外性进一步加剧了其固步自封和抱残守缺，两相结合极容易将文化逼入死路。在这一方面，中国近代的历史有着极其深刻的教训。

在全球化时代，中国法律的现代化尤其需要重新反思内外关系。一方

---

[87] [英]梅因：《古代法》，沈景一译，商务印书馆1959年版，第96~97页。

面,应认识到全球化是现代性的扩展和深化,中国仍处于"千年未有之变局"中。很多法律现象,如法律的全球化、区域法律整合、全球市场与金融体系的形成等问题是新的,需要综合世界各国的法律经验来加以应对,单纯依靠本国经验和古老智慧或许难以提出最佳方案。因此,克服文化排外性,充分利用比较法来吸收和借鉴世界各国的成功法律经验,仍具有现实意义。另一方面,应将本国法律传统和法律智慧提炼、整理和输出,有意识地将其纳入世界法律文化的大循环中,加剧其碰撞,促进其反思,借助人类社会的整体力量来帮助其升华。第二次世界大战结束后,在《联合国人权宣言》的制定过程中,张彭春利用中国传统文化资源对人权观念的再诠释,对国际人权法的建立、中国法律文化的更新和传播都产生了积极影响。[88] 事实证明,以反思的方式调整内外关系,积极融入世界,克服文化的排外性,对于更新本国法律文化,赋予其新的活力至关重要。

第三,反思自主与开放的关系。在全球化时代,中国的法律建设者和改革者们面临着双重任务。第一个任务是建立成熟、完善、自主的法律体系和法律学术;第二个任务是参与全球治理,期求一个更加公平合理的世界法律体系。前者要求中国法学界形成内循环,摆脱话语、知识与实践的西方依赖症;后者则要求中国法学界形成外循环,与世界各国的法律实践和思想互动、接轨。这便形成了自主与开放的辩证关系,值得反思。首先,形成本国法律和学术的自主性是参与全球治理的基础和条件。事实证明,当今世界的各种全球治理机制,都凝结着西方发达国家数百年的治理经验,很多运作良好的国际组织及其法律体系,是从发达国家自身的法律体系借鉴而来的。但是,谋求本国法律及其学术的真正成熟,并不等于割除与外部世界的关系,使法律发展成为纯粹内生的事业。自20世纪80年代以来,中国融入世界体系,带来了深度了解全球法律制度的迫切需要,逐步强大的中国已被世界邀请参与全球治理;而在实践中,中国严重缺乏与此相关的法律知识积累,在短期内试图通过自身法律实践内生出可资全球化的法律经验,是不切实际的。因此,运用比较法深入研究世界各国的治理经验,熔铸成为具有中国色彩的全球治理方案,具有现实意义。

第四,反思理论与实践的关系。自改革开放以来,中国的法律改革颇

---

[88] 鞠成伟:"儒家思想对世界新人权理论的贡献——从张彭春对《世界人权宣言》订立的贡献出发",载《环球法律评论》2011年第1期。

具实用主义色彩，强调经验至上，取得的成就举世瞩目。但随着改革的深入和中国日益卷入全球化进程，进一步的法律改革越来越需要内在反思、总体设计和长远规划。在这一背景下，实用主义和经验至上逐渐显露出不足。首先，在人类生活中，理论与实践的关系至为密切，理论来源于实践，却同时反作用于实践，为实践提供内在联系和反思基础。在现代早期，西方发达国家无不率先在理论上对政治、法律方案有所设计。霍布斯、洛克与卢梭的思想，恰恰为西方现代社会的三个支柱，即国家、市场与社群提供了建构原则；[89]而在国际层面，康德的"永久和平"思想为联合国体系的建立提供了智力支持。理论对实践的深远影响由此可见一斑。反观中国，近三十年来，虽在政治法律领域取得了巨大成就，但始终未能出现具有范式意义的法律思想。其次，理论偏重于从思想上把握实践，承认思想的独立价值，尤其重视行动背后的意义。在人类历史上，思想观念改变实践的例子不胜枚举，实践往往因为被赋予不同意义而进入截然不同的历史通道。例如，现代社会的权利观念，尤其是人权观念，在很大程度上改变了人的自我理解，进而改变了现代社会的组织原则。在制定政治、法律方案的过程中，人心向背和道义考量绝非无足轻重，在全球治理中，缺乏道义基础的规则也难以通行。这种人心和道义，需要具备理论分量的法学研究来加以提炼。最后，理论革新意味着人类反思能力的增长与新的思想解放。每次理论革新都是一种毁灭性的创造，为充满想象力和活力的新方案开辟疆域。而理论革新的匮乏，能够折射出一个政治法律共同体反思和创造能力的不足，这恰恰是我国包括比较法在内的法学学科整体面临的困境。

  第五，反思支配与解放的关系。法律作为管理人类生活的一种规则，具有支配与解放的双重潜力。它既可以将支配性阶层的权力、利益和思想意识转译为法律话语，成为压制的工具；也可以将受压迫者的诉求、主张和观念引入，成为解放的力量。因此，在全球化时代，法律势必成为各种力量角逐的焦点。在世界上处于核心区的国家，试图借助全球化，将反映自身利益、维持现有全球秩序的法律固化，防止边缘区和半边缘区国家"僭越"。在其诸多方法中，法律是一种重要手段。例如，知识产权的高标准保护，在某种程度上维护了大型跨国公司和具有高科技优势的核心区国

---

[89] [葡]博温托·迪·苏萨·桑托斯：《迈向新法律常识：法律、全球化和解放》（第2版），刘坤轮、叶传星译，中国人民大学出版社2009年版，第39~40页。

家的产业优势。[90] 而通过发展援助、招收发展中国家留学生、法律职业培训等方式输出本国法律，也成为美国历次"法律与发展运动"中的常规手法。[91] 与此同时，反霸权、反殖民的力量也透过法律发挥作用，利用法律的全球化施加于整个世界体系。桑托斯指出，在反霸权的全球化中，次级世界主义与人类共同遗产是两种重要形式。所谓次级世界主义，是指从属性的国家、地区、阶级或者社会群体及其联盟，在全球范围内组织起来的活动，包括南南对话及其组织、国际劳工组织、南北跨国慈善事业，以及世界公民社会等；而人类共同遗产则着眼于人类在地球上生存的可持续性，包括诸如保护臭氧层、亚马逊河、南极洲或海洋等环境问题，防止核武器扩散，反对战争和恐怖主义等。[92] 但应当指出，在法律全球化的支配逻辑面前，解放的逻辑往往显得零散、边缘而且缺乏总体力量，其社会基础略显单薄，其法律设计不够完整。在笔者看来，法律的解放潜力只有透过世界体系自身的变动，才可能被释放，只有继承和改造法律全球化中支配逻辑积累的全部法律手段和思想资源才可能被实现，而比较法的知识累积和范式革新将是这一漫长历史过程中的必要准备。

---

[90] [美] 苏珊·K. 塞尔：《私权、公法——知识产权的全球化》，董刚、周超译，中国人民大学出版社2008年版，第118~159页。

[91] 高鸿钧："美国法全球化：典型例证与法理反思"，载《中国法学》2011年第1期，第6~9页。

[92] [葡] 博温托·迪·苏萨·桑托斯：《迈向新法律常识：法律、全球化和解放》（第2版），刘坤轮、叶传星译，中国人民大学出版社2009年版，第222~224页。

法律全球化的政治效应：
国际关系的法律化

泮伟江*

一、导 论

与经济全球化、科技全球化一样，法律全球化正成为不断扩张的现实。法律全球化的一个核心含义，便是法律发展突破民族国家主权的界限，形成一种超越主权国家的法律秩序。[1] 虽然近代以来形成的国际法秩序，也是一种超国家的法律秩序，但它仍然以民族国家为基本单位和预设前提，因此不但没有超越民族国家，反而强化了民族国家主权的绝对性。就此而言，与法律全球化相对的有两个层次：一个是民族国家内部的法律秩序，另一个是以民族国家为基本单位所形成的国际法秩序。相应的法律全球化也体现为两个层次：一个层次是国内法层面，其实就是国内法秩序的国际化；另一个层次则是全球层面出现的各种"超国家"法秩序和"跨国家"法秩序。

迄今为止，关于法律全球化的讨论，更多地聚焦于法律全球化对民族国家内部法律秩序的冲击，并从这个角度讨论法律全球化对民族国家主权

---

* 北京航空航天大学法学院副教授。
  [1] 高鸿钧："法律移植：隐喻、范式与全球化时代的新趋向"，载《中国社会科学》2007 年第 4 期。

的超越。[2] 将此种视角作为法律全球化讨论的优先视角，是可以理解的。因为长期以来，各国的法律人，以及各种法律理论，几乎都以民族国家内部统一的实定法秩序作为工作的背景和前提。法律全球化过程"刺透主权面纱"，直接对民族国家内部的法律秩序产生影响，形成民族国家内部法律秩序的国际化效果，由此所带来的震撼性，就更容易被转化成法律全球化理论的原初问题意识。

然而，法律全球化运动同时也意味着，某种超国家法律秩序，或者跨国法律秩序的蓬勃兴起，从外部约束民族国家的主权行为。所谓的超国家法律秩序，主要是指某种高于主权国家之法律秩序的存在，对国家主权形成了一种外在的制约与限制。例如，国际人权法以及国际刑事法院的设置等。[3] 而跨国家法律秩序则强调某种超越民族国家范围之法律秩序的存在，此种法律秩序的性质并不依赖于高于国家主权的权威，反而表现出与国家主权脱离的特征。[4] 例如，在全球化的背景下，各种跨国商人法重新出现，并像其起源阶段一样，在各种民族国家法律秩序之外，独辟蹊径，形成了一种不受国家权力约束的跨国法律秩序。它的范围虽然跨越了民族国家的界限，但它依靠的并非是类似于联合国那样的更高政治权威的存在，而是对政治的某种回避与远离。[5]

一般而言，当人们提到"全球化"的概念时，最先想到的往往是经济

---

[2] 相关论述，参见公丕祥："全球化与中国法制现代化"，载《法学研究》2000 年第 6 期；冯玉军："法律全球化与本土化之争及其超越"，载《云南大学学报（法学版）》2003 年第 1 期；泮伟江："挑战与应对：在全球化语境中思考中国国家建设问题"，载高全喜主编：《大观》（第 2 辑），法律出版社 2010 年版。

[3] Mathias Albert, "Beyond legalization: Reading the increase, variation and differentiation of legal and law–like arrangements in international relation in world society theory", in Christian Brütsch and Dirk Lehmkuhl ed., *Law and legalization in Transnational relations*, Routledge, 2007, pp. 192~193.

[4] Mathias Albert, "Beyond legalization: Reading the increase, variation and differentiation of legal and law–like arrangements in international relation in world society theory", in Christian Brütsch and Dirk Lehmkuhl ed., *Law and legalization in Transnational relations*, Routledge, 2007, pp. 192~193.

[5] 托依布纳认为，相对于传统民族国家内部法律秩序所体现出来的法律系统与政治系统的紧密耦合关系，在法律全球化阶段，法律系统与政治系统的紧密耦合关系已经松动，而法律系统与经济系统、教育系统、体育系统、科技系统等其他社会功能子系统的耦合性则日趋紧密，从而形成了明显区别于国内法秩序特征的法律全球化阶段法秩序的特征。托依布纳将法律系统与经济系统、体育系统、教育系统等其他社会功能子系统之间的紧密耦合关系，称作"社会宪政"。参见[德]贡塔·托依布纳：《魔阵·剥削·异化：托依布纳法律社会学文集》，泮伟江等译，清华大学出版社 2012 年版，第 154~181 页。

全球化与科技全球化，然后才会想到法律全球化。即便是承认法律全球化的存在，也往往只承认跨国法意义上的法律全球化，而对超国家法层面的法律全球化持怀疑甚至否定的态度。例如，在国际层面，更引人关注的是与经济全球化紧密耦合的私法全球化现象，例如伴随着WTO等贸易组织的建立，在国际贸易领域，逐渐出现了高度全球化的法律秩序，对民族国家的国内经济法律秩序形成了严重的冲击。然而，在国际关系领域，更多的人仍然坚持现实主义的国际关系理论，轻视或者忽略与国际政治系统耦合的公法全球化过程。

　　造成此种局面的原因是多方面的。首先，相对于法律关系，我们的日常生活更容易受经济过程的影响，因此对经济过程的变迁与发展感受更为直观与强烈。[6] 其次，在全球层面是否能够形成某种真正的超国家法秩序，是与全球治理或全球宪政是否可能的问题联系在一起的。在许多人看来，全球治理或全球宪政的实现，必须以一个强有力的世界政府的存在为前提。然而，在至少相当长的一段时期内，都很难出现真正强有力的全球政府。在世界政府缺位的情况下，只能通过某种世界霸权提供此种公共产品。但霸权国家所提供的此种公共产品，其基础是某种权力运作，而不是法律运作。因此，超国家法律秩序很难形成；即便形成，也非常脆弱，是一种不稳定的法律秩序。超国家层面的政治秩序的本质是国际权力关系，而不是超国家法律秩序。

　　如果说冷战时期法律全球化现象尚不明显，国际关系因而仍然体现出高度的政治化与现实主义的特征，那么经过六十多年的发展，尤其是经过最近二十多年的发展，此种现象的基础已逐渐松动，情况已经发生了重大变化。最近二十多年来，国际关系的法律化进程正在逐渐加快，已然形成了一种蔚为大观的局面，并深刻地影响了战后国际关系的格局，形成了一些新的形势与特点。西方国际关系理论与国际法理论已经注意并高度重视此种现象，并且对此进行了热烈的讨论，形成了一批重要的理论成果。然而，国内的法学界与国际关系学界仍然对此现象与趋势反应迟钝，令人遗憾。若任凭此种研究缺憾持续下去，甚至可能会制约中国外交战略的规划

---

　　[6] 例如，广受年轻人追捧的苹果手机、平板电脑等电子产品，就最直观地反映了经济全球化与科技全球化的巨大效果。另一个经常被拿来讨论的是波音飞机从设置到成品的整个制造环节的流程，通过分布式生产，分布在全球各个角落的例子。

与设计。因此,笔者不揣冒昧,愿意抛砖引玉,就全球范围内国际关系的法律化问题,作一个有限的描述与分析,以期引起国内学术界的注意与讨论。

二、近代国际法的现实主义逻辑

国际关系的法律化并非是书斋中学者对世界和平的天真而不切实际的幻想,而是正在发生的现实趋势。对整个西方现代国际法体系的简要回顾,可以帮助我们更加清晰地看到此种发展趋势。

现代国际法体系起源于17世纪上半叶"三十年战争"结束时缔结的《威斯特伐利亚和约》,作为欧洲大陆新兴民族国家之间的战争与和平法。国际法产生的现实背景是现代民族国家的兴起,理解现代民族国家的关键词则是主权。而在当时欧洲的语境下,主权其实就是各诸侯国中君主相对于罗马教廷的权力,这种权力能够成立的前提则是君主对诸侯国内的土地和人口的控制和动员能力。因此,对于欧洲新兴的主权国家来说,作为君主肉身之有效延伸的行政机构,对整个国内土地及人口的控制与动员,具有实质性的意义。

就国际法学说体系的发展来看,国际法学说经历了从国际自然法学派向国际实证法学派的转变。前者的一个重要贡献是将自然法从基督教的神学体系中独立出来,重新恢复了脱离了神学的理性自然法的传统;后者的贡献则是使得国际法更切合当时民族国家交往的实践,更强调从国际法的实践层面来理解和适用国际法。[7] 例如,就前者而言,两国之间缔结的条约不能被看作是国际法,其只具有政治性质,而不具有法律性质;而就后者而言,两国之间缔结的条约就具有法律的性质。[8] 国际法的实证法学派也可以被看作是国际法的现实主义学派,其整体的精神气质与17世纪、18世纪、19世纪和20世纪上半期是相适应的。

在两次世界大战期间,围绕着对待民族国家主权态度的不同,在国际法与国际关系理论中出现了两种截然不同的理论主张。一种理论强调主权的绝对性,因此也强调国际法的政治性,削弱国际法的法律性,此种国际法与国际关系理论就被称作是现实主义的国际关系理论;另外一种理论主张强调国际法的法律属性,试图建立起一种全球性的宪政结构,压制与削

---

[7] Malcolm N. Shaw, *International Law*, sixth Edition, Cambridge University press, 2008, p. 26.

[8] Malcolm N. Shaw, *International Law*, sixth Edition, Cambridge University press, 2008, p. 26.

弱民族国家主权的绝对性，此种理论就被称作是理想主义的国际法理论。[9]
有趣的是，理想主义的国际宪政主张，其代表人物往往是英美的理论家与政治家，例如英国政治哲学家边沁与洛克、美国总统威尔逊等。而现实主义的国际关系理论，其代表人物则是欧陆的政治哲学家与政治家，例如黑格尔是现实主义国际关系理论的先驱，德国政治理论家马克思、施米特，以及德国铁血宰相俾斯麦等，都是此种现实主义国际关系的坚定支持者。俾斯麦国际政策的成功，以及德国统一的完成，代表了19世纪现实主义国际关系理论的成功；而威尔逊"十四点原则"与国际联盟方案在巴黎和会的失败，则代表了20世纪国际政治与国际关系的高度现实主义特征。

　　第二次世界大战对整个国际法体系产生了重要影响。战后，欧洲列强都元气大伤，非典型民族国家美国获得世界霸权，这给战后的国际法带来了重大而复杂的影响。其中，理想主义的国际法理论，在第二次世界大战后取得了实质性的发展。首先，联合国取代国联，并且获得了更加重要的权力，建立起更具效率的运行机制。其次，与欧洲民族国家相互竞争和工业革命联系起来的殖民体系，在美国的默许甚至压力下，轰然崩溃。美国扮演世界警察的角色，吸收了欧洲各民族国家的海外军备竞赛。最后，除了民族国家之外，又多了各种各样的国际组织和NGO组织活跃在世界舞台上。这导致除国家之外的其他各种各样的国际法主体的出现，初步形成了国际公民社会。

　　尽管如此，第二次世界大战后的国际法与国际关系仍然保留了很多现实主义的特征。国际法的现实主义特征，首先，与国际法体系作为欧洲现代主权国家之间的游戏规则存在，是很有关系的。其次，这也同第二次世界大战后美苏冷战的世界格局很有关系。由于意识形态的冲突，整个世界又分成以美国为首的资本主义阵营与以苏联为首的社会主义阵营。1948年，从德国逃亡到美国的汉斯·摩根索（Hans Morgenthau）发表了《主权问题反思》一文，产生了巨大的影响，被后人认为是"卡尔·施米特精神对英美世界的明显入侵"。[10] 摩根索主张国家主权的绝对性，并将主权归结为民

---

　　[9] 参见［日］筱田英朗：《重新审视主权——从古典理论到全球时代》，戚渊译，商务印书馆2004年版，第105页。
　　[10] 参见［日］筱田英朗：《重新审视主权——从古典理论到全球时代》，戚渊译，商务印书馆2004年版，第119页。

族国家的政府，提出了一种现实主义的国际政治理论。[11] 1948 年，摩根索又出版代表作《国家间的政治：为权力与和平的斗争》，提出了国际政治现实主义学派的六项基本原理，细致全面地阐述了其现实主义的国际政治理论，对战后的国际政治与国际关系理论产生了重大的影响，成为战后到20世纪80年代末这四十多年间国际关系的主要理论范式。[12]

从20世纪70年代末开始，国际政治的新自由主义学派重新开始兴起，以1977年罗伯特·基欧汉与约瑟夫·奈合著的《权力与相互依赖》一书的出版为标志。国际关系的新自由主义学派的关键词是相互依赖（interdependence）与国际机制（International Regime）。所谓的相互依赖，是指："以国家之间或者不同国家的行为体之间相互影响为特征的情形。"[13] 国家间相互依赖，乃是国际机制形成的重要基础。所谓的国际机制，就是"一系列围绕行为体预期所汇聚到一个既定国际关系领域而形成的隐含明确的原则、规范、规则和决策程序。原则是指对事实、因果关系和诚实的信仰；规范是指以权利和义务方式确立的行为标准；规则是指对行动的专门规定与禁止；决策程序是指流行的决定和执行集体选择政策的习惯"。[14] 国际机制理论仍然承认现实主义国际政治的基本内容，但是国家在国际范围的交往和行动，也会对国家的价值、目标设定与行动能力产生实质性的影响，从而改变现实主义国际政治理论过强的权力逻辑与策略性行动的逻辑预设。与国际政治的权力逻辑强调主权国家不受任何约束的单边行动逻辑不同，国际机制理论强调通过国家间的合作来达成目标。而合作过程要稳定化，就需要设计出一套共同的机制，来约束、规范和协调合作各方的预期及行动。

从20世纪70年代国际机制理论提出以来，该理论对国际政治与国际关系理论的影响逐渐扩大，形成与现实主义国际政治理论平分秋色的局面。20世纪90年代以来，全球化运动蓬勃兴起，很大程度上打击了国际政治的现

---

〔11〕 参见［日］筱田英朗：《重新审视主权——从古典理论到全球时代》，戚渊译，商务印书馆2004年版，第118页。

〔12〕 参见［美］汉斯·摩根索：《国家间政治：权力斗争与平衡》（第7版），徐昕等译，北京大学出版社2006年版。

〔13〕 ［美］罗伯特·基欧汉、约瑟夫·奈：《权力与相互依赖》（第3版），门洪华译，北京大学出版社2002年版，第9页。

〔14〕 ［美］罗伯特·基欧汉：《霸权之后：世界政治经济中的合作与纷争》，苏长和等译，上海世纪出版集团2006年版，第57页。

实主义理论，肯定并支持了基欧汉等人提出的国际机制理论。国际领域的各种政治、经济、文化、体育等合作不断发展与深入，并且对国际关系产生了深刻的影响。

基欧汉也高度关注全球化理论，并且强调了国际机制理论与全球化理论之间的联系。尽管基欧汉也参与了"国际关系法律化"这个概念的提出，但围绕着"国际关系法律化"的讨论，却远远超出了基欧汉等人原初的问题意识与理论基础。显然，国际关系法律化的理论，是在法律全球化背景下，"国际机制"理论进一步发展与深化甚至是超越的产物。

三、国际关系的法律化：概念与发展趋势

"国际关系的法律化"最早是由美国学者肯尼斯·W. 阿伯特（Kenneth W. Abbott）等在《法律化与世界政治》一书中提出来的概念，随后被许多国际法学者与国际关系领域的研究者所广泛接受与运用，并进行了进一步的讨论与发展。根据肯尼斯·W. 阿伯特的说明，法律化这个概念包含了三个要素，即义务、准确性与授权。[15] 其中义务是指"国家或其他行动者被某个规则或义务，或被一组规则或义务所约束。更准确地说，他们受到规则或义务的约束，意味着他们是否遵循规则是受到一般性规范、程序，以及国际法与国内法话语的严格监督";[16] 准确性是指"他们所要求、授权和禁止的行为是被清晰地鉴定的";[17] 授权则是"第三方被授予权威，以执行、解释和适用规则，解决争议，在可能的情况下创制新规则"。[18]

肯尼斯·W. 阿伯特提供的这个包含三要素概念的好处，就是提供了一种衡量国际关系法律化的标准与工具。此种可测量性在经验研究上具有很高的适用性。阿伯特提出，国际关系法律化的这三个要素都可以作为独立的标准，对国际关系法律化程度进行测量，因为三个要素都是程度性与渐

---

[15] 就概念界定的技术而言，Kenneth W. Abbott 承认对国际关系法律化的概念鉴定受到了哈特《法律的概念》中初级规则与次级规则区分的影响。

[16] Kenneth W. Abbot, Robert O. Keohance, Andrew Moravcsik, Anne–Marie Slaughter, and Duncan Snidal, "The concept of legalization", *International Organization*, 54 (3), p. 401.

[17] Kenneth W. Abbot, Robert O. Keohance, Andrew Moravcsik, Anne–Marie Slaughter, and Duncan Snidal, "The concept of legalization", *International Organization*, 54 (3), p. 401.

[18] Kenneth W. Abbot, Robert O. Keohance, Andrew Moravcsik, Anne–Marie Slaughter, and Duncan Snidal, "The concept of legalization", *International Organization*, 54 (3), p. 401.

进性的，相互之间可以互相独立（图表1）。[19]

义务性	明确表明 无法律规范	←→	有法律拘束力的规则 （Jus Co gens）
精确性	模糊的 原则	←→	被精确而高度详细 表述的规则
授权性	外交手段	←→	国际法院、国际组织 国内法院适用

（图表1）

在此基础上，按照理想类型的方法，根据程度的差异，他又将国际关系的法律化分成四种情况：第一种情况是绝对的法律化，也就是国际关系法律化的完美状态；第二种是"硬法"意义的法律化，指的是国际关系法律化的程度很高；第三种是"软法"意义的法律化，指的是国际关系法律化的程度相对比较低；第四种是法律化的完全缺失。[20] 显然，绝对意义的国际关系法律化与国际关系法律化的完全缺失，与当下国际关系的现实都是不相符合的。因此，最重要的是硬法意义的法律化与软法意义的法律化。

当然，"硬法"与"软法"这两个概念都太抽象，对于经验研究的测量来说，仍然是远远不够的。因此，肯尼斯·W. 阿伯特在此基础上又对国际关系法律化的三个要素，进行了更细致的描述和区分，从而使得对国际关系法律化的程度测量，变得更加容易与可行。两者结合起来，根据国际关系法律化的三个关键要素程度的高低进行排列组合，就可以列出一张表格，其中包含了国际关系法律化的八种情况（图表2）。[21]

在这张表格中，横向是义务性、精确性与授权性。这三者中，义务性的权重最高，其次是授权性，权重最低的则是精确性。在这三个要素中，每一个要素都按照高/低这个二元代码进行划分，实际上是将图表1的内容

---

[19] Kenneth W. Abbot, Duncan Snidal, "Hard and Soft Law in International Governance", *International Organization*, Vol. 54 (3), pp. 401 ~ 402.

[20] Kenneth W. Abbot, Robert O. Keohance, Andrew Moravcsik, Anne‐Marie Slaughter, and Duncan Snidal, "The concept of legalization", *International Organization*, 54 (3), p. 402.

[21] Kenneth W. Abbot, Robert O. Keohance, Andrew Moravcsik, Anne‐Marie Slaughter, and Duncan Snidal, "Theconcept of legalization", *International Organization*, 54 (3), p. 402.

包含在了图表 2 之中。因此，在图表 2 中，法律化程度最高的国际组织、国际机制或跨国安排，就是法律化的三个要素都可以被归入高/低二元代码中"高"的那一侧的（Ⅰ），而法律化程度最低的则是三要素都被归入到"低"那一侧的（Ⅷ）。这当然是最明显，也是最容易理解的。经过测量与比较，法律化程度最高的国际组织、国际机制或安排有欧盟（EU）、《与贸易有关的知识产权协议》（WTO – TRIPS）、欧洲人权公约（European human rights Convention）与国际刑事法院（International Crime court）。而法律化程度最低的是诸如 20 国集团等类的经济合作论坛。

这张图表的精妙之处是根据三个要素之权重程度的不同，对中间六种状态的排列顺序上。由于"精确性"这个要素在法律化的三个要素中，重要性是最低的，因此，"精确性"比较低，这一点对法律化的影响最小，因此，这种情况（Ⅱ）被看作是法律化程度仅次于第一种情形，即三个要素的程度都很高的状态。例如，欧洲经济委员会的《反垄断法》第 85~86 条所作的原则性规定，以及 WTO 架构下的国民待遇原则，都属于此种情况。

由于授权性的权重低于义务性的权重，又高于精确性的权重，因此授权性的程度比较低，但其他两个要素的程度比较高，此种情况（Ⅲ）的法律化程度就被排到了前述两种情况的后面。依此类推，法律化程度位列第四的，当然就是义务性的程度比较低，而其他两个要素的程度比较高的情况（Ⅳ）。

法律化程度位列第二、第三的情况可以归为一类，就是三个要素中的两个要素程度比较高，只有一个要素的程度比较低的情况。而第五、第六和第七的情况则又可以被归为一类，即两个要素的程度比较低，只有一个要素的程度比较高。由于义务性在法律化程度中的权重比较高，因此，当义务性程度比较高，其他两者的程度比较低的情况，理所当然地占据了第五的位置（Ⅴ）。依次类推，第六是授权性的程度比较高的情形，第七则是精确性程度比较高的情形。利用这张表格的此种分类方法与标准来测量现实中的国际机制、国际组织与跨国安排的法律化程度，就可以比较精确地找到与每种情况相对应的。

类型	义务性	精确性	授权性	实例
理想类型 硬法				
I	高	高	高	Eu、WTO – TRIPs、European human rights Convention、International Crime court
II	高	低	高	EEC – antitrust, Art. 85~86; WTO National treatment
III	高	高	低	U.S. – Soviet Arms control treatises Montreal protocol
IV	低	高	高	UN Committee on sustainable Development（Agenda 21）
V	高	低	低	Vienna Ozone Convention; European Framework Convention on National Minorities
VI	低	低	高	UN specialized Agency; World Bank OSCE High Commissioner
VII	低	高	低	Helsinki Final Act; Non – binding Forest Principles; Technicl Standard
VIII	低	低	低	Group of 7; spheres of influence; Balances of power
无政府状态 理想类型				

（图表2）

这大大地便利了对国际关系法律化的测量。当然，这个表格要发挥作用，必须对义务性、精确性与授权性这三个要素进行再细化的分类。例如，义务性这个要素，又可以按照其高低程度，被更具体地区分为不同的情况（图表3）。限于篇幅，本文就不再详细地一一介绍和列举精确性与授权性这两个要素基于其程度不同而区分的不同情况了。[22]

---

[22] Kenneth W. Abbot, Robert O. Keohance, Andrew Moravcsik, Anne – Marie Slaughter, and Duncan Snidal, "The concept of legalization", *International Organization*, 54 (3), p. 406.

义务性程度的标示
高
不设条件的义务、指向内容的语言与表述具有法律的拘束力
政治条约：明确设置义务成就的条件
国家对某些特定义务设置了保留条款；不确定的义务条款与规避条款
规劝性的义务
由不具有立法权威的主体规定的义务；各种建议性的指引性条款
明确排斥义务性规定
低

(图表3)

肯尼斯·W. 阿伯特等人提出的国际关系法律化的概念，在国际关系领域影响非常大。这个概念的好处在于它的层次性与丰富性，可以动态地测量不同层面和不同领域中国际关系的法律化程度，有效地软化了传统法律理论合法/非法这一非此即彼的判断的刚性。通过这样一套概念测量工具，我们可以非常清晰而动态地测量最近几十年国际关系法律化的程度和变化趋势。首先，我们可以发现在国际关系领域，越来越多的国家选择通过国际法以及各种各样的条约等法律化安排，来解决各种实质性的政治问题。[23] 其次，如果考虑软法与硬法的区分，我们便可以发现，虽然如国际刑事法庭那样具有超越民族国家主权的"硬法"仍占少数，但各种能够提供超国家和制度化的解决方案的"软法"，仍然在各种国际关系的处理中被广泛接受。[24] 因此，国际关系的法律化，根据法之"软硬"不同，可以被区分为不同的层次。尤其是，对于不同的国际组织与国际制度，我们也可以用这套概念工具进行测量，从而可以清晰地看出，它们对应的是国际关系法律化的何种不同层次。

国际关系法律化不但可以区分为不同的层次，同时也是一个逐渐实现的过程。首先，在最早阶段出现，也最容易出现的是"软法"层次的国际关系法律化。正如机制理论所指出的，出于各种成本收益关系的分析，各

---

[23] Kenneth W. Abbot, Duncan Snidal, "Hard and Soft Law in International Governance", *International Organization*, Vol. 54 (3), p. 421.

[24] Kenneth W. Abbot, Duncan Snidal, "Hard and Soft Law in International Governance", *International Organization*, Vol. 54 (3), p. 421.

种各样的利益考量会刺激不少民族国家策略性地选择各种"软法"来增强彼此间的合作。而一旦此种国际机制被设计并稳定下来,就会形成超过任何一方策略性动机的逻辑,逐渐对参与各方的主观预期、价值立场与选择形成约束和规范,从而不断地形成自我增强的局面。软法的不断自我强化,就会逐渐向硬法的方向发展,甚至最终转化为硬法。

这种从软法到硬法的演变逻辑并非是必然的,但确实经常在许多国际关系的经验领域中被证实。一个比较明显的例子,就是通常被认为是国际关系法律化程度比较低、不太明显的亚太地区最近二十多年的发展过程。正如有论者所指出的,其规则体现出高度的义务性与准确性,并且将规则的解释与执行授权给国际性的第三方机构的机制设置,主要集中在欧洲与北美,而亚太地区则是国际组织低法律化,甚至是偏离法律化的最典型例证。[25] 这很大程度上是因为,亚太地区的国际关系受到了该地区诸国家内部法律文化以及国内政治体制等诸多因素的影响。[26] 例如,有论者指出,在亚太地区的诸多国际机制的产生过程中,许多国家乃是抱着高度策略化的动机参加的,其参加国际组织的目的,与国际组织本身的目标并不一致,而是将国际组织作为实现其他国家目标的一个策略与手段。[27]

20世纪90年代,受亚洲金融危机的冲击,亚太地区的许多国家深刻地认识到,许多重要问题(例如国际金融风险的防范问题)单靠国内政策是难以有效应对与解决的,国际协作、国际组织与国际机制在应对相关问题时非常必要,也非常重要。因此,20世纪90年代末是亚太地区国际组织发展的一个小高潮。但即便如此,亚太地区的许多国际组织在设计过程中就明确地拒绝法律化,并且保持了高度的非正式性。[28]

然而,最近十年这种情况发生了实质性的变化。其中最突出的一个例子,就是TPP(Trans‐Pacific Partnership Agreement,跨太平洋伙伴关系协定)机制中设计的投资者—东道国争端解决机制(Investor‐State Dispute

---

[25] Miles Kahler, "Legalization as strategy: The Asia‐Pacific Case", in Christian Brütsch and Dirk Lehmkuhl ed., *Law and legalization in Transnational relations*, Routledge, 2007, p.165.

[26] Miles Kahler, "Legalization as strategy: The Asia‐Pacific Case", in Christian Brütsch and Dirk Lehmkuhl ed., *Law and legalization in Transnational relations*, Routledge, 2007, p.166.

[27] Miles Kahler, "Legalization as strategy: The Asia‐Pacific Case", in Christian Brütsch and Dirk Lehmkuhl ed., *Law and legalization in Transnational relations*, Routledge, 2007, p.165.

[28] Miles Kahler, "Legalization as strategy: The Asia‐Pacific Case", in Christian Brütsch and Dirk Lehmkuhl ed., *Law and legalization in Transnational relations*, Routledge, 2007, p.165.

Settlement，简称 ISDS）。TPP 的前身是文莱、智利、新西兰和新加坡在 2002 年发起、于 2005 年签署的跨太平洋战略经济伙伴关系协定（Trans-Pacific Strategic Economic Partnership Agreement，简称 P4）。P4 协定几乎包括了所有的货物贸易，其中最为核心的内容是关税减免，即成员国 90% 的货物关税立刻免除，所有产品的关税将在 12 年内免除。美国于 2008 年加入谈判；日本于 2013 年加入谈判；中国目前并没有参加 TPP 谈判，处于观望阶段。

目前看来，由于美国与日本加入 TPP 贸易谈判，以及 TPP 协定内容的革命性，未来 TPP 会对亚太地区的政治与经济秩序产生很大的影响与冲击。根据目前掌握的 TPP 的框架协议文本，TPP 继承了 P4 的精神与特色，力求清除成员国之间的关税，打破其他各类的贸易壁垒，追求全面的市场准入。此外，TPP 提出了开放服务贸易的负面清单的形式，即除非明确禁止，否则就是开放的。这对中国等发展中国家的内部法律秩序与行政管理水平都提出了很高的挑战。2013 年，中国宣布成立上海自由贸易区，也采用了负面清单的形式，可以被看作是对 TPP 中这一措施的回应。TPP 谈判目前正在进行中，体现了高度的封闭性，相关资料都没有最终公开，最终谈判结果如何，目前还很难准确预测。

TPP 与亚太地区原有的贸易协定和经济组织的最大不同点，就是其高度的开放性。投资者—东道国争端解决机制便是其中的重要体现。国内已经有学者指出，该设置表明"TPP 协定表面上是贸易协定，但涉及内容已经远远超出贸易范围"。[29] 通俗地讲，该机制的实质，就是赋予投资者根据国际法以及相关的贸易协定与条约，就投资过程中的争议，向中立的第三方法庭或仲裁机构起诉一国的政府的权利。相关数据显示，虽然投资者—东道国争端解决机制目前被采用的范围和幅度仍然比较小，但最近几年采用此种方式来解决争端的案例越来越多，并且呈现出加速增长的趋势。很显然，此种纠纷解决方式，是一种法律化程度极高的国际机制，一旦在相关类型的纠纷中被广泛采用、被普及化，必然会对国际关系的性质产生实质性的重要影响。这实际上是对国际法中主权国家豁免原则的挑战。可以想象，一旦投资者—东道国争端解决机制成为常见的争端解决机制，主权国家不得在各种各样的仲裁机构与跨国审判机构中成为被告，而原告则是国际经

---

[29] 龚柏华："TPP 协定投资者—东道国争端解决机制评述"，载《世界贸易组织动态与研究》2013 年第 1 期。

贸领域中一个普通而精明的商人，并且此种仲裁或诉讼的结果将具有法律的强制力和执行力。这幅画面将具有多大的象征意义，而这个场面对经典的国际法理论所带来的刺激与震撼将是多大！

诸如 TPP 这样具有重要地位与影响的战略经济伙伴协定选择采用投资者—东道国争端解决机制，并且有美国在背后支持推动，可以想见，未来投资者—东道国争端解决机制在国际贸易争端与国际关系领域中占据重要角色的可能性将大为增强。投资者—东道国争端解决机制成为国际关系领域常用的争端解决方式之日，也许就是国际关系法律化普遍实现之时。即便就 TPP 本身而言，一旦投资者—东道国争端解决机制正式成为 TPP 的正式内容，则无疑会极大地改变整个亚太地区国际关系的性质。

四、结　语

如果说，由于世界政府的缺位，导致法律全球化过程的初始阶段呈现出了某种去政治化、亲经济化特征的话，那么，在经济全球化与法律全球化不断深化的过程中，全球经贸关系与法律关系反作用于国际政治关系的效果日益显现。有论者指出："对于国际关系的理解通常要从贸易活动及其结构的政治、法律、伦理蕴含这种层面来展开，这种知识应当是理解国际问题的基础知识。其中，贸易与秩序的关系是最重要的内容。"[30] 此种见解着实深刻。

国际关系的法律化意味着整个全球化过程一种全新综合阶段的开始，意味着各种跨国法的发展重新对国际政治产生了强大的影响，并且重新形成了法律系统与政治系统相互耦合紧密化的趋势。或者更通俗地说，迅猛发展的各种自创生跨国法已经对全球范围内政治系统的发展产生了越来越强大的影响。

正紧锣密鼓地进行着的 TPP 谈判过程，以及最近菲律宾将黄岩岛的争议问题提交国际海洋法庭仲裁的事件，再次表明了国际关系法律化的过程，已经对中国的国家利益形成了直观而实际的影响。如果我们不能够在精神层面上形成解放，无法认识到中国已然内在于整个世界结构之中，并且世界结构的每一个实质性的变化，都会对中国的国家利益与内部结构产生足够深远的影响，那么就无法真正地理解和处理所谓的"中国问题"，更无法应对"世界问题"。也就是说，在新的世界秩序中，中国与世界已经浑然一

---

[30]　于向东、施展："全球贸易双循环结构与世界秩序"，载《文化纵横》2013 年第 5 期。

体、密不可分，因此，必须以世界主义的眼光来打量"中国问题"，将中国问题放到世界格局中进行分析与理解。反过来说，中国也必须积极地参与到对世界秩序的重塑过程中，增强我们的规范能力，在为未来世界制定游戏规则的各种谈判、合作与博弈的过程中不能缺席。

然而，由于我们缺乏对法律全球化的直观感受与理性认识，许多人也不明了最近二十多年国际关系法律化发展的趋势，导致我们中的许多人对相关问题的理解与处理受到了严重的影响。如果任由此种由于知识缺乏导致的状态延续下去，并转化成某种民族主义的排外情绪，而不是积极地进行知识启蒙与精神启蒙，以一种更加自信的态度参与到国际政治游戏规则的博弈与改进的过程中，将来必会对我国的国家决策造成负面影响，损害我国的长远利益。

法律全球化的知识启蒙与精神解放刻不容缓。

宪法新进展：全球社会宪法的形成与碰撞[*]

陆宇峰[**]

一、民族国家的政治宪法

民族国家的政治宪法长期垄断了"宪法"这个概念。按照自由主义式的古典理解，这种宪法通过两项主要内容的设置，有效地制约了国家权力或曰公权力。其中，组织法内容的设置旨在借助分权、选举、政党等制度，直接限制公权力的恣意行使；基本权利内容的设置旨在划定公民的私人自治空间，间接抵制公权力的越界干预。

社会系统理论的外部观察进一步揭示出，民族国家的政治宪法承担着更具根本意义的社会功能。与初民社会和传统社会不同，现代社会主要不是按照"血缘"的差异，分化为家庭、氏族、部落等不同的群体；也不是按照"身份"的差异，分化为君主、贵族、平民等不同的阶层；而是按照"功能"的差异，分化为政治、经济、法律、科学、宗教、教育等不同的系统。[1] 这种新型社会分化模式的具体表现之一，就是涂尔干从职业层面谈及的"社会分工"，其核心优势在于充分释放各社会功能领域的运作动力，促进其内部结构的复杂网络化，进而加速其生产与再生产。反过来讲，现

---

[*] 原文发表于《求是学刊》2014 年第 3 期，有改动。
[**] 华东政法大学科学研究院助理研究员。
[1] Niklas Luhmann, *The Differentiation of Society*, New York: Columbia University Press, 1982, pp. 232~238.

代社会高速发展、繁荣发达的奥秘，根源于维持功能系统的相互边界，以及彼此迥异的自主逻辑。民族国家的政治宪法顺应此要求，沿着正反两个方向，为现代社会的"功能分化"（functional differentiation）作出了贡献。

就正向的"构成性"（constitutive）功能而言，民族国家的政治宪法确保现代政治从全社会中独立出来，实现封闭的自主运作。[2] 弥散在传统社会中的各种地方性权力，被集中到政治系统的"中心"，形成"利维坦"式的强大"国家"；围绕国家政权和政府职位的竞争，全部在政治系统的"边缘"——"政党"和"公共领域"中有序展开；在上述"中心"与"边缘"之间，基于"有权/无权"、"执政/在野"的二元符码，以权力为媒介的所有政治沟通构成内部循环，排除宗教、道德等外部因素的直接干预。[3] 就反向的"限制性"（limitative）功能而言，民族国家的政治宪法有效地抑制了现代政治强势扩张的冲动，除了防止其侵犯个人身心完整性、破坏人权以外，也防止其侵犯经济、宗教、科学、教育、医疗等社会领域的边界，干扰后者的自主运作。一言以蔽之，通过同时支撑和限制政治系统的内部动力，民族国家的政治宪法迂回地确认和巩固了现代社会的功能分化原则。

自由主义宪法学从人文主义的立场出发，强调宪法反向的限制性功能，对其正向的构成性功能语焉不详。这种片面的认识遮蔽了一项基本原理：宪法所限制的，正是其所支撑的。故从根本上讲，一种宪法规范体系只适用于一个社会领域。正如美国1787年宪法，不仅制约了三权的行使，也构建了一个强大的政治国家，使其有可能将权力的触角扩展到传统上不受正式干预的空间，以至于1791年需要出台《权利法案》加以进一步的平衡。此处更需说明的是，即便在限制性功能方面，自由主义宪法学的视野也过于狭窄。在早期现代社会的特定历史阶段，威胁功能分化原则的力量确实主要来自国家，政治宪法可谓抓住了"主要矛盾"。但扩张主义倾向从来不是政治系统的特产——由于各自在其固有符码（code）的基础上"自创生"运转，所有现代功能系统都潜藏着无限展开自身逻辑、不断拓宽自身边界

---

[2] [德] 尼可拉斯·鲁曼：《社会中的法》，李君韬译，台北五南图书出版公司2009年版，第513页。

[3] Niklas Luhmann, *The Differentiation of Society*, New York: Columbia University Press, 1982, pp. 138~163.

的发展冲动[4]：从18世纪开始，新兴的民族国家逐渐将公权力的触角深入生活的方方面面，整个社会面临"政治化"的危险；19世纪下半叶以来，经济系统或曰"资本主义经济"的迅速膨胀，又造成了社会的"商品化"和"货币化"；20世纪晚期，过度"科学化"、"法律化"、"传媒化"、"医疗化"、"信息化"的现象全面出现，社会子系统之间的相互冲突和相互侵犯，已经危及各自的自治和全社会的功能分化……非政治的社会领域的这些"涡轮增压式自创生"趋势，都对专注于制约国家公权的宪法模式形成了挑战。

在刚刚过去的20世纪，至少有三种宪法改革实践回应了上述趋势。首先，与带有自然法色彩和意识形态倾向的规范性理解不同，"纳粹"德国和苏联的"极权主义宪法"试图依托长期执政的强大政党，将诸社会系统加以等级式的组织，进而控制其负外部性和离心作用，使之与政治系统协调发展。这项宪法改革的败笔不在于政党制度本身，而在于从政治上进行的各功能系统的"组织化"，破坏了系统内部"职业组织核心"(professional-organizational core)与"自发领域"(spontaneous area)的交互作用，摧毁了后者的反思性潜力和创造性力量。就此而言，"计划经济"提供了最典型的例证。

其次，"福利国家宪法"试图在维持各社会领域一定程度自治的同时，将政治宪法的结构模式予以扩展，从而实现政治以外的社会系统的宪政化。"法团宪法"(constitution of the corporation)是这种宪政化路径的代表：国家通过立法为企业工会引入"共同决策权"，试图在避免直接政治干预的同时，提升经济系统的自我反思能力，缓和经济层面的社会矛盾。其失败之处则在于，将有效限制政治权力的宪法模式，照搬到政治以外的社会空间。正如大学的"民主化"改革所表明的，在非政治脉络中，将选举、代表、组织化的反对派、群体多元主义、谈判、集体决策等政治程序予以制度化，效果十分糟糕。

最后，美国、德国的晚近裁判实践支持"宪法私法化"，试图延伸政治宪法所规定的基本权利的效力范围，以便应对传统私法秩序难以抵御的严

---

[4] Gunther Teubner, *Constitutional Fragments: Societal Constitutionalism in Globalization*, London: Oxford University Press, 2011, p. 25.

重权利侵害。[5] 宪法私法化方案正确地认识到，有能力侵犯基本权利的并不限于国家，"私人自治领域"不应排除宪法的适用。然而，在宪法的私法效力问题上，美国最高法院过于谨慎地诉诸"国家行为"学说，只对"准国家行为"造成的侵害给予基本权利保护，实际上仍然放任政治以外的各种社会系统的负外部性。德国宪法法院则诉诸"基本权利的横向效力"（the horizontal effect of fundamental rights）学说，[6] 基本权利在私法领域的效力范围较美国最高法院更宽，但与前者一样错误地认为，需要进一步驯服的只是商业公司、制药集团、工业企业、科研机构、社会组织等集体行动者"个人"。这就误解了既有宪法成就的基础：民族国家的政治宪法曾经取得的成功，从来不是仅仅由于制约了掌握公权力的"个人"，而是由于控制了政治"体制"（regime）本身的破坏性能量。此外，无论是美国还是德国的实践，都忽略了一项至关重要的事实：为政治体制"量身定做"的基本权利，既难以遏制经济、科学、医疗、教育等社会体制的扩张冲动，又可能对这些社会体制的自主运作形成威胁。

归根结底，三种改革方案都是批判、反思自由主义宪法模式的产物，但由于无法超越民族国家的政治宪法本身，所以都未能同时保障现代功能系统的自治与相互协调。无论从意识形态层面还是具体操作层面看，上述三种方案都存在巨大的差异甚至相互对立，"宪法"与国家政治之间过于紧密的联系始终未能解除。在这一前提下，为了对抗功能分化产生的离心力量，克服其他社会系统的负外部性，改革后的宪法要么直接输出政治控制，要么在非政治空间照搬政治结构，要么将原本用于对抗政治权力的"纵向"基本权利简单"横向化"。换言之，所有宪法工具全部来自民族国家的政治宪法，真正适应各功能系统特殊性的"社会宪法"从未得到发展。在全球化的新形势下，宪法的这种滞后情况后果严重。

二、全球化时代的新宪法问题

从基本原理上讲，20世纪80年代以来的大规模全球化进程，无非是现代社会的功能分化原则超出民族国家边界，在世界社会层面继续展开的结

---

[5] 钱福臣："德、美两国宪法私法效力之比较"，载《求是学刊》2013年第1期。
[6] Eric Engle, "Third Party Effect of Fundamental Rights", *Hanse Law Review*, 2009（5），pp. 165~173.

果。[7] 经济、科学、教育、大众传媒、体育、医疗等现代功能系统立足其固有符码自主运转,不断拓展特定社会沟通的深度与广度,最终突破自然的地理空间与政治的领土疆域,产生了各自的全球一体化发展趋势。然而,"跛脚的全球化"现象始终存在,"较之其他子系统,政治的全球化相对落后……世界政治本质上仍然是国家间政治,也即一个自治国家间的互动系统"。[8] 全球的政治系统并非没有形成,只是由于受到"制造有集体约束力的决策"这项功能的迫令,反而要求以"分割"方式"内部再分化",亦即分化为适合执行此项功能的诸民族国家。换言之,尽管已经造成了两次世界大战的悲剧,但在民族国家水平的空间和人口规模下制造有集体约束力的决策,可能依旧是目前难以突破的社会演化难题。至少在可预见的未来,全球政治依旧主要是国际政治;联合国在主权国家间进行的政治协调不容忽视,但全球政治一体化的空想,只会造成政治功能的失灵和世界政局的动荡。

  在全球层面上,政治宪法着重强调的各种结构和过程都缺少功能等值物。从符号标准看,政治宪法与一种同质性的"想象的共同体"相联系,需要类似于"我们人民"(We the people)或者"德意志民族"的"创始神话"(founding myths)作为支撑;从形式标准看,政治宪政绑定了一个至高无上的主权,以及尽管相互分离,但在各自领域统一运转的立法、司法和行政权;从实质标准看,政治宪法诉诸一个理性化的公民社会,以及围绕公共议题进行民主商谈的公共领域。而在民族国家之外,尽管"后民族结构"已然呈现,"人类共同体"却还停留在修辞学或者生物学意义上,统一的全球政府、全球议会、全球最高法院还遥不可及,"世界公民社会"和"世界公共领域"也不过是学者的大胆设想。[9] 因此,如果在全球化时代,宪法还被等同于政治宪法,宪法的概念还预设着民族国家式的政治背景和政治结构,就根本无法讨论世界社会的宪法问题。

---

[7] Niklas Luhmann, "Globalization or World Society: How to Conceive of Modern Society", *International Review of Sociology*, 1997 (7), pp. 67~80.

[8] [德]贡塔·托依布纳:"社会宪政:超越国家中心模式宪法理论的选择",载[德]贡塔·托依布纳:《魔阵·剥削·异化——托依布纳法律社会学文集》,泮伟江、高鸿钧等译,清华大学出版社2012年版,第166页。

[9] [德]尤尔根·哈贝马斯:《后民族结构》,曹卫东译,上海人民出版社2002年版,第70~132页;[德]尤尔根·哈贝马斯、米夏埃尔·哈勒:《作为未来的过去——与著名哲学家哈贝马斯对话》,章国锋译,浙江人民出版社2001年版,第1~25页。

这就最终迫使我们跳出"方法论民族国家主义"的陷阱，解除宪法与国家政治的特殊联系，将宪法概念从发生学原理和社会功能的角度加以一般化。广义的宪法，是法律系统与包括政治在内的其他社会系统的特殊耦合结构，旨在通过促成后者的自我奠基与自我反思，同时释放和限制其固有的发展动力，进而捍卫现代社会的功能分化原则。相应地，广义的宪法问题，一方面是由于各种社会系统无法实现运作的封闭性和自我再生产，造成的现代化发展困难和权利保障匮乏问题；另一方面则是由于各种社会系统自主逻辑的过度扩张，产生的系统自我毁灭倾向和负外部性问题。两方面的宪法问题可以分为三个层次，分别对应于三项广义的基本权利[10]：一是社会系统对其他社会系统自治边界的侵犯，对应于政治民主、司法独立、市场经济等"制度权利"（institutional rights）；二是社会系统对其他社会沟通的空间秩序的侵犯，对应于"政治人"、"经济人"、"法律人"、"科学人"、"商人"、"网络公民"的"抽象个体权利"（personal rights）；三是社会系统对人类身心完整性的侵犯，对应于"自然人"的"人权"（human rights）。经由重新界定的上述三项基本权利，从系统理论角度将传统政治宪法的基本权利加以抽象化处理，也有助于识别广义的宪法问题。

这些概念的重置立即打开了观察者的视野——全球层面的宪法问题远比民族国家内部要严重。除了国际政治领域始终无法牢固确立一套宪政秩序，"永久和平"的理想仍旧没有保障之外，全球化无疑还带来了一系列社会性的宪法问题："跨国公司侵犯人权；世界贸易组织以全球贸易自由之名，做出危及环境和人类健康的决定；体育赛事禁药泛滥，医药和科学腐败横行；互联网上的私人媒体威胁言论自由；私人组织的资料信息收集活动大规模地侵犯隐私权；当前尤为重要的，则是全球资本市场带来的灾难性风险"[11]。这些以"丑闻"形式出现的、引起"全球公愤"的全球社会宪法问题，迅速达到了极其严重的程度，超出了人们在全球化展开之前的预料。其首要原因可能是：当各种非政治的社会沟通突破领土疆域的限制，经由递回关联的过程形成全球范围的自主运作网络，系统的"自私基因"就找

---

[10] [德] 贡塔·托依布纳:"匿名的魔阵：跨国活动中'私人'对人权的侵犯"，载 [德] 贡塔·托依布纳：《魔阵·剥削·异化——托依布纳法律社会学文集》，泮伟江、高鸿钧等译，清华大学出版社2012年版，第203~204页。

[11] Gunther Teubner, *Constitutional Fragments: Societal Constitutionalism in Globalization*, London: Oxford University Press, 2011, p. 1.

到了尽情"自我复制"的广阔地理空间,由此造成的破坏性影响必然不断冲击社会环境、自然环境和人类环境的底线。正如20世纪以来的周期性全球经济危机所揭示的,唯有毁灭性的"泡沫破裂",亦即"系统崩溃",才是一轮"加速发展螺旋"的终点;在循环往复的"触底反弹"过程中,体制权利、抽象个体权利和人权都遭到了无情的践踏,表现为市场机制失灵、自由竞争受限、劳动者陷入就业困难和剥削加剧的双重困境。[12]

更严峻的形势在于,在民族国家内部,一方面,政府组织能够有效地集中力量和调动资源,政治公共领域能够迅速地感知危机和反映风险,执政党有足够的动机建立预警机制和干预社会领域的反常情况;另一方面,就社会领域的自我监管而言,民族国家也具备诸多优势条件,包括历史上的自治实践基础、共同体的团结互利观念、社会组织之间的协调合作意愿,以及不同群体之间牺牲短期利益、换取长期利益的稳定预期。但在全球范围内,不仅世界政府和世界公共领域始终缺位,就连面对资源枯竭和气候恶化这样的共同议题,由于各国风险认知的差异,以及"多头负责,等于无人负责"的定律,政府间的统一政治行动也时常难产;[13]更不用说,在全球的"丛林世界"中,没有外部的强大压力,各种社会系统的自我反思和自我约束纯属空谈。这样一来,民族国家早已出现的社会宪法问题,就随着全球化的展开愈演愈烈,甚至陷入失控状态。

三、片段化的全球社会宪法

经过改造的政治宪法工具,尚可勉强应对民族国家内部的社会宪法问题;但在政治宪法缺位的全球层面,失控的社会宪法问题则只能依靠"全球社会宪法"自己解决。实践中,世界贸易组织(WTO)、国际劳工组织(ILO)、国际商会(ICC)、互联网名称与数字地址分配机构(ICANN)、商人法(Lex Mercatoria)以及其他超国家社会体制的基础规范,已经具备全球社会宪法的雏形。各种超国家体制,最初可能只是国家公法(如国际条约)或者私人秩序(如跨国公司的内部管理规章和超国家社会组织的内部章程)的产物,但随着相应基础规范的出现,逐渐由"法律化"状态向

---

[12] [德] 贡塔·托依布纳:"宪法时刻的来临?——'触底反弹'的逻辑",宾凯译,载《交大法学》2013年第1期。

[13] [德] 乌尔里希·贝克:《世界主义的欧洲:第二次现代性的社会与政治》,章国锋译,华东师范大学出版社2008年版,第259~262页。

"宪政化"状态过渡。

与政治宪法不同，这些基础规范的宪法属性无关特定的宪法文本或者具有历史意义的立宪行动，而是主要反映在两个方面。一方面，它们有效地执行了宪法的构成性功能，支撑着各功能系统的全球性自治和自我奠基。超国家的经济、科学、大众传媒、艺术、教育、互联网等系统都借助其基础规范，打破其自身与民族国家政治、法律之间的封闭结构耦合，促使各种功能特定的沟通在全球范围内相互关联，从而释放出巨大的并行发展动力。另一方面，作为富于反思性的"次级规范"，它们帮助超国家体制实现了自主的法律创制、法律识别和法律制裁。具有决定意义的是，诸多全球社会领域纷纷建立特殊的纠纷解决机制，适用自己创制的法律而非国家法处理内部争端。比如在世界贸易组织中，专家组和常设上诉机构依据世贸规则"两审终审"，并在败诉方不执行裁决时批准"报复"。"全球商人法"领域的情况更令人注目：大量国际商事交易以及国际职业协会、国际商业组织、发展中国家投资项目的运作，完全依靠合同创制的规则，这些规则的效力并非来自国家的法律，而是来自商人间的合同本身；跨国商事纠纷的解决也主要不是诉诸国家的法院，而是诉诸合同约定的国际仲裁机构，后者反过来又将合同规则本身作为裁判依据。[14]

明显可见，全球社会宪法以随体制而异的"片段化"（fragmentation）形态存在，不像民族国家的政治宪法那样构成统一的整体，并以"基本法"的姿态将其他领域的法律贬低为普通法律。这是因为功能分化造成了"多中心的全球化"，每一种全球功能系统或者全球社会体制都实现了自我再生产，都要求适应于自身固有逻辑和运作方式的特殊宪法。比如，在全球艺术领域，就明确否定民主权利和正式组织的强制设置，反对艺术标准的垄断制定，强调以鼓励创新为目标，对表达自由和知识产权提供宪法保障；全球体育领域要实现公平竞赛，"立法"（赛事规则制定）就更应符合"运动规律"而不是民主程序，"司法"（赛事现场裁判）必须比法院裁判更加即时、不模糊并且允许错误，此外，《世界反兴奋剂条例》和世界反兴奋剂机构（WADA）在全球体育法（Lex Sportiva）中具有特殊的重要性。

全球互联网的"数字宪法"提供了更为极端的例证——较之聚焦"权

---

[14]［德］贡特尔·托依布纳："'全球的布科维纳'：世界社会的法律多元主义"，高鸿钧译，载《清华法治论衡》2007年第2期。

力"媒介的政治宪法,"数字宪法"试图释放和约束的系统媒介是互联网的"代码",因此无法采用与前者相同的方式。首先,政治宪法强调"权力分立",代码却具有自我执行的属性,法律创制、法律适用和法律执行合一;其次,政治宪法预设了行为规制、预期建构和冲突解决的分离,尤其"不告不理"的司法原则为社会留出了自治空间,代码却再次将三者化约为一;最后,政治宪法没有彻底排除法律解释的余地,根据新事实和新价值进行的规则微调总是可能的,"0/1"代码却极度形式化,拒绝"灰色地带"。这些情况都表明,较之政治系统,互联网系统对个人自主和机构自主造成了特殊的威胁。就此而言,"数字宪法"必须另辟蹊径,比如,通过"开放源代码运动"扩大互联网系统的自发领域;又如,在互联网名称与数字地址分配机构的仲裁实践中发展和适用"互联网基本权利",以及包括开放原则、匿名原则、免于控制原则、非等级化原则在内的"互联网基本原则"。[15]

反过来说,目前全球社会宪法实践中的主要缺陷,就在于没有找到随目标系统而异的恰当方式,以避免系统内在能量的过度膨胀和爆炸性威胁。如前所述,全球社会体制绝大多数不是发育不良,而是自我毁灭倾向和负外部性急遽增长;全球社会宪法片段的构成性功能已经得到较好的发挥,但其限制性功能时常付诸阙如。失败的主因倒还不是宪法施加的外部压力不足,而是外部压力没有找到正确的着力点,没有激活目标系统的自我限制能力。归根结底,只有系统内部的自我反思机制足以驯服其固有动力,而宪法的作用无非是为这些自我反思机制供给外在的规则支持。比如,导致当前全球金融危机的商业银行信贷超发问题,不可能通过各国的主权担保和财政救助加以解决,改革跨国中央银行(如欧洲中央银行)和货币发行制度才是唯一出路;面对工业生产带来的世界性资源枯竭和环境污染难题,除了税收调节和行政处罚之外,也应通过产品抵制、公益诉讼、环保运动、生态投资等方式,改变经济系统自发领域的消费者偏好;要治理全球科学研究中的不端行为,或者全球大众传媒的虚假新闻,不能依赖政府

---

[15] 参见[德]贡塔·托依布纳:"社会宪政:超越国家中心模式宪法理论的选择",载[德]贡塔·托依布纳:《魔阵·剥削·异化——托依布纳法律社会学文集》,泮伟江、高鸿钧等译,清华大学出版社 2012 年版,第 178~181 页。Vaios Karavas & Gunther Teubner, "The Horizontal Effect of Fundamental Rights on 'Private Parties' within Autonomous Internet Law", *German Law Journal*, 2003 (4), pp. 1335~1358.

的奖惩制度、侵权诉讼或者机构的行政化，而需引入自治的职业性评价机制和委员会制度……只有依据目标系统的特定沟通媒介设置反向结构，提升系统的自我反思能力，各种全球社会宪法片段才能有效发挥限制性功能。正如托依布纳所说："以火攻火；以权抗权；以法制法；以钱御钱。"[16]

总而言之，根本上由于超国家社会体制并不使用政治系统的权力媒介，而是借助其他功能系统的媒介进行沟通，它们的宪法无论是在组织规范和基本权利方面，还是在执行构成性功能和限制性功能的手段方面，都与民族国家的政治宪法差异巨大。作为目标功能系统和法律系统双重反思性的产物，全球的社会宪法是且应当是诸多独立的宪法片段。

四、全球的宪法碰撞与"新冲突法"

全球社会宪法的片段化发展，直接造成了相互之间的剧烈碰撞。基于经验的观察，托依布纳概括了"超国家体制之间的宪法冲突"的四种典型情况[17]：其一，同类案件中，多个超国家体制的规范相互冲突，比如国际人权法与国际人道主义战争法的冲突；其二，一种体制下的法院，遭遇是否适用另一种体制下的规范的问题，比如世界贸易组织的专家组面对国际环境法的规范；其三，同一法律问题被提交不同的仲裁制度，比如分别提交世界贸易组织和国际海洋法法庭（ITLOS）的智利"箭鱼案"[18]；其四，不同国际仲裁庭以不同方式解释同一法律规范，比如在非国家行动者的行为何时必须归责于国家问题上，海牙国际法院（ICJ）和前南斯拉夫国际问题仲裁法庭（ICTY）的争议。

这四种情况都不是简单的政策争议或者规范分歧，而是涉及全球宪法诸片段的相互碰撞，进而涉及从宪法角度再生产的世界社会诸子系统的

---

[16] Gunther Teubner, *Constitutional Fragments: Societal Constitutionalism in Globalization*, London: Oxford University Press, 2011, p. 88.

[17] Gunther Teubner, *Constitutional Fragments: Societal Constitutionalism in Globalization*, London: Oxford University Press, 2011, pp. 150~151.

[18] 为了保护太平洋西南海域日渐枯竭的箭鱼资源，智利政府于1991年颁布了限制箭鱼捕捞和禁止非法捕捞船只转运或停靠的国内法，造成得到欧共体补贴的西班牙船只燃料和供给补充成本的大幅度增加。2000年4月，欧共体首先向WTO提起诉讼，称智利违反了《关税及贸易总协定》（GATT）关于过境自由和进口限制的规定；同年12月，智利也向ITLOS提起诉讼，称欧共体违反《联合国海洋法公约》（UNCLOS）关于公海迁徙鱼类种类的规定。由此引发管辖权限争议。参见唐旗："从箭鱼争端看'贸易与环境'之争新动向"，载《武汉大学学报（哲学社会科学版）》2007年第1期，第57~63页；刘丹："海洋生物资源国际争端研究"，载《河北法学》2011年第8期，第80页。

"理性"冲突、超国家社会领域的"诸神之争"。没有一个占据全球中心地位或者最高等级的权威有能力化解这种碰撞：裁判经济宪法、政治宪法与社会宪法之间争议的"全球法院"，以及平衡各功能领域发展态势的统一的全球政治宪法，早已从经验上被证明为妄想；"经济学帝国主义"（economic imperialism）的野心，特别是以"全球资本市场"协调世界社会各子领域的企图，也在近年来的全球金融危机中遭受挫败；更不用说，确立任何一种全球宪法秩序作为最高原则，都将摧毁其他社会宪法的同一性以及相应社会系统的自治属性，进而摧毁世界社会的功能分化本身。

问题的死结，就在于找不到客观、中立的立足点，以处理平等的全球体制和全球宪法冲突。然而，一方面，全球体制冲突仍然可以通过"谈判"寻求和解；相应地，全球宪法可以致力于供给谈判的正当程序和保障谈判各方的平等地位。这种方式有利于达成共识和获得执行；但在特定的历史阶段，有些"霸权体制"如世界贸易组织可能不愿"屈尊"坐上谈判席，其他"弱势体制"又相对缺少谈判实力。另一方面，国际私法也带来了诸多启示。传统国际私法主要面向不同国家法律秩序之间的冲突，这类冲突与不同全球宪法片段之间的冲突一样，都是一种"非等级式的冲突"。如果说前一问题最终在发生法律冲突的民族国家之内得到解决，那么后一问题同样可以在相互冲突的全球体制之内得到解决。这就需要发展一套全球社会宪法间的"新冲突法"。不过，基于调整对象的差异，尤其是考虑到待解决的冲突发生在垂直于国家法律秩序运转的超国家体制之间，"新冲突法"应对传统国际私法的某些关键环节加以修正。[19]

首先，在"管辖权"的选择和"准据法"的确认方面，鉴于核心问题不再关乎系争法律关系的"本座"所在何地，而是涉及法律关系的"主要范畴"与哪个功能系统联系更为紧密，有必要以"功能体制从属性"替代传统国际私法上的"属地主义"。功能分化在世界范围内不断展开、深入的现实，决定了新冲突法的首要原则：系争法律关系的"主要范畴"存在于哪种全球体制之内，就应由哪种体制的裁判机构予以管辖，或者运用哪种体制的特有规则进行处理。此为修正方案的第一步。

其次，修正方案的第二步，是排除传统国际私法"引致"规范的简单

---

[19] Gunther Teubner, *Constitutional Fragments: Societal Constitutionalism in Globalization*, London: Oxford University Press, 2011, pp. 152~158.

适用。众所周知，在不涉及"公共秩序保留"问题的情况下，传统国际私法采用引致技术，实质上是将整个争议交给一种或者另一种国家法律秩序处理。按照社会系统理论的分析，这种安排的正当性基础不在于国际"礼让"，而在于民族国家的法律作为一种"总体性秩序"，全面执行着稳定社会生活各领域"规范性预期"的功能，[20] 故其有效原则、规范、政策之间或多或少存在"内部平衡"。与民族国家的法律不同，各种全球法律都"唯我独尊"，完全依附于单一功能体制的固有逻辑，缺乏兼顾全球"公共利益"的内在动力。是故由任何一方"全权"处理全球层面的体制间冲突，都难免放纵片面的理性标准，助长世界社会的离心倾向。

因此，在排除程序性的引致规范之后，修正方案的第三步，是以面向"超国家公共秩序"的实体规范取而代之。与传统国际私法上的国内"公共秩序"不同，超国家公共秩序不是基于政治性的"全社会整合"和阶层利益协调需要，而是基于相互冲突的功能体制的"系统际整合"要求；超国家公共秩序保障的不是执政者从稳定的政权中得到的"统治"利益，而是全人类从"各行其道"的诸功能系统中获致的秩序和发展利益；超国家公共领域的核心内容不是外在的"客观"观察的产物，而是源于各种功能体制从自身"主观"视角出发，在相互的规范投射过程中形成的"重叠共识"。更重要的是，由于任何"重叠共识"的具体意义都并非客观确定，必须再度经由各功能体制分别加以主观阐释，因此，诉诸超国家公共秩序意味着全球社会宪法自我反思属性的形成，以及自我限制功能的实现。这样一来，超国家公共秩序就作为新冲突法实体规范的基础，在整个新冲突法体系中占据了支配地位，而不像传统国际私法上的公共秩序那样，仅仅在"例外"情况下发挥矫正作用。

---

[20] Niklas Luhmann, *A Sociological Theory of Law*, London: Routledge & Kegan Paul, 1985, pp. 31~39.

全球恐怖主义：幽灵、正义与寓言
——"9·11"事件的断想

张文龙 *

"9·11"事件犹如政治上的"切尔诺贝利核事故"，其在政治、经济和文化上的后遗症仍然深刻影响着我们当前的全球生活。这场灾难在其造成的生命损失意义上，不仅是对美国，同时也是对全球共同体产生了极为可怕的后果。比如，阿富汗和伊拉克这两个国家，在随后美国及其联盟发动的"全球反恐之战"中就已经造成了上百万的平民伤亡。虽然"9·11"恐怖袭击已经过去十多年，其后世界各地也曾发生过类似的恐怖袭击，但人们永远忘不了两架飞机从高空撞击世贸的双子摩天大楼那一刻的画面，因为这一电影般的画面有着诡异的启示录意味：它仿佛是"上帝惩罚人类建造巴别塔"的现代寓言。

一、"全球化寓言"："9·11"启示录

2001年9月11日，当恐怖分子劫持两架飞机从高空中撞击世贸的双子摩天大楼时，这一刻的影像，借由各种全球性的大众媒介，瞬时传播到世界的各个角落。人们在家里的电视机看到这一幕，恍如观看一部好莱坞制作的科幻大片剧情一样，极为刺激与震撼人心。当人们已经习惯了好莱坞"灾难片"的风格时，这是真实的吗？一时之间，虚拟与现实之间的那条界线，似乎已经在这场恐怖袭击的"外爆"与"内爆"的双重爆破下灰飞烟灭，剩下的只有灾后的"零度废墟"。斯拉沃热·齐泽克（Slavoj Zizek）借

---

* 清华大学法学院博士研究生。

由"黑客帝国"的意象,将此事态称为"欢迎来到真实的荒漠"。[1] 好莱坞电影无数次制造出这样逼真的灾难场景,离开电影院的人们总是在观后说:"幸好,这不是真的!"可是,当电影幻象变成真实的时候,人们才仿佛清醒过来说:"哦,原来我一直生活在幻象之中!"因此,一个极为重要的问题如妖魅般萦绕在人们的心灵之中:现实(the reality)到底有多真实(the real)呢?在这里,现实与真实之间的差异或者异轨(détournement),[2] 恰恰构筑了一个理解"9·11"事件的构境:全球化的寓言。

那么,"9·11"事件到底产生了什么启示?让我们重新回到那个灾难性的电影般的画面,透过视觉化技术媒介,我们可以看到恐怖分子劫持两架飞机撞击世贸的双子摩天大楼。停!就是这个画面:你看到了什么?或者你能想象出什么?飞机犹如"恐怖分子的巡航导弹"?世贸的摩天大楼犹如一个巨大高耸的"视觉性的阳具",抑或人类社会有史以来最宏伟的"全球化的巴别塔"?或者,双子摩天大楼的垂直造型"11"早注定它会在11号这天被毁灭?也许,你不会认同这些夸张或臆想,不过,对"9·11"事件的解码,必须具备新的想象力,才能勘破这个"全球化的寓言"所产生的启示录。当然,事件的解读结构取决于观察的视角,不同的人自然有不同的解读,正如,有一千个人就会有一千个哈姆雷特一样。下面,笔者试图从这样一个区分或者视角——全球化/地方性——来观察"9·11"事件。

当人们乘坐美国航空公司的飞机从波士顿飞往洛杉矶,或者从纽约飞往北京或世界其他地方的时候,这也许是现代社会让人司空见惯的一件事情:人类跨越了地理边界,并且克服了地心引力。这意味着什么呢?可以这样说,飞机这个现代交通工具,它的出现高度压缩了全球时空,使得人类空间从具体的地点中分离出来,同时也使得时间与空间得以分离,从而构造出一种虚拟的时空架构。同时,我们再来看看飞机下面的那些建筑物,比如,世贸的双子摩天大楼。这座大厦不仅是纽约的新地标,超越纽约"帝国大厦"而成为"世界第一摩天大厦",而且象征着全球化的金融、贸

---

〔1〕[斯洛文尼亚]斯拉沃热·齐泽克:《欢迎来到实在界这个大荒漠》,季广茂译,译林出版社2012年版,第14页。

〔2〕"异轨"(détournement)一词源自法国思想家居伊·德波,原先指透过对旧有作品的讽刺性模仿来达到某种解构或颠覆的作用。在此,笔者借用以喻意:恐怖分子对现代媒介的利用对国家恐怖主义构成了一种解构性的后果。参见氏著:"异轨使用手册",载《景观社会》,王昭风译,南京大学出版社2006年版,第155~161页。

易和权力。这座高耸入云的"全球化的巴别塔",其垂直的高度,跟飞机一样克服了地球的重力:商业贸易的全球人(global man/cosmopolitan)乘坐电梯即可升入云端。换言之,这些人乘坐飞机或电梯即可克服地心引力而实现"解地域化"(de-territorialization),甚至"脱域"(disembedding)而游走全球。而商业贸易的全球化则是一个历史发动机:从哥伦布发现新大陆到日不落的英帝国,从东印度公司到世界贸易组织,人们从历史中可以看到全球资本主义的兴起,看到一个全球性的秩序结构:中心与边缘——帝国与殖民地。但是,刚才谈到的垂直高度却意味着某种结构异轨:上层/下层——天空与地面。所以,当在飞机上或者在摩天大楼里面的人们享受着云端的轻盈,而突然被恐怖分子拉入地心引力的"自由落体"之中时,这一刻意味着人们经历着某种"全球地方化的'外爆'与'内爆'":飞机从高空中撞击摩天大楼,这是"外爆";而摩天大楼由于重力而坍塌,则是"内爆"。[3] 而后来,整个"9·11"事件又被作为"新的爆破点",引发了新的一轮"全球地方化的'外爆'与'内爆'":美国飞机高空轰炸阿富汗和伊拉克,这是"外爆";而全球共同体卷入"反恐之战"的漩涡,则是"内爆"。不过,这只是故事的全球化面向。我们得回放一下,看看这个事件的另一个面向:地方性。虽然画面中看不到恐怖分子,但据后来的新闻报道,恐怖分子都是中东地区人,比如,沙特阿拉伯和埃及。这些恐怖分子可能都是极端伊斯兰分子并受到本·拉登领导的基地组织动员,从而发起了这次针对美国的恐怖袭击。因此,可以想象这些恐怖分子不是凭空产生出来的,他们肯定都有着各自的人生或生活史:在一个特定的地方成长和生活,可能接受当地的宗教文化传统教育,比如,伊斯兰教。可以说,他们跟中国人、俄国人、德国人、法国人、英国人,甚至是美国人一样,都具有某种文化的"根性"(rooting)或者文化嵌入(cultural embeddedness)。不过,他们却透过现代社会的交通媒介——飞机——跨越了地理边界,而在另一个大洲和国家发动了震撼全球的恐怖袭击。这意味着一种全球地方化的现象。换言之,地方性的伊斯兰原教旨主义透过现代媒介产生了全球性的后果——"9·11"事件。同样,地方性的美国"9·11"事件又透过现代的大众媒介而产生了全球性的后果——"全球反恐之战"。因

---

〔3〕 张小虹:"天上飞的和地上爬的:9·11事件的文化思考",载《全球化与文明对话》,江苏教育出版社2004年版,第232~242页。

此，在笔者看来，"9·11"事件的启示录，就是让人们看到一种全球化/地方性的结构异轨及爆裂的后果：现代性的全球流动和散裂。[4]

二、恐怖主义的幽灵：君主与海盗

"9·11"事件仿佛是一个划时代的新开端。然而，这个事件其实有着极为老旧的行为模式——暴力与恐吓。恐怖主义（terrorism）一词，据悉是源自18世纪法国大革命期间的雅各宾派的恐怖统治。[5] 不过，从人类的历史来讲，暴力与恐吓可能早在人类社会诞生之日起就已经存在，因为暴力与恐吓跟人类内在的生存本能有着千丝万缕的联系。比如，霍布斯就曾经假设人类社会的自然状态：一切人跟一切人的战争。另外，当人遇到危险时似乎天生具有恐惧的能力：这种恐惧情感的产生肯定离不开（暴力）环境的恐吓，比如，不可抵抗的自然灾害或凶猛动物的袭击，又或者是部落的洗掠或惩罚等。但是，恐怖变成恐怖主义，肯定是人类社会独有的事情。一次天灾，比如火山爆发可能会产生令人恐怖的景象，但恐怖主义的存在是一种社会沟通：关于恐怖本身的沟通。这种沟通透过象征符号把恐怖传递到社会共同体，从而可能促使个人或群体做出某种行为（方式）的改变。

"9·11"事件无疑产生了大量的关于恐怖以及恐怖主义的社会沟通：全球的大众媒介大量地生产着这些关于恐怖袭击和恐怖主义的信息；劫后余生的人们肯定也会不断想起并谈起这次恐怖事件；政府更是大量宣传各种（反）恐怖主义方针和措施；就连恐怖分子也会继续利用这次事件的"全球发酵"来扩散自己的影响力并制造新的恐怖主义沟通，比如，新的恐怖袭击。因此，离开了沟通，人们难以传播恐怖，更谈不上恐怖主义了。但是，暴力和恐吓依然是恐怖主义的核心（行为）要素。吊诡的是，"9·11"事件使全球共同体关于恐怖主义的沟通更多指涉非国家的行动者（non-state actor），比如，本·拉登领导的基地组织，或者是黎巴嫩的真主党、巴勒斯坦的哈马斯等。反而让一直在全球行动的国家恐怖主义（state terrorism）成为隐匿的背景——美国长期以来都在运用国家恐怖主义的手段来维持其在全球各个地区的霸权地位，比如资助地方的恐怖分子，或者是支持

---

[4] [印] 阿尔君·阿帕杜莱：《消散的现代性：全球化的文化维度》，刘冉译，上海三联书店2013年版，第35~62页。

[5] [英] 依高·普里莫拉兹：《恐怖主义研究——哲学上的争议》，周展等译，浙江大学出版社2010年版，第39页。

独裁国家实施国家恐怖主义,甚至是亲自发起战争来维护其全球利益。[6]由此,"9·11"事件仿佛是一个偶然的孤立性事件,其表面上的原因就是基地组织要对美国发动"圣战",而美国作为"无辜的受害者"显然要执掌正义的权柄——全球缉捕基地组织的恐怖分子,并向全球共同体发出意识形态的质询——要么支持恐怖分子,要么站在我们这边。由此,全球的大众媒介制造了恐怖主义现实:只有反对美国的国际恐怖组织和"流氓国家"。

这又回到了刚才谈到的那个重要的认知问题:现实到底有多真实呢?关于这样的吊诡,美国学者诺姆·乔姆斯基(Noam Chomsky)曾经谈到圣·奥古斯丁讲过的一个寓言故事:"亚历山大大帝曾经问被他俘虏的一个海盗:'你凭什么敢横行海上?'海盗反驳道:'你凭什么敢横行世界?就因为我只有一艘小船,人们骂我是贼。但是因为你有一支强大的舰队,你被尊为君主。'"类似于乔姆斯基的"海盗与君主"的说法,中国人可能会说:"窃国者侯,窃钩者诛"。而乔姆斯基认为,这个寓言抓住了"当前美国和国际恐怖主义舞台上的一些次要角色之间的关系,包括利比亚、巴勒斯坦解放组织各派别以及其他类似的国家和组织,……阐释了当代西方概念中的国际恐怖主义的含义,并且以极具讽刺的方式直指这种在对待恐怖主义事件上所表现出来的癫狂态度的本质,这种癫狂只是西方暴力的一种掩饰"。[7]可见,当前的全球恐怖主义不只是非国家行动者的恐怖主义(海盗式恐怖主义),它还包括国家恐怖主义(君主式恐怖主义),后者对人类生命的威胁造成了比前者更为可怕的后果。比如,"全球反恐之战"在阿富汗和伊拉克造成了极为惨重的代价:上百万的平民伤亡和数以百万计的难民。实际上,美国布什政府的"反恐之战"不但未能有效遏制恐怖主义,反而为基地组织招募新成员提供了极大的机遇和资源。可以说,这两场"反恐之战"使得全球恐怖主义犹如徘徊在整个地球上的幽灵。人们可能会奇怪地问:大众媒介对恐怖主义的大量报道,难道不是证明了恐怖主义的真实存在?将恐怖主义视作幽灵是否不大恰当呢?笔者认为,虽然恐怖主

---

[6] Ruth Blakeley, *State terrorism and neoliberalism: the north in the south*, London: Routledge Taylor & Francis Group, 2009, pp. 1 – 24.

[7] [美]诺姆·乔姆斯基:《海盗与君主:现实世界中的国际恐怖主义》,叶青译,上海译文出版社2006年版,第1页。

义的存在依赖某种程度的可见性或公开性，不过，它的运作也同样依赖某种程度的不可见性或不透明性。而幽灵或者鬼魂恰恰是基于一种既可见又不可见的吊诡统一性来进行运作的。所以，透过幽灵这个意象来描述当代的全球恐怖主义，可以让我们看到其吊诡之处：比如，国家恐怖主义透过大众媒介将其自身隐匿起来，使得其可以合法化运作；同样，那些国际恐怖主义组织也必须隐匿自身才能更好地公开运作，比如，通过互联网招募新成员、动员激进化的成员发动袭击等。[8] 此外，犹如鬼魂或幽灵是透过人类的心理想象——恐惧——运作一样，当代恐怖主义的幽灵也是透过这样的人类心理作用而产生运作的基础：透过象征符码的恐怖沟通，使人类心理产生恐惧的刺激。

三、诗性正义：媒介作为正义之镜

当具有反美情绪的人们，在电视机的屏幕上看到恐怖分子劫持飞机撞击美国世贸的摩天大楼时，可能会有人拍手称庆说："这是诗性正义（poetic justice）的范例！"你怎么看这个问题？当人们谈到幽灵的时候，是否还有能力分析正义的问题呢？正义女神如何追捕全球恐怖分子，她手上的剑又能否指向恐怖主义国家呢？"9·11"事件透过全球性的大众媒介，给帝国边疆遭受占领和压迫的民众递送了这样一条信息：帝国的全球化地标刚被他们那儿的人用"人造飞机炸弹"给"空袭"了。不过，这条消息可能让那儿的民众喜忧参半，甚或忧大于喜，因为这给了帝国一个随时实施监控和打击报复的借口。事实上，对"9·11"事件尤其是对美国幸灾乐祸的人肯定存在，不过，作为旁观者即便是中立的，也未必认定美国是无辜的。谁来实施正义呢？又透过何种媒介彰显正义呢？

在初民社会中，人们实施的是一种身体性的正义：以眼还眼，以牙还牙，以手还手，以脚还脚，以命还命。这种正义观的报复性色彩很强，简言之，就是"同态复仇"。而同态复仇作为正义的实现形式，其实是一种"私力救济"：在没有公权力介入的情况下，唯有靠个人或部族的力量来实施正义。随着文明社会和国家的出现，复仇日益遭到国家和社会的限制，比如，复仇义务者的范围和顺序、复仇避难地、复仇调停机构、复仇申告、

---

[8] Philip Seib and Dana M. Janbek, *Global terrorism and new media: the post – Al Qaeda generation*, London: Routledge Taylor & Francis Group, 2011, pp. 43~60.

复仇许可和允许复仇赔偿,等等。[9] 当国家运用刑罚对付犯罪,赔偿作为复仇的表现形式就被刑罚所取代,同时,这意味着公权力救济取代了私力救济。简言之,由国家代表社会或个人实施正义。这时的正义不再像身体性正义那样赤裸和血腥,而是被法律所媒介化和规训化。而现代国家的刑事正义更是使得这种法律正义体现出某种系统自身的合理性,比如,人道、宽容、罪刑法定、正当程序保障、排除非法证据等,但这并不意味着现代刑事正义已经抹去了复仇的意味。由于社会复仇心理的根深蒂固,法律的正义依然需要满足这种心理需要。此外,鉴于20世纪的两场世界大战及其恐怖后果,比如,法西斯国家的暴行,人类社会在现代刑事司法的基础上,又构建了一套国际刑事司法来控制国家的犯罪行为,如从纽伦堡国际军事法庭到国际刑事法院。由此,借由国家刑事司法和国际刑事司法,人类社会建立起了一套现代犯罪治理的"威斯特伐利亚二重奏"体系。但是,现在这个现代刑事正义的全球架构,正面临着犯罪全球化的冲击和挑战,比如,全球恐怖主义。当代的全球恐怖主义犯罪跨越了地理边界且实现了"解地域化"而游走全球,这一方面超越了国家刑事司法的管辖权,另一方面又使得国际刑事司法的管辖权难以处理这一全球犯罪。比如,国际刑事司法目前只能处理国家的犯罪行为,对于非国家的行动者的国际犯罪行为是难以处理的;而且国际刑事法院的管辖权是以国际条约的签署为基础的,而美国不是《罗马规约》的缔约国,因此,国际刑事法院是没有权力对美国的国家恐怖主义犯罪进行指控和起诉的。反而,美国会建立自己的国际刑事法庭来审判那些被它抓捕的全球恐怖分子。但无论如何,在当代的全球社会,正义已经产生了一种超国家的模式,借由超主权的国际机构来实施全球正义。[10]

人类社会的正义从复仇到现代刑事司法,经历了非常漫长的社会法律演化。在这个演化的过程中,正义从赤裸的存在,到法律的媒介化,都没有回避一个根深蒂固的要求:正义不仅要实现,而且要以一种可见的方式

---

[9] [日] 穗积陈重:《复仇与法律》,曾玉婷、魏磊杰译,中国法制出版社2013年版,第44~78页。

[10] 关于全球正义的刑事司法维度,参见阿德里安·琼斯:"范式转换与纽伦堡审判",载[加拿大] 斯蒂芬·斯特里特等主编:《帝国与自主性:全球化进程中的重大时刻》,陈家刚等译,社会科学文献出版社2010年版,第109~132页。

实现。从亲眼目睹对罪犯的惩罚——比如，福柯描述的那种酷刑景观[11]——到当代社会的法律程序，只是这种可见性更加抽象了而已。当然，这种抽象的刑事正义，使得正义本身可以获得一种运作的合理性而避免复仇的恣意。但是，它仍然需要满足复仇这种人性内在的心理需要。因而产生了一个问题，即正义如何能够满足这一心理需要的全球化呢？或者说，这种全球正义通过何种方式彰显呢？答案就是全球性的大众媒介。如果"9·11"事件对于某些人是"诗性正义的范例"，那么，对萨达姆·侯赛因的绞刑也是这一正义的新范例。透过全球性的大众媒介，人们看到了萨达姆受到了应得的惩罚。由此，法律的正义被大众媒介再度媒介化而成为一种"正义的拟像"——媒介成为正义之镜。[12] 这意味着什么？也许这会产生太多意味，不过，让我来谈谈其中较为重要的三点：①媒介的诗性正义可能是一种民粹式、情感导控的正义，它不是基于法律条文或者法律先例的推理，而是透过可视觉化呈现的媒介而制造出来，所以，它具有高度的非语境性、不连贯性和不确定性。②透过媒介产生的诗性正义，由于只是反映出大众媒介制造的现实——但不一定真实，所以，它可能会跟法律的正义产生冲突。用贡塔·托依布纳（Gunther Teubner）的术语表述，可能是正义的"系统际冲突"，因为大众媒介系统跟法律系统的沟通符码是不一样的。[13] 比如，英美对恐怖主义情报信息的媒介宣传，可能跟恐怖主义犯罪证据的法律证明之间存在很大的鸿沟。③由于大众媒介的全球性运作，正义/非正义的认知性已经超越了初民社会的身体性和文明社会的地域性，而进入到一个"脱域"的全球时代。简言之，全球正义可能正在从世界文明的冲突和混血中浮现。比如，英美的刑事正义就透过"全球反恐之战"及其媒介宣传来施行，这可谓是"正义的全球地方化"之新典范。

四、结语：共识与分歧

"9·11"事件无疑让恐怖主义成为了一项重大的全球治理问题。由于

---

[11] ［法］福柯：《规训与惩罚》，刘北成、杨远婴译，上海三联书店1999年版，第3～80页。

[12] "正义的拟像"（simulation of justice）一词指在现代社会中，人们对于正义问题的认知是建立在大众媒介的构境之中的，但是，这个构境所产生的正义认知往往容易发生断裂或者内爆：总是面临新的信息导致的质疑。本文对simulation of justice一词的构设，主要受法国思想家让·鲍德里亚（Jean Baudrillard）启发。参见氏著：《拟仿物与拟像》，洪凌译，台北时报出版公司1998年版。

[13] ［德］贡塔·托依布纳：《魔阵·剥削·异化——托依布纳法律社会学文集》，泮伟江、高鸿钧等译，清华大学出版社2012年版，第61～117页。

恐怖主义犯罪的全球化，所以，当生化武器、大规模杀伤性武器、互联网、现代交通工具等可能成为恐怖分子和恐怖组织的工具时，这意味着其将会对全球共同体产生极为巨大的风险。因此，无论是从全球秩序还是从全球正义的维度来看，恐怖主义问题都已经威胁到当代人类社会的生存和发展。不过，正如前面所分析的那样，我们可以看到当代全球恐怖主义问题域的各种内在张力——全球化/地方性、国家/非国家、可见性/不透明性、正义/非正义、现实/真实、国际/国家，等等。这些区分的张力表明：虽然恐怖主义问题成为全球治理的一项共识，但是，这样的共识将可能产生更多的分歧与争论。

法律市场的全球化及其影响

刘双舟[*]

"法律市场"是运用经济学市场原理分析法律制度时出现的一个概念，一般指法律制度的消费市场，也可以泛指法律要素的市场化配置机制及相关问题。随着法律市场的全球化，各国的立法活动及立法理念都受到了不同程度的影响。

一、法律市场的含义

法域这一概念在国际法上早已存在。狭义的法域通常指一个主权国家的法律有效管辖或适用的范围。从广义上讲，由于各国政体具有不同特色，在一国范围内也可能存在多个法域。比如在我国，其实就存在着台湾地区、香港特别行政区、澳门特别行政区和大陆地区四个相对独立的法域。由于地方法规的存在。在大陆地区统一的法域中，各地方法律制度也会相对地形成了小法域，比如民族区域自治地区的法域。相对于其他国家而言，美国联邦法律体系的适用范围是一个大法域；但在美国联邦范围内，各州的法律制度事实上已经形成了众多相对独立的小法域。

传统的法学和政治学观点认为，法律制度作为国家提供的一种公共产品，各法域中的公民和社会组织只能被动地服从法律，对法律这种公共产品只能"捆绑式"消费，而不能选择性消费。而事实却证明，很多法律制度是可以被选择适用的。在法律制度面前，公民个体和社会组织并不是"完

---

[*] 中央财经大学法学院教授、副院长。

全被动"的,而是具有一定的选择自由。随着交通和通讯技术的改进以及贸易的自由化,公民和社会组织选择性地适用法律变得越来越容易了。

如果我们借用经济学中的市场理论,将法律制度看作是"产品",将立法机关看作是生产法律产品的"厂商",那么受各法域法律规范的公民个人或社会组织就可以被相应看作是法律产品的"消费者"。就像存在购买和消费各种生活用品的商品市场一样,事实上,在现实中也存在着一个由不同法域构成的消费法律产品的"法律市场"。在这个市场上,"消费者"(公民和社会组织)依据自己的需求和偏好来选择"法律产品",而各法域中的厂商(立法者)则根据市场行情来生产和提供"适销对路"的法律产品(法律制度)。同样,像商品市场上存在着厂商之间的竞争一样,在法律市场上,为了争取到更多受其约束和规范的"消费者",各法域中的立法者之间也存在着市场竞争问题,这就是法律制度之间的竞争。

正是基于上述这样的假定和认识,笔者认为,可以运用经济学中的市场原理来分析研究法律制度之间的竞争问题和各法域中的立法行为选择问题;也可以借用市场原理中消费者的消费偏好对厂商产生激励作用的机理,来分析公民个体的法律选择行为对立法产生的激励和影响。

二、法律市场发展的三个阶段

法律市场本身也有一个从原始到现代、从初级到高级的发展过程。在不同的发展阶段,法律市场对消费者(公民和社会组织)的激励作用及其消费法律的行为影响是不同的。

(一)早期的法律市场

我国春秋战国时期的法律市场可以被看作是世界上较早法律市场的一个代表类型。虽然当时的法律市场可能没有现代法律市场这样健全,但它确实具备了法律市场的三个基本要素。

首先,在我国的春秋战国时期,由于诸侯割据,形成了一系列相对独立的法域,各诸侯国分别创立了各具特色的法律制度(法律产品)。

其次,各法域之间存在着激烈的制度竞争,为了富国强兵或为了扩张统一,各诸侯国之间在人、财、物方面存在激烈的竞争,而这些竞争主要是通过各自出台的法律制度来实现的。

最后,虽然当时各诸侯国之间战争频繁,但人员和财物的流动是相对自由的,这就为各诸侯国国民选择适用不同国家的法律创造了一定的条件。

(二) 联邦制下的法律市场

法律市场发展的第二个阶段是联邦制国家体制下形成的法律市场。美国的法律市场是这一类型的典型代表。在美国，由于各州具有独立的立法权，因此形成了相对独立的法域。各州为了自己的利益，通常会通过立法的形式来进行人才、资本等方面的竞争，这种法律制度的竞争是非常明显的。通过长期的法律制度竞争，目前各州已形成了自己的法域特色和法律市场优势。比如，特拉华州最适合注册公司，纽约州最适合缔结商业合同，马萨诸塞州最适合做基金投资，而南达科塔州则最适合从事信用卡业务，等等。

在美国各州法域所共同形成的法律市场中，公民和社会组织"消费"法律的行为方式出现了一种新的趋势，即非人身实际流动式选择。如果一个州的公民或企业想"消费"另外一个州的法律的话，他实际上并不需要将自己实际搬迁到该州，而是通过当事人之间的"协议约定"即可实现。比如，特拉华州最适合注册公司，在该州注册公司能享受到比其他任何州都优惠的政策，那么生活在纽约州的投资人就可以协商一致地将自己的公司注册在特拉华州，而他们的实际经营活动却并不在特拉华州，他们的人身也不需要实际搬迁到特拉华州，甚至有些人可能从来都没有到过特拉华州。之所以能够实现这样的法律"消费"，是因为存在一种"选择法"[1]，这种法律规定人们在订立协议时，可以在协议中约定"法律选择适用条款"。公司设立者们可以通过约定，来选择由哪个州的法律来规范该公司的事务。

在联邦体制下的法律市场上，消费法律的行为选择方式改变了原始法律市场上的实质流动性，通过协议的约定即可实现"消费"法律的选择。比如，加利福尼亚州有一位轮船商开办了一家公司，用于经营美洲与其他大洲之间的海上国际商业运输业务。美国国会和加利福尼亚州政府都希望通过立法来将该船商的活动纳入到自己的法域管辖范围中。但是该船商非常聪明，他将自己的公司注册在特拉华州，而将公司的主要办公场所选择在了弗吉尼亚州，他的轮船则在库克岛办理了登记手续；他还将自己的公司账户开户在开曼群岛的外国银行，由该银行负责接受客户的付款；在公

---

[1] 选择法（Choice-of-Law）理论是美国学者于20世纪初提出的一种合同法理论，核心内容是合同当事人可以在合同中通过法律选择适用条款（Choice-of-Law Clause）约定合同适用的法律。该理论已在司法实践中得到运用，但目前美国学界仍有争论。

司与雇员签订的劳动合同中，他选择了由弗吉尼亚州法院来解决公司与雇员之间发生的劳资纠纷；而在与客户签订商业合同时，他则与客户协商约定，由英国伦敦的仲裁机构来处理他们之间可能发生的合同纠纷。经过这样一系列对"法律产品"的消费选择安排，使得该船商可以轻易地"规避"加利福尼亚州和美国联邦政府制定的有关公司、税收、劳动、反垄断、环境等法律本来应该有的"约束"。[2]

加利福尼亚州政府和联邦政府也许可以有针对性地制定出强行适用于该船商的法律，但是他们必须要冒逼迫该船商将自己的业务完全撤出加利福尼亚州或美国法域管辖的风险——而一旦船商完全撤出，对他们将更没有好处。

（三）全球化的法律市场

随着全球经济一体化和交通、通讯技术的飞速发展，以国家法域为单位的全球法律市场已经形成，出现了全球法律市场与国内法律市场并存的新格局，这是法律市场发展的一个新的阶段。在全球化法律市场上，各国成为了法律市场上相互竞争的"厂商"，为了在国际竞争中占据优势地位，为了给本国的发展吸引更多的人才、资金和先进技术，各国立法者争相优化本国的法律制度。

三、法律市场全球化带来的影响

（一）对法律选择行为的影响

全球化法律市场的形成对"法律产品"消费者的行为选择带来了新的变化，使其有了更大的选择空间和自由。在国际法律市场存在的大背景下，买方的法律消费行为也呈现出了跨国选择法律产品的趋势。蒙牛、汇源等知名品牌企业将自己的注册地选择在开曼群岛或维尔京群岛的做法，正是这一新型法律消费行为的体现。投资者之所以将注册地选择在国外，而将实际经营地选择在国内，其实与他们是否爱国并无必然联系，民族感情无法真正解释这种行为选择的实质。从经济学角度分析，投资者是理性的经济人，在现有法律制度框架内追求自身利益最大化是其行为选择的主要目标。这些现象再次表明，有些法律制度可以像商品一样被消费者根据自身的偏好选择消费，而这种跨国界的法律消费正是现代全球化国际法律市场

---

[2] [美] Erin A. O'Hara and Larry E. Ribstein, *Law Market*, Oxford University Press, 2009, pp. 3~4.

的一个主要特征。

(二) 对各国制度竞争的影响

国家之间竞争的历史是非常久远的。在战争年代，国家之间的竞争主要表现为军事力量的竞争，而在和平年代则表现为经济实力的竞争或者综合国力的竞争。但是无论是军事竞争、经济竞争还是综合国力竞争，其背后都是制度的竞争。历史事实表明，在国与国之间的竞争中，最终取胜的往往是制度优越的国家。在当今的世界格局中，各国的竞争主要表现为争夺人才、技术、资本和信息等方面的资源，而竞争的成败则主要取决于各国制度的优劣。为此，各国争相出台各种吸引人才、技术和资金的政策法律，这些法律形成了大大小小的法域，各法域之间的竞争是非常激烈的。比如我国改革开放初期的"三资企业法"、沿海开放城市和经济特区的设立等，其目的正是在于吸引外资和先进的人才技术。这些政策和法律的出台绝不是偶然的，而是全球化国际法域竞争的必然结果，是国际消费者的行为选择对我国立法活动的激励效应的反映。在国际法域竞争中，各国可能并没有使用"法律市场"这一概念，但各法域立法者对国际法律市场的存在及其影响是非常清楚的。消费者在某种程度上也已经认识到了这一点，他们可能会结成"利益集团"来有意识地影响各国的立法活动，争取政府出台对自己有利的法律。

四、法律市场全球化的启示

法律市场的全球化和制度竞争理论对我国中央层面的立法具有重要的启发意义。改革开放以来，我国在立法工作中特别强调中国特色和中国国情，要求立法必须要考虑我国的实际情况，不能照抄照搬外国的立法。这种立法指导思想本身并无不当，但是不宜过分强调，如果强调得过了头，其效果可能会适得其反。一个不争的事实是，随着全球经济一体化和现代交通、通讯等科技的飞速发展，全球化的法律市场已经形成。该市场涵盖了全世界范围内以国家为立法主体的大大小小的法域，并形成了全世界范围内的法律制度的竞争。这就要求我们在立法时，必须要有国际化的视野和全球化制度竞争的意识。立法的目的，表面上看是为了规范国人行为和解决国内问题，但是如果立法时缺乏国际视野和制度竞争意识，就有可能导致那些对我国发展有利的国外资金、技术、人才不愿进来，同时致使国内的资金、技术、人才转移出去，最终会在制度竞争中削弱自己的力量而增加竞争对手的实力。

日本比较法学的实验场

——法律全球化视野下的法整备支援

李求轶 *

一、法律全球化下的比较法学新动向

全球化是一个以经济全球化为核心，包含各国各民族各地区在政治、文化、科技、军事、安全、意识形态、生活方式、价值观念等多层次、多领域的相互联系、影响、制约的多元概念。"全球化"可概括为科技、经济、政治、法治、管理、组织、文化、思想观念、人际交往、国际关系十个方面的全球化。广义上的法治全球化是全球化不可或缺的重要组成部分，法治全球化包括了法治意识全球化、立法全球化、司法全球化和政府治理全球化等诸方面内容。法律全球化仅仅是代表法治全球化中的一个环节，即立法全球化。但立法全球化是法治全球化的前提和基础，因此，法律全球化是狭义上的法治全球化。法律全球化不同于法律国际化。法律国际化以"国家主义"为基础，法律形式上表现为国际条约和国际私法；而法律全球化则以"去国家主义"为基础，法律形式上表现为超国家的共同法和特定团体法（商人法）以及国际民法等。因此，法律全球化与比较法学密切相关。从宏观上看，法律全球化是全球范围内比较法学上的共同法实践；从中观上看，法律全球化是法系或者法圈理论的扩大化和深化；从微观上，法律全球化是比较法学的法律移植论的具体落实和体现。

"法律全球化的产生直至作为一个重要的法学理论提出，是有一个历史

---

* 华东政法大学兼职教授，法学博士。

过程的。从法史学的角度上看,法律全球化的理念最早可以追溯到古罗马时期。当时西塞罗就认为天国的自然法则在人类社会中就体现为世界国家的共同法则,这可以看作是法律全球化理念的萌芽。后来在 18 世纪下叶至 19 世纪初罗马法的复兴运动中,法、德两国在全面吸收罗马法原则和精神的基础上,先后制订和颁布了《法国民法典》(1804 年)和《德国民法典》(1896 年),掀起了世界范围内依照其模式的法典编纂运动高潮并建立了民法法系,这可谓法律全球化实践的开始。法律全球化的继续发展则始于美国宪法的域外影响以及宪法的全球化,其分权型政府体制以及违宪审查制度等逐渐成为美、欧、亚洲国家的制宪模本,从而真正开始了法律全球化的移植。法律全球化发展的高潮是在第二次世界大战结束后联合国宪章的产生和其后基于《世界人权宣言》、《公民权利和政治权利国际公约》和《经济、社会、文化权利国际公约》逐步建立健全的人权保障的国际法体系,以及经贸领域的《关贸总协定》和世界贸易组织体系的建立。于是,在上述法律全球化的历史背景下,美国印第安纳州立大学出版的《印第安纳全球法学研究》(*Indiana Journal of Global Legal Study*)杂志上发表的两篇文章正式提出了法律全球化的概念。一篇是德国教授德尔布鲁克(Jost Delbruck)题为《法律、政治和市场的全球化——对国内法的影响:欧洲视角》的论文,文中区别了'全球化'与'国际化'这两个概念,指出全球化的重要特征是非国家化;另一篇是加州(伯克利)大学法学院教授马丁·夏皮罗(Martin Shapiro)题为《法律全球化》的文章,该文从全球商业发展、政府信任危机以及全球法律职业增长的角度,直接地论述了法律全球化问题。"[1]

法律全球化之所以被称为"法律全球化",该词语中的"化"本身实际上已经表明它是以国家存在为前提的,是对绝对国家主义的悖离和背离;同时,也表明法律全球化仅仅是国家法之下的一种超国家主义的发展趋势。因此,学者将法律全球化的基本含义概括为以下四个方面:其一,法律发展趋向多元化;其二,世界法律逐渐走向一体化;其三,全球治理迈上法

---

〔1〕 马氏:"试评述法律全球化",载 http://mashiyong2002.blog.sohu.com/36825616.html,访问日期:2014 年 10 月 30 日。

治化轨道；其四，世界性事务的法律调整出现超国家化。[2] 形成比较精确的法律全球化内涵的统一概念，是对比较法学的突出贡献。[3] 在中国比较法学界乃至法理学界，对法律全球化更多地采取意识主义，而不是问题主义，尤其是把目光和精力大量地投向法律移植是否可行的课题，并热衷于讨论法律全球化与法律本土化的关系。实际上，自20世纪70年代，法律全球化浪潮之前，学者们已就法律移植的可能性问题产生了理论争议。归纳之，存在以下三种观点。

其一，法律移植不可能论。美国法学家罗·塞德曼（Robeter B. Seidmon）教授认为，"世界性经验表明，由于法律所引起的行为具有高度的时空特定性，从一个地方移植到另一个地方的法律，在它的新移植地通常不能成功地再产生出它在起源地所引起的行为。"[4] 其二，法律移植可能论。英国罗马法学家阿兰·沃森（Alan Watson）认为，法律移植——一条法规，或者一种法律制度自一国向另一国，或自一族向另一族的迁移——一直是屡见不鲜的。[5] 以上两种对立观点的产生具有其时代背景。20世纪70年代正值资本主义和社会主义两大阵营的意识形态壁垒和世界格局的"冷战"历史阶段，法律移植可能论和不可能论就反映了这种意识形态的绝对主义。意识形态的绝对主义争论导致世界范围内的法律移植处于停顿阶段，直至20世纪90年代，世界银行的法律移植实验和开发法学的兴起，全球化的法律移植才步入正轨。其三，法律移植有条件的可能性。之后的"法律机能说"证明了法律移植的可能性，而"法律文化说"证明了法律移植并非绝对的可能性。在此，法律移植不可能论和可能论混淆了法律移植与法律移植的效果这两个不同顺序和层次的问题。社会是个复杂的机体，其中的法律也大抵如此。既有无机因素，也有有机因素，更多的是无机和有机混杂或混合的机体。从宏观层面、中观层面、微观层面上对法律的有机或者无机的定量存在显著差异，从而影响到对其定性。从宏观层面看，以国家为

---

[2] 马氏："试评述法律全球化"，载 http://mashiyong2002.blog.sohu.com/36825616.html，访问日期：2014年10月30日。

[3] 关于法律全球化概念范畴的分歧，参见吴迪："试析法律全球化的基本理论"，载 http://www.studa.net/faxuelilun/130609/08190680.html。

[4] [美] 罗伯特·塞德曼："评深圳特区移植香港法律建议"，赵庆培译，载《比较法研究》1989年第3～4期合辑。

[5] [英] 阿兰·沃森："法律移植论"，贺卫方译，载《比较法研究》1989年第1期。

基础的社会是个有机整体，整体移植法律几乎是不可能的。从中观层面看，法律移植是有条件的可能，即性质或者价值取向上具有同质性。例如，宗教型的不同法系，其在原教旨性质和价值取向上是异质性的，其整体几乎不存在移植的可能性。例如，教会法系（天主教和基督教的法系）和伊斯兰法系（逊尼派和什叶派的法系）在性质上几乎是异质的，整体上移植或者取代是不可能的。但局部移植是可能的，此是微观层面。从微观层面看，法律移植整体或者总体上是可能的，但不同特性的法律，移植后的社会适应性存在差异，即政治的和经济的、文化层次不同的、有机成分和无机成分比例不同的法律，其移植效果将会有很大差异。法律全球化是与国家法之间的移植相关联的，但法律全球化取向是"去国家化"。因此，法律全球化之下的比较法学面临着范式的转变或者转换。

中国著名比较法学家高鸿钧教授在考察了古今中外的比较法学理论和实际现状后，首次提出了中国的比较法学的路径选择：比较法学要成为与时俱进的法律科学，就必须直面法律全球化的现实，完成范式转换。"在法律全球化阶段，我们必须拓展适用于先前各个社会阶段的法律移植范式，有必要适用经济范式、政治范式和人类共同价值范式"[6]，并对新范式下的比较法研究提出了"四维理论"："鉴于比较法研究具有超越国家法的特性，也鉴于当代法律出现了跨国化和全球化的趋势，本文在展望比较法研究的未来方向和进行范式重构时，不从西方或中国局部的角度出发，而是着眼于全球的视域，提出整体性方案。研究新范式由四个维度构成：一是方法论之维，既涉及人文社会科学一般方法论，也涉及比较法研究的具体方法；二是比较法研究目标之维，其中特别关注当代和未来中国比较法研究的目标定位；三是关于比较法研究与其他学科关系之维；四是关于比较法研究的主要问题之维。"[7] 另一位中国著名比较法学家刘兆兴教授也认为，"比较法研究应当转换研究范式"，"以全球化视野建立'多级化'的比较法研究领域"[8]。全球化视野的比较法学新理念属于后现代社会的价值体现和反映，它是对传统的比较法理论的解构，并试图建立新的比较法研究新范式。

---

[6] 高鸿钧："法律移植：隐喻、范式与全球化时代的新趋向"，载《中国社会科学》2007年第4期。

[7] 高鸿钧："法律移植：隐喻、范式与全球化时代的新趋向"，载《中国社会科学》2007年第4期。

[8] 刘兆兴："比较法学研究应当转换研究范式"，载《检察日报》2012年7月5日，第3版。

然而，正如全球化是一种在国家存在前提之下的"去国家化"的发展趋势和演变过程，法律全球化之下的比较法学同样无法彻底否定原有国家和法系（广义上包括法圈、法系和法族）的比较法理论。旧有的法系进化论固然具有自身的时代局限性，但法系进化论本身也在不断进化，从传统的竞争的法系论到现代的共生的法系论。比较法学正如比较语言学一样，其生命力在于法域的多级性和方法的多样性。试图建立比较法学僵化的模式和固定的范畴，在比较法学史上没有成功的先例。比较法学强大的发展动力在于它的实用性和经验主义，下面让我们将目光转向比较法学的实验场：日本法整备支援作业。

二、日本的法整备支援作业

日本是一个彻头彻尾地崇尚实用，或者说是非常讲求实际的民族。历史上它曾经三次整体移植法律，并且取得了良好的效果。现在日本的法系或者法律体系是一个混合法系，既不是纯粹的大陆法系，也不是纯粹的英美法系，而是一个比较法学的试验场。日本的法整备事业的前史，有两段轶事：一是明治立法的法国对日本的法整备支援；二是日本法对泰国法的法整备支援。日本法整备的本史（现史）的大致过程如下：一是明治立法的法国对日本的法整备支援。明治时代初期，日本是一个封建落后的国家，其法律体系属于封建性的中华法系。明治维新是从经济、政治、文化等诸领域全面吸收西方文明的一次改革。最初，日本把法律移植的视界投向世界上最早实现法典化和法律体系化的法国。当时是以法国作为法律的输出国、日本作为法律输入国而开始法律移植性的法整备支援事业的。"保阿索那特在他48岁的1873年（明治六年），应日本驻法国公使鲛岛氏的邀请，为了明治政府的法典编纂和法曹（从事法律职业人员的统称）的培养事业前来日本的。保阿索那特在当时的法国，已经是新进气锐的法学家，作为巴黎大学的教授，其将来前途光明。然而，他却前往当时需要花费一个月以上船期旅途的、仍处于封建习惯下的日本，想必是在很大的使命感支撑下的友好援助行动。保阿索那特赴任之后，作为司法省的顾问和司法省法律学校的教授，他一方面为司法省的少壮官僚授课，另一方面还在司法省（和法）法律学校、明治法律学校为学生授课，培养多数的法学家和法曹。确实，130年前日本的法整备事业是从保阿索那特个人开始的。保阿索那特在没有现代法典的日本，起草并公布了《刑法典》和《治罪法典》（刑事诉讼法），接着又起草和公布了《保阿索那特民法典》。这部民法典因其后的

'法典论争'而败给继承德国法学的新民法典，最终不被采用。但从旧民法典公布的 1881 年（明治十四年）左右到新民法典实施的 1898 年（明治三十一年）之间，日本的民事裁判就是以保阿索那特民法典为法源的。在某种意义上，日本近代开幕时代，刑事裁判自不用说，民事裁判也几乎是援用保阿索那特所编纂的民法典。"[9] 二是日本刑法对泰国刑法的法整备支援。政尾藤吉在美国耶鲁大学留过学，后来又在东京大学取得法学博士学位。年轻的他被派往泰国从事法整备支援工作，作为法律顾问以日本法为参考起草泰国法律。现在有法支援组织，但在藤吉时代，这只是个人进行立法支援的事例。"作为法律顾问工作五年，在 1905 年 5 月被授予白象勋章，进而因起草刑法典在 1908 年被授予王冠勋章，作为法官因对泰国司法制度改革的贡献而于 1910 年 3 月被授予比卡勋章。"[10] "关于藤吉的定位，本稿副标题'法律领域的国际协力的先驱者'是恰如其分的。中国台湾地区和朝鲜尽管移植了日本法，但当时它们是作为日本殖民地而经营的。作为独立国家的立法作业事例，藤吉所处时代并非所谓国际协力这种语言和概念的时代，他对泰国的立法作业和司法制度改革所作的贡献，从某种意义上是为了作为独立国家的泰国的近代化而进行的法整备支援活动。"[11]

日本法整备支援有组织的先驱可以列举出 1966 年成立的 LAWASIA（亚洲太平洋法律协会）与亚洲诸国法学家的交流，以及日本律师联合会通过举办亚洲律师会会长会议的信息收集和人才交流。法整备支援事业在 20 世纪 90 年代，伴随着两大阵营冷战的终结和对发展中国家经济援助的强化而开始兴盛。例如，世界银行在 1998 年发表的包括性开发项目（Comprehensive Development Framework）构想就将立法、司法作为构造改革的课题之一。世界银行法务将在开发援助过程中立法与司法改革的动因归纳为以下四个方面：①从 1980 年到 1990 年代初，世界格局发生了急剧的变化。东欧以及原苏联联邦各国的政治经济体制的变化，也伴随着出色的法律制度转变的强烈需求；②在发展中国家的开发援助的经验表明，援助伴随着法律

---

[9] 大阪弁護士会会长佐伯照道："130 年前の法整備支援事業"，载 CiNii http://ci.nii.ac.jp，访问日期：2014 年 10 月 30 日。

[10] "政尾藤吉传（3）——法律领域的国际协力的先驱者"，载 CiNii http://ci.nii.ac.jp，访问日期：2014 年 10 月 30 日。

[11] "政尾藤吉传（5）——法律领域的国际协力的先驱者"，载 CiNii http://ci.nii.ac.jp，访问日期：2014 年 10 月 30 日。

支配的价值是相当重要的；③推行市场经济，鼓励民间投资，为了确保投资的安定性和可预测性，有必要树立"法律支配"理念；④以往因为经济发展，致使天然资源受到滥用、浪费，为了可持续发展，就有必要明确规制所有权的法律制度。

日本的法整备始于20世纪90年代，法整备支援是日本对外援助的组成部分。日本政府于平成四年发表了"政府开发援助大纲"，平成十四年对其进行修改，形成新的"政府开发援助大纲"。运用ODA框架，日本政府正式开始法整备支援是在平成八年对越南的法整备支援。另外，作为非ODA框架，日本律师联合会也在独自开展法整备支援。大学的法整备援助也是日本法整备事业的组成部分，例如，名古屋大学的森岛昭夫教授就参加了越南民法典和柬埔寨民法典的起草的法整备援助工作。

法整备支援的对象（被支援者）是发展中国家或者体制转型国家。法整备支援的支援者是多元的，除了政府各个部门（主要是管理部门，如法务省、法务综合研究所、国际协力部）之外，还包括国际协力事业团（JICA）和日本律师联合会，以及大学教授个人或者团体组成的民间援助力量。[12] 2006年5月，法务省、财务省、外务省、经济产业省、文部科学省五省设置了副大臣级的法整备支援检讨会；2007年5月16日发布"亚洲法整备构想"；2009年4月，内阁官房制定"有关法制度整备的基本方针"。政府的法整备事业是与政府开发援助（ODA）事业相联系的，法整备援助是政府开发援助项目的组成部分。从1995年起，日本政府开展了对柬埔寨、越南、老挝、蒙古、印度尼西亚、乌兹别克斯坦和缅甸等国家的法整备支援。国际协力事业团（JICA）和日本律师联合会参与法整备支援协力工作。此外，JICA和日本律师联合会、大学法务机构也单独对上述国家对口开展法整备事业。

法整备支援是比较法学的新课题。2004年5月29日，名古屋大学法政

---

[12] 日本法整备支援的支援主体：一是政府系列：外务省、法务省、经济产业省、财务省、文部科学省、内阁府、公正交易委员会、总务省，等等。二是独立行政法人：JICA、国际协力银行（JBIC）、日本贸易振兴机构（JETRO）。三是司法机关：最高裁判所。四是非政府系列：①法律家团体：日本律师联合会、日本司法书士联合会、日本公证人联合会、日本法律家协会、日中法律家交流协会，等等；②公益法人/NGO：国际民商事法中心、日本柬埔寨法律家协会、和平之船、笹川平和财团，等等。五是教育机关：名古屋大学、横浜国立大学、大阪大学、神户大学，等等。参见松尾弘「法と開発（Law and Development）への法科大学院の取組み」『慶應法学』5号2006.5，p.339。

国际教育研究中心就亚洲法整备支援项目召开"法学上的国际协力与比较法学新课题"国际研讨会。此次国际研讨会的目的，是在日本的法整备支援的实践和理论化经验的基础上，对于法整备明确如下问题：①法整备、法曹培养、法学教育诸问题所具有的意义何在？②全球化、区域化之下的法律继受、法律移植的讨论具有何种新的意义？③作为全体，法整备向比较法学提出的新问题。本次国际研讨会参会者的报告所考察的地域包括拉丁美洲、俄罗斯、德国、匈牙利、保加利亚、克罗地亚、意大利、阿富汗、柬埔寨、越南等，并且作为考察对象的项也提及法整备支援、法的调和等。[13]

关于日本法整备支援的输入国以及支援内容，截至2010年，归纳大致如下：

第一，越南社会主义共和国：（一）［法务省］·平成八年（1996）~平成十一年（1999）相位Ⅰ：司法省的立法能力提升·平成十一年（1999）~平成十五年（2003）相位Ⅱ：立法作业支援·民法修改研究支援·人材培养支援·平成十五年（2003）~平成十八年（2006）相位Ⅲ：民法、民事诉讼法、破产法等起草支援。人材培养支援。（二）［笹川平和财团］·平成十七年（2005）~平成十九年（2007）NPO法作成支援。

第二，柬埔寨王国：（一）［法务省］·平成十一年（1999）~平成十五年（2003）相位Ⅰ：民法·民事诉讼法起草支援·平成十六年（2004）~平成十八年（2006）相位Ⅱ：民法·民事诉讼法立法支援·平成十八年（2006）~柬埔寨王立司法官职养成校支援。（二）［日本律师联合会·JICA］·平成十四年（2002）~平成十七年（2005）对柬埔寨律师会的协力项目。

第三，老挝人民民主共和国：［法务省］·平成十五年（2003）~平成十八年（2006）法令检索数据作成支援、法令集·判例集作成支援、教科书以及辞书作成支援、民商法讲师的培养。

第四，印度尼西亚共和国：［日本律师联合会·JICA］·平成十九年（2007）~平成二十一年（2009）和解·调解制度强化支援项目。

第五，乌兹别克斯坦共和国：（一）［法务省·总务省等］·平成十七年（2005）~倒产法注释书作成支援项目、担保法制的改革、行政程序法制定、

---

[13] 国際シンポジウム「法学における国際協力と比較法学の課題——体制移行国に対する法整備支援をとおして—」の開催についてCALE news NO.15，2004.10.22)，载 CiNiihttp：//ci.nii.ac.jp，访问日期：2014年10月30日。

法令数据改善等。(二)［名古屋大学］·平成17（2005）年日本法教育中心的设立。

第六，蒙古国：(一)［日本司法书士联合会］·平成八年（1996）～有关登记制度的支援。（二）［JICA］·平成十六年（2004）～平成十七年（2005）裁判公开·判例集整备。(三)［名古屋大学］·平成十八年（2006）日本法教育中心的设立。

第七，大韩民国：［法务省·国际民商事中心］·平成十一年（1999）～日韩合作研修（登记制度比较研究中心）。

第八，中华人民共和国：(一)［法务省·经济产业省·公正交易委员会等］·平成十六年（2004）～平成十九年（2007）日中经济法·企业法整备项目。（二）［法务省·国际民商事法中心］·平成十一年（1999）～日中民商事法研究会。[14]

此外，根据法务省法务综合研究所国际协力部统计，日本近来的法整备对象有明显的扩大。中亚地区除了乌兹别克斯坦之外，增加了吉尔吉斯斯坦、哈萨克斯坦、塔吉克斯坦；南亚和东南亚包括了尼泊尔联邦民主共和国和缅甸联邦共和国。尼泊尔的法整备支援始于2009年，主要内容：民法起草支援·民法解说书作成支援·裁判所能力强化支援·长期专家的派遣（2010年至今）。缅甸的法整备支援始于2013年，主要内容：起草支援·法曹人材培育支援·长期专家的派遣（2014年）。

三、法整备支援与法律文化

法整备支援性质上的技术性是法律移植的前提和基础。为了将法整备支援作为技术支援加以定位，就无法回避两个基本前提。其一，法律专家所从事的工作（例如，法律的起草、裁定、起诉、辩护、法律商谈等）可视为技术事务；其二，法律的移植是可能的。首先，法必须具备技术属性。法整备的原语英语"Legal Technical Assistance"逐字逐语地加以翻译，就是法的技术支援。法律上存在着技术要素，但法上不仅仅具有技术要素。法是复杂的社会多媒体，法的深层次上还承载着文化要素。技术层面的法和文化层面的法是法律的外部和内部两个层次。技术的法具有中立或者中性

---

[14] 松尾弘「法と開発（Law and Development）への法科大学院の取組み」『慶應法学』5号，2006.5，p.339 以及落美都里："我が国の法整備支援の現状と問題点—法分野からの平和構築—"，载 CiNii http://ci.nii.ac.jp，访问日期：2014年10月30日。

的细胞，因此，它可以与其他开发支援事项作为技术范畴共同构成开发支援事项，在此并不存在着法律价值的移植问题。在人类社会中，尽管法律与社会上具有价值观的其他规范以及政治构造不可分离，但仅仅将法律视为经济和社会发展的技术工具，法整备支援就自然地视为技术支援。其次，法律的移植是可能的。在开发援助项目之中，重视的是技术的思维方式，尝试着将法律作为技术而单独地或者与其他事物捆绑为整体作为技术项目移植是可能的。问题在于"适当的技术"，即移植法律要想嫁接到发展中国家的社会土壤，就不得不考虑发展中国家的技术水平、资本规模、社会和文化环境等各种各样的社会条件，所移植的法律应是最适合的、最有效的技术。

学者们对法律移植一向众说纷纭，各执己见。法律移植也没有一个确定的概念和范畴。但事实上，在诸多场合，学者们的论述往往混淆了法律移植与法律移植评价（法律移植效果）两者的因果关系。后者是"指法律移植过程第二种含义（移植的只是一种知识论上的法律，或者说是书本之法）的逻辑顺延过程。这个过程说到底是移植承受国的法律实践过程，也就是说如何将书本之法变成现实之法（生活之法）的过程。这个过程在本质上与移植承受国其他的法律生产并没有太大的区别，都可以涵括于秩序是如何形成的这一进程。但是既然法律产品之原料来自域外，于是就可能存在秩序断裂的现象，同时也就会产生一个域外的法律原料和本土的制度文化背景的一个博弈过程，这个过程存在于移植体运作过程中各方当事人的博弈。这个过程会导致以下几种结果：像在母国那样运行，并且效果良好；与母国运行有差异，但是也效果良好；不能运行；运行效果不良。这四种结果其实也是一个评价移植效果的过程，这种评价是一种实证评价。"[15] 此种效果型的法律移植涵义昭示着移植法律与所移植国原有文化（包括法律文化）的冲突。"一次成功的法律移植——正如人体器官的移植——应该在新的机体内成长，并成为这个新机体的有机组成部分，如同那些在其母体内继续发展的规范与制度一样。移植法律在新的环境中不应由于原有文化的抗拒而萎缩。"[16] 法律体系的法律是多元而且性质迥异的。将各种法律以

---

〔15〕 马剑银："法律移植的困境——现代性、全球化与中国语境"，载《政法论坛》2008年第2期。

〔16〕 [英] 阿兰·沃森："法律移植论"，贺卫方译，载《比较法研究》1989年第1期。

世界的物质相比拟,因为物质世界存在着无机物和有机物(动物和植物),法律移植也就不能一概而论。"问移植心脏能否'适应'新的机体或新的机体是否'排斥'是非常有必要的——而就一个汽化器提出这样的问题便有些荒谬和滑稽了。那么,在我们这里讨论的外国法律制度的移植或转移的情况下,上述问题是否会被提出呢?它们是属于肾脏的范畴,还是属于汽化器的范畴呢?"[17]

比较法研究的进展和新气象是出现了"比较法文化论",将法律看作是一种文化有助于形成法律系统上的观点。这个法律文化系统的物质基础包括形形色色的法律:有机的、无机的、有机和无机混合的。因此,法律文化是一个模糊的概念范畴。在法律文化系统之中,宏观上的法律体系包括了各个领域和法域的法律成分,其中有可移植的和不可移植的法律成分,但绝大多数法律是可适应和可选择移植的法律。法律移植是一个系统工程,它不是单纯地以移植体消极地、静止地适应植被,植被本身也是可变动的,它可以通过改变植被或者土壤成分的反向思维方式促使原有的水土不服的移植转变为水土相服的移植。中观的法律和微观的法律既有有机的法律和法律规范,也有无机的法律和法律规范。我们所谓的中西方文化是两种不同质的文化典型,二者之间可能会是分立态势,也可能会是一种互补关系。概括来说,西洋文化基于主客二分立场发展出一种重经验分析的理路,目标在于获取主体对客体的把握和支配能力;而中华文化则以物我互为主体性为基础,强调历史综合的路向,以保持人与外部环境的调适、适应为目标。这种整体或者历史意义上的文化是宏观上的文化。因此,我们经常陷入一种自言自语的梦魇世界。我们反对西方文化,维护中华的东方文化,但是却不知不觉地使用了西方文化的二元(两分)的对立哲理,从而将文化喻为对立统一体。法律文化在中国诸多的学者视野之中,被视为是本土资源。于是,法律移植与法律文化就简单地背书为外来法(包括其隐含的法律意识)与本土资源(包括其反映的器物,即法律)之间的冲突与调和。在中国,这几乎是主流的法理学观念。不妨引述比较法学大家高鸿钧教授对前文所述的西方比较法学界对法律移植两种绝对的可移植论和不可移植论作为客观评价。

---

[17] [英]奥·凯恩-弗伦德:"比较法与法律移植",贺卫方译,载《比较法研究》1990年第3期。

"沃森关于法律可以移植的论断无疑具有大量的事实力支撑，但是当他宣称法律移植易如反掌时，就忽略了不同文化类型的独特性和不同社会发展阶段的复杂性，低估了这种独特性和复杂性对于法律移植的影响，从而滑向了简单的移植乐观论。就勒格郎而言，他强调法律与文化密切关联，强调规则不仅具有语义形式而且还有意义之维，强调同样的规则会因情境的不同而被赋予不同的含义，所有这些都有助于人们重视法律的生存和生长环境，认识到跨文化法律移植的难度，从而对法律移植持一种谨慎态度。但是，当他强调文化是一个不可分割的整体时，就走向偏颇了。"[18]

进而，高鸿钧教授将一个法律文化系统的规则构成区分为第一类实用性或技术性规则、第二类伦理性规则、第三类道德性规则。第一类和第三类不具有文化意义（因素），可以移植；仅有第二类伦理性规则具有文化意义，则难以移植。笔者在此将法律文化系统的器物规则简单地两极区分为技术性规则和非技术性规则的理想模型，技术性规则是无机式的移植，无需考虑法律移植的效果；而非技术性规则是有机式移植，宛如植物移植，要考虑移植体与植被的水土是否相服的移植效果，避免造成"南橘北枳"；而大多数的法律规则是技术和文化的混合或者混和性规则，宛如动物移植（包括人类），在移植时既要考虑伦理性文化的制约，同时又要考虑到技术嫁接的可能性。然而，对于事实上已经与文化分离的独立的动物器官，就可不必考虑伦理上的文化认同性，只需要考虑移植技术和程序的可行性和成功率。有关经济领域的法律和法律规范具有强技术性和弱文化性，移植效果也相对良好，属于这类的法律可以列举出契约法、公司法、金融法和对外贸易法及其法律规范。有关意识形态的法律和法律规范具有强文化性和弱技术性，虽并非绝对不可移植，但要像植物移植一样，考虑到水土是否适合的因素。有关私法与公法混合或者混和法域的法律移植，例如，有关资源的法律、财税法律和程序性法律等的移植，要针对法律进行解构，并将其拆分为技术性和文化性含量不同的规范，采取无机移植和有机移植不同范式乃至二者相结合的方式，或者采取整体布局、个别移植的方式。

---

[18] 高鸿钧："文化与法律移植：理论之争与范式重构"，载《环球法律评论》2008年第5期。

比较法理论与比较司法制度

比较法研究中的世界法律地图

李晓辉 *

比较法是一门心怀世界的学问，其研究的空间指向在所有法学学科当中是最为宽广的。无论是宏观比较描摹世界法律制度概况之目的，还是微观比较提供具体制度之细节的诉求，往往都是怀抱着某种对世界的想象而展开的。比较法研究世界主义情怀的一个有趣表现，就是比较法的世界地图情节。这种情节不仅表现为比较法研究常常需要借助于世界地图工具，而且也表现为比较法研究意欲通过世界法律地图来展现其智识成果。比较法与世界地图的关系，在一定意义上显露了这个学科特殊的学术旨趣。

一、作为构建比较空间的工具：地理地图

人类使用地图的历史可追溯到4500年前，那时的人们已经开始对自己周围的环境进行空间图像的原始记述。在地图学看来，"地图是地理现实世界的表现或抽象，是以视觉的、数字的或触觉的方式表现地理信息的工具"[1]，是客观世界的缩小和概括。地图的功能不仅仅是地理信息的负载与存储、传输与交流，同时也是人类空间认知的具体体现。法律制度的比较是以空间为量度的，地理空间是法律比较得以展开的必要维度之一。即使在全球化时代，法律的效力仍然具有地域性，这也就决定了法律比较是建

---

* 北京外国语大学法学院副教授。

[1] 国际地图学协会定义，转引自袁勘省主编：《现代地图学教程》（第2版），科学出版社2014年版，第9页。

立在一定空间结构基础上的，即比较必须明确所比较的是哪（些）个区域与哪（些）个区域之间的法律。现代比较法发展的较早阶段，对于地图的倚重是十分明显的。在1928年出版的美国学者威格摩尔（John H. Wigmore）的《世界法系概览》中，作者基于历史、传统和文明的角度，对16个法系进行了介绍和比较。威格摩尔在介绍不同法系的开篇都会专门放置一张历史地理地图，以展示其所描述的法律文明发生和发展的地域空间范围，并且专门将大量的各式地图整理为附录附在书后。在由美国人惠顿（Henry Wheaton）撰、美国传教士丁韪良（William Alexander Parsons Martin）译、同治三年（1864年）京师同文馆刊行的《万国公法》的开篇，也要讲一讲世界地理，附上世界地图，以建立比较的时空概念。这种借助地理地图建立法律比较空间场域的做法，使地图成为法律比较的重要工具。

二、比较法的空间意象：法系地图

当法律比较与空间观念进行叠加，就产生了法律地图。法律地图，事实上就是现代地图学意义上的专题地图。专题地图着重表示一种或几种自然或人文社会经济现象的地理分布。法律地图就是表示法律制度或现象（或某一方面）地理分布的地图。法律地图既是指示法律地域分布的信息载体，也是呈现人类在法律文化意义上对地理空间理解的特殊形式。威格摩尔在介绍日耳曼法系的过程中，对于后期查理曼帝国出现的法律分裂状况，附上了专门的地图进行说明[2]："查理曼当时的帝国很快分裂为成百上千个小国。我们现在已发现上千种各地的法典。这里的地图试图显示奇特的地域马赛克，地图上的每一个部分都有一些相互独立的法律，或大或小，但都有法律效力。"[3] 威格摩尔还在对教会法系的介绍中放置了公元1200年教会法管辖权的地图。[4] 在随后论述大陆法系和英美法系的章节中，威格摩尔使用的地图已经不再是局部的某个地理区域（如欧洲、两河流域等区域）地图，而开始使用瓣型投影世界地图作为基础模版来描画大陆法系

---

[2] [美] 约翰·威格摩尔：《世界法系概览》，何勤华、李秀清、郭光东等译，上海人民出版社2004年版，第718页。

[3] [美] 约翰·威格摩尔：《世界法系概览》，何勤华、李秀清、郭光东等译，上海人民出版社2004年版，第717页。

[4] [美] 约翰·威格摩尔：《世界法系概览》，何勤华、李秀清、郭光东等译，上海人民出版社2004年版，第796页。

和英美法系的分布和影响。[5] 威格摩尔的书中还出现了具有现代地图学意义上动态地图特征的专题法律地图，如"海事法典转移图",[6] 将地图的信息视觉化展示的功能发挥到了相当的程度。

可以说，在世界范围内通过法系（或者文化、传统等相当概念）的类型化比较绘制世界法律地图，始终是宏观比较法的核心工作。如同乌戈·马太（Ugo A. Mattei）所言，分类学是比较法的语法。但是比较法的分类往往是伴随着空间想象而展开的。这一工作的空间基础是国家地理观，而这一工作的模式和最终呈现，几乎就是要绘制一张不同法系（或者文化、传统等相当概念）的世界法律地图。不同法系划分的主张，通常被形象地表述为描绘世界法律地图的不同方式。因此，现代宏观比较法的历史，几乎可以用不同版本的世界法律地图加以概括。这种比较法的"制图学"争论的核心问题与地理学意义上的地图学不同。地理地图学的争议是在地理信息标准几乎一致的情况下（如对于地形图意义上的海拔多高是高原有基本共识的基础上），而对地图使用的比例尺、符号、概括、投影技术的差异产生的争议。而比较法的"制图学"争论则是全方位的。这些争议包括：基础信息标准的差异，即究竟什么标准可以将一个法域界定为大陆法系；也包括比较地域单元的争议，即是否只有国家才可以作为地图标示的区域单位；还包括地图展示法律地理信息的类型之争，即地图上究竟应该显示多少个法系；等等。基于这些基础性争议，如果以可视地图将宏观比较法的发展史展现出来，将是一个五花八门、多种多样的地图意象长廊。这种纷呈的意象充分暴露了比较法学术的内在张力和矛盾，即追求普适性权威的诉求和不同标准的分析过程所造成的多元智识结果。

值得一提的是，1999年加拿大渥太华大学通过电子信息和网络技术完成的世界法律地图受到了包括中国比较法学者在内的广泛关注。[7] 这一世界法律地图的出现令人对全球法系的分布有了直观的印象，并迅速成为全球比较法课堂上展示法系理解的重要资料。因为，对于地图指示功能的期

---

[5] [美] 约翰·威格摩尔:《世界法系概览》，何勤华、李秀清、郭光东等译，上海人民出版社2004年版，第888、943页。

[6] [美] 约翰·威格摩尔:《世界法系概览》，何勤华、李秀清、郭光东等译，上海人民出版社2004年版，第771页。

[7] 参见朱景文:"加拿大渥太华大学《世界法律地图》评介"，载《法制日报》2004年4月15日，第11版。

待导致在心理上使"人们信任地图,因为引人入胜的地图既会吸引人们的眼球,同时也能蕴涵权威感"[8]。迄今为止,这个世界法律地图的网站出了1999年和2003年两版,目前已经能够提供6种语言的法律地图及其说明,地图的电子化设计界面也更加便捷。其建立者的初衷主要是为跨国法律实践和比较法研究提供信息支持,并服务于全球贸易便利化。这个专业网站所提供的事实上是一系列的法律地图,其前提是坚持以法系划分为基础型标准,以联合国成员国和极少数非成员国独立政治实体的权力管辖范围为地图的区域单位。地图首先明确大陆法系、普通法系、穆斯林法系、习惯法系、混合法系在这些政治实体中的地理分布,再以这个地理分布为基础,分析被划归不同法系的政治实体的经济发展、语言、人口分布等,形成法系地图、分类文字表格和柱形图等。渥太华世界法律地图试图追求的客观中立和实用性及其所引发的大量质疑,也反映了宏观比较法功能的局限。用以提供认识背景的法系世界地图基本上无法达到按图索骥的实用性要求,很难起到降低跨国贸易法律风险的作用,因为其主要的依据不仅包括了操作性的实在法规则,还包括了太多的内容,如法律文化等因素。

三、清晰而强烈的信息传达:专题世界法律地图

真正能够按图索骥,为跨国法律实践提供更加具体信息指引的是专题法律地图。这种专题地图往往以展示某个具体制度的地理分布为目的,达到在全球地理区域内进行比较和甄别,以提供某种制度选择和风险规避指南的功用。目前,各种专题世界法律地图已经非常丰富,如同性恋合法化国家地图、安乐死合法化国家地图、转基因食品标签法地图,等等。专题世界法律地图的突出代表是英国金融法比较法学家菲利普·伍德(Philip Wood)。伍德在其著作《金融法的世界地图》中将这种专题世界法律地图的比较方法应用到了淋漓尽致的境界。

伍德基于现行有效的金融法律规则,以客观地理状况的地图设计为基础,从法律信息表述方便的角度,对客观地理地图进行了特殊处理。伍德的地图中看不到弯弯曲曲的国境线,全部是直线、折线,并做了其他一些简化处理和必要变形。同时,为了分辨出大量的小型法域和重要的迷你地区和国家(如中国香港特别行政区、卢森堡和新加坡),对有些在原本地理地图上仅仅是一个小点的地方作了放大化的处理。书中的地图已经基本上

---

[8] [美]马克·蒙莫尼尔:《会说谎的地图》,黄义军译,商务印书馆2012年版,第106页。

不是服务于地理信息的指示，而完全是为了满足清晰显示法律信息的需要。而且，伍德也没有采用上述渥太华大学世界法律地图所使用的比较法地域单位：国家和其他政治实体，没有以联合国成员国为主要分析单元，而是根据金融法分析的需要，采用了法律管辖区（法域，即 jurisdiction）为分析单元。他将大的国家区域进一步区分为不同法域，如美国被划分成了以州为单位的不同法域，因为美国金融法的大部分内容是州法范围。这样一来，伍德的比较金融法地域分析单元达到了 320 个法律管辖区。[9] 伍德将金融法律制度的比较归纳为五个核心指标的比较，即破产抵销的可适用性、担保权益的可适用性、商业信托的可适用性、合同及应收账款和请求权的可转让性，以及在最终有人破产的情况下，对（经过转换和混合的）违法资金进行追查的可能性。伍德基于这五个金融法指标的差异，将 320 个法律管辖区归为八个主要集群：美国普通法法系、英格兰普通法法系、拿破仑法系、罗马—日耳曼法系、混合法系（民法/普通法）、伊斯兰法系、新兴国家、未归类的法律管辖区域，并逐一划出不同集群的法律地图。[10] 随后，伍德进一步将金融法分支部门，如破产、信托、合同自由转让与资产转让公示、国际金融监管等分解为各个二级比较指标，并在 320 个比较地域单元中涂以不同颜色来标示各个法域之间的差异，从而绘制出更加具体制度的专门主题地图，如破产法中清算过程中的税收优先权法律地图。[11] 伍德使用蓝色、绿色、黄色、红色和一些中间色，显示制度的有无和不同强度，大体上相当于 100%、75%、50%、25% 四个等级，并在每一幅地图后作出非常具体的图例说明。这种表达醒目而直接，传递着清晰的法律信息。这些指标分解、制度考量和权重分析在一定意义上是一种类似数据展示的效果。也正是在这个意义上，有学者认为，这种地图是一种数字地图，认为这种模式"是依照特定标准，将汇集的数据、指数转化成为关于治安、腐败、权利保障等方面的世界法律地图。前两种法律地图是传统比较法范式的常用方式，而数字法律地图则是世界正义工程等法治指数的发布和研究

---

[9] 参见［英］菲利普·伍德：《金融法的世界地图》（第6版），陈儒丹、黄韬译，法律出版社2013年版，第11页，图表1：主要法律管辖区地图。

[10] 参见［英］菲利普·伍德：《金融法的世界地图》（第6版），陈儒丹、黄韬译，法律出版社2013年版，第17页，图表2：超级地图：全球法律管辖区域。

[11] 参见［英］菲利普·伍德：《金融法的世界地图》（第6版），陈儒丹、黄韬译，法律出版社2013年版，第186页，图表49：清算过程中的税收优先权地图。

者所采取的新方式。与前两种法律地图相比,数字法律地图显得更加直观、动态,具有更强烈的诱导性"。[12] 有趣的是,比较法研究词语用尽全力所要彰显的制度共性和差异问题、流变与趋势问题,在这一张张色彩流动的地图之间悄然显现。各法域在国际金融法的某些问题上明显趋同,如金融管制上的大规模制度共识:对证券发行说明书的监管、银行资本充足率的标准、内幕交易以及洗钱等,相应地在主题法律世界地图上呈现出大面积的单一色彩;而在另一些问题上,各法域之间的分歧却非常明显,如对违反法律行为的惩罚力度、破产程序中的终止净额结算制度,地图上仍然是色彩斑斓。而在相关系列制度的地图分析中,一些隐形的规律开始浮现,如在国际金融纠纷解决方面,由于合同纠纷解决方式的多样选择,特别是仲裁制度中选择适用法律的自由不断增大,相关主题地图的分析显示,在国际金融法纠纷解决的过程中,国家主权明显弱化。伍德甚至在这些世界金融法地图的基础上,画出了两幅2025年金融法世界地图作为预言。

四、简化与歪曲

"不论何种法律地图都不可避免地具有简化、歪曲、引导、暗示和传播五个特性。"[13] 现代地图技术的局限决定了地理意义上的地图本身在技术上就是不可避免地会存在和真实地理环境面貌的误差。如将地球球面投影为平面时的误差,再如在地图制图过程中为追求地图清晰性的要求也会对地图符号进行加工和概括。而且,人文地理学也发现,即使是地理地图也常常会成为政治权威的象征和政治斗争的工具,"通过歪曲地图投影,可以膨大、缩小、抬升或降低一些国家或地区的重要性,以及投影本身如何用来支持某些地区,同时压制另一些地区"[14]。世界法律地图的制作,不论是宏观的法系地图还是微观的主题法律地图,都同样会存在主观原因造成的偏差。如乌戈·马太对勒内·达维德的法系划分的批评,认为达维德的法系世界地图是欧洲中心主义的图景。在宏观比较的谱系化意象中往往会看到此类"主流—非主流"、"发达—不发达"等观念形态对法系划分的影响,从而使法律地图成为西方法律文化征服力的论据,成为非西方法律文化弱化甚至消失的证明。当然,有必要对为了提升制度比较的便利而进行的技

---

[12] 鲁楠:"世界法治指数的缘起与流变",载《环球法律评论》2014年第4期,第121页。

[13] 鲁楠:"世界法治指数的缘起与流变",载《环球法律评论》2014年第4期,第121页。

[14] [美] 马克·蒙莫尼尔:《会说谎的地图》,黄义军译,商务印书馆2012年版,第106页。

术简化与刻意歪曲加以区分。地图存在的价值就表现为其对地理信息的缩略、简化和概括，没来由地反对任何形式的变通性处理并不可取。如一个西方寓言所说：为了追求真实性，某镇组织人力绘制了一张和这个镇子一样大的地图，准确标示了所有地理信息，绝对精细，可是谁又需要这样一张地图呢？这还是地图吗？

世界法律地图对法律制度比较进行的视觉化展示往往是静态的，而且往往是平面的、概略的，无法说明这些不同比较地域单元之间法律制度的历史关联和现实关系。因此，埃辛·奥赫绪（Esin Örücü）提出了"谱系树"（Family Trees Approach）的意象。"事实上，通过采用一种谱系树的研究方法，'比较主义'提供了将法律体系视作其实然状态的唯一一种方法：既不重视也不否认差异，而是创制一幅真确的、可靠的世界法律地图。这种方法并非是在整合性与对比性之间的一种'非此即彼'的方法。"[15]

桑托斯（Boaventura de Sousa Santos）说法律即地图，法律与地图一样存在着某种经由比例尺、投影和符号简化过程所带来的诸种问题。[16] 这种类比，在符号学意义上也是成立的。现代符号学主干之一索绪尔派的看法是：任何符号都包含两个方面，即能指与所指，其中能指指的是声音形象，所指指的是声音形象所表达的概念，而符号就是能指和所指的统一体。[17] 符号学研究表明，符号能指与所指即符号形式与符号内容之间的相互依存关系在心理上并不一定总是对称的。符号的意义实质上是关于对象的讯息，它生成于能指和所指相结合的时候，在意指发生作用之前，它只是一片混沌，而不是意义，在意指发生作用之后，意义通过能指反映对象。[18] 世界法律地图作为某种表征和传达意义的符号，其形式与实质的法律制度地理分布之间往往不是完全对应的，这种不对称来自于制图者和读图者的意指发生作用的不同途径。符号具有独立于表达主体乃至所表达的客观事物的意义。当一种符号及其体系被创造出来，它们就已经成为某种符号的相对独立的存在，经由各种介质行为的中介发生着各种不同意义的能指与所指

---

[15] [英] 埃辛·奥赫绪："法律体系的谱系树：迈向一种现代型方法"，载马克·范·胡克主编：《比较法的认识论与方法论》，魏磊杰、朱志昊译，法律出版社2012年版，第214页。

[16] 参见 [葡] 博温托·迪·苏萨·桑托斯：《迈向新法律常识：法律、全球化和解放》（第2版），刘坤轮、叶传星译，中国人民大学出版社2009年版，第八章："法律：一张误读的地图"。

[17] [法] 皮埃尔·吉罗：《符号学概论》，怀宇译，四川人民出版社1988年版，第2页。

[18] 参见陈宗明、黄华新：《符号学导论》，河南人民出版社2004年版，第141~151页。

的对接。在这个意义上,世界法律地图就是比较法为法学研究和实践提供的某种信息源,是某种意义传达的符号系统。其本身既是法律与地理、地域、空间建立直接关联的体现,也是法律通过另外一种符号体系转换而成的更加直观的视觉形式。而且,法律地图本身也已经成为一种独立于地域空间和法律而具有独特意义的符号系统,成为比较法学智识生产力和创造力的体现。

"法律多元"的诞生及其制度背景

杨静哲[*]

一、引 言

本文旨在为理解法律多元论提供一种历史基础,主要涉及的内容是西方法律多元产生与演变的历史。我们试图以宽泛的概念与观念标准,从古代、中古时代与现代早期的历史中寻找"法律多元"及其观念。就此任务,需要指出以下四点:

第一,我们无意提供一幅连续的、完整的关于法律多元与法律多元论的历史描述。任何为当下法律、制度或者思想寻求源头的尝试,或多或少都会把一种似乎不证自明的连续性置入叙述本身,[1]无论语词之运用,或是概念之建构,词语与概念本身的含义在不同的历史和社会语境中都会出现断裂。

第二,我们无意将当今之评判标准强加于过去之事物。鉴于语词与概念之含义的断裂,在具体语境中来探讨其含义是较为适当的做法。当今法律多元论是现代社会的产物,且是晚近才形成的概念,此前历史上的法律多元观念可能为当今法律多元论提供了某些思想上的资源,这些片段可能是连贯的,也可能是断裂的。法律多元较之法律多元论出现得更早,古代

---

[*] 国立华侨大学法学院讲师,法学博士。
[1] [葡]叶士朋:《欧洲法学史导论》,吕平义等译,中国政法大学出版社1998年版,第4~5页。

法律多元、中古法律多元与现代法律多元三者之间既有关联又有根本性的差异。我们既要探寻不同语境中的各种法律多元之间以及各种法律多元论之间的关联,也要探寻其根本性断裂,以及关联和断裂之缘由,而非将当今之主流界说强加于以往之论说。

第三,我们试图利用制度史、思想史、比较法以及社会理论等资源,进行一种片段式的和语境中的考察,这种考察不应被视为一种纯粹的历史考证。这种考察势必会在一定程度上化约所涉及的历史、问题、争论以及概念的复杂性,而且在内容上必然也会有所取舍。然而,此种化约与取舍的目的在于,提炼法律多元与法律多元论的核心要素,为日后分析现代法律多元论之起源与发展提供制度与观念的历史背景。

第四,本文无意以某种统一的标准来界定"法律"、"法律多元"以及"法律多元论"的概念。在不同的语境中,"法律"一词承载着不同的意涵,它有可能显现出规则、制度与体系的一面,也有可能表现出秩序、文化与传统的一面。因此,关于法律多元与法律多元论之界说,随着法律之意涵的变化也会呈现出不同的形态。我们意在展现不同重要历史阶段的法律多元与法律多元论的要素和形态,为分析当今法律多元论之形成提供历史脉络中的线索。

二、古代的"法律多元"

(一)"分割法律多元"

公元前13世纪至公元11世纪之间,犹太法、中国法、大陆法、印度法、伊斯兰法以及普通法,这些对当今世界法律产生不同程度影响的法律文明或法律传统相继诞生。有学者认为,在这些主要法律文明或传统出现之前,一种更原始的、纯粹的"原生法"(传统)已经存在,它关乎"生活之道"、"信仰之网"、"人与自然"以及"法律与宇宙"[2]。世界主要的法律传统在某种程度上都可以被认为是由原生法"演化"而来的。因此,它们无疑都具有一定的原生法性质。

随着社会之演化,人与人之间的联合从简单变为复杂,婚姻、继承、财产等问题,以及与宗教、伦理和习俗混合的"法律"也逐步复杂化。一部分法律传统保持相对的"自生自发"状态,保留着更多的原生法性质;

---

[2] [加]帕特里克·格伦:《世界法律传统》(第3版),李立红等译,北京大学出版社2007年版,第65~83页。

而另一部分在战争或经济等（偶然或必然）因素的刺激下，演变成为治理大规模城邦或帝国的"征服法"。在世界范围内，从法律与法律思想的历史演进来看，"原生法"以犹太法和印度法为代表，"征服法"以大陆法、普通法、伊斯兰法以及中国法为典型。

在社会演进不同步、时空"分割"的时代，所谓的西方法律传统或者西方法观念还未形成，原生法（包括具有原生性质的各个法律传统）与征服法之间的共存与竞争呈现出一种多元状态，大陆法传统和更晚出现的普通法传统，不过是处于分割状态的众多法律传统的一部分。关于西方法律传统之形成，有学者认为教会法与教皇革命是其中的决定性因素，也有学者强调古希腊的智慧与古罗马法的重要性，还有学者以分类之武断而否认该传统之存在。[3] 就我们的主题而言，西方法律传统作为对当今世界影响最大的法律文明之集合，对于我们较为完整地认识和分析法律多元在西方历史中的产生与演变是有益的。但是我们采用这一观念的前提是：认真对待其内部异质性并将其置于情境中来讨论，而非将其视为内部同质统一的普适传统。[4] 根据伯尔曼的说法，西方法律传统形成于西方中古时代，那么在此之前，由其内部的异质性因素所形成的"法律离散"或许可以被视为西方最早的"法律多元"。

在欧洲文明史与思想史学者眼中，古代希腊是一切思想和文明的发源地。然而，法学家对于古希腊的态度似乎更复杂一些：残存于古代文学作品或其他经典著作中的"法片断"无疑是法律思想史学者的宝藏，但早期法律制度史学者却难以满足于此类"想象"。他们认为，由希腊法律思想在西方法律文明中的显著地位不能当然地推导出，希腊法在法律史上也占据同样的地位。尽管晚近学者试图为希腊法/雅典法正名，并且引起了一系列

---

[3] 关于西方法律传统的讨论，参见 William Chester Jordan, "The Crisis of the Western Legal Tradition", 83 *Mich. L. Rev.* 1985, pp. 670~716; Harold J. Berman, "The Western Legal Tradition in a Millennial Perspective: Past and Future", 60 *La. L. Rev.* 2000, pp. 739~763. 较晚近的讨论参见 David B. Goldman, *Globalization and the Western Legal Tradition: Recurring Patterns of Law and Authority*, New York: Cambridge University Press, 2007; H. Patrick Glenn, "A Western Legal Tradition?", 49 *Supreme Court Law Review* 2010, pp. 601~619.

[4] 参见 Glenn H. P., "A Western Legal Tradition?", *Supreme Court Law Review* (49), 2010, pp. 601~619.

争论,[5] 但"古希腊的贡献集中于思想或智慧,制度方面的贡献应归功于古罗马"这一观念已经普遍为法学研究者所接受。[6] 这些争论本身并非我们的关注点,由于史料缺乏、语言困难以及研究者偏好等因素,争论往往无果而终,但在相关的讨论中我们可以确定的是:

其一,古代希腊由氏族—部落社会逐步演变为城邦,适用于相对单一民族的、凌驾于诸氏族与部落的习惯法或民族法(Volksrecht)逐渐形成[7];其二,政体由王制走向贵族共和制与民主共和制,法律不仅体现于各部族的习惯、习俗之中,而且以当权者(王、执政官、民众大会等)之命令的形式出现;其三,随着领土、人口和经济规模的增长,调整婚姻、继承、财产关系的法律和一些程序性法律已经出现,但法律的制度化程度相对较低;其四,法律与祭祀、宗教和习俗不分,司法与立法不分,"城邦的法律是礼仪和祷辞的总集……法律规定都散见于祭礼、葬礼、敬祖礼之中",各个城邦都有各自的宗教和法律,法律是神圣的,是不可改变的,是宗教信仰的结果。[8]

我们可以推断,希腊法(作为诸法之集合的总体概念)的内部至少存在两类异质性因素:①氏族或部落各自拥有的较为原始的习惯法;②凌驾于各个部落的,且仅仅适用于各邦"公民"的城邦法。前者更接近原生法,而后者更接近征服法。在征服法出现之前,各氏族部落的习惯法处于一种原始的、分散的多元状态。但在征服法出现之后,各种城邦法与习惯法之间形成了一种"分割法律多元"。

在西方古典学学者眼中,这些推论可能仅仅是现代人想象的古代法律世界,在他们看来,我们必须回到古代文学作品、历史著作与学术著作中,才能触及西方法律与法律思想的真正源头。[9] 毋庸置疑,古典学研究对于理解古代至近代政治哲学和法学理论甚为重要,其在文本传承与注疏、思

---

[5] 参见 Michael Gagarin and David Cohen ed., *The Cambridge Companion to Ancient Greek Law*, New York: Cambridge University Press, 2005, chap.1, p.4.

[6] [英] J.M. 凯利:《西方法律思想简史》,王笑红译,法律出版社2002年版,第4~5页。

[7] 参见 [德] 恩格斯:《家庭、私有制和国家的起源》,中共中央马恩列斯著作编译局、人民出版社1999年版,第101~113页。

[8] [法] 库朗热:《古代城邦——古希腊罗马祭祀、权利与政制研究》,谭立铸译,华东师范大学出版社2006年版,第174~177页。

[9] 程志敏:《古典法律论——从赫西俄德到荷马史诗》,华东师范大学出版社2013年版,第6~19页。

想脉络之梳理、原初概念之探寻等方面的贡献是无可替代的。就法律思想而言，古希腊的思想家们主要探讨的是以城邦为核心的问题，如城邦的起源与治理、城邦政体与法律之性质、人性与美德、秩序与正义等问题。在柏拉图看来，法律/正义的功能在于使人们各司其职，维持城邦的日常秩序；而亚里士多德认为，法律还兼具规制与教化的功能，即培养人们的美德。[10] 这类关于根本性问题的哲学式的或伦理学式的探讨（以及亚里士多德的经验性论著），对于整个西方政治哲学、法学，甚至晚近社会理论的发展和演进都至关重要。但执着于"历史真相"的法律史学家则专注于"历史中的希腊法"，就此而言，古代著作能为他们所提供的资源可能十分有限。

与我们的主题密切相关的问题是，古希腊思想家的经典著作，尤其是涉及法律的部分，是否包含某种法律多元观念？首先，古希腊思想家的思考重心始终在城邦本身或者城邦之内诸要素之间的关系，而且城邦法仅仅是适用于城邦公民的法律。这些著作中很少涉及调整诸城邦法之间的关系，或者城邦法与习惯法之间关系的论说。其次，频繁为学者们引用的古希腊悲剧《安提戈涅》，其揭示的冲突似乎表现为不同层级的法律渊源、法律义务之间的冲突，但其意义更多体现于伦理层面，而非某种"法律"的多元。这类作品的提问方式显然是有益的，但它几乎没有提供任何解决冲突的出路。最后，虽然希腊诸城邦在一定程度上具备"法治"的特质，[11]但在古希腊思想家笔下，法律的城邦治理功能（包括教化功能）与宗教、伦理以及政令高度混合，无论"法律"的具体含义与表现形式为何，这种从属性决定了其在城邦之治中的地位，而关于法律本身的思考并未展开。

由此可见，在古希腊思想家那里，关于"法律"本身的思考还未形成，而相当于"法律"的诸事物在社会中履行着一种综合职能，其在社会治理中的重要性具有从属性。可以说，古希腊并没有形成像古罗马法学家那样的世俗职业阶层，而且有关法律的各种实践与秩序仍缺乏相对的独立性。在此语境下，难以形成关于法律或者法律秩序的"多元"思想与观念。

---

[10] [英] J. M. 凯利：《西方法律思想简史》，王笑红译，法律出版社 2002 年版，第 20~23 页。

[11] [英] J. M. 凯利：《西方法律思想简史》，王笑红译，法律出版社 2002 年版，第 24~25 页。

（二）"征服法律多元"

公元前4世纪左右，希腊诸城邦衰落，并屡屡为外族征服。至公元前2世纪中期，日渐强盛的罗马成为希腊的征服者。这一过程往往被人们诠释为"相互征服"：罗马在军事和政治上征服了希腊，希腊在文化上征服了罗马。该观点意在凸显希腊的思想与文化对罗马的持久影响，但在罗马的法学家与哲学家之间，这种影响存在一定的差异。

古罗马哲学家在相当程度上继承了古希腊思想家的遗愿，延续了古典著作中的主题；罗马法学家虽然学习希腊人的论辩术与修辞学，借鉴亚里士多德与斯多葛学派的哲学（尤其在自然法理论方面），但其"工作重心"始终在于法律实务。换言之，希腊思想和文化的持久影响可能体现于罗马的某些法律思想，但这并不意味着，罗马法完全是希腊法的延续。因而有学者认为，罗马人在法律制度和法学理论方面的贡献是独一无二的。[12]从另一个角度来看，这种影响的（相对）差异反映出古代罗马的哲学家与法学家之间的初始分工（不过，这种分工还不是十分明确，西塞罗即是例外）。罗马法学家通常出身显贵，担任一些重要官职（如执政官、皇帝的法律顾问、司法官员等），他们专注于法律理论和法律实务，并且形成了世俗的职业法学家阶层。

罗马的崛起伴随着大规模的战争、殖民以及贸易往来，同时人口和城邦数量剧增，城邦规模也随之扩大。在军事征服、贸易需求以及职业法学家阶层的共同作用下，罗马法被塑造成影响力最为持久的一种征服法。在对内治理与对外扩张方面，罗马法较之希腊法所调整的关系更为复杂，范围也更为广阔。如梅特兰所言："一座小镇的法律最后变成了普天之下的法。"[13] 与希腊法相比，罗马法因其更强的征服法性质、帝国统治之需要，以及罗马法学家的特殊贡献，表现出希腊法未曾拥有的统一性。

王制时期，罗马通过战争、殖民和联盟的形式逐步壮大，从分散的部落发展成较大的城邦和城邦联盟，但它没有试图建立统一的政府、司法机构和宗教。此时，罗马还处于从"野蛮"向"文明"过渡的阶段。但就法律的构成与功能而言，罗马法与希腊法相类似，法律与伦理、宗教、习俗

---

〔12〕［英］J. M. 凯利：《西方法律思想简史》，王笑红译，法律出版社2002年版，第45~47页。

〔13〕［英］梅特兰：《国家、信托与法人》，樊安译，北京大学出版社2008年版，第3页。

密不可分,"诸法"亦处于某种分割的多元状态。共和初期,平民与贵族之间矛盾的激化促成了《十二铜表法》的确立,一种较为统一的、成文的、公开的立法形式出现于罗马人的世界。随着所治城邦数量与规模的扩大,外邦人大量涌入,政体、官制和赋予公民权的政策都发生了根本性变化,[14]法律关系、法的渊源以及司法管辖权较之初期更为复杂。[15] 法学家阶层的形成在一定程度上推动了"法律的世俗化",他们通过法学理论试图将复杂多元的法律现实统一于罗马法之下。帝国时期,皇帝发起"法典化运动"的同时,法学家也得到空前的重用,最终,以自然法为理念、以私法为核心、以理性为根基的罗马法体系初步形成。罗马法研究者通常将从罗马城建立到优士丁尼法典化完成作为罗马法体系的形成阶段,在其关于罗马法体系或者罗马法精神的研究中,一种不断被强化的统一性贯穿于"形成"、"继受"和"复兴"的各个阶段。但在我们看来,这种统一性始终是一种外在统一性,我们所关注的是其内在多元性。[16]

第一,立法权威的多元。罗马法的渊源包括法律、平民议会决议、元老院决议、国王谕令、裁判官告示、法学家学说以及习惯,它们在大体上可被归为法律与法学家学说两类。[17]在罗马历史的不同阶段,这些法源的具体形式、效力等级以及适用范围,会因政体与官制的变化而有所不同,历经变化的法源本身具有多样性。更为重要的是,多样的法源并非出于单一的权威,而是来源于多元的立法权威。与此密切相关的是,尽管职业法学家阶层在一定程度上推动了当时的"法的世俗化",但我们应当谨记,罗马时期的"法"始终混合于宗教与伦理,其宗教性与伦理性亦是产生多元立法权威的重要因素。

第二,法律制度的多元。随着罗马征服的疆域扩大,罗马法也被输入到其行省自治市与殖民区,这些地区的政体、官制和法律制度基本上仿照

---

[14] 参见［意］朱塞佩·格罗索:《罗马法史》(修订版),黄风译,中国政法大学出版社2009年版,第108~110页。

[15] 关于罗马政制的总体性研究,参见［意］弗朗切斯科·德·马尔蒂诺:《罗马政制史》(第1卷),薛军译,北京大学出版社2000年版。

[16] 参见 K Tuori, "Legal Pluralism and the Roman Empires", in *Beyond Dogmatics: Law and Society in the Roman World*, Edited by J. W. Cairns and P. J. du Plessis, Edinburgh: Edinburgh University Press, pp. 39~52.

[17] 参见［意］桑德罗·斯奇巴尼:"罗马法体系的典型特征",张礼洪译,载《法学》2006年第12期。

帝国的建制。[18]但是，在与外邦人的交往中，尤其在贸易领域，帝国的法律制度并非"通行无阻"；它们通常都需要"变通适用"，在特定的领域中，甚至可能"让位于"地方性的习惯法。在人口规模、地理环境与地方习惯各不相同的行省自治市或殖民区里，行省城市之间是"平行的"和"等级开放的"[19]，各个行省还分别为元首和元老院所管理，实践中的法律制度与罗马帝国的法律制度远非一种同构关系，而是多元并存的关系。

第三，司法（管辖）权的多元。罗马共和时期，司法权主要掌握在执政官手中，而裁判官或司法官（praetors）主要是辅助性质的；帝国时期的最高权力集中于皇帝之手，受到重用的法学家可能出任司法官员。总体而言，裁判官或司法官员听命于执政官或皇帝，罗马的司法权在本质上是其治权的延伸。[20]众所周知，罗马的行政权、立法权与司法权之间没有严格区分，而需要着重强调的是，其各种司法（管辖）权之间亦没有严格区分，它们在现实中是共存的与重叠的。[21]就此而言，古罗马的司法管辖权亦是多元的。

对外而言，罗马法作为一种典型的征服法，其统一性体现于其自然法理念、私法体系以及理性根基之中；对内而言，罗马法的多元性体现于其立法权威多元、法律制度多元以及司法（管辖）权多元之中。统一性是执政者之欲、法学家之责以及贸易往来之需，这种统一性首先是当时特定阶层的一种意愿，其次是在后人的罗马法研究中被逐步建构而出的；罗马法的多元性是其实践中的真实样态。从罗马法传统的历史变迁来看，这种统一性与多元性并不矛盾，它们在一定程度上也是辩证统一的。[22]

罗马法学家的务实态度直接影响着其法律思想的实用性倾向。较之希腊的法律思想，罗马法关涉更多的世俗事务，但关于"法律"本身的思考依旧没有脱离其历史语境。在罗马皇帝与法学家的视野中，法律与可被称为法律的事物，在观念上始终是以统一性原则为基础的（基督教精神在其

---

[18] 参见［意］朱塞佩·格罗索：《罗马法史》（修订版），黄风译，中国政法大学出版社2009年版，第155～172页。

[19] 段光达："罗马帝国早期行省城市等级制度及其特征"，载《求是学刊》1993年第3期。

[20] ［意］朱塞佩·格罗索：《罗马法史》（修订版），黄风译，中国政法大学出版社2009年版，第117～118页。

[21] ［英］J. M. 凯利：《西方法律思想简史》，王笑红译，法律出版社2002年版，第41页。

[22] ［意］朱塞佩·格罗索：《罗马法史》（修订版），黄风译，中国政法大学出版社2009年版，第3页。

中具有重要作用），复杂抽象的罗马法体系亦是以统一性为基础，在总体社会—政治结构和权力分化之前，法律多元观念无从谈起。

从法律传统的视角来看，罗马法是大陆法的根基，同时也是西方法律传统的核心要素。随着罗马法精神的发扬光大，罗马法的内在多元性与外在统一性在大陆法以及更大范围的西方法律传统中得到延续。值得注意的是，假如从当今全球化的视角来看，罗马法的"欧洲征服"可谓是最早的法律全球化形式。就此而言，其内在多元性与外在统一性似乎已经反映出当今法律全球化过程中的两个方向上的趋势：异质与同质、多元与统一。

三、中古的"法律多元"及其观念

（一）多元的社会—政治结构

帝国晚期的三大历史事件——东西罗马分立、基督教被奉为正统、日耳曼人的入侵[23]——使罗马世界产生了根本性的变化。首先，帝国分立既是疆域统一性的丧失，也是政治权力的分裂，皇帝手中的权力逐步分化，原有的社会—政治结构被打破，罗马法的至高权威也因此开始衰落。其次，基督教的兴起和繁盛表明，以人类为中心的罗马社会逐渐转向以信仰/事物为中心的社会，对人类征服自然之能力极其乐观的态度被一种对人类的悲观态度所代替，[24]教会一度承担起维持社会统一性的责任，一种新的至高权威和法律出现。再次，入侵的日耳曼人打碎了原本完整的中央集权，各种世俗力量蠢蠢欲动，其结果是权力的多中心化和等级化。最后，以西欧为核心的西方世界开始从古代走向中古。

古代的社会—政治结构最初由分散的部落或部落联盟构成，"政权"集中于军事/部落首领手中，此结构一直延续至王制时代；此后，希腊文明创造出由执政官、元老院与平民议会构成的以城邦为核心和限度的"政制"，新的社会—政治结构为罗马人所承袭，但罗马人的征服逐渐打破城邦之界限，创造出至高的帝国权威，"政权"为皇帝独揽。如前述，罗马帝国内部实际上是多元并存的结构，行省自治市与殖民区的相对自治即为例证，但这种内部的多元异质性因素隐没于强大的中央集权，罗马社会—政治结构

---

[23] [英] J. M. 凯利：《西方法律思想简史》，王笑红译，法律出版社 2002 年版，第 76~77 页。

[24] Grossi P, *A History of European Law*. Trans. by Laurence Hooper, Chichester, West Sussex: Wiley - Blackwell, 2010, pp. 2~3.

在外部总体上趋向于统一。

至中古时代,分裂的罗马帝国衰落,帝国内部的多元异质性因素得以彰显,但其无法自我维持稳定。日耳曼征服者与基督教教会竞相恢复以往的社会统一性。于日耳曼人而言,立法方面的罗马化与部落习俗法的法典化,被视为维护民族融合与社会统一性的例证[25];于教会而言,基督教神学的统一性原则不仅是其精神世界的最高原则,也被视为维系教会与世俗国家之统一性的最高标准。[26]然而,无论是教皇专制还是帝国专制,它们都无法长久维持社会—政治结构的统一性,我们所看到的是教会与世俗国家之间持续不断的斗争,罗马帝国晚期的"多元并存的社会结构"在此斗争中逐渐演变为教权与王权斗争之下的多元竞争结构。

(二)多元法律体系与法律秩序

与古代罗马法的内部多元性不同,"法律多元"在中古的复杂社会—政治结构中呈现出两种形态:①罗马法、日耳曼法与教会法三种体系的多元;②共同法秩序、诸世俗法秩序与普通法秩序的多元。

1. 多元法律体系

中古时代之初,罗马法虽不再被奉为经典,但其对整个欧洲大陆的影响仍在继续。[27]日耳曼人掌权之后,伦巴第王国、法兰克帝国先后颁布了一系列法令,继而开始对部落习俗实行法典化,日耳曼的民众习惯法的地位日益提高。就立法模式而言,日耳曼传统主要是民众立法,例如法兰克人的《萨利克法典》(Lex Salica),但出于社会治理、民族融合以及权力集中的需要,日耳曼人实施了立法的罗马化。[28]自此,民众的立法权被削弱,立法模式由自下而上转变为自上而下,日耳曼人的帝国专制复活了罗马法中的一切有利于"中央集权"的原则。罗马法之所以能够继续被接受,是因为其固有的普遍性符合帝国所需,更重要的是,罗马法为帝国的绝对最

---

[25] [英]梅特兰:《国家、信托与法人》,樊安译,北京大学出版社2008年版,第9~15页。

[26] 参见 Gierke. O., *Political Theories of the Middle Age*, Cambridge: The University Press, 1922, pp. 9~20.

[27] 参见[英]保罗·维诺格拉多夫:《中世纪欧洲的罗马法》,钟云龙译,中国政法大学出版社2010年版;苏彦新:"罗马法在中世纪西欧大陆的影响",载《外国法译评》1997年第4期。

[28] [英]甄克斯:《中世纪的政治与法律》,屈文生、任海涛译,中国政法大学出版社2010年版,第12~13页。

高权力提供了合理性。[29] 与帝国实力相当的教会最初由罗马法保证其特权，在发布"禁令"（禁止学习罗马法）之前，它不仅承认罗马法，而且将罗马法作为教会法体系的补充。[30] 12世纪左右，欧洲法学的兴起与商品经济的发展促使罗马法获得复兴，欧洲的罗马法继受开始，一直弥漫于欧洲大陆的罗马法"幽灵"在更为广阔的世界中得到"新生"。

与潜移默化的罗马法精神不同，中古时代重要的精神力量是教会所代表的基督教精神。教会法形成于4世纪初，以罗马皇帝对主教之裁判权的确认为标志。起初，教会法从属于世俗法，只适用于特定阶层，影响世俗事务的范围十分有限。公元10世纪之后，世俗帝国崩溃，西欧陷入诸国混战，教会势力崛起；至公元13世纪，教会法体系的发展到达顶峰。[31] 由教会所形成的法律秩序产生于教会建立初期，而教会法体系则是在诸多复杂因素的作用下形成的。伯尔曼认为，格里高利七世及其后的教皇改革使教会法体系形成核心动力，因为通过改革，教会才能摆脱世俗国家的控制，从而提高宗教的生活品质，教皇借助更为体系化的教会法才能达到这一目的；此外，他还将教会法体系视为第一个西方近代法律体系。[32]

一种相反的观点认为，尽管格里高利七世的改革为教会法的创新和体系化起到了一定的铺垫作用，但晚近的研究成果表明，"克吕尼改革"主要是根据教会法来强化教皇的权力，而重视教会法原本就是改革修士们的分内之事。其对新旧法令的体系化，不是为了摆脱世俗控制或者压制世俗势力，而是为了强化教皇对整个教会的最高领导权。[33]

在我们看来，中古教会法体系化的原因可以分为内外两方面的因素。就内部而言，虽然教会法生长于罗马法之下，而后又受到日耳曼法的影响，吸收和借鉴了罗马法、日耳曼法的理念、概念或者制度，但其从未被彻底

---

[29] [英]梅特兰：《国家、信托与法人》，樊安译，北京大学出版社2008年版，第96～97页。

[30] 参见彭小瑜：《教会法研究》，商务印书馆2003年版，第38页；[英]梅特兰：《国家、信托与法人》，樊安译，北京大学出版社2008年版，第268～269页。

[31] 参见Walter Ulmann, *Law and Politics in the Middle Ages*, New York: Cornell University, 1975, chap. 4, p.5；[德]弗朗茨·维亚尔克：《近代私法史：以德意志的发展为观察重点》，陈爱娥、黄建辉译，上海三联书店2006年版，第4章。

[32] 参见[美]伯尔曼：《法律与革命（第1卷）：西方法律传统的形成》（中文修订版），贺卫方、高鸿钧等译，法律出版社2008年版，第81～114、195～198页。

[33] 彭小瑜：《教会法研究》，商务印书馆2003年版，第22～25页。

罗马化或日耳曼化,这说明以基督教教义为核心的教会法有其自身的发展逻辑。从教会法中关于教会与国家之关系的表述中可以发现,强化教皇在教会中的权力(而非教皇在世俗世界的权力)是教会法体系化的内部因素。[34]然而,教会法对于世俗事务的影响(摆脱控制或者试图压制),主要是中古多元社会—政治结构及其中的权力关系所导致的结果,这对于教会法体系化而言是一种外部因素。

教会法对于世俗事务之影响范围的变化,既反映出教会实力的变动,也反映出教会法体系的"自我克制"属性的变动,尤其需要强调的是,这种变化反映出教会法与罗马法、日耳曼法之间关系的变动。作为一种法律体系,教会法本是在特定范围内适用于特定阶层的法律,当教会/教皇在世俗世界中的权力扩大时,教会法体系的"自制力"随之下降,其干涉世俗事务的范围更广,其结果是,教会法体系吸收了更多的世俗法因素。由此可知,教会法作为中古时代最重要的法律体系之一,始终处于教会与世俗王国之间的权力关系中,教会法虽有其自身相对封闭的逻辑,但始终处于与罗马法、日耳曼法的多元互动之中。

在中古的多元社会—政治结构中,日耳曼人的王国、帝国及其衍生的各种世俗势力所占据的地位与教会势力相当。日耳曼法起源于日耳曼部落习俗,在日耳曼人从罗马人中夺取西欧王权之后,民众习惯法被帝国皇帝"法典化",之后日耳曼法一度被"罗马化",并在中古中期之后分化于诸王国之间。与此同时,作为中古时代最强大的两支力量——世俗王国与教会——之间的斗争与联合,深深影响着日耳曼法与教会法之间的关系。经过罗马法与教会法的"洗礼",日耳曼法在形式上似乎脱离了所谓"蛮族法"的零乱分散状态,但其内容仍旧是以习惯法与法令为主的某种汇编。

罗马法体系以属地法原则为基础,属人法原则为例外。而日耳曼法的情形正好相反,其传统上最突出的特征是其属人法原则,在征服罗马法之后,这一原则在很多法律事务中都遇到问题,在商贸领域表现得尤其突出。为统治与商贸之需,日耳曼人制定了专门适用于罗马人的法典,如《西哥特罗马法典》和《勃艮第罗马法典》,以解决原则之间的冲突。不过有学者认为,这并不意味着日耳曼法已经进入新阶段,而是直至所谓《法令集》

---

[34] 彭小瑜:"中世纪西欧教会法对教会与国家关系的理解和规范",载《历史研究》2002年第2期。

出现之时，日耳曼法才真正开始"政治立法"的新时代。[35]

然而，无论是日耳曼的"法典"还是"法令集"，凡是汇集成册，并且在一定程度上被体系化的日耳曼法，都深深烙上了罗马法的印记。[36]如上文所述，中古的日耳曼掌权者为了实现社会统一和权力集中，不得不借助罗马法与教会法的统一性原则，但在我们看来，形式上的统一难以掩盖其内容上的异质性、地方性、团体性和民族特性。这些特质充分体现于中古末期德意志地区以《萨克森宝鉴》为代表的诸法书之中[37]，同时它们还影响到盎格鲁—撒克逊、法兰克等逐渐形成的民族，封建时代诸地方性法律秩序的共存亦可算作例证。每当日耳曼王国或者帝国的王权崩塌之际，在表面统一的王国/帝国之内，诸异质性因素就会迅速崛起，而这正是日耳曼法的特殊生命力所在。如此，日耳曼法不仅与罗马法一道型塑着大陆法传统，而且对普通法传统也有重要影响。[38]从近代法律史的演变来看，日耳曼法既是整个近代西方法律传统的内在异质性因素的源泉，同时也为近代习惯法理论提供了强有力的支撑。中古时代的日耳曼法或许难以被称为体系，但从其特质与历史贡献来看，它完全具备一种独特法律"体系"的地位。

总体而言，由罗马法、教会法与日耳曼法之共存所形成的多元样态是中古时代法律体系的显著特征，三种法律体系既相互依赖又相互独立，既相互竞争又相互吸收和借鉴。这种"法律多元"首先是中古时代社会—政治结构之反映，同时也是历史与现实冲撞之结果、世俗与宗教势力斗争之表现。

2. 多元法律秩序

尽管中古时代的法律体系是多元的，寻求法律统一性的力量依然十分强大。法律的统一化主要基于两方面原因：一是政治方面的因素，即重建帝国及其统一性之需要；二是宗教方面的因素，即基督教世界对于帝国、

---

[35] [英] 甄克斯：《中世纪的政治与法律》，屈文生、任海涛译，中国政法大学出版社2010年版，第8~9页。

[36] [英] 甄克斯：《中世纪的政治与法律》，屈文生、任海涛译，中国政法大学出版社2010年版，第9~10页。

[37] 参见陈惠馨：《德国法制史：从日耳曼到近代》，中国政法大学出版社2011年版，第171~187页。

[38] 参见 [英] R.C. 范·卡内冈：《英国普通法的诞生》，李红海译，中国政法大学出版社2003年版，第137~141页；李秀清：《日耳曼法研究》，商务印书馆2005年版，第506~507页。

宗教、法律之统一性要求。这种统一化趋势形成了由罗马法与教会法为主导的中古"共同法秩序"。[39]

然而，从法律秩序的角度来看，在由历史、政治和宗教等因素所形成的共同法秩序之下，尤其在中古封建割据阶段，世俗世界的诸法律秩序呈现出显著的多元性或多元化趋势。[40]在欧洲大陆，"世俗法秩序"主要由封建法秩序、庄园法秩序、商法秩序、城市法秩序以及王室法秩序构成，其多元性主要表现在以下三个方面：其一，从法律关系角度来看，构成诸世俗法秩序的法律关系是多元的，如封建法秩序涉及的是与土地密切相关的领主与封臣之间的关系，庄园法秩序涉及的是与农业密切相关的领主与农民之间的关系，商法秩序主要涉及商业关系，等等；其二，从法律渊源角度来看，为了调整不同性质的法律关系，维护诸世俗法秩序的法律渊源也是多元的，在不同的秩序下，具体适用的法律可能来源于作为共同法的罗马法与教会法，可能来源于日耳曼习惯法或者国王立法，也可能来源于行业习惯，等等；其三，从司法管辖/裁判权角度来看，在封建割据阶段，由于诸王权的并存以及诸法律关系分殊的原因，在每一种法秩序中，几乎都存在着相对独立的司法管辖权以及"法院"，例如封建领主裁判权、庄园领主司法、"商事法院"、王室法院，等等。[41]

与此同时，在不列颠出现了近代西方法律传统的另一股重要力量，即普通法传统。最初，英格兰的法律以民间法或地方习惯为主，受到教会法的影响，但对罗马法了解甚少。[42]在1066年诺曼征服之后，在一些"偶然"因素的作用下，英格兰的法律秩序表现出明显不同于大陆法的特征[43]：

---

[39] 参见［葡］叶士朋：《欧洲法学史导论》，吕平义、苏健译，中国政法大学出版社1998年版，第2章；苏彦新："欧洲中世纪共同法的形成"，载《比较法研究》2011年第3期；苏彦新："中世纪的共同法基础：罗马法与教会法"，载高鸿钧编：《清华法治论衡》（第14辑），清华大学出版社2011年版；李中原："中世纪罗马法的变迁与共同法的形成"，载《北大法律评论》2005年第2期。

[40] 参见［葡］叶士朋：《欧洲法学史导论》，吕平义、苏健译，中国政法大学出版社1998年版，第83～90页。

[41] 本文的着眼点与伯尔曼正好相反，即侧重诸法秩序之间的差异性，而非趋同性。参见［美］哈罗德·J.伯尔曼：《法律与革命（第1卷）：西方法律传统的形成》（中文修订版），贺卫方、高鸿钧等译，法律出版社2008年版，第8～14章。

[42] 参见［英］梅特兰：《英格兰宪政史》，李红海译，中国政法大学出版社2010年版，第1～6页。

[43] 参见［英］R.C.范·卡内冈：《英国普通法的诞生》，李红海译，中国政法大学出版社2003年版，第4章："英国法与欧洲大陆法"。

即一种以司法为中心，判例法与法官法为主要法源，注重程序、经验与实用的"普通法秩序"[44]。普通法秩序虽有其特殊性，但在欧洲大学兴起与学者（尤其是赴欧陆学习罗马法与教会法的学者）交流频繁的状况下，仍受到共同法秩序的影响。此外，在封建制度被斯佩尔曼、赖特等人引入英格兰之后，普通法秩序亦分享了诸世俗法秩序的某些属性。

由此可见，中古时代整个西欧的法律秩序由共同法秩序、诸世俗法律秩序以及较为特殊的普通法秩序构成。在特定领域中，三种法律秩序相互之间可能是竞争关系，也可能是互动关系。如果说共同法秩序代表着中古西欧法律秩序的统一性，那么诸世俗法秩序与普通法秩序则更多反映的是法律秩序的多元性。

在分析过中古时代的多元法律体系与多元法律秩序之后，我们可以更好地检视西方法律传统问题。在伯尔曼看来，由教会政治体与世俗政治体之区分所产生的"法律多元"，即"同一社会内部各种司法管辖权和各种法律秩序的共存和竞争"是中古时代形成的西方法律传统最突出的特征。而16世纪至18世纪的多次"危机"，使"法律多元"这一特征被严重削弱。[45]显然，伯尔曼的"法律多元"着眼于共同的法律秩序所包含的诸法律体系或者诸司法管辖权的多元性，但他忽视了秩序意义上的西方法律传统的多元性，因而将秩序本身作为"共同的"。此外，伯尔曼的"综合性法的社会理论"构想，实际上是以某种现代的、同一的标准来衡量中古的法律文明，就"法律多元"而言，这种构想导致他只见共同秩序内部的多元性，而无视法律秩序本身的多元性。

由此看来，无论是从法律秩序还是法律体系的角度来看，西方法律传统不仅仅是西方法律的一些共同特征，更重要的，它应当被视为内部异质的、多元的、诸法律传统之集合。

（三）"法律多元"观念的萌芽

众所周知，基督教哲学在中古时代思想领域占据主导地位，而同样重要的事实是，这一时期的哲学、神学、法学以及政治理论始终是相互建构的。在基督教世界，统一性原则（即宇宙的构成性原则首先是统一性）是

---

[44] 参见高鸿钧："英国法的主要特征"（上、中、下），载《比较法研究》2012年第3、4、5期。

[45] [美]哈罗德·J. 伯尔曼：《法律与革命（第1卷）：西方法律传统的形成》（中文修订版），贺卫方、高鸿钧等译，法律出版社2008年版，第9~10、35~36页。

一切事物的最高原则；上帝是绝对的"一"（oneness），先于且高于世界的多元性，而且是一切存在的唯一来源和目标；一切的"多"都起源于"一"，而"一"包含着"多"。[46] 同样，在人类的社会秩序中，一切多元性必然与占据统治地位的统一性的目标与对象、渊源与规范相关；一切秩序都存在于统一性与多元性的等级关系中。概言之，中古基督教世纪的统一性精神可以被归结为："一个人类共同体，一个目的，一种法律，一个政府，一个普世的教会"[47]。

很明显，这里涉及中古的自然法观念，而这一阶段的自然法观念既非早期教会学者对古代自然法观念的继承（斯多葛学派的遗产），也非《罗马法大全》中的自然法理念，而是经院哲学家创造出的一套哲学—伦理—法律体系。上帝、神圣理性、永不可变的存在以及全能的意志，即是最高级的"一"，而神圣律法由自然的道德律以及指引人类的自然法构成。[48] 经院哲学时代的自然法沉浸于浓厚的道德哲学氛围之中，这与罗马法中符合自然、本性以及与现实生活密切相关的自然法截然不同。在圣·奥古斯丁、格拉蒂安以及托马斯·阿奎那的学说中，自然法更大程度上是伦理的根基。[49] 如此一来，教会、国家与法律的最终权威都统一于绝对的"一"，而只有当教会与国家分离为两种独立的秩序时，我们试图找寻的"法律多元"的观念才有可能出现。

自13世纪开始，公法学说逐渐脱离"法和国家的哲学理论"，职业法学家为实证的公法科学和世俗政治提供了有力的法学概念。在中古时代的公法学说中，教会与国家之间的关系经历过"教会至上论"、"教皇双剑论"以及所谓的"新双剑论"[50]。以神权政治论为基调的中古公法学说，总体上都将统一性原则视为最高原则。但此时，在法国出现了不同的声音，巴

---

[46] Gierke. O., *Political Theories of the Middle Age*, Cambridge: The University Press, 1922, p. 9.

[47] Gierke. O., *Political Theories of the Middle Age*, Cambridge: The University Press, 1922, pp. 10~11.

[48] [德] 海因里希·罗门：《自然法的观念史和哲学》，姚中秋译，上海三联书店2007年版，第32~35页。

[49] 参见登特列夫：《自然法：法律哲学导论》，李日章等译，新星出版社2008年版，第34~52页。

[50] 参见 Gierke. O., *Political Theories of the Middle Age*, Cambridge: The University Press, 1922, pp. 2~3、12~14; Ernst H. Kantorowicz, *The King's Two Bodies: A Study in Mediaeval Political Theology*, Princeton, New Jersey, Princeton University Press, 1957.

黎的约翰（John of Paris）认为："人类的'一'不需要在唯一的国家中找到其表现，相反，国家的多元性与人类的世俗权力的性质是一致的。"在基尔克看来，这一论断预示着中古的政治理论已经出现最初的民族国家构想，即一种"局部团体的理论"（theory of partial group）。该理论的出现所产生的结果是，统一性既不是绝对的，也不是排他的，只不过是有机的人类社会结构的支撑。[51]

中古时代的"法律多元"的观念潜藏于这种"去绝对统一性的"、"去中心化的"政治理论中，政治权力的分化和不完整性使最高权威的统一性受到质疑，法律的统一性也同样受到重创。更重要的是，在最高的普遍权威与作为个体的人之间存在着诸多中间组织或团体，即由村庄、城市、教区、民族/王国以及帝国构成的封建结构。[52]正是关于中间团体的政治理论或学说蕴含着"法律多元"的观念，而这种"多元"很大程度上是一种法律秩序的多元论，而非法律体系的多元论。

四、现代早期的"法律多元"及其观念

在世界史上，现代早期或早期现代（early modern）一般指16世纪~18世纪之间的一段历史。[53]这段历史既是欧洲崛起的历史，同时也是中西方相遇的历史；这段历史既被称为"反抗与革命的年代"，也被称为"自由与资本的年代"；它还见证了传统走向现代、"身份"走向"契约"、专制走向民主的艰难历程。正是这一段历史中的诸多重大事件，为西方现代社会的政治、经济、文化模式奠定了基础。

中古末期西欧诸侯混战，封建制度面临重重危机，黑死病席卷之后欧洲人口剧减，整个欧洲经济、社会与政治格局发生了根本性变化。始于15世纪的"地理大发现"成为欧洲乃至整个西方世界的转折点，大规模的自由贸易、对外扩张和殖民成为危机的突破口，资本主义世界经济体起步，作为一种社会体系的现代世界体系逐步形成。[54]在宗教与文化领域，起源于13世纪的文艺复兴仍在继续，一边是彻底改变世界观的"科学革命"，

---

[51] Gierke. O., *Political Theories of the Middle Age*, Cambridge: The University Press, 1922, p. 20.

[52] Gierke. O., *Political Theories of the Middle Age*, Cambridge: The University Press, 1922, p. 21.

[53] 关于"现代早期"较为全面的理解，参见 Jack A. Goldstone, "The Problem of the 'Early Modern' World", 41 *Journal of the Economic and Social History of the Orient*, 1998, pp. 249~284.

[54] 参见［美］沃勒斯坦：《现代世界体系》（第1卷），罗荣渠等译，高等教育出版社2004年版，第460~473页。

另一边是以"反抗"和"立宪"为宗旨的政教改革,"人"从"神"的话语中得到解放。随后,载着"主体"与"权利"、"个体"与"自由"的"启蒙之船"开启了理性的时代。在政治与法律领域,1648年的《威斯特伐利亚和约》结束了封建割据的"混战",领土主权国家确立,以疆域为界的法律趋向统一化,西欧民族国家已现雏形。在等级、特权与身份被打破之后,法哲学与政治哲学必须为"新秩序如何可能"的问题提供正当性基础。正值此时,古典自由主义也作为一种破除旧世界的观念应运而生。仿佛一切新事物都在斩断自身与旧事物之间的联系,这些新生事物的某些共有属性被人们赋予"现代性"之名。

欧洲经济、政治、宗教、文化和法律等领域的剧变塑造出了全新的社会—政治结构,(除了德意志与意大利)每个以领土为界的民族—政治—法律共同体都构成了独立的权力中心。中古时代等级化的多元社会—政治机构随即被相对"平面化",中古的诸侯之争演变为早期现代的国家之争,中古的多元法律体系与法律秩序被民族国家法秩序所代替,多中心的或者多元的近代国际法秩序形成,[55]法律逐渐步入"现代社会"。

如果将多中心的或者多元的国际法秩序视为某种超国家的"法律多元",那么是否还存着其他形式的"法律多元"呢?民族国家建构的过程中,为维护领土与主权的完整和统一,法律在国家内部的统一化趋势中仍占主导地位,立宪体制下的法典化成为各国立法的主流模式。各国法律的统一化很大程度上是资本主义经济发展的需要,同时也是日益理性化的时代之内在要求。但我们不应忘记欧洲对外扩张和殖民的历史,早期的西班牙人与葡萄牙人,之后的英国人与法国人,他们将西方的法律带到非洲、美洲、大洋洲以及亚洲部分地区。由此,在殖民地出现了以司法管辖权、法律体系以及法律秩序的多元性为标志的"法律多元",西方现代法律多元论很大程度上起源于殖民地的"法律多元"研究。[56]

在思想领域,一边是延续国家理性和主权至上的绝对国家传统,即绝对契约论的拥护者(霍布斯与普芬道夫),而另一边是以权力分立与制衡观

---

〔55〕 参见 Surya Prakash Sinha, *Legal Polycentricity and International Law*, Durham: Carolina Academic Press, 1996.

〔56〕 参见[美]劳伦·本顿:《法律与殖民文化:世界历史的法律体系(1400—1900)》,吕亚萍、周威译,清华大学出版社2005年版。

念为基础的自由民主契约论的支持者（洛克与卢梭）。[57] 尽管这些17、18世纪的思想家来自不同传统，持有不同的学说和政治主张，但以自然法为基础的国家契约学说是他们共享的出发点，超验自然法为理性法或理性自然法所取代。[58] 在理性法时代，法的原理是理性的产物，而人们在创制这些原理的过程中，能够揭示出一种普遍有效的秩序。笛卡尔的观念论无疑为这一时期的自然法学说提供了"理性"基础，即理性自明与个人理性。人性、个人、主体、普遍权利、主观权利/客观法、意志、科学等关键词，随即出现于各式自然法学说之中。较之中古时期那些关于具体法律关系的学说，一种抽象化的政治—法律话语逐步形成，这种话语的抽象化也是现代社会之抽象性的重要表现。[59]

然而，在抽象的政治—法律话语氛围里，法律多元观念却来源于两种相对"具体的"学说：孟德斯鸠的"观察之法"与基尔克的"自然法的团体理论"。孟德斯鸠在《为〈论法的精神〉辩护》一文中写道："这部著作的论述对象是世界各国人们的法、习惯法和各种习俗。"[60] 在这部试图包罗万象的著作中，孟德斯鸠的"探究"、"比较"和"归纳"主要建基于对"人的理性"的确信和对"社会现实"的观察，而非其他思想家的以演绎推理为主要手段。他在《论法的精神》中确立了超越自己时代的新学科的原则，即社会科学的原则，[61] 而且他将传统法学与政治理论提升至社会理论的高度。[62] 孟德斯鸠通过将法置于其所生长的民情、风俗、习惯等社会环境之中，来观察不同类型社会中的社会事实，以此展现"社会中的法"的多元性。[63] 他不仅是"法律多元研究"的开创者，也是法社会学、比较法

---

[57] 参见［葡］叶士朋：《欧洲法学史导论》，吕平义等译，中国政法大学出版社1998年版，第156页。

[58] 参见［德］弗朗茨·维亚尔克：《近代私法史：以德意志的发展为观察重点》，陈爱娥、黄建辉译，上海三联书店2006年版，第15~17章；［英］J. M. 凯利：《西方法律思想简史》，王笑红译，法律出版社2002年版，第6、7章。

[59] 关于现代社会的"抽象性"，参见李猛："论抽象社会"，载《社会学研究》1999年第1期。

[60] ［法］孟德斯鸠：《论法的精神》，许明龙译，商务印书馆2012年版，第961页。

[61] ［法］涂尔干：《孟德斯鸠与卢梭》，李鲁宁、赵立玮等译，上海人民出版社2003年版，第14~21、45~60页。

[62] 李强等：《公共论丛：社会理论的两种传统》（第8辑），生活·读书·新知三联书店2012年版，第1~3页。

[63] 参见［法］孟德斯鸠：《论法的精神》，许明龙译，商务印书馆2012年版，第19、26章。

学等现代学科的先驱。

虽然基尔克的学说来自19世纪末至20世纪初,其方法和思路具有较强的现代视角,但其"重构自然法"之内容基本上还属于现代早期。基尔克的"自然法的团体理论"所关注的是,自然法哲学中的国家、社会与团体/个人三者之间的关系。[64] 在他看来,中古时代主权者与臣民二元论已有悖于现代早期国家的契约模式,而理性自然法的出现为解决这一问题提供了契机。[65] 他认为,自然法哲学中所包含的"社会性"因素可用一种团体理论来表达:个人构成团体,诸团体构成社会,国家作为一种特殊的团体既有其"私"的一面又有其"公"的一面,自然法团体理论包括"国家之内的团体"、"国家之上的团体"、"与国家并行的团体"三部分。[66] 实际上,基尔克挖掘出了潜藏于理性自然法中的团体这一"中间力量",而且从公法意义重构了个人/团体、社会与国家三者之间的关系,这一思路在19世纪末的德国社会学家和法学家那里得到了延续(如滕尼斯与埃利希)。与中古时代的"部分团体理论"不同,现代团体理论更强调团体的独立人格,因而在法律领域,公法意义上每一个团体都是一个立法权威,而国家只是众多立法权威之一。在不同的结构中(国家之内、国家之上、与国家并行),团体法与国家法的力量对比呈现出不同样态,整个社会领域中的法律秩序是多元的。

五、小 结

本文聚焦于西方古代至现代早期的"法律多元"及其观念,我们以一种较为宽泛的"法律"和"多元"的界定,来探寻"法律多元"的产生及其制度背景。在古代,我们看到的是一幅由"分割法律多元"和"征服法律多元"构成的图景。前者与其群族分割的社会形态相符合,后者与其帝国性质相符;前者表现出较为明显的原生法与征服法所形成的多元竞争,而后者表现为征服法统一性内部的多元性。"法律多元"的观念与作为现实状况的"法律多元"并非同步关系,古代的法律混杂于宗教、伦理、政治

---

[64] 关于现代社会理论与自然法哲学之间的关系,参见李猛:"'社会'的构成:自然法与现代社会理论的基础",载《中国社会科学》2012年第10期。

[65] Gierke. O., *Natural Law and the Theory of Society 1500 to 1800*, Cambridge: The University Press, 1934, p. 58.

[66] Gierke. O., *Natural Law and the Theory of Society 1500 to 1800*, Cambridge: The University Press, 1934, pp. 62~91.

与习俗之中，古代思想家很大程度上将"法律"归为宗教、伦理、政治范畴，关于"法律"本身的思考并未形成；而务实的世俗职业法学家主要致力于维护帝国及其法律之统一，权力的集中和治理思维的限制难以产生"法律多元"的观念。

中古的"多元法律体系与法律秩序"根植于其时代的多元社会—政治结构，在特殊的权力关系的影响下，世俗的封建法及其制度固然通行于整个西欧，但罗马法与教会法仍占据某种主导地位，因而中古"法律多元"具有明显的等级性质。在文艺复兴的影响下，中古后期的各种"新思想"迸发而出，思想领域的"统一性原则"受到质疑，无论是教会还是国家，其权力的绝对统一同样受到质疑，"法律多元"的观念出现于一种多元的"团体理论"之中。

现代早期，整个欧洲的经济、社会与政治结构发生根本性变化，理性时代的法律逐步脱离宗教的束缚，统一的民族—国家法逐渐形成，"法律多元"则体现于多中心的国际秩序与殖民地多元管辖权之中。启蒙时代的法学理论与政治理论同构，理性自然法所主导的抽象化政治—法律话语旨在催生统一的民族国家及其法律，而"法律多元"的观念恰恰就深藏于最初的"法律的社会科学"研究和最初的政治多元论之中。

纵观古代到现代早期的这一段"法律多元"史，我们可以将其要点归纳为以下三方面：

第一，由于"法律"一词的含混性，以及法律与宗教、道德、伦理、政治的密切关联，所以"法律"既有可能被用来指称法律规范，也有可能被用来指称法律之外的其他社会规范；既有法律制度的含义，也有司法管辖权的意涵；既可能涉及法律渊源、规则与命令，也可能涉及法律秩序、体系与传统；既包含国家统一制定法，也包含地方习惯法。由此来看，"法律"一词的含混性导致"法律多元"的具体所指不够明确。

第二，"多元"一词也是不够明晰的界定，在前述历史中它可能指多元性，亦可能指多元化。前者为事物的一种属性，后者为事物的一种状态。由于"法律"的含义本身十分丰富，因而"多元"兼具"属性"与"状态"两种含义。由是观之，"多元"既可能指涉并存或者并立的静态，也可能指涉互动或竞争的动态。

第三，虽然"法律多元"因"法律"与"多元"的语词含混而难以界定，但我们在"历史重构"中能够发现"法律多元"的一些核心要素：法律渊源、立法权威、司法管辖权,以及由此三者构成的法律秩序或者法律体系。由于"法律多元"形成原因的复杂性,即它可能在历史、宗教、政治和经济等多方面因素的影响下形成,因此,多样的"法律"展现出差异性巨大的"多元"样态。相对而言,渊源与制度层面的"多元"表现为一种静态的多元性,而权力、秩序与体系层面的"多元"呈现出动态的多元化趋势。

我们通过以上分析可知,西方"前现代"历史中的"法律多元"与"法律多元论"基本上处于一种"混沌"状态,这也是"前现代"或者传统社会的固有特征之一。法律与其他社会现象和社会规范没有分离,神学、哲学、法学和政治理论之间始终相互建构与纠缠,我们在缺乏新的理论工具的情况下,很难以一种更具体的方式来探讨法律多元论。在这段历史的最后阶段,以欧洲为中心的西方社会很大程度上只是刚刚开启现代社会之门,因此,我们将这一时期的法律多元观念称为"传统法律多元论"或许更为合适。此后的历史中,"现代法律多元论"则诞生于西方真正进入现代社会——新的经济环境、社会—政治结构、政治—法律话语——尤其是在"新学科"诞生之时。[67]

---

〔67〕 参见杨静哲:"法律多元论:轨迹、困境与出路",载《法律科学》2013 年第 2 期。

苏维埃国家与法理论的历史演变

王志华 *

俄国十月革命和苏维埃社会主义国家的建设与发展是人类理想的伟大试验,从理论到实践均体现了人类勇敢的探索精神。也许,从文明发祥的那一刻起,人类就注定了不断探索的命运:我们不知走向何方,但必须迈步前行。

纵观苏维埃法律哲学或国家与法理论的发展历史,可以将其大概分为以下三个时期:①探索时期(1917~1930年);②马克思列宁主义法学理论全盛或形成时期(1930~1953年);③发展和演变时期(1953年至苏联解体)。[1]

俄国的十月革命是马克思列宁主义理论的实践,其国家与法的理论自然首先要在马克思主义经典作家那里寻找灵感,马克思、恩格斯著作中有关国家与法的论述,是苏联法学家构建苏维埃国家与法一般理论的基础。其中,苏联政治领导人列宁、斯大林的著作是苏联国家与法理论的纲领性文件,为其指明方向。但最初的法学家,如库尔斯基、斯图奇卡、帕舒卡尼斯等人,在阐释经典马克思主义理论的同时,都根据俄国革命和建设社

---

* 中国政法大学比较法学研究院教授,法学博士。

[1] 参见谢婧辰:"法概念视角下:新中国继受苏联法的经验思考",载《中共成都市委学校学报》2012年第1期,第35页;另参见〔奥〕凯尔森:《共产主义的法律理论》,王名扬译,商务印书馆1962年版,第108页脚注1。

会主义国家的需要，对法学理论进行了认真的探索。

在夺取并初步巩固政权之后，苏联共产党领导人面临着诸多亟待解决的理论与实践问题，例如：无产阶级革命的胜利是否意味着国家与法的消亡？在西方发达国家未能响应俄国十月革命的感召，引发世界范围内的社会主义革命的社会历史背景下，一个工业化并不发达的俄国能否单独建成社会主义社会？社会主义需要法吗？如果需要，法又是什么？法的价值何在？与资产阶级的法有何区别？苏维埃社会主义法的理论与实践是否与经典马克思主义理论背道而驰？

在整个七十余年的苏联存续时期，国家与法的基本理论或称一般理论问题一直受到广泛关注，始终作为高等院校法科学生的必修课程之一。随着苏联的解体，对这些基本理论也适时进行了修正。但是，那些从一开始就备受争议的理论观点，对于我们今天认识法律的历史乃至法律的未来发展，仍然具有重要的理论意义。

一、苏维埃国家与法理论的探索

十月革命以后的苏联，对于过渡时期法律的性质曾有过激烈的争论。20世纪20年代，争论的主导人物是斯图奇卡和帕舒卡尼斯。他们认为，严格地说，所有的法律都是资产阶级的法律：当时的苏维埃法律是"没有资产阶级的资产阶级法"，并且是处在不断消亡中的法律。[2]这些观点后来被作为"法律虚无主义"而受到批判。但实际上，这些理论都直接来源于马克思主义经典作家，列宁对此也有相应的论述。另外，这一时期还提出了法作为无产阶级专政的工具、作为阶级秩序的法、法的交换理论等。这些观点和争论，反映了那个时期苏联社会尚未完全丧失自由的学术领域在理论探讨方面的某种程度的严肃性。

（一）"国家与法的消亡"理论

根据马克思、恩格斯的国家理论，法律作为强制性的秩序和国家的特殊工具，只存在于分为统治阶级和被统治阶级的社会中。虽然在无产阶级通过暴力夺取政权以后的无产阶级专政过渡时期，法律仍然存在，这种法律尽管与资产阶级法律比较起来是进步的，但是"仍然受资产阶级范围的

---

[2] 参见［德］K. 茨威格特、H. 克茨：《比较法总论》，潘汉典、米健、高鸿钧、贺卫方译，法律出版社2003年版，第425页。

限制"[3]。实际上,法律是国家发布的强制性秩序,国家的消亡也意味着法律的消亡。因此,资产阶级法乃是人类社会最后形态的法,在从资本主义或社会主义向共产主义的过渡时期,带有资产阶级性质的法将不可避免地走向衰亡。

布尔什维克夺取政权以后,在加强政权和在一国建设社会主义国家的社会现实,与马克思主义经典作家关于国家与法行将消亡的理论之间发生矛盾。于是,社会主义国家的性质和命运成为法学理论家急需解决的头等重要的理论问题。

恩格斯在《家庭、私有制和国家的起源》一书中宣布,与阶级消灭的同时,"国家也会不可避免地归于消逝。以生产者自由平等联合为基础按新方式来组织生产的社会,将会把全部机器送到那时它所应到的地方——古物陈列馆去,跟纺纱车和青铜斧一并陈列起来"[4]。在《反杜林论》一书中,他着重指出在无产阶级专政的过渡时期,国家权力对社会生活的干预将在各个部门逐渐成为不必要而终止,整个社会"对人的管理将被对物的管理和对生产过程的指导所代替。国家不是'被废除'(像无政府主义者所要求的那样),而是自行衰亡"[5]。

列宁出版于1917年的《国家与革命》一书的主要目的是"恢复马克思关于国家的真正学说",主张无产阶级国家只是对过去的资产阶级行使强制力,一旦资产阶级完全消灭,国家的强制机关也将消失。"那时国家就会消亡,因为资本家已经没有了,阶级已经没有了,因而也就没有什么阶级可以镇压了。""马克思认为,无产阶级所需要的只是逐渐消亡的国家,即需要建立一个立刻开始消亡而且不能不消亡的国家。"他把无产阶级国家说成是"国家消逝的过渡形式(从国家到非国家的过渡)"。

关于法律,列宁认为,在共产主义社会的第一阶段,即在无产阶级专政时期,仍然有法律,而此法律在一定的限度内还是"资产阶级"的法律。他在《国家与革命》一书中写道:"在共产主义社会的第一阶段(通常称为社会主义),'资产阶级的法律'没有完全取消,而只是部分地取消,只是在已经发生的经济变革范围内,也就是在对生产资料的关系上取消。'资产

---

[3] 《马克思恩格斯文选》第2卷,人民出版社1958年版,第22页。
[4] 《马克思恩格斯文选》第2卷,莫斯科外文出版局1955年版,第320页。
[5] [德] 恩格斯:《反杜林论》,人民出版社1956年版,第295页。

阶级的法律'承认生产资料是个人的私有财产。而社会主义则把生产资料变为公有财产。只有在这个范围内，也只能在这个范围内，'资产阶级的法律'才不存在了。"[6] 因为，在第一阶段，共产主义在经济上还不可能是完全成熟的，还不能完全摆脱资本主义的传统或痕迹。由此就产生了一个有趣的现象，这就是在共产主义第一阶段还保留着资产阶级法律的奇特观点。因此，过渡时期的法律，既是资产阶级的法律，又是社会主义的法律。

"列宁却没有提到法律前景这暧昧不清之点。"[7] 随着列宁于1924年的去世和他个人共产主义社会实践的终止，他有关法律何时消亡或是否消亡的理论，也只能有待于其他苏联法学理论家来阐述了。

苏维埃社会主义制度建立初期，在诠释经典马克思主义有关国家与法的理论方面，帕舒卡尼斯占有举足轻重的地位。由于帕舒卡尼斯将法律和资本主义经济等同起来，所得出的结论是，不仅在将来的共产主义社会中没有法律，而且在无产阶级专政的过渡时期也不可能有无产阶级的社会主义法律。"然而资产阶级法律范畴——但不是任何禁令——的废除，毫不意味着它们被新的无产阶级法律范畴所代替……资产阶级法律范畴的废除，将意味着在这些条件下一般法律的废除，也就是说，在人类关系中法律因素的逐渐消失。"他在1930年发表的《苏维埃国家和法律的革命》一文中，虽然迫于政治形势承认自己的观点存在某些错误，但仍然坚持认为："当你从已经包含任何法律都会消亡这一必然性的社会关系出发时，你如何能够希望建立一个最后的法律体系呢？这是一件完全不可思议的工作"；因此，"我们不能从事于一个无产阶级的法律体系的创造"。[8]

斯大林是马克思列宁主义理论在苏联的实践者，并根据社会主义建设的实践发展或修正了这一理论。他论证说："国家的消亡不是经过国家政权削弱，而是经过国家政权最高限度加强的道路到来的；只有最高限度加强国家政权，才可以最终铲除垂死阶级的余孽，并组织国防去抵御还没有被消灭掉，而且还不是很快就会被消灭掉的资本主义包围。"[9] 斯大林指出，恩格斯关于国家"自行消亡"的理论是正确的，但应考虑到"社会主义国

---

〔6〕《列宁全集》第25卷，人民出版社1958年版，第390、418、453、454页。

〔7〕［奥］凯尔森：《共产主义的法律理论》，王名扬译，商务印书馆1962年版，第74页。

〔8〕转引自［奥］凯尔森：《共产主义的法律理论》，王名扬译，商务印书馆1962年版，第127~129页。

〔9〕［苏］斯大林：《列宁主义问题》，人民出版社1953年版，第622页。

家所处的具体历史条件",不能"机械地在任何时候都搬用这一公式"。[10]因为这个国家受着"资本主义的包围,这个国家遭遇着外来武装侵犯的威胁",只有"资本主义包围已经消灭,而被社会主义包围所替代"的时候,国家才"不会保存而会消亡下去"。[11]

维辛斯基是斯大林理论的忠实追随者和阐释者,宣称斯大林有关国家与法律的上述观点"就是革命的创造性的马克思主义公式";"现在,就是瞎子也会看得见那种所谓促使社会主义国家'消亡'的宣传的叛变性质"。他在文章中写道:"马克思列宁主义认为法是由经济关系、生产关系与交换关系产生出来的。这样的观点也可以用来解释法律的性质,法律是确认社会中统治的生产关系的手段。"他认为:"法是阶级社会中社会关系的产物。在共产主义第一阶段中,即使在无产阶级已获得统治的社会中,法仍然存在着,因为在推翻资产阶级之后,人们没有法律规范还不行。在这个社会中消灭法的必要的经济前提尚未具备。"[12]

20世纪20年代末30年代初,苏联的经济社会结构发生了重大变化:在城市和乡村基本完成了国有化和集体化,从而宣告了新经济政策时期的结束和新的社会主义时代的开始。而有关国家与法的理论,也必须与社会经济结构的变化相适应。在这种社会条件下,承认法的资产阶级性质和坚持法律消亡论就不合时宜了。因此,持有上述观点的帕舒卡尼斯、斯图奇卡等人的理论受到了批判。

凯尔森在分析发生这种变化的理由时指出:"当国家和法律被认为是必要的制度时,就没有任何政治的理由否认法律的规范性质了。过去当苏维埃国家忙于攻击并摧毁社会内部的资本主义时,苏联的学者由于要发展一个反资本主义的法律理论的那个政治目的,认为必须否认法律是具有拘束力的规范体系,必须藐视法律为资本主义的意识形态。但是,社会主义的经济制度已经建立,苏维埃国家作为它的有力的保护者已经巩固起来之后,苏联政府又是为了政治的理由非常注意于提倡一个这样的法律理念:承认苏维埃国家的权威,也就是说,承认苏维埃国家的法律的规范性质和拘束

---

〔10〕 [苏]维辛斯基:《国家和法的理论问题》,李樵等译,法律出版社2003年版,第275页。
〔11〕 [苏]斯大林:《列宁主义问题》,人民出版社1953年版,第938~943页。
〔12〕 [苏]维辛斯基:《国家和法的理论问题》,李樵等译,法律出版社2003年版,第274、279、289~291页。

力量,认为苏维埃法律是一个显然属于社会主义的法律秩序,而不只是资产阶级法律的残余。"[13]

但是,如果说在20世纪20～40年代,有关国家与法消亡的理论还纯属理论范围内的事,那么,到了50年代以后,这种理论则越出了学术讨论的范围,而登上苏联国内的政治舞台。在1959年苏共第二十一次代表大会宣布苏联已进入"大规模建设共产主义时期"以后,至少对于苏联理论家来说,这已经是一个实际的问题。苏共二十二大通过的新纲领更加具体地宣称,这个共产主义社会将在20年内"基本"建成,"并且认为在同一时期内国家在自我消亡方面也将大大向前跨进"。[14]

但是,国家与法的消亡显然与社会现实所显示的各种发展迹象不符。苏斯洛夫在一次党代表的报告中对这个问题作出了解释:"正在进行的国家消亡这个过程,不能被理解为把国家变为乌有。共产主义社会不是一个无政府主义的、毫无组织的、乱七八糟的一堆群众——像帝国主义思想家所常常描绘的那样——而是一个有高度组织、高度协调的劳动人民集体,以对公共事业的崇高共产主义觉悟和高度纪律性为其特点";"国家消亡的过程将意味着通过进一步开展社会主义民主,把国家权力机关逐渐改变为社会自治机关。而这种社会主义民主将包含着全体人民积极参加国家管理和对文化、经济建设的高度安排,改进国家机器的工作并且加强人民对它的控制"[15]。

可见,无论是理论还是社会现实,如果马克思关于国家消亡的预言还需要检验的话,那也一定是很遥远的事。

(二) 作为阶级秩序的法

在建设社会主义的初期阶段,无产阶级需要对资产阶级实行专政,而法律则为这一专政的工具。Д. И. 库尔斯基(Дмитрий Иванович Курский)在担任司法人民委员期间(1918～1928年),不仅在理论上发展了法律作为专政工具的新学说,而且还积极应用于司法实践。他广为人知的名言是:

---

[13] [奥] 凯尔森:《共产主义的法律理论》,王名扬译,商务印书馆1962年版,第132～133页。

[14] [美] 所罗门·姆·施瓦兹:"苏联的国家是否在消亡?",载《苏联和未来——对苏联共产党新纲领的分析》,商务印书馆1963年版,第200页。

[15] 转引自[美] 所罗门·姆·施瓦兹:"苏联的国家是否在消亡?",载《苏联和未来——对苏联共产党新纲领的分析》,商务印书馆1963年版,第212～213页。

"哪里的大炮轰鸣,哪里的法就寂然无声。"[16]

按照库尔斯基的观点,在无产阶级专政的条件下,法应体现无产阶级的阶级利益,那些所谓承认和维护个人权利和自由的规范是不存在的。他十分赞赏人民法院作为新的造法渊源的革命行动,特别是人民法院在刑事镇压活动中所体现的绝对自由并首要遵循自己的法律意识。新的革命之法是无产阶级共产主义的法,苏维埃政权摧毁了"资产阶级法律制度的三个基础:旧的国家、农奴制家庭和私有财产……苏维埃取代了旧的国家;取代农奴制和债务依附家庭的是自由之家和对儿童的社会养育;私有财产为无产阶级国家对所有生产资料的所有权所取代"。[17] 而这些原则的实际施行则采取了"军事共产主义"的方式。库尔斯基认为,"军事共产主义"的优势在于强制性的规范体系。

库尔斯基将20世纪20年代初向新经济政策部分及暂时的让步视为对新的、无产阶级法和法律秩序的肯定。在苏维埃社会主义条件下实施的法律秩序有其自身的特点,即限制个人权利以及服从无产阶级专政利益。新经济政策时期的法律在个人财产权利与政权利益发生冲突时亦不能保障公民的财产权,公民的政治权利和人身权利自不待言。库尔斯基承认:"我们的债法及其总则部分,根据司法人民委员部的意见,国家利益应当置于公民的个人利益之上。"[18]

就整个社会而言,公民被允许的法律关系也被限定在刑事规范的严格范围之内。库尔斯基对此强调指出:在反对民事流转的斗争中,"不得不采用刑事规范来调整那些在发达资本主义国家按照民事程序调整的关系"。[19] 为了消除城市和农村"资本主义商品生产的混乱局面",必须采取行政组织措施,其中也包括"司法侦查和检察院机关等司法机关"。[20]

将法视为无产阶级专政工具,不独库尔斯基,其他苏维埃国家与法的理论家也持类似的观点。

"无产阶级法"(пролетарское право)这一术语首次出现于1918年,包括官方文件、П. И. 斯图奇卡、М. Ю. 科兹洛夫斯基(М. Ю. Козловский)、

---

[16] *Курский Д. И.* ,Избранные статьи и речи. М. ,1948,С. 121.
[17] *Курский Д. И.* ,Избранные статьи и речи. М. ,1948,С. 56.
[18] *Курский Д. И.* ,На путях развития советского права. М. ,1927,С. 65.
[19] *См. Нерсесянц В. С.* ,Философия права. 2 - г издание. М. ,2006,С. 219~222.
[20] *Курский Д. И.* ,Избранные статьи и речи. М. ,1948,С. 194.

Н. В. 克雷连科（Н. В. Крыленко）的著作中都有表述。

科兹洛夫斯基写道，从资本主义向共产主义的过渡制度是"在社会主义革命的过程中特别创造的、在任何地方都未曾见过的法，其非真正意义上的法（少数压迫多数的体系），而是无产阶级的法，整个法的意义在于，其是劳动阶级压制少数人反抗的工具"。[21]

彼·伊·斯图奇卡（Петр Иванович Стучка，1865～1932）在苏维埃法的理论产生和形成过程中起了重要的作用。斯图奇卡认为，新的革命的马克思主义法律观的基本原则是：①法的阶级性；②革命的辩证法；③物质社会关系作为解释和理解法律上层建筑的基础（取代从法律或法律思想视角对法律关系的解释）。在承认苏维埃法的必要性和事实的条件下，斯图奇卡认为，这里的特别之处即在于苏维埃法就是无产阶级的法。[22]

法的阶级性观点体现在法的一般定义中，苏俄司法人民委员部于1919年12月发布的官方文件《苏俄刑法指导原则》即肯定了这一点。斯图奇卡在此后不久写道："当我们，司法人民委员部委员，对'苏维埃法的理解'给出自己的表述时，我们即表述为'法乃是为符合统治阶级利益并为其（这个阶级）有组织力量维护的社会关系体系'。"[23]

在批判新经济政策时期《苏维埃民法典》的资产阶级性时，斯图奇卡写道："相反，我们的法典应当明确公开地表明，即便是民法典也应完全服从工人阶级的社会主义计划性。"社会生产的计划性是与商品生产和交换相矛盾和冲突的。斯图奇卡认为，作为商品经济的产物，民法具有资产阶级社会的特征。与商品生产相联系的是根据劳动等价物（等价、劳动价值）的"商品交换"、自由公民观念、公民形式平等概念及其权利能力等。但是，在这个形式平等、自由契约等法律形式之下，隐藏了资产阶级社会里的"阶级斗争"。"正是从今天这一无可争议的真理中，"他写道，"我们才正确地理解了在不同社会发展阶段全部或者部分建立在商品生产基础之上的民法、其阶级性的实质及其意义，这只有在生产资料私有制的条件下才

---

[21] *Козловский М. Ю.*，Пролетарская революция и уголовное право // Пролетарская революция и право. 1918，№ 1，С. 24.

[22] См. *Стучка П. И.* Мой путь и мои ошибки // Советское государство и революция права，1931，№. 5～6，С. 70.

[23] *Стучка П. И.*，Избранные произведения по марксистско - ленинской теории права. Рига，1964，С. 58.

能够存在，因此谈论什么社会主义商品交换便显得荒谬可笑。"[24]

不仅是民法，斯图奇卡写道："我们更加明确地强调任何法的阶级性"，"在两个阶级的利益发生冲突的地方，我们便在法律之中将整个社会主义和工人阶级的利益置于不可调和的阶级敌人——资产阶级特别是可恶的资产阶级代表——富农和投机商人的利益之上。"因为1922年的《苏俄民法典》乃是新经济政策的产物，其条款自然带有资产阶级的性质，许多条款（第33、406、411、415条）都体现了财产上的不平等。斯图奇卡认为："《苏俄民法典》强调了其经济即阶级的不平等。"而无产阶级革命的胜利意味着，"不仅在社会主义工厂的生产领域，甚至在交换领域中的关系，因为其掌握在无产阶级国家的手中，如果在总和中看待所有这些关系，便发生在那个劳动者阶级的内部。两相对立的两极——权利和义务——停止了对立。整个工人阶级并非受资本家阶级的雇佣而劳动，而是为了工人阶级自己。权利与义务的对立逐渐消亡，从量变到质变，这些关系逐渐变成共同关系，在从资产阶级继承而来的旧的意识形态中完成这一转变"。[25]

斯图奇卡等人倡导的法的阶级性理念，为一般法乃至苏维埃社会主义法的概念形成提供了本质性元素。

（三）法的交换理论

在苏维埃法学理论发展的第一个时期中，最著名的代表是叶·勃·帕舒卡尼斯（Евгений Брониславович Пашуканис，1891~1937）。在其主要著作《法的一般理论与马克思主义》一书中，他试图建立一个反对资产阶级法律理论的正统马克思主义法律理论。他认为，"法的一般理论可以定义为对最基本、最抽象的诸如法律规范、法律关系和法律主体等法律概念的发展。既然这些概念是抽象的，那么对于法的每个部门它们都是可用的。无论它们应用的具体内容如何，它们的逻辑含义和系统含义总是不变的"；"苏联法理学如果还想成其为法理学，如果还想胜任眼前的实践事业，就不能抛弃抽象的定义。基本的、规范的法律概念在我们的法令全书中还要长

---

[24] Стучка П. И., Избранные произведения по марксистко - ленинской теории права. Рига, 1964, С. 521.

[25] Стучка П. И, Избранные произведения по марксистко - ленинской теории права. Рига, 1964, С. 424, 430.

期保留,相应的注释也是一样。同时,特殊程序的法律思维方式也会保留下来"。[26]

在苏维埃法律理论形成的初始阶段,帕舒卡尼斯为我们提供了另一种有关法的阶级立场。帕舒卡尼斯的主要目的在于发展马克思在《资本论》和《哥达纲领批判》、恩格斯在《反杜林论》、列宁在《国家与革命》著作中有关法的理论。对于帕舒卡尼斯来说,与其前辈领袖一样,资产阶级法乃是历史上最为发达的法的类型,在其之后不可能存在什么新的类型的法。从这一立场出发,他否认"无产阶级法"的可能性。

在帕舒卡尼斯看来,任何法律关系都是主体之间的关系。"主体乃是法律理论的原子,最简单的不能再加分割的元素。"

在阐述自己的法律理论时,帕舒卡尼斯力图重复马克思应用于经济理论中的批判立场,认为商品拥有者的关系必须体现为"法的形式"。由于认为法的形式与商品形式没有多少差别,帕舒卡尼斯历史性地将法从商品拥有者的交换关系中导引出来。因此之故,他有关法的理论也被称为"交换关系"(меновое отношение)。

帕舒卡尼斯在其代表作《法的一般理论与马克思主义》一书中,在不违背马克思主义的基础上独创性地发展了马克思主义理论,提出所谓"商品交换理论"。他的作品代表着最正宗的马克思理论,这些作品是彻底学术化的、被广泛阅读的产物。它的结构或许使许多读者觉得怪异难解,但达致这些结论的分析过程,却从习见的法律与政治的事实中,获得了不常见但富有启发意义的观点。所有具有开放思想的读者都能从中获得真正的收益,尽管他的主要文章的观点并不能使很多人信服。

帕舒卡尼斯的法律理论建构在经典马克思列宁主义理论的两大原则之上:①国家与法是社会中的上层建筑,并能反作用于经济基础;②在未来的社会主义社会中,国家与法律都将消亡。在这两个理论的基础上,帕舒卡尼斯阐述了他自己的理论,其要点在于:资本主义的基本制度是商品交换,所有的产品(包括劳动力)都被视为"商品",也就是说,它们都注定将在市场上交易。而商品交换的概念也适用于资产阶级法,并且它也起源于贸易或物物交换。帕舒卡尼斯论证,原始的刑法也与物物交换相关,即

---

[26] [苏]帕舒卡尼斯:《法的一般理论与马克思主义》,杨昂、张玲玉译,中国法制出版社2008年版,第2~3页。

所谓血债或偿命价。实际上，在整个历史上，法律形式的发展都与商品交易形式的发展相伴随。在资产阶级社会，法律是统治阶级的工具，但却并不是直接的。如果说法律是统治阶级的工具，并不能揭示法律的本质。因为一个阶级对另一个阶级的统治并不需要法律。实际上，资产阶级法是唯一的法律形式，即使在更原始的社会形态中，其法律形式也可以视为一种资本主义社会初始的尝试。从其内在逻辑看，可以断言，法律的概念完全依赖于资本主义社会。对法律理念的认知，与对市场的认知是同步的。

帕舒卡尼斯接受正统的马克思主义观点，即法律与国家最终会消亡。但帕氏断言，哪里有交换，哪里就必然有法律。不论法律存在多久，它一定是资产阶级的法律。将社会主义法律伪装成某种具有更高属性的法律，或不同于资产阶级法的某种东西是没有意义的。把问题想得过深，其实是一种自我欺骗。[27]

按照帕舒卡尼斯的观点，如果法的形式开始形成于交换关系，那么，其最完全的实现则是在法院和审判过程之中。无论是在私法关系还是在公法关系中，社会商品货币关系的发展为确定法的形式创造了必要条件。但是，所有这一切都在社会主义之前有意义，而非社会主义本身的。也正是在这方面，帕舒卡尼斯的理论备受批评，认为其对法的抽象界定仅针对资产阶级法，而非"无产阶级法"，后者正需要概括性的概念总结。

但是，迫于当时政治形势的压力，帕舒卡尼斯还是修正了自己的观点，他多少有些违心地承认革命后新的和资产阶级之后独具特色的"苏维埃法"的存在。与此同时，为了保持表面上的、文字上的思想连贯性，他建议不称其为"无产阶级法"。而这样的国家与法的命运，最终的必然结果仍然是走向消亡。

在这一时期，苏联法学理论界比较有代表性的还有拉祖莫夫斯基（И. П. Разумовский）主张的将法视为阶级关系的意识形态形式和为赖斯涅尔（М. А. Рейснер）主张并有所发展的阶级法的心理学理论。此处不拟详论。[28]

---

[27] 参见［美］朗·富勒："帕舒卡尼斯与维辛斯基：马克思主义法律理论发展的研究"，载［苏］帕舒卡尼斯：《法的一般理论与马克思主义·附录》，杨昂、张玲玉译，中国法制出版社2008年版，第144～149页。

[28] См. Нерсесянц В. С. Философия права. 2 - г издание. М., 2006, С. 256～259，293～322.

二、苏维埃国家与法理论的形成

十月革命以后，在人们仍然认为共产主义社会的目标能够迅速实现的那段时间里，"没有资产阶级的资产阶级法"和国家与法正在消亡这样的观点是可以被理解和接受的，尤其是在"新经济政策"时期，当时除了采用传统的资产阶级法律形式之外别无选择。

但是，到了1930年，随着在斯大林统治下苏维埃国家政权的巩固，随着中央政府通过大量立法对工业和农业的控制的扩大，斯图奇卡和帕舒卡尼斯将苏维埃国家的法律视为资产阶级时代的残留物的"法律虚无主义"说教便显得不合时宜了。新观点找到了它的解释者，这就是维辛斯基，他在1938年提出了与前者完全相反的见解。关于国家与法的未来命运，维辛斯基仍然延续马克思列宁主义及其他马克思主义理论家的学说，即"一旦共产主义在全世界胜利，法律与国家都将消亡"，不过，这是一个涉及漫长时期的学说，而在从资本主义到共产主义的过渡时期内，在马克思列宁主义指导下掌握了政权并利用它建设社会主义社会的无产阶级还面临着"一系列艰巨的任务。这些任务使得法律与国家的运用以及由此而导致的最大限度地加强法律和国家的职能变得十分必要……在从资本主义脱胎出来的社会中，将法律作为一种管理手段，作为调整社会关系的工具，以及作为控制和规定工作与消费数额的方法加以保留是完全必要的"。[29]

这一时期苏联国家与法的理论特点是：①法学理论进一步意识形态化；②理论上的争议转变为思想斗争，并对持不同观点者从肉体上消灭；③维辛斯基的一般法定义和苏维埃法定义确定了国家与法理论的发展方向，虽然20世纪50年代以后有些学者对其提出质疑甚至批评，但直至苏联解体，定义的基本精神始终未变。其原因在于，法的这种解释符合苏维埃体制，稍有偏离便与苏维埃社会主义基本制度格格不入。

（一）法律战线上的斗争

20世纪20年代末和30年代前半期直到1938年这段时间，在苏维埃法律科学内部，围绕有关对法的理解问题的各种倾向之间的斗争变得尖锐起来。这一时期在苏联共产党有关新经济政策、集体化、工业化速度、反对各种左右倾"偏向"的斗争等政治决议和方针的影响下，各种倾向的理论

---

[29] 参见［德］K. 茨威格特、H. 克茨：《比较法总论》，潘汉典、米健、高鸿钧、贺卫方译，法律出版社2003年版，第425~426页。

代表纷纷修正自己有关国家与法的观点。

在当时的政治实践和反对左右倾、反对托洛茨基分子和布哈林分子、反对"修正主义"和资产阶级意识形态斗争的党的方针气氛中，卡冈诺维奇（Л. М. Каганович）在其 1929 年 11 月 4 日在共产主义学院苏维埃建设和法研究所上的报告中，明确解释了在无产阶级专政条件下"法律"的真正地位和意义："我们的法律规定国家政权机关的职能和活动范围。但是，我们的法律决定于每时每刻革命的特殊性。"卡冈诺维奇的讲话是"法律战线"布尔什维克全面开展"批评与自我批评"的信号。面对不断加强的理论指控，在当时"自我批评"的气氛中，帕舒卡尼斯不仅承认自己理论的许多缺陷，而且还修正了自己的观点，倾向于将法与政治等同起来，将法解释为政治的形式之一，甚至作为"政治的一部分"。斯图奇卡号召制定法律战线的"总路线"。他作自我批评时说：在创作《法和国家的革命作用》一书和 1919 年研究法的定义过程中，受到了资产阶级法社会学派的影响。

在 1931 年第一届全苏马克思国家学理论家和法学家代表大会上，曾经尝试法学思想立场和路线的统一。参加大会的代表当中，帕舒卡尼斯的追随者明显占有优势。大会提出的总的立场带有折中主义性质，并尝试将不可相融的观念统一起来。这一点最为明显地表现在，大会总结的作者在承认苏维埃法的无产阶级性质的同时，又拒绝"无产阶级法"的说法，以便通过某种方式拯救无产阶级革命后资产阶级"平等法"的理论观念（这无非是帕舒卡尼斯的某些旧观点的残余）。[30] 代表大会之后，统一的立场和"总路线"也没有形成，各种观点（首先是斯图奇卡和帕舒卡尼斯）之间的争论依然继续。这种情况一直持续到 1938 年全苏法律科学工作者大会召开才最后终止。

（二）"苏维埃社会主义法"的理论

社会主义的胜利要求对国家与法的问题重新进行思考，并考虑到理论公设（постулат）和实践需要。在这种条件下，帕舒卡尼斯于 1936 年提出了"社会主义法"的理论。摒弃自己原来的立场，摒弃任何法都具有"资产阶级性"的"反马克思主义思想混乱"的观点，帕舒卡尼斯开始将苏维埃法解释为自其产生之时起即为社会主义法。"伟大的十月社会主义革命对资本主义私有制是一个沉重打击，并开创了新的社会主义法律制度。这是

---

[30] См. Нерсесянц В. С. Философия права. 2 - г издание. М., 2006, С. 335 ~ 337.

理解苏维埃法及其作为无产阶级法的社会主义性质的基本的和主要的方面。"

在苏联,社会主义的胜利是通过强制推行集体化、消灭富农、在城市和农村全面消灭"资本主义因素"并最终在国内全面实现生产资料的社会主义化而完成的。在这种情况下,社会主义法的理论乃是产生非资产阶级法(无产阶级法、苏维埃法)理念的自然延续。

1938年7月16～19日召开的全苏第一届法律科学工作者大会,在苏维埃法律科学历史上具有重要意义。会议的组织者为斯大林在法律战线上的忠实助手、时任苏联总检察长的维辛斯基(А. Я. Вышинский, 1883～1954)。有来自全苏各地区六百余名学者、教师、实务界人士参会。会议的目的和任务是根据新的法的一般定义并适应镇压反革命的实际需要,确定必须普遍施行的马克思列宁主义、斯大林布尔什维主义的统一路线(总路线)。维辛斯基报告中的文字表述是经会议讨论并认可的文本,会议正式决议的最终文本将法定义为"以立法形式规定的表现统治阶级意志的行为规则和为国家政权认可的风俗习惯和公共生活规则的总和,国家为保护、巩固和发展对于统治阶级有利的和符合其需要的社会关系和秩序,并以强制力量保证它的施行。"[31]

在确定法的一般定义的同时,会议还确认了苏维埃法的定义:"苏维埃法是劳动者政权以立法形式规定的表现其意志,为全面和最终消灭资本主义及其在经济、人们的日常生活和意识中的残余、建成共产主义社会,以社会主义国家全部强制力保障实施和行为规则的总和。"

由维辛斯基提出并为会议所认可的"法理念",按照类型来说可以归为法条主义,因为构成其基础的是法与立法(现行法、实在法,概括来说即法律)等同起来。维辛斯基公开确认这种等同,他强调指出:"法即是规则(法律)的总和或体系,这些规则或体系具有自身的使命,其所关注的是社会成员服从'生产和交换的共同条件',即服从该社会统治阶级的利益。"实际上,这里的"法"成了官方的权力命令规则(规范)。

维辛斯基的定义影响深远。在此后许多年里,在法学一般理论和部门法的著作中,都几乎无一例外地、逐字逐句地重复了维辛斯基的定义,都要再现相应的对法与国家的基本原则。这种法理念、定义和解释,实际上

---

[31] 参见徐永康:"浅评维辛斯基法律理论",载《法学》1988年第6期,第1页。

一直持续到20世纪60年代初,诸如"苏维埃社会主义全民国家"和"苏维埃社会主义全民法"都未脱上述法理念的窠臼。

非常典型的是,在揭露"斯大林个人崇拜"之后的20世纪60~80年代的科学著作和教科书中,旧的思想观念不单单是在官方意识形态相应的制度中得以发展和不断增加发行量,而且还作为对苏维埃社会主义法的"绝对正确的"[32] 解释而得到捍卫和宣传。对于这一点,O. C. 约费和М. Д. 沙尔戈罗茨基在60年代初公开承认,他们的法理念和定义是"建立在那些1938年所提供的法概念一般定义的前提基础上的"[33]。

20世纪30年代中后期,苏联法学基本理论的转变有其复杂的原因。美国学者富勒对此评论指出:"苏维埃国家的缔造者们发现他们自己运用的理论是站不住脚的,且难以有效运行。随着他们逐步能够肃清他们的系统中所有的资产阶级概念,他们发现自己处于一种不得不运用与资本主义社会相同的制度与程序的境地之中,而它们对维持社会稳定又是至关重要的。这就使得智识上的某些退步变得必要了,但为了保留面子,这种撤退甚为隐蔽。对于勤奋、谨慎而傲慢的理论家,如帕舒卡尼斯来说,这是难以接受的任务。它需要在一个特别昏暗的法庭中,由像维辛斯基这样的人来执行。……我们可以理解维辛斯基风格中充斥着的攻击性特征了。当你处于一个你完全不敢论辩的位置时,粗俗的骂人话就可以派上用场了。在一个表面上由教条治理的国家,沉默不仅是困难的,也是危险的。"[34]

三、国家与法理论的发展与演变

这一阶段也可以称为缓慢发展时期,即从赫鲁晓夫执政开始到20世纪90年代初苏联解体。这一时期的法学家开始反思维辛斯基以及早前的法概念理论,进而提出了"全民法"的思想。他们不再完全无保留地认同法律的阶级属性,在社会主义社会已经建成的条件下,法律并不是统治阶级意志的体现,而应当是反映全体人民利益和意志的工具。法律也不再需要国家强制力来保证实施,依靠的是法律的威望和全体公民的觉悟。全民法才

---

[32] См. *Александров. Н. Г.* Право и законность в период разверрутого строительства коммунизма. М., 1961, С. 204.

[33] *Иоффе О. С., Шаргородский М. Д.* Вопросы теории права. М., 1961, С. 59.

[34] 参见[美]朗·富勒:"帕舒卡尼斯与维辛斯基:马克思主义法律理论发展的研究",载[苏]帕舒卡尼斯:《法的一般理论与马克思主义·附录》,杨昂、张玲玉译,中国法制出版社2008年版,第151页。

是社会主义法律发展的"最终归宿",它作为一种法律的存在并不会消亡;消亡的是法律所具有的国家强制性,最终由道德规范来代替法律规范。[35]但应当指出的是,这些观点并未完全获得官方认可。

(一)苏维埃国家与法理论的发展

从 20 世纪 50 年代中期开始,国家政治体制和意识形态的控制有所松动,部分老一辈法学家开始批评维辛斯基的观点,尝试摆脱其于 1938 年确定的法的定义,并提出自己的社会主义法理念和定义。官方法理念的垄断时代结束了。

与"狭义规范"的法定义相对立,提出将法理解为法的规范和法律关系的统一(Кечекьян,Пионтковский)或法的规范、法律关系和法律意识的统一(Миколенко)。

在这种情况下,法律关系(和在 Кечекьян、Пионтковский 的解释中与法律关系有关的主体法)和相应的法律关系与法律意识(Миколенко)体现为"法的规范"效力的实现和结果,是从规范衍生出来的法的形式和外在表现。"法的规范"的起始性和确定性,即 1938 年定义中法的规范性和延续下来的"官方"传统,当然会继续被承认,但提出以其在现实生活中的实施作为补充。

实际上,广义法观念论者反对狭义规范论追随者的争论并无实质意义。因为在意识形态控制的框架内,以"苏维埃社会主义法"为前提条件的法理念差别,无论如何扩展,都不能改变事物的实质。

20 世纪 60 年代,尤其是 70～80 年代,在对法进行新的解释的影响下,狭义法观念逐渐丧失其意义和阵地,最为明显的是其逐渐远离官方立场。这方面最突出的表现是 1979 年《苏维埃国家与法》杂志举办的以"苏维埃法观念"为主题的"圆桌会议",在激烈论辩中,大批学者批判官方法观念,并提出解释法的其他依据。[36]

这些改变不仅仅是理论上的,或者说,首先是社会现实的某些变化促成了理论的修改。1953 年 3 月斯大林逝世后,他的继承者开始攻击在他庇护下所发生的"违反社会主义法制的行为"。1956 年 2 月,赫鲁晓夫在共产

---

[35] 参见谢婧辰:"法概念视角下:新中国继受苏联法的经验思考",载《中共成都市委学校学报》2012 年第 1 期,第 35 页。

[36] См. Советское государство и право, No. 7, 8, 1979 г.

党第二十次代表大会上的秘密报告中批评斯大林实行"(对他自己的)个人迷信"和大搞"个人崇拜",迫害忠实的党员,侵犯他们的合法权利。1961年 10~11 月间,在第二十二次党代表大会上,在继续批判斯大林的同时又增加了维辛斯基的名字,"作为共同缔造那种允许伪造、歪曲法制,借以迫害无辜人民的法律制度的人"。

美国学者贝尔曼考察了苏联在 1953 年斯大林去世以后十年法律领域所发生的变化,认为"对斯大林恐怖的攻击,有助于在几乎所有的苏联部门法中实行大规模的改革",并发生了某些不可逆转的主要趋势:①消除政治恐怖的趋势;②诉讼法和实体法规范自由化的趋势;③法律制度系统化和合理化的趋势;④决定的分权化和民主化的趋势;⑤实行由群众参加审判权的行使的趋势;⑥1961 年和 1962 年间,用严厉的刑罚和行政处罚,以威胁不愿在共产主义建设中合作的人的趋势;⑦发展了新的苏维埃国家和法的理论,它摒弃了斯大林在列宁学说中所采用过的某些革新。

与此同时,贝尔曼发现,这些变化虽然意义重大,但并非根本性的。正如 1957 年副总检察长库德里亚夫采夫在回答一系列关于防止斯大林的恐怖卷土重来的保证的问题时对记者所说:"不要忘记,我们在苏联实行的是无产阶级专政,而法律必须为国家权力服务";"如果有必要,我们将恢复旧的方法。可是我想那不会是必要的";"我们的革命是历史中流血最少的革命,比法国或英国的革命流血都要少"。但是,无论如何,"法律改革已经发生作用。它已经获得很难加以阻止的推动力。"[37]

因此,虽然勃列日涅夫统治时期(1964~1982 年)被认为是停滞甚至是"反改革"的倒退时期,但法学领域的变化仍然在继续。1977 年通过的宪法就是对 20 世纪 50 年代提出的全民法的最好诠释。新宪法要求一切国家机关、公职人员、公民都必须严格遵守法律,并规定国家机关颁布的一切法令都要以苏联宪法为根据,符合苏联宪法的精神。

当然,新宪法仍然是贯彻共产党领导路线的产物,新宪法也一如既往地为法学工作者指明了工作方向。"通过的苏联新宪法是我党对马克思列宁主义理论的创造性贡献,是进一步发展社会科学包括法学在内的源泉和基础。法学工作者的头等重要的实际任务是参加制定各加盟共和国和自治共

---

[37] [美]哈·贝尔曼:《斯大林逝世后(1953 年到 1962 年)苏联的法律改革》,载中国科学院法学研究所编:《法学研究资料》(第 6 辑)(1964 年内部发行)。

和国宪法的工作,制定一系列宪法所规定的最重要的法律工作,以及参加编纂苏联法规汇编的工作。"[38]

(二) 法学理论的思考与探索

1956年以后,苏联法学界对维辛斯基的法律理论进行了批判,认为其1938年关于法的定义没有强调指出经济制度对法的制约性,没有强调社会主义法律规范的适用首先是由公民自愿地执行的,而是强调用国家的强制力量来保证执行。此外,维辛斯基认为,被告本人承认罪过是最重要的、有决定意义的证据;对共犯的概念来说,必须具备的不是因果联系,法院可以从事实的最大限度的或然性的观点来处理案件;等等。与此同时,他提出的关于苏维埃法是全体人民意志的表现的观点仍为苏联法学界所接受。

1961年以后,苏联法学界进一步提出并论述了全民法的理论,认为全民法的产生是社会主义社会发展的一般规律,它随着全民国家的产生而产生,社会主义法具有转变为全民法的内部先决条件。有人还提出,马克思和恩格斯在《共产党宣言》中关于法的概念明显不能令人满意;作为阶级现象的法的特征,已经不能完全适用于全民法;全民法已经不是统治阶级意志的反映,而是反映全体人民的利益和意志的工具。全民法第一次不是表现为社会一部分人强加于另一部分人的暴力,而是表现为社会的和全体人民的工具。全民的法律规范通常是靠其道义威望和公民的觉悟来支持,国家强制的性质已经发生了本质的变化;由于国家失去了镇压被推翻的阶级反抗的职能,法在组织和教育方面的职能被提到了首位。在法的消亡问题方面,有人认为法的消亡是现在正在实现的过程,法的消亡是指法律规范的国家强制性质的消亡,其表现是法和道德的接近——由法律规范直接过渡到道德规范,由社会道德责任代替法律责任。[39]

苏联解体以后,在俄罗斯社会转型的过程中,马克思主义由占统治地位的主流意识形态,逐渐转变为与其他理论学说并列或不被重视的一种理论,在法学上的表现就是对马克思主义国家与法的基本观点的否定或认为它已过时。

---

[38] [苏] B. H. 库德里亚采夫:"全民国家的宪法",任允正译,马骧聪校,载《环球法律评论》1979年第1期(原载苏联《苏维埃国家与法》1977年第11期)。

[39] 参见吴大英:"苏联法律理论",载《中国大百科全书·法学》,中国大百科全书出版社1984年版,第559~560页。

俄罗斯学者认为，马克思主义的国家观已经过时。马克思主义国家观的基本观点是："国家是阶级矛盾不可调和的产物"，"国家是维护一个阶级对另一个阶级统治的工具"，等等。对于马克思主义的这一观点，学者利夫申茨（Р. З. Лившиц）分析指出："在19世纪中叶，'自由'资本主义已经形成，社会力量中的资产阶级和无产阶级的对立已经暴露，那个时候这个理论是真实的，它正确地反映了事物的实际状况，也可以认为它正确地预言了未来。随后历史的发展证实了阶级斗争的理论。社会力量的两极化，无产阶级日益增长的相对贫困化和绝对贫困化，无产阶级第一回合的政治发动，资产阶级利用国家镇压劳动人民，所有这些事实都曾在阶级斗争和国家的阶级本质理论中得到过说明。这样一直持续到俄国社会主义革命的胜利。革命的本身可以理解为阶级斗争理论的证实。直到十月革命胜利为止，把国家解释为统治阶级手中掌握的镇压工具，是符合历史发展实际的。在革命胜利后，对国家理论必须以不同的模式进行研究。"俄罗斯学者认为，按照马克思和恩格斯的预测，社会主义国家自粉碎资产阶级国家机器开始，尔后进入"半国家"（列宁语）阶段，再后归于消亡。由于众所周知的原因，这样的事情根本没有发生。镇压、暴力机关、庞大的官僚机构，一切使国家凌驾于社会之上的东西都被保留下来了，而且这些机构一反马克思、恩格斯和列宁的预测，不是服务于工人阶级，而是服务于党—国机构的上层人物。由此可见，说国家是暴力、镇压的工具，从苏联国家的经验来看得到了证实，其只不过是被歪曲了。[40]

四、余论——批判与反思

用马列主义的观点来分析问题和解决问题，其中也包括法律问题在内，这是我们借鉴苏联经验的结果，长期以来一直被认为是认识真理的唯一正确方法。按照马列主义的法学观点，世界上曾经存在过四种类型的法，即奴隶社会法、封建社会法、资本主义法和社会主义法。奴隶社会的法和封建社会的法，都随着两种社会类型的消逝而消亡了。世界上目前还存在着两种类型的法，即资本主义和社会主义类型的法。社会主义法是最高类型的法，相对来说，资本主义类型的法是垂死的和正在消亡的法。而随着共产主义社会在世界范围内的实现，社会主义的法最后也要消亡，人类社会从此将进入无阶级、无剥削、无国家、无法律的共产主义大同社会。在21

---

[40] 参见张俊杰："俄罗斯转型时期法学理论的根本转向"，载《法学家》2004年第3期。

世纪到来之前的 20 世纪大多数时间里，这种观点曾为许多人所接受。但令人意想不到的是，以苏联为代表的社会主义类型的法在 21 世纪到来之前真的"消亡"了，只是共产主义没有像原来预想的那样实现，而是又"退回"到了原来的老路，回到了资本主义法的老传统中去了。这无疑为法学理论与实践都带来了新的课题，也应验了美国学者伯尔曼在《法律与革命——西方法律传统的形成》一书中的预言："剧烈革命的周期爆发并无碍于西方法律的历史性，这种革命最终要回到历史的法律传统中去。"[41]

1991 年 12 月 25 日，随着苏联的解体，原来的 15 个加盟共和国纷纷独立，俄罗斯联邦也获得了独立主权国家的地位。独立后的俄罗斯联邦实行了从传统的社会主义制度向"更传统的"现代资本主义制度的全面转轨，其政治、经济和法学理论等都发生了重大的根本性变化，并彻底打破了原来的制度框架，开始重新构建新的法律体系。

20 世纪 90 年代初，我国翻译出版了法国学者勒内·达维德所著的《当代主要法律体系》和德国学者 K. 茨威格特和 H. 克茨所著的《比较法总论》。这两部当今世界比较法学名著将世界上的法划分为大陆法系、英美法系、社会主义法系、东方法系、印度法系和伊斯兰法系等几大法系，而同时都对以苏联法为核心内容的"苏维埃社会主义法系"倾注了极大的热情，书中用大量篇幅对其加以分析和阐述。在其研究的几大法系中，印度法系、东方法系等早已成了死的法系，其传统的特点还在这些国家存有遗迹，但都在西方两大法系的冲击下发生了革命性的变化。

令人始料未及的是，就在该书在西方出版十几年左右的时间内，苏维埃社会主义法系也同样成了历史，[42] 只是它离我们如此之近，以至于我们几乎可以直接地对其予以考察研究。但是，我们的近距离考察也存在着另外的问题。由于这段历史时间尚短，一些后果尚未或正在显现；而我们又曾经置身其中而不免迷失，反而看不清其庐山真面目，不能对其有真切的理解。也许其真正的作用和后果要到很久以后才能显露无遗。但有一点我们可以肯定的是，这是一次人类社会的大胆尝试，并且采用了不同寻常的

---

〔41〕［美］哈罗德·J. 伯尔曼：《法律与革命——西方法律传统的形成》，贺卫方等译，中国大百科全书出版社 1993 年版，第 19 页。

〔42〕值得注意的是，两部著作中都未将中国法列入苏联的社会主义法系，而是和日本一同归入了东方法系之中予以研究。

激烈方式。这是从古代哲人的理想一以贯之的各代历史上的哲人先贤努力的必然结果。这次尝试让我们真正地认识到了怎样去实现人类的理想与社会公正，也许这种理想已经或正在以另一种方式为我们所实现或者正在实现，只是我们没有发现或者不愿承认而已。或许，包括法秩序在内的人类本身永远不会达至完善的境界，而需要人类不断地积极进取、勇于牺牲、努力奋斗，以至于人类一代代地生活在实现美好愿望的努力之中。

最高法院司法解释：中法比较研究

种 林[*]

我国和法国都是成文法国家，两国对司法解释法律都存在认识上的争议。[1] 相比我国，法国更早开始研究该问题。[2] 19 世纪 20 年代前后，法

---

[*] 山东政法学院副教授，法学博士。

[1] 我国对于司法解释的定义、地位等基本问题就存在争议。依《中国司法大辞典》（吉林人民出版社 1991 年版），司法解释"指国家最高审判机关和最高检察机关就在审判和检察过程中应用法律的问题所作的、具有法律效力的说明"。学者观点请参见：姚建宗："关于司法解释的分析与思考"，载《现代法学》1992 年第 3 期；沈宗灵："论法律解释"，载《中国法学》1993 年第 6 期；周道鸾主编：《中华人民共和国最高人民法院司法解释全集》序言，人民法院出版社 1994 年版，第 1 页；陈金钊：《法制及其意义》，西北大学出版社 1994 年版，第 105 页；郭华成：《法律解释比较研究》，中国人民大学出版社 1993 年版；董晔：《司法解释论》，中国政法大学出版社 1999 年版，第 3 页；苏力："司法解释、公共政策与最高法院——从最高法院有关'奸淫幼女'的司法解释切入"，载《法学》2003 年第 8 期；陈金钊："对'法律解释'称谓的诠释——并非笔墨官司的回应"，载张士宝主编：《法学家茶座》（第 17 辑），山东人民出版社 2007 年版，第 137~142 页；王利明："论中国判例制度的创建（代序）"，载《民法疑难案例研究》，中国法制出版社 2010 年版。笔者认为，应当对司法解释作广义理解，不仅包括最高司法机关制定的规范性司法解释（文件），也应包括各级法院和所有法官在个案中适用法律时所作的具体解释。当然，不同解释的效力、影响并不相同。在本文中，我们主要关注的是最高人民法院的司法解释。

[2] Francois Gény, *Méthode d'interprétation et sources en droit privé positif. Essai critique*, préf. R. Saleilles, 1re éd., 1899; Francois Gény, *Science et technique en droit privé positif. Nouvelle contribution à la critique de la méthode juridique*, LGDJ, 1922 – 1924; M. Chrétien, *Les règles de droit d'origine juridictionnelle, leur formation, leurs caractères*, th. Lille 1936; M. Saluden, *Le phénomène de la jurisprudence. Etude sociologique*, th. Paris 2, 1983; E. Serverin, *De la jurisprudence en droit privé. Théorie d'une pratique*, PU de Lyon, 1985; Eludes sur Le rôLe du juge; Tahc, l. V Dalloz, 1950.

国出现了《司法》(La Thémis) 和《立法与判例》(Revue de législation et de jurisprudence) 等关注法院适用法律问题的学术期刊。1851 年，法国法学家 Demolobe、Marcadé 和 Pont 创办了《案例评论》(Revue critique de la jurisprudence) 杂志，专门致力于案例的研究和评论，力图改变以巴黎大学法学院为代表的法学理论界和以最高法院（le palais）为代表的司法实务界之间相互攻击的状态，实现理论和实践的良性互动。经过数代人近两百年的不懈努力，法国同行在司法解释问题上取得了大量优秀的研究成果。对于法国同行研究成果的扬弃，有助于我国尽早形成适合我国国情的成熟理论来指导本国的司法实践。笔者尝试从法院司法解释的形式、解释对象、解释主体以及司法解释的法律效力四个方面入手，对比分析中、法两国最高司法解释的特点。[3]

一、司法解释的种类和形式

（一）法国司法解释的主要类型

法国法上，最狭义的司法解释是指最高法院指导性判决（l'arrêt de principe），最广义的司法解释意指所有的司法决定（Décision judiciaire）。[4] 司法解释的典型形式可以概括为有规范效力的判决（l'arrêt de règlement）、指导性判决（l'arrêt de principe）以及最高法院意见（l'avis de la Cour de cassation）三种。

最高法院指导性判决的起源可以追溯到中世纪，它是指在没有习惯法和王室法令时，由司法机关制定的有普遍适用效力的决定。[5] 法国法学家 Audinet 认为，司法解释（l'arrêt de règlement）是司法机关在特定诉讼程序外制定的、在本法院辖区内普遍适用的具有强制力的司法决定。[6] 需要注意的是，虽然最高法院司法解释（l'arrêt de règlement）根据字面意义可翻译为"有规范效力的判决"，但事实上其和特定案件的审理没有直接关系，并且以规范文件的形式出现。至法国大革命前夕，有规范效力的判决

---

[3] 依据 1955 年 6 月第一届全国人大常委会通过的《关于解释法律问题的决议》，最高人民检察院也有权作出司法解释，本文只涉及法院系统的司法解释。

[4] Vocabulaire juridique, Assoc, H. Capitant, V. Jurisprudence, 1; Répertoire de droit civil Dalloz, V. Jurisprudence, par L. BACH. , F. SENN, Les origines de la notion de jurisprudence, Paris, 1926.

[5] Agnès Babot, Dictionnaire d'histoire du droit et des institutions publiques, 2e Ellipeses, p. 378.

[6] A. Audinet, "Faut-il ressusciter les arrêts de règlement?", in Mélanges J. Brèthe da la Gressaye, Bordeaux, Bière, 1967.

（l'arrêt de règlement）受到了越来越严厉的批判，被认为严重损害了司法安全和法律的可预知性，是造成司法不公的原因之一。[7] 法国大革命后，l'arrêt de règlement 形式的司法解释被明文禁止。法国 1804 年《民法典》的制定者针对"有规范效力的判决"专门制定了第 5 条加以禁止。该条明确规定，根据立法权和司法权分离原则，法官不得在处理具体案件时制定有普遍适用效力的规则。关于禁止 l'arrêt de règlement 形式的司法解释的规定被严格地遵守，最高法院从此没有颁布过 l'arrêt de règlement 形式的司法解释。[8] 司法解释以指导性判决（l'arrêt de principe）以及最高法院意见（l'avis de la Cour de cassation.）的形式存在。[9]

指导性判决（l'arrêt de principe）是法官裁判时对于如何解释或者如何适用某一法律规则作出的决定，该规定可以适用于解决今后的类似同类问题。[10] 指导性判决往往是那些第一次对于某一类问题给出解决方案或者给出新方案的著名判决。习惯上以案件当事人的姓氏来称呼这些判决，如最高法院于 1941 年 12 月 2 日作出的 Franck 判决。Franck 案的基本案情是，Franck 医生将其汽车交给其未成年儿子，后者将车停放在公共道路上。该车随后被盗，盗窃者驾驶该车辆时发生交通事故致一人死亡。由于应承担交通事故责任的盗车者逃逸，受害者家属向法院提起诉讼，要求 Franck 医生承担赔偿责任。依照法国《民法典》第 1384 条第 1 款之规定，不仅因自身行为造成他人损害的要承担责任，对其照管的人或者物造成他人损害的也要承担责任。[11] 在 Franck 案例之前，法院通常认定物品的所有权人对物品

---

[7] Geneviève Deteix, *Les arrêts de règlement*, thèse Paris, 1930. 当时法国有格言：祈求上帝让议会（此处指司法机关）的司法解释能公正（Que Dieu nous garde de l'équité des Parlements）.

[8] 但也有学者认为 l'arrêt de règlement 形式的司法解释仍然存在。参见 P. Morvan, "L'ordonnace justifiant la poursuite de l'instruction de l'article 175 - 2 du Code de procédure pénale: Critique d'un arrêt de règlement", *D*. 2003. Chr. 2511.

[9] Ph. Malaurie, *Introduction générale*, 2ᵉ Defrénois, 2005, p. 280; H. Sinay, "La résurgence des arrêts de règlement", *D*. 11958. 85; Alain sériaux, "le juge au miroir", *in Mélanges Christian Mouly*, p. 171; Bernard Beignier, "les arrêts de règlement", *Revue francaise de théorie juridique*, 1989, n° 9, pp. 45 ~ 55; Oliver Tournafond, "Considération sur les nouveaux arrêts de règlement", *in Mélanges de Philippe Jestaz*, p. 549.

[10] Ch. Atias, "L'ambigüité des arrêts dits de principe en droit privé", *JCP*, 1984, 1, 3145.

[11] 法条原文：On est responsable non seulement du dommage que l'on cause par son propre fait, mais encore de celui qui est causé par le fait des personnes dont on doit répondre, ou des choses que l'on a sous sa garde.

负有照管义务，因而要承担物品致他人损害的侵权责任。但在 Franck 案例中，最高法院指出盗贼是被盗财产事实上的保管人，对于被盗财产造成他人损失的要承担赔偿责任，被盗财产所有人对此不承担赔偿责任。由此，法国民法确立了一项新原则，即"盗窃的机动车发生交通事故造成损害的，由盗窃人承担赔偿责任"。1987 年 12 月 31 日通过的一项法律规定了最高行政法院制订最高行政法院意见的具体办法。[12] 1991 年 5 月 15 日通过的一项法律也确立了这一制度，后经法典编撰现为《法院组织法》第 441 条。该条第 1 款规定："各级法院可以就在审判中遇到的某一重大法律问题请求最高法院予以指导。最高法院的意见以决定的形式做出，对该决定不设置救济手段。"依据 2001 年 6 月 25 日法律第 26 - I 条第 2 款，各级法院的各审判庭法官均可请求最高法院就某一法律问题给予指导。最高法院则必须召开专门会议加以讨论。会议参加者包括最高法院院长、六位最高法院庭长以及两位来自与该问题相关的业务庭法官。会议作出的决定公布在最高法院案例选编（Bulletin des arrêts de la Cour de cassation）上。另外，最高法院研究和资料中心（le service de documentation et d'études de la Cour de cassation）也针对某些法律条文出现的争议主动予以解答。这种解答没有采取最高法院意见的形式，也没有公布在最高法院的网站上。但在司法实践中，它对于下级法院的审判工作也起着重要的指导作用。[13]

（二）中国司法解释的主要类型

在相当长的一段时间里，我国关于最高人民法院司法解释的形式没有明确规定。在实践中存在"命令"、"指令"、"通令"、"指示"、"指示"、"通知"、"意见"、"经验"、"总结"、"解释"、"通知"、"批复"、"规定"、"解释"、"解答"、"意见"等形式的司法解释。[14] 最高人民法院《关于司法解释工作的若干规定》（法发〔1997〕15 号）（已失效）明确最高人民法院司法解释的形式分为"解释"、"规定"、"批复"三种。该规定第 9 条规

---

[12] 因历史原因，法国行政法院自成体系，法国最高行政法院是 le conseil d'état. 关于法国最高行政法院司法解释研究，参见 B. Génevois, "Le Conseil d'état et l'interprétation de la loi", *RFDA*, 2002, 877.

[13] N. Molfessis, "Les avis spontanés de la Cour de cassation", *D.* 2007, chron., p. 37.

[14] 纪诚：《最高人民法院司法解释研究》，中国政法大学 2006 年博士学位论文，第 11~26 页。另外，从最高人民法院沈德咏副院长主编的《最高人民法院民商事司法解释及审判适用指导》一书中，我们还可以发现"复函"、"函复"、"决定"等形式。参见沈德咏主编：《最高人民法院民商事司法解释及审判适用指导》，中国法制出版社 2006 年版。

定：对于如何应用某一法律或者对某一类案件、某一类问题如何适用法律所作的规定，采用"解释"的形式。根据审判工作的需要，对于审判工作提出的规范、意见，采用"规定"的形式。对于高级人民法院、解放军军事法院就审判工作中具体应用法律问题的请示所作的答复，采用"批复"的形式。最高人民法院法发〔2007〕12号"关于司法解释工作的规定"取代了1997年15号的同名文件。关于最高人民法院司法解释的形式，新规定在原来规范的基础上又增加了"决定"的形式。依该规定第6条，修改或者废止司法解释，采用"决定"的形式。"规定"形式的司法解释，针对"审判工作的需要"，并且只是适用于"审判工作"，因而具有人民法院的规章制度性质，近似于法院的"部门规章"。"解释"形式的司法解释是对成文法的"漏洞补充"和"审判经验总结"。[15] 最重要的司法解释一般会采取"解释"或"规定"的形式。中国最高人民法院已于2011年12月20日发布了第一批指导性案例。那么指导性案例在我国是否也属于司法解释的一种呢？

  作为指导性案例制度最基本的法律文件，最高人民法院（法发〔2010〕51号）没有明确指导性案例的性质。学者们对于司法解释和指导性案例关系的认识，归纳起来有包含关系、平行关系和特殊关系三种不同观点。[16] 从《最高人民法院关于案例指导工作的规定》第2条对于指导性案例的界定来看，[17] 指导性案例是对成文法的"漏洞补充"和"审判经验总结"。最高人民法院研究室主任胡云腾在《关于案例指导工作的规定》颁布后表示，指导性案例是解释法律的一种形式。[18] 笔者同意这一观点。指导性案例是司法解释的一种，而且应该成为司法解释最典型的形式。

---

[15] 曹士兵："最高人民法院裁判、司法解释的法律地位"，载《中国法学》2006年第3期。

[16] 王利明："我国案例指导制度若干问题研究"，载《法学》2012年第1期；陈兴良："我国案例指导制度功能之考察"，载《法商研究》2012年第2期；胡云腾、于同志："案例指导制度若干重大疑难争议问题研究"，载《法学研究》2008年第6期；刘作翔："案例指导制度的定位及相关问题"，载《苏州大学学报（哲学社会科学版）》2011年第4期；赵娟："案例指导制度的合法性评析——以《最高人民法院关于案例指导工作的规定》为对象"，载《江苏社会科学》2011年第6期。

[17] 《最高人民法院关于案例指导工作的规定》第2条：本规定所称指导性案例，是指裁判已经发生法律效力并符合以下条件的案例：①社会广泛关注的；②法律规定比较原则的；③具有典型性的；④疑难复杂或者新类型的；⑤其他具有指导作用的案例。

[18] 胡云腾："人民法院案例指导制度的构建"，载《法制资讯》2011年第1期。

二、司法解释的对象

(一) 法国司法解释的对象

在司法实践中,法国司法解释的对象主要是法律,但原则上可以解释为包括国际条约和国际协定在内的所有法律条文。例如,法官在裁判时可以解释《欧洲人权条约》(la convention européennes des droits de l'homme)第6条第1款关于公正审判的要求,并引用欧洲人权法院的相关判例。法国最高法院(la cour de cassation)认为,解释国际条约属于法官的职权。[19] 如果该解释不属于国际公法领域也不涉及国际公序良俗(l'ordre public international),法官可以径直解释,不必事先征求其他机关的意见。[20] 法国最高行政法院也坚持上述观点。[21] 在著名的 Jacques Vabre 判例中,最高法院指出,如果法官认为法律规定和法国签署的国际条约与国际协定相抵触,则可以排除法律的适用。[22]

唯一的例外是法官不得解释欧盟法律。法国法官在审判时必须适用欧盟法律,但是没有解释欧盟法律的权力。欧盟法律解释权专属欧盟法院(la Cour de justice des communautés européennes)。在适用欧盟法律遇到困难时,该问题属于先决问题(question préjudicielle)。法国法官必须裁定中止案件审理,并将相关问题提请欧盟法院裁决。欧盟法院的相关裁定不仅对于本案的法官有约束力,而且对于所有欧盟成员国的法官都有约束力。依据欧盟法律,如果该待决案件在法国司法系统内是终审判决,则针对欧盟法院的裁定必须设定相应的救济手段。同时欧盟法院认为,针对欧盟法院的裁定只有真正存在解释上的困难时,才有必要确立救济手段。[23] 欧盟法院明确排除以下三种情况设立救济手段的必要性:其一,无正当理由试图排除欧盟法律在本案中的适用;其二,存在同类案件的"先例"(un précédent);其三,法律条文明显不存在解释的必要。

---

[19] Cass. 1re civ., 7 juin 1989: *JCP* 1990, 21448, note J. P. Rémery.

[20] Cass. 1re civ., 18 nov 1986: Bull. civ. 1, n° 269.

[21] CE, 29 juin 1990, Groupement d'information et de soutien des travailleurs immigrés: *JCP* 1990, II, 21579.

[22] Lass. ch. mixte, 24 mai 1975: *D.* 1975, p. 497, concl Touffait; F. J. Jeantet, "La Cour de cassation et l'ordre juridique communautaire", *JCP* 1975, 1, 2743.

[23] CJCE, 6 oct. 1982, CILFIT: *Rec. CJCE* 1982, p. 3415.

(二) 中国司法解释的对象

对比法国司法解释的对象,我国司法机关可以解释的对象范围要小很多。我国司法解释体制的基本框架主要是通过 1981 年 6 月 10 日第五届全国人民代表大会常务委员会第十九次会议所作的《关于加强法律解释工作的决议》(以下称《决议》) 确立的。[24] 该《决议》规定:"一、凡关于法律、法令条文本身需要进一步明确界限或作补充规定的,由全国人民代表大会常务委员会进行解释或用法令加以规定。二、凡属于法院审判工作中具体应用法律、法令的问题,由最高人民法院进行解释。凡属于检察院检察工作中具体应用法律、法令的问题,由最高人民检察院进行解释。最高人民法院和最高人民检察院的解释如果有原则性的分歧,报请全国人民代表大会常务委员会解释或者决定。三、不属于审判和检察工作中的其他法律、法令如何具体应用的问题,由国务院及主管部门进行解释。"依照该规定,司法解释的对象是法律和法令。这里的"法律"应当作狭义理解,即全国人大及其常委会通过的法律。"法令"则应包含行政机关法规(行政法规、部门规章和地方规章)、地方性法规、自治条例和单行条例。但是在司法实践中,司法解释的对象主要是全国人大及其常委会通过的法律,鲜有对行政机关法规、地方性法规、自治条例和单行条例的解释。笔者在中国法制出版社出版的《最高人民法院民商事司法解释及审批适用指导(1949 - 2006)》收录的一千六百多件司法解释中,也没有找到针对上述法令的司法解释。

另外需要指出的是,法国法院有事实审法院和法律审法院概念的区分。初级法院(Tribunal de grande instance, tribunal de commerce, tribunal des affaires de sécurité sociale, conseil de prud'hommes, tribunal paritaire des baux ruraux, tribunal d'instance, juge de proximité, tribunal de police, tribunal correctionnel)和上诉法院(cour d'appel, cour d'assises)是事实审法院;最高法院则是法律审法院。司法机关组织法典第 411 - 2 条第 2 款规定,除非有法律的特别规定,最高法院不审查案件的事实认定部分。相应地,法国最高

---

[24] 该决议取代了 1955 年 6 月第一届全国人大常委会通过的《关于解释法律问题的决议》。1955 年决议规定:"最高人民法院审判委员会有权就审判过程中具体应用法律、法令的问题进行解释。"另《人民法院组织法》第 32 条也规定:"最高人民法院对于在审判过程中如何具体应用法律、法令的问题,进行解释。"

法院的司法解释也不介入案件事实认定。但是，我国最高法院的一些司法解释超出了对适用法律、法令解释的范围，而是对法官如何认定事实的解释。[25] 而且，我们还能发现有的司法解释直接对案件事实进行了认定。如最高人民法院 1988 年 1 月 22 日（1988）（民他字第 44 号）《关于继父母与继子女形成的权利义务关系能否解除的批复》（已失效）："认定案件当事人陈珍芳受陈云飞扶养教育多年，他们之间既存在着姻亲关系，也存在着扶养关系。"问题是，如果我们认为最高人民法院的司法解释有法律效力，则最高人民法院对事实的认定即为终局性认定。即使该案件还处在一审阶段，当事人也不可能奢望二审法院能对事实进行重新认定。这种解释似乎有损害当事人诉权之嫌。笔者认为，鉴于我国法律解释方面的研究不够完善，绝大多数法官没有受过适用法律方面的专门训练，最高人民法院可以以司法解释的形式给予方法论方面的指导，但不宜直接对案件事实进行认定。

三、有权作出司法解释的主体

（一）法国法官是司法解释的主要制定者

法国《民法典》第 4 条明确规定了法官判决的义务。该条规定，法官不得以没有法律规定、法律规定不清楚或者不充分为理由拒绝审判。拒绝判决的法官承担相应刑事责任。据此，法国各级法官都可以在审理案件时解释法律。其对法律的解释在理论上均属于判例的范畴。当然，各级法官作出的司法解释的效力不同。一般认为只有最高法院的法官作出的裁判才可能成为指导性判决（l'arrêt de principe）。[26]

针对特别疑难和有争议的问题，最高法院以大法官会议（L'Assemblée plénière）决定的形式作出司法解释。根据 1967 年 7 月 3 日和 1967 年 12 月 20 日等法律的规定，大法官会议制度取代了原有的会审制度（les chambres réunies），根据司法机关组织法典第 437 - 7 条第 2 款的规定，当某一审判庭法官对于案件持不同意见且争执不下以及总检察长提议时，必须组织会审）。关于大法官会议制度的雏形，来自于 1837 年 4 月 1 日通过的一项法律。[27] 司法机关组织法典第 431 - 6 条规定：对于被最高法院撤销的案件，被以同样理由要求再次撤销的案件，应当召开大法官会议予以解决；当一

---

[25] 曹士兵："最高人民法院裁判、司法解释的法律地位"，载《中国法学》2006 年第 3 期。

[26] Phlippe Malinvaud, *Introduction à l'étude du droit*, Litec, 12ᵉ 2008, p. 162.

[27] Serge Guinchard, *Institutions juridictionnelles*, Dalloz, 10ᵉ 2009, p. 689.

个案件审理时涉及原则性问题，或者对本案处理意见在各级法院之间存在重大分歧的，可以召开大法官会议予以解决。大法官会议由包括最高法院院长和6名庭长在内的19名委员组成（司法机关组织法典第421-5条、第431-12条）。

（二）中国最高人民法院审判委员会对司法解释的形成起决定性作用

我国全国人大常委会《关于解释法律问题的决议》、《人民法院组织法》仅对最高法院司法解释权作了原则性规定。根据2007年《最高人民法院关于司法解释工作的规定》第16条、19条、22条和24条之规定，司法解释由最高人民法院各审判业务部门负责起草，研究室根据业务庭送审稿审核形成草案，该草案经审判委员会讨论后通过。从司法解释制定程序的规定来看，最高人民法院审判委员会对司法解释的形成起着决定性作用，并已经排除了法官或者业务庭单独作出司法解释的可能性。

四、司法解释的效力

（一）法国司法解释有规范性效力

法国宪法和相关法律没有明确规定司法解释的法律渊源地位。对于司法解释是否具有规范性法律效力，仍存在争议。但目前绝大多数法国法学家承认，最高法院的司法解释是一种事实上的法律渊源（source d'interprétation, source non écrite）。[28]

与英美法国家法官要受先例的约束不同，传统上法国的司法判决只具有"既判效力"（l'autorité relative de la chose jugée）。也就是说，判决效力只及于本案，而不具有和立法机关制定的法律相同的法律效力。基层法院的法官没有法律义务必须适用之。最坏的结果也就是该判决被上级法院撤销或者改判，而且即使判决被撤销发还后，受案法院仍可以作出与被撤销判决类似的判决。部分法国法学家据此指出，司法解释不具有法律效力，而

---

[28] P. Esmien, "La jurisprudence et la loi", *RTD civ.* 1952, p. 17 et s.; J. Boulanger, "Notations sur le pouvoir créateur de la jurisprudence", *RTD civ.* 1961, p. 417 et s.; Philippe Malinvaud, Introduction à l'étude du droit, Chez Litec, p. 166; M. Gobert, "La jurisprudence, source du droit triomphante mais menacée", *RTD civ.* 1992, 344; D. Tricot, "D'autres propos sur la jurisprudence", *RTD civ.* 1993, p. 87; C. Pugelier, "La création du droit（Libres propos sur la norme jurisprudentielle）", *RRJ* 2004, 17; Ph. Malaurie, "Les précédents et le droit", *RID camp.* 2006, p. 319.

仅仅是一种权威解释。[29] 但更多学者的研究表明，各级法院的绝大多数法官在审判时自觉适用最高人民法院的司法解释。个别情况下，法官不适用最高人民法院的意见，是因为法官认为该意见并不属于最高人民法院的司法解释。一旦该意见被最高人民法院以大法官会议（Assemblée plénière）决定的形式采纳，下级法院法官均会加以引用。法国最高法院认为自己的司法解释属于现行有效的法律规范（droit positif），并多次在自己的判决中明确表达了这一态度。如针对无视最高法院案例所确定的法律规则的公证人是否承担法律责任的问题，最高法院在1921年7月21日的一个判决中指出，基于该法律规则是最高人民法院法官一贯的立场且没有争议，公证人应当承担职业责任。最高法院民一庭在1997年11月25日的一个类似案件中重申了上述观点。[30]

支持最高人民法院司法解释是一种事实上法律渊源的主要理由，可以从司法实务和法理两个角度来归纳。

第一，从司法实务的角度来说，有以下因素：最高人民法院在法院系统中位于最高级别，享有最高司法权威；最高人民法院的法官具有最深厚的法学理论功底和最丰富的司法实践经验，其对于疑难法律问题的见解是经过深思熟虑之后作出的，一般都有很强的说服力，下级法院的法官乐于接受；各级法院法官对于统一适用法律原则的认同；下级法院的法官担心自己违背最高法院司法解释作出裁判会给自己带来不利影响。

第二，从法理角度来说，支持最高人民法院司法解释是一种事实上法律渊源的观点则包括：

（1）司法解释的效力来自于法官不得以没有充足的法律规定为由拒绝裁判的义务。[31] 该观点认为，基于必须裁判的义务，法官可以完善立法规定或者依托立法规定创制所需规则。

（2）司法解释的效力来自于立法者的默认。该观点认为，立法机关对司法解释不表示异议就表明了其对该司法解释的认可。相反，如果立法机

---

[29] Jean Carbonnier, Droit Civil：Introduction，n° 144，Puf，1997；G. Cornu, Droit civil：Introduction au droit，n° 440，Montchrestien，2007；J. L. Aubert, Introduction au droit et thèmes fondamentaux du droit civil，n°172，2004，Armand Colin.

[30] Cass. civ.，21 juill. 1921，DP，1925，1，29；Cass. civ. 1re，25 nov. 1997，Bull. civ. IV，n°328；RTD civ.，p. 210 obs. N. Molfessis；Revue trimestrielle de droit civil 1998，p. 367.

[31] P. Hébraud, "Le juge et la jurisprudence"，in *Mélanges Couzinet*，1974，p. 329.

关认为最高法院的司法解释违反法律规定或者和法律精神相抵触，则可以以法律修改或者立法的形式创制新的法律规范，否定最高法院的司法解释。

我们可以以著名的 Perruche 案例为例加以说明。[32] 本案的基本案情是医生因为过错未能诊断出孕妇的特定疾病，孕妇因而没采取人工流产手术，导致先天残疾胎儿出生。婴儿父母要求损害赔偿，提起赔偿诉讼。最高法院大法官会议判定医疗机构和医生应当向婴儿及其父母承担赔偿责任，并在随后的多个类似案件中坚持相同观点。但是立法机关对最高法院的这一立场持反对态度，并通过立法的形式否定了最高法院的相关司法解释。2002年3月4日，立法机关颁布的《患者权利和医疗体系质量法》第1条第1款中明确规定："出生这一事实不构成损害。"该条第2款规定，只有医疗过错直接导致或者加重了婴儿的先天残疾或者未能采取可能的措施减轻这一疾病时，才能要求损害赔偿。该条第3款规定，因为医疗过错导致未能发现在受孕期间婴儿有残疾的，父母可以以自己的名义对医疗机构主张损害赔偿。但是因为子女残疾而需额外支付的抚养费等不计算在内，该费用由国家承担。

（二）关于中国司法解释效力的讨论

在我国，学界对于司法解释的效力仍然有较大争议。[33] 有学者认为，我国最高法院的规范性解释实质上相当于立法机关的授权"立法"。它具有

---

〔32〕 关于案情及学者观点的参考文献：Cass. ass. plén. , 17 nov. 2000 ; JCP 2000 , II , 10438 , rapport Rapport P. Sargos, concl. J. Sainte – Rose et note F. Chabas ; D. 2001 , 332 , note D. Mazeaud et note P. Jourdain. – Cass. ass. plén. , 13 juill. 2001 , 3 arrêts ： JCP 2001 , II , 10601 , concl. J. Sainte – Rose et note F. Chabas ; D. 2001, 23. 25 et note P. Jourdain. – Cass. ass. plén. , 28 nov. 2001 , 2 arrêts ；JCP 2002 , II , 10018 , concl. J. Sainte – Rose et note F. Chabas ; C. Byk , " La jurisprudence est – elle une source du droit des sciences de la vie ? " ; Gaz. Pal. 27 – 29 avr. 2003 ; Phlippe Malinvaud, Droit des obligqtions , Litec 10e 2007 .

〔33〕 沈宗灵：《比较法总论》，北京大学出版社1987年版，第465页；陈光中、李奋飞："我国司法解释体制的反思与重构"，载《中国法学》1989年第2期；李步云："关于法系的几个问题——兼谈判例法在中国的运用"，载《中国法学》1990年第1期；沈宗灵："当代中国的判例———一个比较法研究"，载《中国法学》1992年第3期；沈宗灵："再论当代中国的判例"，载《判例与研究》1995年第3期；陈兴良："司法解释功过之议"，载《法学》2003年第8期；武树臣主编："判例制度研究"，人民法院出版社2004年版；张骐："判例法的比较研究——兼论中国建立判例法的意义、制度基础与操作"，载 http: //article. chinalawinfo. com/Article_ Detail. asp？ArticleID = 26868，最后访问时间：2010年5月1日；刘晓宏：《最高人民法院司法解释权力、程序、文件研究》，吉林大学2012年博士学位论文。

普遍约束力,实际上已成为一种准"法律渊源"。[34]

最高人民法院对于司法解释的效力没有正式、明确地表态,但有逐渐强调司法解释具有普遍约束力的倾向。

第一,最高人民法院在《关于人民法院制作法律文书如何引用法律规范性文件的批复》(1986年10月28日法[研]复[1986]31号)中指出:"最高人民法院提出的贯彻执行各种法律的意见以及批复等,应当贯彻执行,但也不宜直接引用。"此处只是笼统地指出对于司法解释应当贯彻执行,同时又强调不宜直接引用,显示出最高人民法院对于自己的司法解释的效力似乎也拿捏不准。

第二,到1997年颁布的法发[1997]15号《关于司法解释工作的若干规定》时,最高人民法院的态度已经比较鲜明。依该规定第4条之规定,最高人民法院制定并发布的司法解释,具有法律效力。同时进一步规定:"司法解释与有关法律规定一并作为人民法院判决或者裁定的依据时,应当在司法文书中援引。"(第14条)。为了强化其效力,第16条还规定:"最高人民法院对地方各级人民法院和专门人民法院在审判工作中应用司法解释的情况实行监督。上级人民法院对下级人民法院在审判工作中应用司法解释的情况实行监督。"

2009年,最高人民法院常务副院长沈德咏在访谈中更明确表示:"司法解释是我国法律体系的重要组成部分,在本质上是成文法。"[35]他还表示:"据我们国家的法律规定,最高人民法院和最高人民检察院具有制定司法解释的权限。司法解释当然是基于具体的案件、具体的问题,但是最终是根据法律的规定,对法律规范的适用问题作出一般性的规定。这样司法解释本身就是我国法律体系的重要组成部分,在本质上也是成文法。"

在审判实践中,最高人民法院的法律解释是法官处理案件时最常用的法律依据。依据笔者在法院工作经历的感受,对于相当一部分法官来说,最高人民法院司法解释的效力同全国人大及其常委会制定的法律的效力无异。

关于指导性案例的效力问题,《最高人民法院关于案例指导工作的规

---

[34] 范愉:"法律解释的理论与实践",载《金陵法律评论》2003年第2期。
[35] "沈德咏谈加强法院自身建设",载 http://www.people.com.cn/GB/32306/54155/57487/8893114.html,最后访问时间:2009年4月10日。

定》规定,各级人民法院审判类似案例时应当参照最高人民法院发布的指导性案例。[36] 有学者认为,指导性案例不应具有普遍性的约束力,指导性案例的参照效力主要体现为指导性、说服性、参考性,审批类似案件时应当参照指导性案例所运用的裁判方法、裁判规则和法律思维。[37] 笔者认为,基于我国《宪法》关于中央国家机关职权的安排以及《立法法》关于立法权限的界定,指导性案例不属于正式的法律渊源。但是,不能因此否认指导性案例的规范性效力(普遍约束力)。作为事实上的法律渊源,指导性案例的拘束力应作如下理解,即包括最高人民法院在内的各级人民法院在处理与指导性案例相类似的案件时,必须要遵循指导性案例的裁判尺度和裁判标准。如果虽然应当参照指导性案例而未参照,但有能够令人信服的理由的,属于先前指导性案例的修改或废止。如同法律有立、改、废程序一样,这种情况被认为是案例的演进和发展,在法国法上被称为案例的"转向"(revirement de jurisprudence)。不能据此否定指导性案例的拘束力。

仔细分析最高人民法院所公布的司法解释,我们会发现,它不仅仅是对法律原则性规定的说明和细化、对法律漏洞的填补。有的司法解释实际上创制了新的法律规则,而且司法解释所确立的新规则中有些是和法律相抵触的。所以,不得不考虑如何确保最高人民法院创造司法解释时是否超越其权限的问题。

但是,世界各国法律发展的历史证明,无论法治建设进程是多么迅速,成文法典是多么完备,立法者也不可能提供法官审理具体案件所需的所有法律规范。而法官则不得以没有法律规定或者法律规定不充分为理由拒绝裁判。特别是在我国,虽然已经初步建立了社会主义法律体系,但要达到比较完善的阶段仍尚需时日。再加上我国幅员辽阔、各地的情况千差万别、各地各级的法官素质虽整体有所提高但仍呈现参差不齐的状况,"应该承认,目前通过最高司法机关的规范性解释规范法律适用,本身确实有约束司法权、减少自由裁量权的滥用和统一司法的积极意义"[38]。笔者认为,不仅最高人民法院而且省级高级人民法院也应有制定规范性法律文件的权力,

---

[36] 《最高人民法院关于案例指导工作的规定》第7条。
[37] 江必新:"以法学方法论立场阐释个案的裁判规则",载《最高人民法院指导性案例裁判规则理解与适用》丛书总序。
[38] 季卫东:"法律解释的真谛"(上),载《中外法学》1998年第6期。

并在此基础上研究对其的规范和控制。

　　从实证角度考察，笔者认为最高人民法院乃至省级高级人民法院创制的具有规范性效力的司法解释事实上是存在的。但如何从法理上论证最高人民法院、高级人民法院规范性法律文件创制权的合理性，的确存在多个理论难题，需要进行更加深入、系统的研究。比如，无论是依据法国三权分立的理论，还是根据我国一切权力属于全国人民代表大会的理论，很容易得出类似"法官只是法律的嘴巴的结论"（孟德斯鸠语）。大革命时期，雅各宾派的罗伯斯庇尔甚至说："在一个有宪法和法律的国家，判例和法律同义，应当把判例这个词从法语中去除。"[39] 但是法国在保持政治制度以及司法制度基本框架稳定的情况下，已基本确认了司法机关规范性法律文件的创制权。[40] 中国的法治发展要靠中国的法学家立足于本国传统、国情来完成，但是研究他国相关制度的演变，无疑有重要的借鉴意义。

[39] Ass. constituante, séance du 18 Nov. 1790.
[40] Nicolas Braconnay, *Institutions juridictionnelles*, Vuibert, p. 185.

摇摆中的"司法"及其伦理危机

陈 刚[*]

近日,备受关注的中共中央"十八届四中全会"公布了《全面推进依法治国若干重大问题的决定》(以下简称"决定"),其中谈到"要建设高素质专门法治队伍","要推进法治专门队伍正规化、专业化、职业化,提高职业素养和专业水平。完善法律职业准入制度,健全国家统一法律职业资格考试制度,建立法律职业人员统一职前培训制度。建立从符合条件的律师、法学专家中招录立法工作者、法官、检察官制度,畅通具备条件的军队转业干部进入法治专门队伍的通道"。读完上述这段话,真使人有种时空穿越之感,仿佛十余年前法学界关于"司法职业化"与"司法民主化"的激辩又在耳畔回响,贺卫方教授当年的雄文《复转军人进法院》赫然又浮现在眼前。只不过,时光荏苒,当年被视为"职业化"绊脚石的"复员军人进法院"的现象,现如今也成了"推进法治专门队伍职业化"的一项举措。与此同时,如果我们再将"决定"中关于"保障人民群众参与司法……完善人民陪审员制度,保障公民陪审权利,扩大参审范围,完善随机抽选方式,提高人民陪审制度公信度"的内容,与上述"推进法治专门队伍职业化"的内容两相对照,学界激辩已久的"司法职业化"与"司法民主化"的议题又直击而来,避无可避。事实上,自西潮东渐、清末变法以来,华夏文明中亘古未曾有过的"司法职业化",就成了"变法"难以回

---

[*] 上海海事大学法学院讲师,法学博士。

避的问题。该问题紧紧缠绕着中国的"法律现代化"进程,成为"中国法律向何处去"的风向标,它的每一次进展与顿挫,无一不将法治建设中的经验与弊病展露无遗。而司法应该被改造成职业化的"西洋景",还是该坚持民主化的"革命老传统",百年来主政者与学界的左右摇摆,使得司法的独特属性始终无从彰显,司法的权威无从构建,司法者的职业定位随之摇摆,职业伦理成为无根浮萍,阻碍了法律职业共同体的形成,使民众对司法的认知、认可与尊崇失去根基。

一、清末民国时代:司法职业化的"黄金时代"

传统中国,尽管有着悠久的法制文明,历朝历代对于修订法典、听讼断狱等法律事务也都极为重视,但是向来不存在独立的司法部门则是不容辩驳的事实。清末修律大臣沈家本就曾一针见血地说:"中国行政、司法二权向合为一。"[1] 尽管在中央与地方都有一些专掌"刑名"之事的衙门,如刑部、大理寺、提点刑狱司等,但是这些衙门皆属行政部门的一个分支,被视为行政机构的一个职能部门。之所以将此类机构单列出来,并非基于其所掌职权内在属性的不同,而是为了便于职能的履行以及国家行政治理职能的实现。司法权既被视同行政权,司法官员的任职也就无需掌握特定的法律知识与技能。任何通过科举、恩荫、捐纳等途径获得官职者,都当然地被视为有资格且有能力听讼断狱。有学者就认为,中国古代司法具有如下特色:"中国绝大部分官员都具有审判职能,但是他们都不具备专门法律知识","即使是某些具有专门司法性质的职位,它的任职也不需要专门法律知识,从事与法律有关事务的官员可以与其他官员互调"。[2]

---

[1] "大理院奏审判权限厘定办法折",载《大清新法令(1901-1911)》(第1卷),李秀清、孟祥沛、汪世荣点校,商务印书馆2010年版,第377页。

[2] 周永坤:"我们需要什么样的司法民主",载《法学》2009年第2期,第12页。关于中国古代行政统属司法、行政官兼理司法的论断,早已是中外法律史学者的通论。如瞿同祖先生论及清代州县官职责时就说:"作为一州一县的行政首脑,州县官被要求熟悉当地的各方面情况。并对辖界内的一切事情负有责任。……他是法官、税官和一般行政官。"参见瞿同祖:《清代地方政府》,范忠信等译,法律出版社2003年版,第31页。布迪与莫里斯对此持相同观点:"县长的司法职能只是其若干行政职能中的一种。"参见布迪、莫里斯:《中华帝国的法律》,朱勇译,江苏人民出版社1998年版。顾元在其研究中也谈及:"中国传统社会的司法官并不像英国衡平法院的大法官那样,构成一个具有专门性的、精英化的法律职业性的集团。他们中的绝大多数只是国家行政官僚系统中的一员。对他们的资格要求并不是专门的行政和司法能力,而是能够作为皇帝代理和民之父母的高尚人格和伦理品行。"参见顾元:《衡平司法与中国传统法律秩序——兼与英国衡平法相比较》,中国政法大学出版社2006年版,第312页。

这套制度在中国延续了数千年，却在清末与整个中华文明一道，面临西方强势文明的根本性威胁。清末，海路大通，西方列强不期而至，在举国上下一片懵懂与愕然中，华夏文明被迫转入"历史三峡"。风急天高、滩险浪急，惶惶然停驻惶恐滩头，才发现世界已然天翻地覆。声、光、电、化、火炮、轮船，西方的"奇技淫巧"居然如此威力无穷，于是有了"师夷长技以制夷"的主张。可惜"洋务运动"三十年，一场"甲午海战"让北洋水师片甲无存，国人才又发现西人"器物"背后自有其"制度"根基。面对列强环伺，"物竞天择、适者生存"的局面，变法改制之议大兴。正是在此背景下，中国有了最初的权力分立、司法独立及司法职业化的主张与举措。

（一）清末：司法职业化的"初啼"

1901年，"六君子"血迹未干，清政府下诏"变法"："世无万古不易之常经，无一成罔变之治法……大抵法久则弊，法弊则更。"[3] 次年，根据廷臣举荐，清廷委任沈家本、伍廷芳主持修订法律馆。今天我们回头审视法律现代化的艰难起步，不能不心生感佩之情。从清廷宣布变法到清朝覆亡，短短十年，一个几乎囊括所有核心部门法的现代法律体系已然基本成型。尤为重要的是，通过出洋考察、延聘外籍专家、迻译外文法律书籍等方式，国人对于"司法权"的独特属性、司法独立的价值、西方审判制度都已有了初步的认知。1905年，沈家本赴日考察裁判所及监狱制度后，即深有感触地谈及中西司法之不同："西国司法独立，无论任何人皆不得干涉。裁判之事，虽以君主之命，总统之权，但有赦免而无改正。"[4] 这种认知也直接反映在了当时变法修律活动之中。1906年，沈家本向朝廷呈递了新修订的《大清刑事民事诉讼法草案》。该草案共分5章，其中第4章专设1节规定律师制度，对律师的权利、资格、惩戒等作出了详细规定。[5] 这不仅是中国历史上第一次主张在诉讼过程中引入律师制度，事实上也可视为中国司法职业化的"初啼"。可惜，该草案因遭到了地方督抚的反对而被束之高阁。

---

[3] 故宫博物院明清档案部编：《义和团档案材料》下册，中华书局1959年版，第914～916页。

[4] 沈家本：《寄簃文存》卷6《裁判所访问录序》。

[5] "大清刑事民事诉讼法草案"，载《大清法规大全》"法律部"，卷11，台湾考正出版社1972年版，第1908～1935页。关于清末引入并设立律师制度的详情，学界已积累了不少研究。参见尤陈俊："阴影下的正当性——清末民初的律师职业与律师制度"，载《法学》2012年第12期。

然而，变法图存，已是不容抗拒的时代潮流。1906 年，清政府改革官制，改刑部为法部，掌司法行政事务；改大理寺为大理院，为全国最高审判机关。西方三权分立、司法独立的政治模式成为清末变法立宪的理想模式。司法独立，成了贯穿整个清末修律进程中的一个核心价值共识，被视为"宪政之始基"[6]。1906 年颁行的《大理院审判编制法》第 6 条规定："司法裁判，全然不受行政衙门干涉，以重国家司法独立大权。"1910 年颁行《法院编制法》，清廷为此专发谕旨："立宪政体必使司法、行政各官权限分明，责任乃无诿卸，亦不得互越范围……嗣后各审判衙门，朝廷既予以独立执法之要，行政各官即不得违法干涉。"[7] 不仅如此，《法院编制法》对司法官员的考试、任用等都作了专门规定。司法独立、司法官员须具法律知识与技能的观念，在清末的乱局中，意外地没有受到太多阻力，就成为统治精英的主流价值观。中国有史以来的第一次司法职业化就此拉开序幕。

当然，清末变法，千头万绪，牵一发而动全身。要在短短数年之内收"毕其功于一役"之效实无可能。一方面，新式法令的落实阻力重重。各项法令颁行之后，由于法政人才匮乏、财政紧张，加之保守力量多方掣肘，许多规定沦为具文，各项司法制度建设并未真正得到落实。比如专门的审判机构的设立，就远未达到立法者的预期。另一方面，传统司法观念的影响根深蒂固。中国古人审理案件，向来强调"天理、国法、人情"熔铸一炉。日本法律史名家滋贺秀三就将中国的传统司法概括为"父母官诉讼"。在这种诉讼中，"根据'情理'，融通无碍地寻求具体的妥当解决就是作为地方官的人的职分。所谓'情理'，简单说来就是'常识性的正义衡平感

---

[6] "大理院奏厘定司法权限折"，载《大清法规大全》"法律部"，卷 5，台湾考正出版社 1972 年版，第 1181 页。

[7] 《大清宣统政纪》卷 28，载 http：//www.cssn.cn/sjxz/xsjdk/zgjd/sb/jsbml/qslxtczj/201311/t20131120_849982.shtml，访问时间：2014 年 11 月 7 日。

觉'"[8]。法律文本或许可以通过照搬西式法典的方式，短期即可面貌一新；法律知识或许可以通过新学的传播与吸收，短期即可学有所成；而法律理念的转变，却非经长期的挣扎、碰撞、磨合与蜕变不可。因此，即便是对西方法学造诣最深的沈家本，在谈及司法时也同样说："一宜设陪审员也。考《周礼·秋官》司刺掌三刺之法，三刺曰：讯万民，万民必皆以为可杀，然后施上服下服之刑。此法与《孟子》国人杀之之旨隐相吻合，实为陪审员之权舆。秦汉以来不闻斯制。今东西各国行之，实与中国古法相近。诚以国家设立刑法，原欲保良善而警凶顽，然人情傀张为幻，司法者一人知识有限，未易周知宜赖众人为之听察，斯真伪易明，若不肖刑官或有贿纵典庇、任情判断及舞文诬陷等弊，尤宜纠察其是非。"[9]将沈氏此言与时下力主"司法民主化"的学者所言两相参照，真使人有不知今夕何夕之感。

（二）民国：司法职业化的"金陵残梦"

民国肇基，法律现代化的步伐并未停止，清末"司法职业化"的改革方向得以延续与推进。尽管步履蹒跚、时日短促，但民国司法职业化的成就，却已是20世纪法律人做过的最美的一场梦。民国司法的职业化，与清末更多停留在法律文本的层面不同，而是已然有了实实在在的制度层面的推进，更重要的是在司法的理念上，时人取得了很大共识。

1. 司法独立：民国法律人的共识

司法独立的观念，自清末传入中国，迄民国初元，不过十数载，却已为绝大多数学者所服膺。不仅体现在立法中，甚至成为当时的流行观念。如《中华民国临时约法》第51条就规定："法官独立审判，不受上级官厅之干涉。"第52条规定："法官在任中不得减俸或转职，非依法律受刑罚宣告，

---

[8]［日］滋贺秀三："中国法文化的考察——以诉讼的形态为素材"，载《比较法研究》1988年第3辑，第24页。滋贺关于中国传统司法的论断，在法律史学界影响广泛，并曾一度引起以黄宗智为代表的美国学者与以滋贺及其弟子寺田浩明为代表的日本学者的激烈论战，参见寺田浩明："清代民事审判：性质及意义——日美两国学者之间的争论"，载《权利与冤抑——寺田浩明中国法史论集》，清华大学出版社2012年版。中国传统司法的形态、性质及确定性之有无等方面的争论也波及中国学者，如张伟仁与贺卫方、高鸿钧之间的论战就曾引发广泛的关注。参见张伟仁："中国传统的司法与法学"，载《现代法学》2006年第5期；高鸿钧："无话可说与有话可说之间——评张伟仁先生的《中国传统的司法与法学》"，载《政法论坛》2006年第5期。

[9]"奏进呈诉讼法拟请先行试办折"，载《大清法规大全》"法律部"，卷11，台湾考正出版社1972年版。

或应免职之惩戒处分，不得解职。惩戒条规，以法律定之。"

《临时约法》所规定的"司法独立"原则在民国初年绝非一纸空文。这从时人对当时法院坚守司法独立的立场的称许有加中可以窥知一二。如梁任公就曾说："十年来国家机关之举措，无一不令人气尽，稍足以系中外之望者，司法界而已。"[10] 甚至在一本意在批判民国官场百弊丛生的书中，作者对民国初年法院坚持司法独立的表现也颇为称赏："民国肇兴，尚略具司法精神。其时，勿论何等要人苟被控诉于大理院，传讯不敢不到，判罚不敢不遵。自宋教仁击毙，上海审判厅据供依法票提国务总理赵秉钧赴沪备讯，且以票迳寄京师检察厅代传。赵智庵气愤几死，而不能加法官以罪也。"[11]

司法独立的理念甚至成为当时法政学者的一个基本共识，毋庸置疑，不需讨论。如民国时代的《百弊丛书》中，作者就多处谈及："自戊戌变政以来，行政与司法决然划界，司法因有独立之精神"，"[大理院]为国最高审判机关，在司法独立国中，当然非他人所能干涉"，"司法部独立，立宪国通义"。[12] 而在民国一度盛行的"私拟宪草"中，几乎都可以看到保障司法独立的条款。李秀清教授曾经以刊载在民国时代刊物《宪法新闻》上的 15 部私拟宪草为材料，力证"司法独立"已然成为民国法政人的基本价值共识。在这 15 部私拟宪草中，剔除毕葛德、古德诺和巴鲁三位外籍人士所拟的宪草，其余 12 部宪草中都列有专条就审判公开、法官独立及法官保障等内容作出明确规定。如民国法界要人王宠惠所拟宪草第 5 章"司法"共 8 条，对司法的相关事务作出严密规定。与司法独立相关的条款有：第 76 条："中华民国之司法权，以法院行之"；第 80 条："法官独立审判，不得干涉之"；第 82 条："法官非依法律之规定，受刑法宣告，或应罢职之惩戒处分，不得罢其职"；第 83 条："法官在任中不得减俸，或转任非法官之职"。[13] 或许也正是由于这种广泛共识的存在，才为民国时期司法独立价值

---

[10] 梁启超："《法律评论》发刊辞"，载《法律评论（合刊）》，北京法律评论社 1924 年版。
[11] 王钝根：《百弊丛书》，中国图书集成公司 1918 年版，收入陈刚主编：《中国民事诉讼法制百年进程》（民国初期第 1 卷），中国法制出版社 2009 年版，第 524 页。
[12] 王钝根：《百弊丛书》，中国图书集成公司 1918 年版，收入陈刚主编：《中国民事诉讼法制百年进程》（民国初期第 1 卷），中国法制出版社 2009 年版，第 549、542、539 页。
[13] 参见李秀清："民初司法模式选择过程中之共识与分歧"，载《所谓宪政：清末民初立宪理论集》，上海人民出版社 2012 年版。

的真正落实争得了一丝艰难生长的缝隙。

2. 法官选任资格的法定化

民国时期，无论是北洋军阀政府还是南京国民政府，都极力推行法官的职业化，并赋予法官较高的政治地位。北洋时代，裁判官资格的取得必须通过司法官资格考试，且并非任何人都有资格参加该项考试。根据规定，必须在法政大学或专科学院学习法律三年以上，取得专科以上文凭者，方有资格应试。应试合格者，获取了被任命为裁判官的资格，但尚非正式的裁判官。尚须被分派到各级审判厅学习两年，再行考试，成绩优异者，拔升为候补裁判官，待有职位空缺时，才能被补为裁判官。[14]

南京民国政府时期，颁布实施了《法院组织法》，对法官任职资格作了明确规定：①经司法官考试及格，并实习期满者；②曾在高等院校教授法律科目2年以上，经审查合格者；③曾任推事或检察官1年以上，经审查合格者；④执律师业3年以上，经审查合格者；⑤教育部认可的大学毕业，且有法学专著，经审查合格并实习期满者。同时，法官任职期间，不得兼任其他公职，不得兼营商业。

二、司法大众化：共和国前三十年的司法定位

伴随新中国的建立，建立在西方三权分立、司法独立、程序正义等政治法律理念基础上的民国旧司法体制遭到彻底的废弃。站在今天的立场，我们并不能将当初的这样一种体制选择简单地视为是新生政权的一种盲动。事实上，新中国成立后对旧司法体制的抛弃，既有着现实政治的需要，也包含着共产党人对司法的独特认知与定位。而对司法的不同认知与定位，直接导致了对司法的不同制度安排。

（一）司法是人民专政的工具

新中国成立后，新生政权面临的困境可谓荆棘载途，内外交困的形势下如何稳固政权成为当政者的首要考虑。司法被当作是国家对敌专政、维护人民政权的一种有效工具。更多地被视为过去军事斗争在和平年代的一种延续，与军队、警察、监狱一道，被视为国家暴力机关的一个构成部分。"革命不是请客吃饭"，战争是你死我活的厮杀，司法是革命与战争的延续，自然无需遮上程序、权利之类虚伪的温情面纱。

---

[14] 参见张培田等著：《近现代中国审判检察制度的演变》，中国政法大学出版社2004年版，第31~32页。

1949年2月，中共中央发布了《中共中央关于废除国民党六法全书与确定解放区的司法原则的指示》，宣布废除国民党政府的"六法"体系，认为"国民党全部法律只能是保护地主与买办官僚资产阶级反动统治的工具，是镇压与束缚广大人民群众的武器"[15]。同时宣布逐步完善符合人民意志的社会主义法律体系。"我们的法律，是劳动人民自己制定的。"[16] 法律的阶级性与强制性的特征受到突出强调。在此基础上，司法也就成为对敌政治斗争的自然延伸。曾任最高人民法院院长的沈钧儒就谈及："司法与政治的关系问题。我们的法律是人民意志的集中表现，是国家政策的具体化、条文化。离开政治来谈法律是不对的。"[17] 既然如此，司法的独立属性也就遭到消解，沦为政治斗争的工具。领袖的话或许更鲜明地揭示了新生政权眼中司法的属性："人民法院是人民民主专政的武器之一，它的最根本的任务是镇压反动，保护人民，巩固国家政权。"[18]

（二）司法的群众路线

既然司法与党和国家的其他工作内容并无本质区别，是新时期对敌斗争的重要战场，则党一贯的工作路线也就自然地被贯彻到司法的领域。在根据地、解放区，共产党能够突破重围、立住脚跟的传家宝就在于群众路线。新中国成立后，群众路线依旧被视为是党和国家开展工作的基本方法。毛泽东多次强调："在我党的一切实际工作中，凡属正确的领导，必须是从群众中来，到群众中去。"[19] 他还专门就司法领域如何坚持群众路线作出批示："目前在全国进行的镇压反革命的运动，是一场伟大的激烈的复杂的斗争。全国各地已经实行的有效的工作路线，是党的群众路线。这就是：党委领导，全党动员，群众动员，吸收各民主党派及各界人士参加，统一计划，统一行动，严格地审查捕人和杀人的名单，注意各个时期的斗争策略，广泛地进行宣传教育工作（召开各种代表会，干部会，座谈会，群众会，在会上举行苦主控诉，展览罪证，利用电影、幻灯、戏曲、报纸、小册子

---

[15] "中共中央关于废除国民党六法全书与确定解放区的司法原则的指示"，载《法学基础理论参考资料》，中央广播电视大学出版社1984年版，第1页。

[16] 毛泽东："在省市自治区党委书记会议上的讲话"，载《毛泽东选集》（第5卷），人民出版社1977年版。

[17] 周天度编：《沈钧儒文集》，人民出版社1994年版，第661页。

[18] 周天度编：《沈钧儒文集》，人民出版社1994年版，第653页。

[19] 毛泽东：《毛泽东选集》（第3卷），人民出版社1991年版，第899页。

和传单作宣传，做到家喻户晓，人人明白），打破关门主义和神秘主义，坚决反对草率从事的偏向。凡是完全遵照这个路线去做的，就是完全正确的。凡是没有遵照这个路线去做的，就是错误的。"[20]

显然，司法职业化以及由此而来的程序至上、司法克制等理念，与群众路线所强调的田间地头审理案件、法官积极主动调查取证等工作方法之间，存在着严重的对立。1952年，针对当时司法机关存在的各项问题，尤其是国民党政权遗留下来的旧法人员坚持司法中立、固守程序、只会"坐堂问案"、脱离群众、违背党的政策等问题，开展了一场为期九个月的全国司法改革运动。通过这场司法改革，党的群众路线得到了贯彻，人民陪审制度、就地审判制度、巡回审判制度、群众公审制度等，被视为有益于人民当家作主价值落实的制度创新，受到了表彰与推广。

（三）法律虚无主义与司法的大众化

20世纪50年代中期以后，整个国家急剧在"左"的道路上滑行。法律虚无主义思想抬头，并受到领导层的肯定，成为当时的主流法律理念。毛泽东就强调："主要靠决议、开会。一年搞四次，不靠民法、刑法维持秩序。"还有人说："到底是法治还是人治，实际靠人，法律只能作为办事的参考。"[21] 与法律虚无主义相伴而生的，还有对法律程序的彻底抛弃，以及被冠以民主之名的"大鸣大放"式的大民主席卷全国。在群众的激情面前，公检法三机关分工配合、法院照章办事成了官僚主义作风的遗毒，人们渴求的是对敌人快如闪电、重若雷霆的严厉打击。于是，有了"一长代三长"、"一员代三员"的举措，主张"下去一把抓，回来再分家"。司法大众化由此愈演愈烈，法院的审判职能受到严重侵夺，如"河南沈丘县从1958年以来判了4000多个案件，绝大多数是工作组、商业收购组判后，盖上法院的章子，而法院干部并不知道"[22]。

迁延至"文革"，司法大众化已然彻底陷入癫狂之境，司法程序扫地以尽，"法律面前人人平等"、正当程序、律师制度等代表全人类法治文明成就的原则一概被斥为是资产阶级的反动学说被予以批判、摒弃。当时甚至

---

[20] 毛泽东：《镇压反革命必须实行党的群众路线》，载《毛泽东选集》（第5卷），人民出版社1977年版。

[21] 参见陈景良主编：《当代中国法律思想史》，河南大学出版社1997年版，第46页。

[22] 谢觉哉：《谢觉哉文集》，人民出版社1989年版，第1077页。

提出这样的主张:"专政是群众的专政,靠政府抓人不是好办法。政府只宜根据群众的要求和协助捉极少数的人。"[23]

三、司法职业化:学者触发的司法改革

"文革"结束后,自身也在动乱中饱受摧残的政治精英们痛定思痛,果断放弃了"以阶级斗争为纲"的总路线,开始将国家的重心转移到经济领域。革命的浪漫主义情怀逐渐散去,理性逐渐在国家政治与社会生活的诸领域迅速觉醒。以往的群众运动式的司法形态与"大鸣大放"式的大民主,在理性的反思后被彻底否弃。重建社会主义民主与法制的观点频繁见诸领导人在不同场合的讲话、指示、文稿中。如"文革"甫一结束,邓小平就谈及为防悲剧重演,必须"使民主制度化、法律化"[24],后来又多次强调:"我们坚持发展民主和法制,这是我们党的坚定不移的方针。"[25]

随着法制的价值重新受到国家层面的肯定,司法队伍人员缺乏、专业化不足,成为影响法制建设的一大障碍。一方面,司法人员的专业素养与专业技能越来越受到人们的重视。邓小平就曾一再地感慨具备专业法律素养的司法干部储备不足。他说:"现在,警察不够,警官更不够,法院院长、法官、律师、检察官、审判员都缺乏"[26],"可以当律师的,当法官的,学过法律的、懂得法律的,而且执法公正、品德合格的专业干部很少"[27]。在这番感慨的背后,我们不难察觉,随着国家治理理念的转变,人们对于司法的认知与定位也在悄然发生转变。[28] 司法不再是任何人都可轻松胜任的工作,而是必须由"学过法律、懂得法律"的人来执掌。邓小平甚至谈及了司法资格考试的问题:"一般资本主义国家考法官、考警察,条件很严格,我们更应该严格。"[29]

---

[23] "林彪接见曾思玉、刘丰时的讲话",转引自陈景良主编:《当代中国法律思想史》,河南大学出版社 1997 年版。

[24] 中共中央文献研究室编:《三中全会以来重要文献选编》(上),人民出版社 1982 年版,第 11 页。

[25] 《邓小平文选》(第 2 卷),人民出版社 1994 年版,第 256 页。

[26] 《邓小平文选》(第 2 卷),人民出版社 1994 年版,第 286 页。

[27] 《邓小平文选》(第 2 卷),人民出版社 1994 年版,第 263 页。

[28] 强世功将"文革"时代剧场式的司法视作国家惩罚弥散化的表现;而"文革"之后,则是国家治理与惩罚的理性回归。参见强世功:《惩罚与法治:当代中国法治的兴起(1976-1981)》,法律出版社 2009 年版。

[29] 《邓小平文选》(第 2 卷),人民出版社 1994 年版,第 286 页。

另一方面，尽管司法的专业性越来越得到国家与社会的认可，但是受到三十年革命法制传统将司法视为对敌专政的暴力工具，以及数千年来行政官兼理司法的"政务型司法"传统的双重影响，此时司法的专业性更多地指向它是政府诸多管理职责中的一个门类，需要"熟练工"来操作。因此，面临"熟练工"人手不足的窘境，国家采取了两种因应方式。其一，大力发展法律院校。邓小平指出："我们从建国以来，就对办法律学校注意不够。在一些国家，大学毕业以后还要学习法律专科。经济发达国家的领导人当中，许多是学过法律的，建设一个社会主义法制国家，没有大批法律院校怎么行？所以，要大力扩大、发展法律院校。"[30] 其二，从复员、专业军人中选取优秀者进入公检法机关。

进入20世纪90年代以后，"社会主义市场经济体制"成为国家经济建设的目标，社会利益主体渐趋多元，民众的权利意识提高，民事、经济纠纷数量增加、复杂程度增强。加之经过十余年的培育涵养，法律人群体渐趋庞大，西方的法治理念与学说在中断数十年之后再一次激起国人的研究热潮，法学研究日渐兴盛，"文革"后培育的第一代法学家群体日渐成熟。他们基本上都深深服膺于西方的法治理念，向往西方的司法独立与法律人自治。当他们手拿西式标尺丈量中国现实时，却痛楚地发现司法独立不彰、程序观念淡薄、法律职业准入机制缺失、法律人共同体杳无踪影、法律人治国的理想遥不可及。于是，自1990年代后期开始，学界主流开始深刻认识到法律职业化与法治国家建设之间的密切联系，发起了法律职业主义运动。司法考试、司法改革、法官制服变化、律师行业管理机制的完善、以"法律人"概念取代"法律工作者"，都是这一运动在实践中的表现。学者们在推动法律职业主义运动的背后，是想要借鉴西方的法律职业模式，推动职业主义的形成，进而催生出法律共同体，引领中国的法治建设。[31]

四、乱花迷眼：摇摆中的"司法"及其伦理危机

自20世纪90年代以来，尤其是经过第一次司法改革浪潮之后，法律职业主义理念几成法律人的主流价值观，司法职业化成就斐然。然而，让人始料未及的是，伴随司法职业化进程而来的，并非司法公正廉洁、司法公信力提升等人们预料的结果，而是大规模的司法腐败在全国的迅速蔓延。

---

[30] 彭真：《论新时期的社会主义民主与法治建设》，中央文献出版社1989年版，第288页。
[31] 参见季卫东：《法治秩序的构建》，中国政法大学出版社1999年版，第198～200页。

其一，法院腐败窝案频发：如 2003 年武汉市中级人民法院 13 名司法工作人员集体涉贪、2009 年伊川矿难瞒报事件牵出法院多名司法工作人员涉嫌贪腐、2013 年上海高院法官集体嫖娼事件等。其二，司法腐败向高阶法官蔓延。包括原辽宁省高院院长田凤岐、广东省高级人民法院院长麦崇楷在内的多位高阶法官都因涉嫌贪腐而落马；原最高人民法院副院长、二级大法官黄松有贪污受贿一案一公布，更是法界瞠目、举国哗然。

面对法官在司法腐败道路上的"前腐后继"，人们开始反思：何以司法改革推行多年，司法职业化成果显著，却不仅未能缔造出廉洁奉公的法官队伍，反倒是司法贪腐日甚一日？在司法腐败与司法职业化之间，是否存在因果相关性？难道司法腐败罪在司法职业化？对司法职业化的质疑声逐渐响起。如 2008 年以陈忠林教授、何兵教授为代表的"司法民主化"论者与以贺卫方教授为代表的"司法职业化"论者之间，就展开了一场激烈的学术争议。[32] 一时间，学界烽烟四起，众多学者纷纷投入这场论战，至今余波未平。

"司法民主化"论者批评"司法职业化"的主要观点有：①遏制司法腐败，必须分解官僚集团对司法的绝对权力；②专业化、职业化是现代社会各个领域的常态，以此作为拒斥民主的理由，民主将无所容身；③司法职业化，将司法知识与技能过度神秘化；④法官职业化与司法民主化并非决然对立，通过适当的制度安排，如陪审制，可以确保人民对司法的主权；⑤司法民主化，可以对公权力机关的暴政起到防范作用。[33]

而司法职业化论者则坚守"职业"概念在西方语境中的独特意涵，认为西方传统意义上的"职业"主要是指具有某种学识，因而享有特权并承担特殊责任的某些特定的服务性行业。而法律职业系指掌握系统法律专业知识及技能，独享从事法律事务的特权，并以维护正义及公众利益为目的的行业。[34] 1979 年，英国皇家法律服务调查委员会（"本森委员会"）勾勒了所谓职业的五项关键特征：①一个代表该职业的管理机构，对其成员有控制及惩戒权；②掌控一个特殊的知识领域，这不仅要求长时间的学习与

---

[32] 周永坤教授曾对这场论战的详情做过细致的梳理，参见周永坤："我们需要什么样的司法民主"，载《法学》2009 年第 2 期，第 3～4 页。

[33] 参见何兵："司法职业化与民主化"，载《法学研究》2005 年第 4 期。

[34] 参见李学尧："法律职业主义"，载《法学研究》2005 年第 6 期。

培训，而且要求培养实践能力的持续的研习；③职业资格的取得途径；④自律措施，相较于由外部施加的规定，要求成员遵守更高的行为标准；⑤职业成员对其委托人负首要及特殊的责任。[35]

"司法职业化"论者除了极力宣扬法律职业主义理念之外，英美法上的"技艺理性"的理念也成为他们坚守阵地的有力武器。于是，一段发生在17世纪英格兰的司法轶闻一再被搬入21世纪中国学者的言说中，学者们期待"技艺理性"能够在当下的中国发挥它曾经在英格兰历史上创下的辉煌伟业，逼退"外敌"对法律王国的入侵。[36] 英美法上所谓的"技艺理性"，指的是将自然的推理能力长期运用于一个特定领域而形成的能够更为敏锐地判断、处理该领域事务的专业性的观察、推理、分析、判断能力。而"法律是一门需要长时间地学习和历练的技艺"。[37] 立基于此，司法的职业化也就势在必行。

与学界关于司法的争议相应的是，国家对司法的定位、司法的导向性、司法的性质以及司法应当在社会中所发挥的作用，也处在一个摇摆不定的状态中。与此同时，公众眼中的司法形象也是模糊不清的。人们不清楚，司法应该是什么？当下的司法，实际上又是什么？司法应该承担何种社会功能？我们可以对司法寄予何种期望？由此，司法无论在国家的层面还是在社会的层面皆处在晃动中。而国家司法政策导向的每一次晃动，又会激起民众对司法的不同认知与期待；反过来，民众对司法的认知与期待的表达与摇摆，又会反馈到国家对司法的态度中。

---

[35] 参见 Richard O'Dair, *Legal Ethics: Text and Materials*, 中国人民大学出版社2007年版，第74~75页。

[36] 在英格兰法律史上，有关司法需要借重人的自然理性还是技艺理性的问题，曾引发国王詹姆斯一世与柯克大法官之间的激烈争执。相关详情参见姚中秋："技艺理性视角下的司法职业化"，载《法学论坛》2008年第6期。

[37] *The Selected Writing and Speeches of Sir Edward Coke*, edited by Steve Sheppard, Indianapolis Liberty Fund 2003, Vol. 2, p. 701.

广东与美国各州民间保安体制之比较

韦华腾* 张 元**

2009年7月5日，新疆乌鲁木齐发生骇人听闻的严重暴力犯罪事件。在这次事件中，被毁车辆达260部，受损门面房203间，民房14间，全市共有220多处纵火点，有两栋楼房被烧毁。[1] 截至7月6日19时，乌鲁木齐市"七·五"打砸抢烧严重暴力犯罪事件中，死亡人数增至156人，受伤人员1080人；公安部门已抓捕1434名参与打砸抢烧杀嫌犯。[2] 此次事件的发生，从一个方面反映了我国民间防护力量的欠缺。毕竟国家警力有限，我们又不能轻易动用军队，而秩序和安全对于每个地方、每个单位和个人来讲都是最基本、最重要的要求。"七·五"事件告诉我们：培植一支强有力的民间防护力量，建立起一个能快速反应的民间保安体制，对保护人民群众的生命财产安全，意义重大。"七·五"事件启示我们去检讨我国的社会治安防控体系是否存在缺陷，去思考民间保安体制是否建立与完善。"警力有限，民力无穷"，人们寄希望于民间保安业能弥补我国警力的不足。本文试图采用比较研究的方法，以广东为例，将我国现行的民间保安体制

---

* 广东行政职业学院党委书记、院长，法学教授。
** 广东行政职业学院法律系书记官、教研室主任、讲师。
〔1〕新华社2009年7月6日电："'三股势力'煽动乌鲁木齐暴徒打砸抢烧"，载《南方都市报》2009年7月7日，第A4版。
〔2〕新华社2009年7月7日电："有人敢于再作案，及时打掉"，载《新快报》2009年7月8日，第A03版。

与美国各州的民间保安体制作一个比较，以期找出可资借鉴的经验。

一、民间保安体制之产生

民间保安体制，是指民间保安企业的组织制度与体系。

美国是民间保安业发展最早的国家。在美国，民间保安组织在社会治安和犯罪防范中起着非常重要的作用。这个历史传统的形成，可上溯到17世纪。当时，英国殖民者将其具有"居民自治"特点的治安体制带到了北美殖民地。1643年，美国波士顿效仿英国的做法，成立了第一支由殖民者组成的负责守夜的保安队伍——"巡夜队"，这种民间保安组织，竟然先于官方警察机构的建立。1850年在美国出现的平克顿侦探社是世界上最早的保安公司，这家侦探社是美国人阿伦·平克顿辞去芝加哥警察局的警察职务后创办的，其早期的主要业务除了侦破发生在铁路系统的盗窃案件外，还向铁路公司提供各种保安服务。这一新的保安体制首先诞生于美国并非偶然。1781年10月，美国独立战争取得胜利后，资本主义经济迅猛发展。到1850年，美国的产业工人已近百万人，经济跃居世界第四位。在贫富差距拉大的同时，抢劫、盗窃等犯罪活动日趋严重，而国家警察无法满足人们的安全需求，民间保安组织便站到了时代的前沿。平克顿主持制定的"平克顿准则"规定：公司雇员不得私收酬金，不得调查公共官员的行为，不得染指社会丑闻，不得直接为政党服务，等等。这一民间保安组织的职业道德规范，使平克顿侦探社赢得了大众的信赖和广阔的市场。

据统计，美国各州已拥有四万多家保安公司，从业人员达210万人，超过了全国警察的数量。[3] 每年美国在警察部门所花费用大约三百亿美元，而私人保安费用达到五百二十多亿美元。仅平克顿保安公司一家就有保安员35万人，在华盛顿、纽约市设有分公司、子公司等两千多家，在美国、加拿大和英国等地有122个办事处，并且和六十多个国家建立了业务联系，是一个名副其实的跨国公司，从人力、物力、财力上都已接近或超过政府警察机构的水平。目前美国的保安业大多是专业公司，美国保安私营、市场竞争激烈，各个保安公司力求以专业强项来占领保安市场。美国私人保安业内部形成了比较明确的专业划分：报警系统的销售、安装和维修业务；报警信号的反应业务；贵重财物的押运业务；各种警卫业务；各种调查业务；测谎审查业务。经营者在申请执照时，必须注明是哪一种或哪几种服

---

[3] 敬南："国外保安体制扫描"，载《中国公共安全·综合》2008年第24期。

务项目,持执照者不得超越规定范围服务。这种专业化发展是私人保安业服务效率与质量的重要保障,也是私人保安业得以跟上美国社会结构和科学技术飞速发展步伐的重要保障。美国各州民间保安体制对于及时应对突发事件,有效、有力保障民众的生命财产安全,发挥了巨大的作用。美国各州人民依赖这个体制,国家也借助其力量来保障人民的生命财产安全。保安业作为一种社会职业也得到政府和社会认可。保安业涉及美国社会生活的各个领域,还有不少保安公司走向国际化,美国在三十多个国家建立了两千多家保安公司分支机构,足见其作用与影响。[4] 可以说,美国是世界上保安业最发达的国家之一。

要研究美国的保安业,必须考虑到英国保安业的历史发展及其对美国的影响。16世纪,英国、法国、西班牙以及荷兰等国在美洲大陆建立了许多殖民地。18世纪,英国战胜了西班牙、荷兰和法国,而且在美洲的大西洋沿岸建立了13个殖民地。英国的文化、思想等对美国的政治制度、法律制度等有着深远的影响。

(一) 美国民间保安体制产生的背景

英国受日耳曼传统和罗马法的双重影响,长久持有强烈的私人财产意识。同时,英美法系对待私力救济的态度比大陆法系宽容,认为在不超出法律禁止的范围内,当事人可以选择自主私力或公力救济。这种态度的理论基础在于,其传统理念认为"救济先于权利"——认为法治是追求公平正义的理念而非以法典固定的权利体系,权利是在追求救济时被确定下来的,而不是先通过立法规定下来的。在英国漫长的私有制历史发展过程中,这种重视私人财产的理念明显地体现在对个人人身和财产安全的自我保护意识上。自我保护与自我帮助的理念在英国长久以来被认为是保持社会秩序稳定的基础,法律鼓励个人进行自我保护。直到今天,保护个人财产与公共财产,在很大程度上仍然被认为是个人与社区的责任。

这种自我保护的理念发展到了中世纪,在欧洲逐步出现了私人保安员,典型的例子是封建地主与奴仆之间的关系。有人认为它相当于当今社会的合同制保安,这是建立私人保卫力量的基础。中世纪封建社会时期,私人领地普遍存在,贵族、领主、地主与普通居民需要各自对自己的安全负责,地主奴仆的关系成为实现自我保护的一种途径。自我保护的进一步发展就

---

[4] 敬南:"国外保安体制扫描",载《中国公共安全·综合》2008年第24期。

是在一些小村庄成立了居民自己管理的所谓警务人员。当犯罪分子实施犯罪或犯罪嫌疑人被拘押时,村民通过"鸣金擂鼓"召集一些身强力壮的男子进行保卫事务。这种方式仅限于封建领地或贵族的庄园,处于相对封闭的状态。

由于各个封建领地或贵族庄园都出现了自己的保安系统,而国家却没有相关的成文法典或有关律令,因而国家和地区的安全问题由于管辖权和私人安全利益的冲突而一度陷于混乱状态。而且这种封闭性、自发性的古老体制无法适应犯罪率的增长和城镇的发展,于是保安事务和执法系统也随之不断变化和发展起来。

英国的自我保护传统理念被美国的法律制度吸收。美国宪法第二修正案明确规定:"管理良好的民兵是保障自由州的安全所必需的,因此人民持有和携带武器的权利不得侵犯。"在保护个人财产方面,法律授予公民自我保护的权利。比如私人住宅被视为是个人的"城堡",有学者提出:"如果一个人有幸拥有自己的住宅,那就是自己的一座堡垒,为了保护其财产与生命安全,个人被赋予了甚至使用致命武力的权力"。"在普通法的原则下,任何人都有较广泛的权威来保护自己及其家庭,在某种程度上,也包括其土地的安全。"固然,这种自我保护的理念不是无限制的。一般情况下,当犯罪分子的行为威胁的对象仅是财产的安全时,法律禁止受害人使用致命武力,因为法律考虑的首先是人的生命而不是财产。不过当被害人受到致命武力的威胁时,则可以使用致命武力保护自己。

关于美国在成为殖民地之前的保安事务或警务模式,极少有可供研究的资料。在殖民地时期,由于英国的影响,维护社会治安的形式基本沿用了英国过去的地方官、警务人员以及财产看护者相结合的做法。不过,警务人员与财产看护者都不是现代意义上的制服警察和私人保安员,其时警务人员相当于一个地区负责一般司法事务的总管。即使在美国独立初期,也几乎没有正式的执法体系,对个人生命与财产的保护很大程度上仍属于自己的事务;地方官、警务人员和看护者各有自己的职责范围,又相互配合。美国后来形成的看护体系,实际上就是殖民者在商业保护与人身安全保护相结合的基础上而派生出来的。

殖民者最初组织看护队伍并不是为了寻求商业或公务保护,而是出于对火灾、流浪者以及印第安人的袭击的恐惧。1634年在波士顿成立的夜间看护力量,被认为是美国第一支组织起来的夜间看护队伍。当时规定,从事看护服务是每一个18岁以上男性公民的义务,值守的时间一般从晚上21时或22时到次日日出。由于从事看护工作收入较少、社会地位低、工作时间长以及危险性高等因素,再加上没有必要的执法权力,很难找到合适并且自愿的男性从事这种职业。在19世纪中叶美国真正的警察制度建立之前,由于人口增长、城市规模扩大以及犯罪率上升等因素,地方官、地方警务人员以及看护力量相结合的这种维护治安的方式与体系,已日益无法满足安全工作的需要。

对于独立之后的美国,其政府维持这种传统的保安体系的原因,有的学者认为这并不是因为社会秩序稳定,而是政府在运用国家行政管理权力时的态度谨慎。因为美国是由13个殖民地建立的、先有州后有国的国家,其立国之初衷就是因为反对英国毫无限制的统治。因此,美国的革命者们在建立国家制度时,尽量地限制国家权力而保证公民和州的自由,在其宪法中,也处处体现着限制国家权力的精神和理念。政府不断思考在处理社会问题时需要重新组织与界定公共与私人保卫事务的新方法。这个历程的效果就是与在警察队伍正式建立的时代,民间保安业也得到进一步发展。

(二) 美国民间保安体制的发展

美国民间保安业的发展并非一帆风顺,其达到今天的发达程度,经历过一段较长时期的改善和经验积累。早期的美国保安业也经历过职业非专业化和非标准化、社会地位低下、人员素质参差不齐、法律制度缺失等问题。根据1976年的一份由美国司法部签发的情况说明,美国私人保安咨询委员会提出,保安员缺乏执法知识和服务标准,还存在腐败现象。社会对保安人员的印象还不如半个警察。到了一定阶段,社会各界纷纷要求加快保安业的专业化和标准化,提高保安员的教育和训练水平及其社会地位。社会各界针对政府在管理保安业的职能上提出了一些值得思考的问题,比如,有多少地方已经针对保安员的专门教育和训练立法?如何立法才能促进全国各州的保安业的职业化?保安方面的法规应包含哪些内容?什么类型的专门教育可以由政府或立法来推动?目前政府管理保安业的水平如何?

针对各界的呼吁,美国的一些机构开展了深入的调查和研究。1985年美国国家司法机构作了一项题为"美国的犯罪与保护:私人保安业和执法资源及其关系"的研究。研究里列举了一些保安公司非职业化的表现,包括技术随意不专业、虚假广告、杜撰投标程序、内部诈骗与腐败、谋取暴利、缺乏经营经验、没有责任保险、人员素质低等。1992年，美国国家私人保安业的管理机构进行了一个有保安教官、物业管理人员、保安管理的行政官员与有关的专业组织共同参与的专门调查。调查结果显示：有75%的保安公司对保安员进行品行、能力方面的审查；24%对保安员进行心理评价；40%对保安人员进行毒品吸食方面的背景审查。调查认为：由于私人保安员越来越多地卷入到对犯罪案件的侦破和预防犯罪的活动中，因此雇用训练不够、装备较差或头脑简单的人员没有完成任务的保证。特别是涉及民事与刑事方面的问题时，雇用几乎没有或根本没有经过训练或一直没有进行任何审查的人员，其潜在能力不足的问题日益明显。[5]

当时宾夕法尼亚州前司法部长 J. Shane Creamer 提出，保安员存在的能力不足问题实质是权力的滥用。从使用不礼貌、不规范的语言到使用武器射击他人的严重事件，这些问题的发生往往与保安员企图逮捕、拘押、讯问或搜查的主观原因联系在一起。这种联系在个人伤害的索赔统计资料、保安员的应急反应过程、管理机构记录的投诉案件以及媒体报道的案例中都有一致的反映。其他管理人员也认为，教育训练标准的缺失，导致有技术的、能够尽职尽责的保安员的缺少。如果这些方面能够加强，则完全可以减少保安员在工作过程中出现的诸如滥用权力、进行不必要的逮捕与关押、非法搜查或使用不适当的抓捕技术、滥用武器、使用不必要的武力等问题。[6]

这些问题引起了美国立法界和执法界的广泛关注。不少地方增加了私人保安员培训的管理立法。地方政府的保安员培训业务急剧增加。随后，各州便普遍成立了负责核发民间保安业营业执照的管理机构；无论是私人侦探、看护人员、警卫人员，还是代理机构或其他涉及个人人身与财产安全的活动，都纳入了管理的范围，并制订了相应的规则。[7] 各州的法院也有所响应，凭着宪法赋予的司法审查权，法院主要负责审查这些管理规则的合法性及其行政执法的合法性。

---

[5] 郭太生："美国保安业的职业化途径及对中国保安业发展的启示"，载《中国人民公安大学学报》2003年第3期。

[6] 郭太生："美国保安业的职业化途径及对中国保安业发展的启示"，载《中国人民公安大学学报》2003年第3期。

[7] 郭太生："美国保安业的职业化途径及对中国保安业发展的启示"，载《中国人民公安大学学报》2003年第3期。

提高了保安业的管理程度并未削弱民间保安业的自身利益；相反，规范管理和服务标准的提高与其经济收入和社会地位的提高有着直接的关系。美国的一项研究报告《保安业中损失预防领域的补偿》证明了这种关系。该报告指出：非武装保安员的工资很低，平均年收入不足 16 000 美元。但当他们通过保安员的职业认证后，其收入明显提高了。调查显示，排除不同地区之间的收入差距，1993 年非武装人员的年收入达到 12 000～21 000 美元之间，而武装保安员的年收入在 13 000～35 000 美元之间。[8] 越来越多的人认识到，随着保安事务的进一步私有化，规范管理与持照营业已成为一种趋势，否则保安市场不规范，保安员的专业水平就无法得到保证，保安员的收入也无法得到保障。

美国联邦政府也非常重视提高民间保安业的专业化。联邦国家机关一直试图通过立法来规范对民间保安业的管理，并通过直接和间接的方式参与涉及民间保安业的社会声誉与地位等问题的管理。

联邦政府关于社会安全管理的业务繁多，经常要把保安业务承包给私人保安机构，但不同的联邦行政机构对保安员的年龄、经历、教育与性格特征等方面有各种明确的要求。经过这些行政机构的多次要求与呼吁，联邦政府开始认真研究并尝试解决私人保安在商业经营活动中出现的问题。这些行政机构包括联邦政府的民用事业管理部门、国防部、州际商业委员会、原子能管理机构、安全与交易委员会、食品与药品管理部门、证券交易部门等。在老布什总统任职后期和克林顿总统任职期间，就有各种法律提案要求保安业实现国家化和标准化。前参议员、副总统戈尔于 1992 年提交的《保安员雇用标准法案》就提出要"建立联邦保安人员的雇佣标准，建立权威性的计划以协助各州建立由私人和公共机构的雇主所雇用的保安员的标准，并要求服务管理人员提交相应的报告和研究情况"。护卫标志公司的总裁 Ira Lipman 曾说："这个法案对提高私人保安业的质量是一个里程碑。在一些州，对于保安员的教育和训练连最低的要求也没有，也不进行心理适应测试和犯罪记录的检查，还有哪个产业部门能像私人保安业一样，

---

[8] 郭太生："美国保安业的职业化途径及对中国保安业发展的启示"，载《中国人民公安大学学报》2003 年第 3 期。

能让一个品行恶劣的人取得信任并容易地获得一个岗位呢?"〔9〕可见,联邦推进保安职业化的努力是得到部分保安公司支持的。

戈尔法案中对保安员的雇佣标准包括了对个人品行、能力方面的检查、对犯罪记录的审查、心理测试和信任检查,也包括了火灾预防、急救、人群控制、技术报告的写作以及其他技能训练等方面的要求,同时要求进行周期性的重复训练。其中审查项目包括:品行与能力的检查、身体适应性方面的测试和证明、居民资格的证据、信誉审查、心理测试、犯罪记录审查、联邦调查局的手印检查;训练项目包括:火灾防护与预防、急救、与安全有关的合法信息的获取、调查与侦查的程序、建筑物安全、处理危机的方法、人群控制、保安装备的使用、写作报告的技能。然而,对戈尔的提案也有很多批评意见,该提案最终没有被通过。

后来,加利福尼亚州议员Matthew Martinez提出的《1992年保安人员质量保障法案》规定:国家应当对民间保安业及其雇员采取颁发执照的管理措施;保安公司应直接进入联邦调查局的档案,以加快背景审查。提出此内容的理由是官僚主义阻碍了审查的进度,推迟了联邦调查局进行审查的6个月期限。此外,该提案也提出了有关保安人员训练的问题,要求对非武装人员在委派具体职责之前要进行8小时的室内训练,另外再加4小时的在职训练;对武装保安人员要求外加15小时的训练,并通过射击技术考试;对所有人员每年要进行补充新知识的课程学习。〔10〕该提案得到了国家保安公司委员会和国际保安员基金会的支持,但也遭遇了与戈尔法案同样的困境。有评论认为,该提案没有被通过不是因为它不重要,而主要是因为联邦国家机关对保安业历来很敏感。如1980年测谎器保护法通过后,测谎器一直被美国国会监督。〔11〕虽然联邦政府没有能够出台有针对性的管理法律或法规,但产生了强大的影响力,其中一个重要影响就是美国各州的政府通过立法管理推动了保安业职业化的发展。在20世纪90年代,美国有45个以上的州通过了监督保安业的法规。这些法规明确了保安员教育、训练、

---

〔9〕 郭太生:"美国保安业的职业化途径及对中国保安业发展的启示",载《中国人民公安大学学报》2003年第3期。

〔10〕 郭太生:"美国保安业的职业化途径及对中国保安业发展的启示",载《中国人民公安大学学报》2003年第3期。

〔11〕 郭太生:"美国保安业的职业化途径及对中国保安业发展的启示",载《中国人民公安大学学报》2003年第3期。

经历、资力、年龄、执照等级以及个人品质要求等方面的标准。[12]

（三）广东民间保安体制的产生和发展

在改革开放前的中国，国内多数企事业单位负责保安工作的是内部的保卫处（科），这些保卫组织，都是成建制的国家警察机构。广东民间保安体制的产生得益于其作为改革开放的试验区和前沿。改革开放初期，一些外商对到中国投资办企业是否安全心存疑虑。泰国正大集团的老板问深圳蛇口工业区的领导："谁来保证我们的安全？"该领导说："警察。"外商显然很不满意："在我们国家，如果警察老是在你的公司出现，人们会认为你做了违法的事。"[13] 因此，为适应改革开放的需要，广东实践先行。1984年12月18日广东深圳蛇口工业区保安服务公司诞生了，它成为新中国第一家保安服务公司（以下简称保安公司）。同年12月20日，保安员胡宏荣到蛇口海景餐厅上班，他成了新中国保安员第一人。[14]

民间保安体制需要立法予以确认才能走向合法化。广东作为我国改革开放的试验区，在全国率先进行保安业立法。1999年4月2日，经广东省第九届人大常委会第九次会议通过，出台了《广东省保安服务管理条例》。

从此以后，广东的保安公司，如雨后春笋般地涌现出来。在经济比较发达的珠江三角洲和沿海地区，保安队伍在保卫经济建设和维护社会稳定中所起的作用越来越大。

一般情况下，某一企业发生突发事件时，保安员会在现场，而警察接到报警赶来则需要时间。这一时间差，会导致多少生命无法拯救，多少财产损失无法挽回！中国内地尤其是西部地区，因保安公司及其保安员的数量较少，如遇到大的突发事件，保安公司及保安员的作用微乎其微。在乌鲁木齐"七·五"事件发生时，就未见有保安公司与保安员的踪影。痛定思痛，在内地尤其是西部建立民间保安体制，发展民间保安业，应引起领导者的足够重视。

广东的保安公司与全国其他地区的保安公司一样，都是规模较小。截

---

[12] 郭太生："美国保安业的职业化途径及对中国保安业发展的启示"，载《中国人民公安大学学报》2003年第3期。

[13] 王健、李贺、徐琦："门卫？打手？解读保安的无奈与困惑"，载《法律与生活》2001年第10期。

[14] 王健、李贺、徐琦："门卫？打手？解读保安的无奈与困惑"，载《法律与生活》2001年第10期。

至 2012 年 12 月底，全国的保安公司发展到了 3777 家，保安队伍达 450 万人；但保安公司的数量及保安人员的数量仍然满足不了市场对保安服务的需要。[15] 保安公司的人员组成数量也较少，有的保安公司仅二三十人，有的四五十人。就保安服务行业整体而言，其业务范围相对狭窄；但就一家保安公司而言，其业务范围则相当宽泛，有"大而全"的特点。目前广东保安公司多为综合型公司，许多保安公司从门卫守护和区域巡逻到贵重物品和危险品的押运；从娱乐场所、体育比赛和文艺演出到商品展销、展览活动的安保；从犯罪现场保护、防火防爆到保安业务咨询、保安器材经销；从保卫居民小区、开展便民服务到提供多元服务的经营活动等。但从长期经营来看，一个企业必须要有自己的专营和强项，经营内容不能贪多求全。

随着我国市场经济的不断发展，社会对安全的需求也越来越大，对保安服务质量的要求也越来越高，市场需要专业化、高质量的保安服务。2009 年 10 月 13 日，国务院公布了《保安服务管理条例》（自 2010 年 1 月 1 日起施行），推动了我国保安业的发展。根据该行政法规，在我国除可开设保安押运这一类型的专业公司外，还可创办防火防盗公司、礼仪护卫公司、报警工程、爆破工程公司等，吸收专业技术人才，逐步向专业化方向发展。中国的保安服务业在市场经济的促动和政府的积极扶持之下，目前已经发展到一定的规模。但在总体上，我国的保安业发展起步晚，地区之间发展不平衡，管理不规范。与美国相比，无论是保安队伍人数，还是保安服务的专业化水平与经济规模，差距都很大。差距的产生有多方面原因，但职业化水平低是最主要的。

与美国各州比较，广东保安服务业的职业化差距主要体现在：

第一，保安员素质偏低。没有很好地建立人员素质与职业的社会地位之间的良性互动关系。广东的保安员素质普遍偏低，导致保安服务的质量标准难以提高，进而使保安职业的社会地位、社会声望和劳动报酬也难以提高。而较低的社会地位、社会声望和劳动报酬又难以吸纳高素质的人员从事保安服务行业，形成恶性循环。

第二，对保安员没有职业化要求。无论是《广东省保安服务管理条例》，还是国务院制定的《保安服务管理条例》，都没有关于保安员职业化

---

[15] 马献忠："郭太生：为群众安居乐业贡献智慧"，载《中国社会科学报》2013 年 8 月 12 日。

的规定，导致广东的保安员流动性很强，保安队伍不稳定，保安的服务质量难以提高。

第三，教育与培训没有统一的标准。《广东省保安服务管理条例》第25条只是提到："设立保安培训学校（专业）或者开展保安职业培训，应当由地级以上市公安机关审核，报省公安机关批准"，没有涉及对保安员的教育与培训的具体要求与标准。国务院制定的《保安服务管理条例》，虽有专章规定"保安培训单位"，但也没有制定对保安员进行教育与培训的统一标准。实践中，且不说社会上其他与保安有关的行业与组织的教育和培训情况，即使在公安机关所组建的保安服务公司内部，对保安员的教育与培训也是五花八门，明显缺乏有效的组织与明确详细的教学标准；涉及保安教育、培训的课程与专业也没有进行可行性论证与有效实施。

第四，理论研究严重滞后。这体现在缺乏专门的学术研究机构与队伍上，国内的一些研究保安业的科研人员多数只是把其他业务领域的研究成果贴上保安的标签，理论价值极低；缺乏学术研究的专门刊物，国内唯一的中国保安协会的会刊《中国保安》也只是综合性的杂志；政府管理部门对保安业的学术研究也没有予以足够的重视与组织。理论研究的滞后在一定程度上影响了对教育与培训的重视程度与质量，也影响了保安业职业化的进程。

二、民间保安体制之要素

民间保安体制有三要素，包括：保安公司的性质、定位与投资主体，保安公司的分类与权限，保安公司的管理体制等。

（一）保安公司的性质、定位与投资主体

关于保安公司的性质，在国际上大致有三种观点：一是民间性质；二是完全官方性质；三是"政企合一"性质。

美国各州的保安公司，是第一种性质的典型代表。为防止政府参与保安公司经营而产生不公平竞争的问题，美国法律禁止政府投资保安业，同时不允许在职公务员投资或涉足保安业。这就使美国的保安公司纯属民间性质。这一民间性质，促使保安公司与民间贴得很紧，民众对其不离不弃。美国人每年花在保安公司上的费用远比花在警察队伍上的费用多。只允许私人投资保安业，这样就将政府行政机关完全限制和排除在了经营活动和经济利益之外，较好地避免了国家既是管理者又是经营者而引起的不公平现象。美国的保安企业形态分为个人业主制企业、合作制企业、公司法人制企业，其中公司法人制企业的数量最多，尤其以股份有限公司占据支配地位。保安业面向资本市场，使得企业能够通过发行股票、证券来实现大规模融资，有利于企业获得较多的资金用于业务的扩展、服务品种的开发与更新。美国保安企业是完全自主经营、自负盈亏、自我约束、自我发展的独立法人实体和市场竞争主体，在激烈的市场竞争中，企业的服务质量及经济效益决定着企业的发展与存亡，有利于调动企业经营者及从业人员的工作积极性。纵观美国保安业发展之历程，经营主体的多元化既是该行业公平竞争、优胜劣汰、快速发展的动力，又是其兴旺发达的标志。在平克顿侦探社创建后不久，政府就承认并支持经营主体的多元化，由此带来了这一行业的快速发展。

我国保安服务业与美国的回避制度正好相反，是第二种性质的代表。美国禁止国家行政机关及在职公务员投资和涉足保安业，以确保保安行业的公正性；而我国多年来关于保安公司的国家政策规定只能由公安机关组建，公安机关既是保安公司的投资者又是管理者，容易导致不公平现象。我国有关政策法规规定，保安公司只能以国有独资企业的形式出现。我国的保安公司尽管名为公司，实际上仍未脱离公安机关的附属地位，保安公司与公安机关之间还存在政企不分的问题，缺乏自主经营权，尚未建立完全的现代企业制度。我国的保安服务市场主体还处于一元化和区域化的状态，导致我国的保安市场缺少竞争，缺少发展动力。

广东目前的保安公司，是第三种性质的典型代表。自20世纪80年代初以来，保安公司唯一的投资主体是公安机关，而且垄断经营的格局一直没有松动，行政色彩浓厚。公安部出台的《关于保安服务公司规范管理的若干规定》中规定，保安服务公司是为社会提供专业化、有偿防范服务的特殊性企业，是协助公安机关维护社会治安、预防和减少违法犯罪的重要力量。保安公司由公安机关统一领导、管理和组建。这些规定并没有弄清保安服务企业的法律性质。只允许公安机关设立保安服务公司，实际上是"政企不分"的模式。目前广东保安公司的"政企合一"体制，虽然对保安业的产生与发展曾发挥过一定的积极作用，但其僵化滞后的机制严重束缚了民间保安业的向前发展。

美国保安业经营主体的多样化给美国保安业带来的繁荣与昌盛提示我们：我国保安业发展之所以出现目前的尴尬局面，是由市场主体一元化所致。市场主体一元化所带来的最大弊端是缺少竞争和资金。虽然我国不一定要像美国一样全部实行保安业私营化,但可在公有制基础上鼓励多种经济成分共存,在国有资本的基础上引入非国有经济成分,吸收民间资本的加入。在保安服务业中吸收民间资本,有利于改善目前保安服务公司由公安机关独家开办的现状。民间资本引入后,保安公司可以获得更多的资金来扩大规模,提高服务质量。民间资本引入后,也有利于对国有企业进行改造,尽快把我国保安企业改造成产权清晰、自主经营、管理科学的现代企业。

(二) 保安公司的分类及其权限

民间保安业,有"大保安"与"小保安"之分。"大保安"包括了人防保安、技防保安和物业保安等;"小保安"仅指人防保安。人防保安,是指保安公司派出保安员为客户提供安全防范服务。技防保安,是指保安公司为客户提供安全技术防范和报警服务。

在美国各州,由于人力资源过于昂贵,随着科技的发展,保安公司引入了"技防",并且越来越受倚重。可以说,"技防"的发展完全依托在保安公司之内。美国各州的民间保安业实际上是"大保安"建制。在美国各州,保安公司大致有如下权限:①物业的警戒和保卫权;②人身安全保护;③财物运输的警戒和保卫;④报警中心的管理;⑤财物运输的警戒和保卫;⑥调查权;⑦扣押权;⑧民事调查权;⑨警械使用权;⑩武器使用权等。美国的一些州还赋予保安公司一定的社会管理职责,如密歇根州就授予了保安员以拘留权。根据美国纽约州的保释实施代理人制度,私人调查者和保释实施代理人拥有一定的社会治安管理职责,在提供服务的过程中可根据社会公共利益的需要,对相关对象采取一定的强制措施。在拘留权和逮捕权上,美国一些州授予完成135小时训练的保安人员以拘留权;一些成文法给予私人侦探一定的拘留权,如缅因州、蒙大拿州规定了最长不超过30分钟的拘留时间,印第安纳州规定为60分钟。[16] 上述保安公司的权力相当一部分与国家警察的权力相重叠,从形式上看并无二致,但其实两者有本质不同:警察是代表国家行使权力;而民间保安的权力则是行业的特权,是为履行职务所必需。保安企业与警察部门工作的主要区别是:是否行使社会管理职责;是否代表政府以公权的形式出现。在美国,保安业属于高新技术产业,所提供的安全技术防范服务和跨国经营是保安公司盈利的主

---

[16] 贺红梅:"美国保安服务业的特点及其借鉴",载《中国公共安全》2006年第3期。

要来源。

在广东,在运用"技防"为客户提供服务方面,保安公司并不占主流;相反,非保安公司的其他企业、物业管理公司等"反客为主",充当了当前安全技术防范报警服务业的主力,而且后者率先按照市场模式运作,实现了市场化和社会化。公安机关已无法像对保安公司一样,对"技防"企业采取纯行政的管理手段。广东的"技防"保安,是一种自发在保安公司体制之外衍生出来的边缘性组织。由于这种组织未纳入我国现行的保安体制,故广东目前的保安业仍然是"小保安",而且是半官方性质的"小保安"。这表明了广东的保安制度是实行"双轨制",即一方面是行政垄断性经营的传统保安公司,主要从事人力保卫、金融押运、专项护卫等业务,以"人防"保安为主要特征;另一方面是完全市场化经营的边缘性保安组织,主要从事安全技术防范工程建设、报警服务等业务,以"技防"保安为主要特征。

广东的保安公司的权力比较有限。根据国务院公布的行政法规和广东地方性法规、规章的规定,保安公司的权限及服务范围是:①提供守护、巡逻等内部安全防范服务;②提供贵重财物和危险物品的押运服务;③提供公众活动的保安服务;④提供安全技术防范设施的服务;⑤提供安全防范咨询;⑥经国家公安部批准及工商行政管理部门许可的其他保安服务项目。同时,禁止保安公司从事某些活动,包括:①禁止为个人提供人身保安服务;②禁止经营各类枪支、弹药、管制刀具等器械;③禁止经营人民警察的警用标志、制式服装和警械;④禁止处理民事纠纷、经济纠纷或者劳动争议;⑤禁止监视工人生产劳动和生活;⑥禁止从事与保安服务无关的以及其他违反法律规定的活动。[17]

关于私人侦探业务、测谎业务等国际保安业通行的经营项目,我国理论界对是否开放这些服务项目存在颇多争议,政府对此一直明令禁止。我国许多保安公司仅提供人力保安服务,没有开展技术保安服务。对于一些大型活动的安全保卫工作,除了各地少数较大规模的保安公司之外,许多保安公司还没有能力承接这些大型活动的安全保卫业务。政府禁止与市场需求之间的矛盾,容易导致非法交易的形成。

---

[17] 参见1999年4月2日经广东省第九届人大常委会第九次会议通过的《广东省保安服务管理条例》。

(三) 保安公司的管理体制

保安公司的管理体制，包括外部管理体制和内部管理体制。保安公司的外部管理体制是指政府或有关管理部门对保安公司实行管理的一系列制度和组织形式，以及相互间的责、权、利划分制度。

美国早期的私人保安业无须领取执照，致使私人保安业在发展的过程中一度处于十分混乱的状态。从 20 世纪中叶开始，美国各州政府要求保安公司开业前必须先领取执照。20 世纪 80 年代初，大多数州都以法律形式对此作了明确的规定，包括从事保安工作的个体事务所、独资公司、合伙企业和联营公司都必须领取营业执照，但不包括工商企业内部自己成立的保安组织（相当于我国的内部保安组织）。美国在一些州成立私人保安管理委员会，并给予相应的重视，这些委员会代表州政府制定和颁布有关保安业的规则，负责保安公司的执照审批、监督、管理以及对执照申请人的调查、对保安人员的发证和注册。保安企业的执照申请需要经过严格的审核，政府对申请和从事保安业务的企业从开业条件、经营资格、武器配备管理等方面实行严格的审查评价制度。持执照开业后，经营者必须接受监督。一是实行"亮照经营"制度，接受顾客、社会和管理机关的监督；二是对保安执照定期更换，通过换证，让管理机关定期审核公司经营的资格和条件。对违反保安法律有关规定的保安公司，管理机构有权责令其停业或吊销其执照。美国大多数州对保安人员实行注册管理。注册登记对象包括保安公司的从业人员和工商企业内部保安组织的从业人员。对从业人员的年龄、身份背景、文化程度、工作经验、体能状况等也都有严格的审核和备案制度。美国为了加强对注册保安人员的管理，一般要求武装保安人员的注册证每年更换一次，非武装保安人员的注册证 5 年更换一次。对严重违反保安法规的保安员给予暂停或取消注册资格的处罚。

在美国各州，保安公司是自主经营、自负盈亏、自我约束、自我发展的独立法人实体和市场竞争主体。其管理体制主要是行业自律，美国有民间保安业管理机构。美国各州现有三十多个私人保安业协会；一些大行业还设立了保安委员会或保安分会。这些行业协会，法律赋予其如下职责：维护市场公平竞争和健全良好的市场机制；办理认证业务，从事检验保安器材，约束会员不当行为，定期提供教育训练，举办器材展览、保安成果展览等。

在行业风险保障机制方面，美国各州许多保安公司实行保安和保险联结的做法。这主要是因为保安公司作为一种提供公共安全的特殊企业，其职业性质决定了保安公司具有较高的危险性和风险性，因而保安公司承担着特殊的风险责任，保安员也具有较高的职业风险。保安公司所面临的风险主要有：一是由于保安员素质较低、法律意识淡薄，侵犯公民的人身财产权利时承担的风险责任；二是由于保安公司或保安员的过失或失职行为，使客户遭受经济损失时应当承担的损害赔偿责任；三是保安员在履行职责过程中所发生的伤亡事故，保安公司依法应承担的责任。美国实行保安与保险联保的具体做法是：保安公司按业务范围购买公众责任险和团体人身意外伤害险，有的保险公司还专门开设了保安责任事故险和保安职业责任险；如果发生因保安公司的工作过失而使客户人身安全受到侵害或财产遭到损失的情况，由保险公司根据合同约定的内容负责一定比例的赔偿，保安员因公殉职或致残的也由保险公司承担相应的赔偿责任。对到保险公司投保并已接受保安服务的客户，保险公司在费率上给予优惠。同时，保安公司的侦探调查业进一步细化发展成为保险调查公司，这种公司一般会得到保险集团公司的资助，专门从事责任保险案件调查、评估各种赔偿要求是否有欺诈可能以及确定责任赔偿案件的事实，并为侦查机关提供经他们调查后的案件证据。这样既使保安业化解了经营风险，在客户中树立了良好的信誉，又使保险公司有了适销对路的产品，拓展了经营领域，还使客户的利益得到了保障。

美国各州在建立民间保安业的管理机制上，有丰富的立法经验。各州的法律详细地规定了保安员教育、训练、经历、资力、年龄、执照等级以及个人品质要求方面的标准。

第一，美国各州很重视保安业的教育与培训。保安执照申请者都必须完成一定的教育与培训。早在1973年的《美国私人警务人员的调查和建议》研究报告就指出："教育可作为保安业诸方面不足的一个补救措施"，"所有类型的保安人员应当接受至少120小时的初级培训计划"。国家私人保安业协会也明确指出："对于合同制的警卫公司，训练与教育是当务之急。"合同制警卫公司也表示，他们的保安员在责任规避、文件证据的编辑、报告写作与巡逻技巧、中等水平的安全监督、逮捕的法律知识以及急救等方面应当接受培训。美国私人保安咨询委员会——一个由公共执法部门的专门人员和私人保安专家共同组成的联邦基金组织，曾经制定了一系列有关提高教育标准的建议。该委员会认为："私人保安业是一个预防与减少犯罪的巨大的社会资源，而且有些是潜在的资源。但许多保安员仅是临时的或业余的雇员，不仅工资低，而且所受的训练也差。生命与财产的保护是一项令人敬畏的社会责任，公共利益要求这些人既要能够被人信任，而且要能够胜任工作，接受过良好的训练并具有较好的道德品行。"国家私人保安员调查机构也注意到了保安业对高等教育的需要，指出："从最低级别的保安雇员到最高层次的监督管理人员，教育与训练对于职业化的发展来说都是密切相关的。"[18]

美国部分州一直在加强对颁发执照的教育要求，越来越多的州要求多层次地开展对保安员的教育与训练。有的州要求执照的申请人要通过覆盖多种科目的考试，有的州的行政管理机构甚至提供必要的书目表以帮助申请人准备考试。例如，弗吉尼亚州颁布的法庭与审讯室保安员的最低训练标准是：①保安的基本环节：安全威胁处理、在法院周围对囚犯的转移与搜查程序、炸药与炸弹的搜查与安全处置程序；②法庭保安责任：法庭保安员的职责、人员的识别、包裹的控制与侦查谋略、识别与处理变态的人；③法律知识：宪法与责任、弗吉尼亚州的法庭结构；④笔记与报告的写作；⑤技能：武器使用、解决争端与纠纷、转移法庭上难控制的囚犯的技能、审讯室内的行为与仪表。在确定职业训练内容的同时，伊利诺伊州把教育经历也作为管理的重要核心内容，申请人可用受教育的经历代替经历方面的其他要求。特别是对私人保安合同的签订者，如果申请人可以证明他们已经获得了警察科学或相关领域的学士学位，或从州所认可的学院或大学中获得工商学位，则可代替所要求的3年训练中2年的经历。路易斯安那州对武装保安员的教育与训练的要求内容是：保安员的合法权力与限制、紧急状态的处置程序、武器使用的法律限制、武器的使用操作、射击或不射击的计划、微光下的射击技术、紧张因素分析、一般责任、现场记录与报告写作。[19] 保安业的职业协会与各种中介团体在教育服务的投入方面也起到了明显的作用。

相关的保安业学术研究也受到了社会的关注，并取得了有意义的发展。20世纪80年代初，全美国有33个执行标准的学位教育计划的学校，到1990年总数上升到164个，这个数量还在持续增长，特别是在研究生教育

---

[18] 郭太生："美国保安业的历史与发展"，载《中国保安》2002年第11期。
[19] 郭太生："美国保安业的历史与发展"，载《中国保安》2002年第11期。

层次。美国工业保安学会通过其基金会在韦伯斯特大学设立了安全管理硕士学位。涉及的主要课程有：统计分析、商业审计制度、商业信息、公司经济、财政计划、商业政策、操作与生产管理。很明显，这些课程的主要教育对象是从事保安业经营管理的人员。而属于保安业务方面的课程有：安全管理、安全管理中的法律与道德问题、安全行政管理、商业财产保护、人类的正常行为与异常行为、信息系统安全、紧急处置计划、安全管理中的整体性研究等。随着保安专业的设立，人们开始关注保安专业成为独立研究部门的必要性。

第二，美国各州政府通过颁发营业执照推进保安业的职业化进程。一般来说，所颁发执照的等级和要求依据持照人所承担的责任来确定。共同点是对不同的保安业务领域颁发不同的营业执照。如伊利诺伊州关于私人侦探、私人报警与私人保安的法规中规定执照的类型包括个人执照和经营执照两种。个人执照的等级类型是：A级为私人侦探；B级为私人保安的签约人；C级为私人报警签约人。经营资格证书的等级类型是：一级为私人侦探机构；二级为一般合同制私人保安机构；三级为合同制私人报警机构。执照虽然加重了那些经营保安业的机构的负担，但却同时促进了政府对保安业的扶持。佛罗里达州在执照方面的规定比其他州更为复杂。其具体规定如下：①从事私人调查业务的执照分为调查机构、分支调查机构、调查机构经理、一般调查人员、武装调查人员、实习调查人员，对不同的人员和机构颁发不同类型的营业执照；②从事一般保安业务的营业执照也分为机构、分支机构、经理、一般保安员和武装保安员等不同类型；③对重新恢复保安业务的机构、分支机构、经理、保安人员、实习人员颁发不同类型的营业执照；④对保安员的培训机构、设施和教官，按照一般保安教官、武器使用教官、一般训练学校与设施、代理训练学校与设施等不同类型，颁发不同的营业执照；⑤对武装保安机构的经理颁发特殊的营业执照。私人调查人员的申请者可以按照下列规定对经历的要求作出一些变通，如申请C级执照的人如果具有以下一项或多于一项的合成训练，将可以相当于两年通过合法渠道获得的、可证实的全日制训练经历：①私人调查工作；②与刑事司法有关的犯罪学或执法管理的课程学习；③持有C级执照的实习生。另外，佛罗里达州的规定也充分认识到武装的保安员所负有的重大责任，对武装保安员与他们的教官制定了严格的指标和原则。如对申请C级执照的人要求必须达到至少28小时的课堂教学训练，并要求授课的教官有州级管理部门颁发的执照；同时要求其拥有由警察部门经过调查之后提供的能够证明本人在性格特征方面适合携带武器的证明。[20]

第三，美国各州也强调对个人素质与道德品行方面的要求。社会普遍要求保安业的从业人员，包括经理人员在内，具有良好的职业道德与个人素质，并承担相应的法定责任。不过实践中，一般只能查看申请人的犯罪违规记录、性格测试结果和智力水平等。如北卡罗来纳州规定，执照可以发给那些具有良好性格特征、性情温和以及正直、诚实并具有良好声誉的人。印第安纳州曾试图通过要求执照的申请人搞清楚好的品行的含义来实现。对个人素质的要求确实很难提供一个客观的标准。因此，一些州在这方面尽量使规定具体化。如俄亥俄州规定，要获得营业执照，申请人必须在诚实方面具有良好的声誉，而且要证明在过去 20 年的时间内没有犯罪的行为，或在道德堕落方面也没有任何不良行为。此条件根据申请人有无刑事犯罪的历史进行衡量。亚利桑那州甚至规定，申请人绝对不能有任何涉及诈骗、暴力、非法性行为，或非法拥有和使用武器的犯罪行为。伊利诺伊州和阿肯色州则进一步补充了有关滥用毒品与酗酒的标准。这两个州都规定，保安职业人员的申请人，在获得执照之前不应该是有酗酒嗜好或对毒品有依赖性的人。艾奥瓦州可能是规定得最具体的州，它要求：①任何对申请人的查询并不说明申请人就具有好的品质；②居住地县的地方官或商业人士，或居住地市的警察局局长提供书面说明；③申请人有推卸责任的行为；④申请人引起债权人反对的；⑤申请人具备相应的知识，但在自己有不足存款的账户上填写了超支支票的；⑥申请人不能支付雇员法定工资的；⑦申请人故意干扰执法调查的；⑧除法律要求的信用问题以外，对下列两种行为隐瞒：有严重犯罪行为，或有任何藏匿偷窃财产的场所；⑨申请人的行为构成犯罪，这种犯罪或涉及道德方面的堕落，或属于重罪，而且不论申请人是否受到过正式的刑事起诉。也有一些州还采用其他人提供的评价。如纽约州要求，在纽约州的居民所提交的执照申请中，申请人应当是被居民广为称颂或一致认可的，而且应得到他所居住或工作过的社区中有威望的 5 个人的共同认可。道德堕落被认为是一种低劣的、邪恶的行为，这种行为表现在对个人或社会责任方面，或总体上表现在人与人之间遵守社会公认的权利与职责的规范方面，以及与公正、忠实或良好的道德

---

[20] 郭太生："美国保安业的历史与发展"，载《中国保安》2002 年第 11 期。

评价标准方面。与道德堕落有关的犯罪包括：①涉及不忠实或诈骗的行为；②涉及信誉方面的犯罪行为；③涉及性乱方面的行为；④具有特殊犯罪意图的行为。美国国家保安公司认可的较高层次的保安员的道德标准是：忠实地服务于雇用者和委托人；依法履行职责；遵守职业道德；公平公正地履行职责；完整、准确、诚实地汇报工作；对委托人的利益保持警惕；通过完善的职业化的服务赢得尊重；通过教育与训练完善工作。一些中介组织和较大的保安机构自己也制定了相应的伦理道德标准。

第四，美国各州在工作经历和年龄标准上也作了具体规定。这主要是考虑到一些保安业务的特殊性。对经历的要求较为严格的是北卡罗来纳州。如对申请反情报活动的执照，规定要求申请人在过去的5年内有3年的反情报活动经历，或成功地完成了反情报活动的课程学习；对申请私人调查执照的人员，规定在过去的5年内有从事私人调查业务的经历，或在过去的5年内作为执法机构的成员从事调查工作2年；对申请警卫和巡逻执照的人员，规定在过去的5年内有3年在合同制保安公司工作，或在从事警卫与巡逻业务的执法机构中作为经理、监督人员或管理人员工作过3年。佐治亚州在经历方面的要求是：申请私人侦探公司执照的人，至少应有2年在一个有营业执照的侦探机构作为私人侦探的经历，或至少有2年在公共执法部门工作的经历；申请一般保安公司执照者，至少有2年在专有制保安公司或在有营业执照的保安机构中工作的经历，或在执法机构中工作过2年的经历。佐治亚州的上述法律规定可以有一些变通的方法，即当警察的经历和所受的执法训练可作为经历要求方面的一种替代。其他可替代的规定有：在委托的学校中接受过1年的调查训练；做过实践代理人；当过有执照的保险仲裁员；当过审计员；有作为武装人员的知识背景。虽然大多数州有经历方面的规定，但也有一些州不那么强调经历要求，而更注重对品德、个人信用方面的考察。

在年龄方面，一些州主要是对个别执照有特别的年龄要求，比如涉及管理工作时。有的州对无论申请何种执照都规定了最低的年龄要求。如艾奥瓦州、缅因州、佐治亚州等规定申请执照的资格至少应是18岁。而更多的州则规定了合法的年龄段。

另外，美国各州政府监管和行业自律相结合，形成了保安市场的良性竞争。从美国各州保安业执照、注册管理与行业自律相结合的管理模式分析得出，保安服务业由谁来投资经营和监管并不重要，重要的是从法律和制度上进行严格的监管。广东虽然对保安企业也实行执照管理，也有开业审批，但保安服务业主管部门担心由公安机关以外的企事业单位或个人开办保安企业，经营者会只考虑客户利益而忽视社会公共利益，从而偏离保安服务业的发展方向，不利于维护社会治安，甚至会危及国家安全和稳定。因此，公安机关既成了保安服务业的投资者，又成了开业审批者和管理者。这种体制难以保证其公正性。我国虽然在1994年就成立了中国保安协会，全国各地也相继成立了各级保安协会，但是我国保安协会是作为行政机关的附属机构由政府创办的，具有较强的行政色彩，远未能发挥像美国保安协会那样的行业自律作用。

在我国，公安部治安局设有保安管理处，负责全国保安业的管理工作。广东省公安厅以及各市、县（区）的公安部门相应设有保安管理机构，负责当地保安业的管理工作。保安公司的成立，需要公安机关的批准；保安公司开展各项业务，必须接受公安机关的指导与监督。保安公司的主管部门是公安机关。目前，广东保安公司的成立主要有两种形式：一是公安机关批准成立的正规保安公司；二是机关、企事业单位自行建立的内部保安组织。正规的保安公司，由公安机关实行严格的监管。游离于体制外的技防保安和物业保安，以及酒店、民营企业、矿山等自聘的保安员，公安机关无法掌握其准确的情况，故难以进行有效监管。

在行业风险防范方面，我国保安公司规模小，注册资金少，公司实力较弱，抗风险能力不强，其自身没有承担风险的能力和手段，不具备承担赔偿责任的足够能力，在发生风险事故或赔偿事件的过程中，客户往往得不到应有的赔偿而信心降低，使社会对保安公司的作用产生怀疑。

三、对美国各州经验之借鉴

美国各州建立民间保安体制的经验可资我国借鉴，比较重要的有两条：

第一条经验是：只有严守职业道德准则或行业行为准则，民间保安体制才能取得民众的信赖。"平克顿准则"的贯彻执行，是美国平克顿侦探社赢得公众信赖和世界市场的重要保证。当然，我国的保安公司不能照搬"平克顿准则"，但必须有自己的行业准则或行为准则。因此，我国在进行保安业立法或广东在进行保安业地方立法时，必须明确规定保安行业的行为准则，以便各保安公司及其保安员遵行，并以此来赢得公众的信赖和广阔的市场。我们还要通过立法奖励那些严守职业道德准则或行业行为准则，以及在应对突发事件和保护人民群众生命财产安全中作出突出贡献的保安公司及其保安员。

第二条经验是：要使民间保安体制正常运作，必须把握好三个要素，即保安公司的性质定位与投资主体、保安公司的分类与权限、保安公司的管理体制。

第一，保安公司的性质定位与投资主体。在保安公司的性质定位方面，我们要通过国家立法或地方性立法，明确保安公司的性质和法律地位。首先要明确的是民间保安公司是民间性质，要逐步消除其过去所带有的行政色彩，"还政于民"。同时要明确保安公司具有独立法人地位，对其自主经营权要给予足够的尊重。在保安业的投资主体方面要多元，要引入竞争机制。谁可以成为保安公司的投资主体，谁不能？对于这一点，立法上要明确地作出规定。美国明令禁止政府投资办保安公司，允许私人投资办保安公司，推进保安公司走向投资主体多元化和经营市场化，从而充分调动各种民间力量办保安公司的积极性，激发他们维护公众的生命财产安全的聪明才智。过去广东以至全国的保安公司一直都是由公安机关独家开办的，这种"管办合一"的体制直接导致了部门垄断、地区封锁问题的产生，影响了保安业的健康发展。学习美国的经验，就是要克服"单元开办"和"管办合一"的弊端，整合保安业的社会资源。从美国各州对保安业的管理与职业化的要求看，保安业的范围既包括了类似于我国现有的提供看护、守卫、押运等一般服务范围的保安服务公司，也包括从事报警、安全防范技术产品的生产、安装、使用、咨询等服务项目的机构与组织，还包括从事民事、商务等调查业务与提供个人人身与财产安全保护的机构与组织。其中既有合同制保安公司，也有类似于我国企业事业单位自建的保卫队伍的成建制保安组织。从我国现有的情况看，保安业的范围也绝不仅仅是公安机关组建的保安服务公司，一些应当纳入保安业管理的社会资源被不同的部门和组织分割与管理，而有些从来就没有纳入管理范围。客观上，一方面造成了资源浪费；另一方面其由不同的部门管理，造成标准与要求不一，职业化与专业化的水平都较低。因此，为了使保安业整体实现职业化的目标，有必要对相关的社会资源进行整合。

第二，保安公司的分类与权限。长期以来，广东保安服务业都以"人防"为主，在安全防范器材的研究、开发、生产、销售，保安咨询，安全防范工程的设计和器材的安装、维修等"技防"方面，与美国各州相比差距较大。故此，可借鉴美国各州的经验，并根据广东的市场需求，加快保安技术服务的发展，推动保安服务业务由"人防"保安服务为主向"技防"保安服务为主转变；由"小保安"向"大保安"转变。广东保安业的发展应该学习美国各州的"大保安"建制，将"技防"纳入保安公司的范畴。技术保安服务有较大的利润空间，可为保安企业带来较好的经济效益；技术产品的开发又能为客户的安全提供技术保障，还可以增强保安企业的创新能力和竞争活力。这样，既可节约保安成本，又可提高保安工作的质量与成效。在权限上，公安机关要让渡部分社会管理权给保安公司，还要让保安公司有权开展"私人保镖"和"私家侦探"业务，这需要国家立法来界定和确定。

第三，保安公司的管理体制。主要是要借鉴美国各州的经验，妥善处理好内部关系和外部关系。

在内部关系方面，美国各州民间保安体制的成功在于其管理体制注重行业自律。美国有民间保安业管理机构——私人保安业协会三十多个；一些大行业还设立了保安委员会或保安分会。美国各州的私人保安业协会制定了许多保安职业道德规范和行业行为准则。我们要在行业自律上下功夫。目前的情况是，广东乃至全国的民间保安组织仍离不开公安机关的业务指导和工作监管。我们要致力于培育保安服务业协会，使其能担当起开展保安服务行业自律活动的重任。我们要在广东以至全国建立起一个有应急能力的民间保安体制，当发生突发事件时，在警方接到报警赶到现场之前，就能有效和高效地发挥作用，保护人民的生命财产安全。行业自律应与职业化联系起来。

我们要借鉴美国各州重视保安业职业化的做法。保安业的职业化是由现代社会职业分工和社会发展程度所决定的，具有其他行业所不能替代的特点。如果不能实现职业化，其社会作用与社会地位就很难得到社会的认可。保安业的职业化在美国已成为现实，因此在中国已无须再讨论其可行性。但对职业化重要性的认识确实应引起政府管理部门和保安业内管理人员的重视。美国的保安业在职业化过程的讨论中达成的共识是：既不可以用警察或其他公共执法机构的职业标准来衡量保安员的工作，也不能否认保安业自身工作业务范围的独立性，而应在此基础上，围绕提高保安员的职业素养、应掌握的专业技能、行业规范与行为标准等几个层次，全面设计和进行规划。这个认识对广东以至全国保安业的职业化建设是一个很好的启示。要提高保安业的职业化水平，应当制定相对统一的、分类的管理法规、标准与教育培训计划。无论是制定全国性的还是地方性的管理法规和标准,对从事同一种保安工作性质的人员,均可以规定统一的经历、年龄以及其他的资质要求,发放同一规格的从业执照,规定相同的职责与权利范围。无论是企业事业单位内部从事看护职业的人员,还是企事业单位雇用的保安公司的人员,或者是物业管理部门从事社区看护的人员,都应制定统一的管理规定和服务标准,执行同样的培训计划。对从事不同保安工作性质的人员,则要有详细的、突出职业特点的管理规定和资质要求。如对从事押运的人员和民事调查的人员,工作性质差别较大,就应该在年龄、经历、品行方面有特殊的具体要求。同样,对不同工作性质的人员,训练的要求也应当突出其工作性质与特点。对从事管理工作的人员,更要提高职业教育与训练的质量,制定更加严格的资质条件与规定。

保安职业化应与职业教育和学位教育联系起来。保安业的高等职业教育是实现保安职业化不可缺少的因素,没有高等职业教育或相应的教育,就谈不上会有高质量的保安工作和职业。我国目前除有少数的保安职业教育机构与培训基地外,还没有专门针对保安业的大学本科高等学历教育或学位教育。保安业是一个产业,其中有许多高层次的工作,从经营理念到安全规划,从损失预防到犯罪预防,从内部的人员管理到外部的公共关系,不仅需要大量的理论支撑,而且需要大量高素质的经营管理人员和专业技术人员。从保安业的发展前景看,随着全面小康目标的逐步实现,从个人到社会对安全需求的数量与质量都会逐步增长和提高,如果保安业教育缺位,就会在很大程度上影响保安职业化目标的实现,进而影响到整个社会安全管理水平的提高。因此,应积极扶持和发展我国的保安教育事业。

在外部关系方面,主要是要处理好保安公司与警方的关系以及与保险公司的关系。美国的保安公司与警方的关系是平等与合作关系。对保安公司的管理,美国一些州成立私人保安管理委员会代表州政府来行使管理权,但主要还是靠行业自律。美国的保安公司与警方虽然不是被管理者与管理者的关系,但保安公司的优质服务与发展,离不开警方的支持与指导。在我国广东,警方是作为保安公司的管理者出现的,这未尝不可,实际上也有诸多优势,只是不要"管办合一",而要给予保安公司充分的自主权。至于与保险公司的关系,美国保安与保险联保的经验值得借鉴。美国各州许多保安公司实行保安和保险联结,是行业风险保障机制的成功做法。广东已经有少数保安服务公司尝试与保险公司联合建立企业风险保障机制,这一做法在保安行业应该推广。

　　总之，民间保安体制的建立与完善受多种因素制约，是一个复杂的发展过程，需要立法的推动和政府及警方的支持，又需要长时间的经验积累。美国民间保安体制的成长与保安业的职业化，经历了长期的探索和实践。我们固然不能照搬美国的模式，但可采取"去其糟粕、取其精华"、扬长避短的做法，结合我国的国情、广东的省情，寻求民间保安体制发展的新模式，使广东以至全国的保安业更有所作为。

比较公法与比较私法

美国、法国和中国的违宪审查模式中政治理念的比较

杨 平[*]

违宪审查制度是一个重要的宪法学基础性课题,而违宪审查模式研究又是违宪审查理论的核心。如何监督和保障宪法的实施,这是世界各国宪政建设实践中一个十分重要的问题。自从宪法作为国家的根本大法问世以来,世界上许多国家都陆续以不同的形式,建立了审查一般立法或行政法规是否符合宪法的制度,通常称为违宪审查或合宪性审查制度,以此保证宪法的最高法律效力和地位。在资本主义国家,美国以判例的形式确立了联邦最高法院的司法审查权;法国则明文规定,宪法委员会宣布违反宪法的法律条款不得公布,也不得执行。而我国,则确立了由全国人大和全国人大常委会进行违宪审查的模式。考察美、法、中三国殊异的违宪审查模式,并从政治理念和文化上分析三国违宪审查制度的成因,对于完善中国的相应制度具有一定的现实意义。

美、法、中三国不同的违宪审查模式除了政治体制、法律制度和法律传统的差别外,不同的政治文化理念无疑也是重要的原因。

一、对"主权在民"思想的不同理解

在现代国家,一切权力属于人民的观念已是共识,因此,从这一角度似乎很难解释各国为什么会采取不同的违宪审查方案。然而,各国恰恰在这一共识之中产生了分野,即人民主权观念以及对"人民"的想象在美国和

---

[*] 甘肃政法学院法学院教授。

在法国是截然不同的。美国虽然承认一切权力源于人民,认为这是防止专制"最基本的办法",但是对汉密尔顿等联邦党人来说,他们提出的"人民"这一概念,主要是因为这一概念背后的合法性支持:(联邦)国家的建立以及其合法性来自于社会契约,一切权力来源于人民。但他们更注重对国家各种权力的拆分和制衡,他们对"人民"的理论预设,正如《联邦党人文集》中最有名的一句话:"如果人人都是天使,就根本就不需要政府了。如果是天使统治人,就不需要对政府有任何外来的或内在的控制了。"[1] 可见,在建国初联邦党人对"人民"的评价远远没有卢梭高;相反,它带有一种明显的幽暗意识,不光是政府需要约束,"人民"也需要约束自己。正如萨托利所分析的,"人民"一词在英美和大陆国家有明显的唯名论与唯实论之分,英美国家是唯名论,而大陆国家是唯实论。[2] 既然如此,对美国而言,立法机关所立的法律就不是那么可信了。如果说在议会主权下或者在议行合一的制度下,法律无所谓违宪的话,那么在美国的这种体制下,法律违宪就是一个问题了。

在法国,明确提出人民主权并将它系统为一种理论的是卢梭。他认为:主权是社会公约赋予政治体的、支配其成员的绝对权力,因此,主权是至高无上的,既不可分割也不能转让,是一个集体的生命,只能由人民来掌握。人民主权理论在法国著名的宪法学家艾斯曼那里得到了进一步的阐释,他将"人民主权"演化为"国民主权",即国民主权原理,这一原理是法国大革命所宣布的各种原理中最重要的部分。艾斯曼认为,主权存在于国民并不意味着存在于现实的一个个个人,而是存在于各个集团,人民参与这个团体的权利就是参政权。在这个理论基础之上,他又提出了代表制原理。他认为,"通过代表的统治"中的代表,是"在主权者人民授予之权限内,以人民名义自由地决定事务,人民通过他们的口以及行为来表达自己的意志"[3]。艾斯曼的上述理论,奠定了近代宪法学的理论基础,特别是为代议制的发展开辟了广阔的道路。

在我国,"一切权力属于人民",是社会主义国家人民主权理论的基石,也是社会主义国家制度的核心内容和根本准则。它弘扬"人民是历史的创

---

〔1〕[美]汉密尔顿等:《联邦党人文集》,程逢如等译,商务印书馆1997年版,第264页。
〔2〕[美]乔·萨托利:《民主新论》,冯克利、阎克文译,东方出版社1997年版,第57页。
〔3〕何勤华:《西方法学史》,中国政法大学出版社1996年版,第156页。

造者"这一历史唯物主义的主旋律,主张并实现人民具有最高的权力,即具有最高的决定权与监督权;它将行政权、司法权都置于最高权力机关的领导与监督之下,使立法权直接归属于最高权力机关,即从理论与实践相结合的层面实现人民当家做主。人民主权理论强调主权属于人民,而且只属于人民,这就是表明:人民主权不属于任何个人,也不属于任何组织;人民主权既有最高性,也有排他性,即在社会主义国家只有人民主权,没有其他形式的主权。人民主权理论否定"三权分立",强调人民主权的统一性,而人民行使主权的方式是由人民代表大会制度来实现的。

二、对议会意志和民众意志关系的不同阐释

议会是由选民选举产生的议员组成,因而议会被认为是民意代表机关。制定法律是议会的主要职权,法律是以少数服从多数的方式制定的。那么,议会的意志与民众的意志之间的关系是什么?议会的意志是否就是民众的意志,即两者之间是否可以画等号呢?如果议会的意志就是民众的意志,那么根据人民主权原理,议会制定的法,其他任何国家机关都是没有资格进行审查的。

在实行司法审查制的美国,一般认为议会的意志并不能等同于民意(公意)。"代表机关的立法若违反委任其行使代议权的根本法自当归于无效"乃十分明确的一条原则,因此,违宪的立法自然不能使之生效。如否认此理,则无异于说:"代表的地位反高于所代表的主体,仆役反高于主人,人民的代表反高于人民本身。如是,则行使授予权力的人不仅可以越出其被授予的权力,而且可以违反授予时明确规定禁止的事。"[4] 如果两者间出现不可调和的分歧,自以效力及作用较大之法为准,亦即宪法与法律相较,以宪法为准;人民与其代表们相较,以人民的意志为准。当司法审查导致某项立法无效时,它否定了立法机关的意志且推翻了立法机关的判断,但是这不能认为司法审查是否定了人民的意志。他们认为合众国宪法,或者说尤其是合众国宪法,代表了人民的意志。人们可以说,合众国宪法所代表的人民是作为"立宪者"的人民;而立法机关则稍逊一筹,它所代表的则只是作为立法者的人民。因此,诉诸宪法并非反人民,因为这是诉诸作为立宪者的人民,有时甚至是为了反对作为立法者的人民。在这里,法院

---

[4] [美]汉密尔顿等:《联邦党人文集》,程逢如等译,商务印书馆1997年版,第392页。

便是真正代表人民的,即代表作为立宪者的人民。[5]

在欧洲国家,议会主权非常流行。戴雪精确地表达了议会主权的英国观念。在《英宪精义》一书中,他把英国宪法的根本特点归结为"议会主权",其含义为:议会有制定和不制定法律的权力,英国法不承认任何团体或个人有推翻或废止议会立法的权力。换言之,议会至上,统治一切。关于议会主权,一句名言道出了其实质:议会除了"不能把男人变成女人,不能把女人变成男人"以外,什么权力都享有。[6] 因此,立法机关享有制定法律和修改法律的全部权力,英国属于典型的立法审查模式。戴雪对议会主权的归纳是对英国宪政现实最清楚的描述,但是在理论上对议会主权(立法权)最为深刻的阐述是由卢梭和法国大革命完成的,这其中具有代表性的理论根据首推卢梭的人民主权学说。卢梭以自然权利论和社会契约论为理论基础,在其名著《社会契约论》一书中创造了人民主权学说。他认为:人民的公意在国家中表现为最高权力,主权是公意的具体表现;人民是国家最高权力的来源,主权属于人民。在此基础上,卢梭进一步论述说,主权既然不外是公意的运用,所以就永远不能转让;并且主权者既然只不过是一个集体的生命,所以就不能由他自己来代表自己;权力可以转移,但是意志却不可转移。同时他还认为:主权者除了立法权力外便没有任何别的力量,所以只能依靠法律而行动;而法律又只不过是公意的正式表示,所以唯有当人民集合起来的时候,主权者才能行动。[7] 卢梭从他美化了的原始状态出发,假定了一种淳朴的公民德性,因此,"人民是决不会被腐蚀的",虽然人们常常受欺骗。在议会主权的政治制度中,或者一切都由人民决定的情况下,制定和修改法律的权力自然全部归属于议会,其他国家机关不能染指。从这个角度,我们也可以分析法国的宪法委员会。通常的看法是,法国的宪法委员会是政治机构,而不是法律机构。如果视其为独立的政治机构,它行使的又是什么性质的权力呢?在法国的国家权力分配中,它行使的不可能是司法权。[8] 因此,它也只能是被分配了某种程度的立法权,只能是立法机关的一个特定的监督部门——尽管两者并没有直接的上

---

[5] [美] 路易斯·亨金:《宪政·民主·对外事务》,邓正来译,生活·读书·新知三联书店1996年版,第111~112页。

[6] 龚祥瑞:《比较宪法和比较行政法》,法律出版社1985年版,第59页。

[7] [法] 卢梭:《社会契约论》,何兆武译,红旗出版社1997年版,第160页。

[8] 李步云:《宪法比较研究》,法律出版社1998年版,第404页。

下隶属关系。

在我国，人民代表大会制度是实现社会主义民主的基本形式。各级人民代表大会都由人民代表组成，而人民代表又由人民通过民主选举方式选举产生，都是人民派遣到权力机关的光荣使者。从人民代表大会的职权来说，人民代表大会代表人民行使国家权力；从人民代表大会的责任来说，它要向人民负责，接受人民的监督。根据为人民服务的原则，各级人大代表在整个任期之内及其行使职权的过程中，始终要同选民和选举单位保持密切联系，选民或选举单位有权依照法律规定的程序罢免由他们选出的代表。人民代表大会的代表来自人民，人民代表大会的权力亦来自人民，其必须对人民负责，受人民监督。因此，在议行合一的理论框架下，可以说，法律是无所谓合不合宪法的。因为如果立法机关认为法律错了，则完全可以在议会内部的程序中自行修改，而没有必要启动违宪程序。[9]

三、对少数服从多数原则的不同认识

民主政治的基本原则是多数决定、少数服从。在民主政治下，立法机关代表的选举、法律的制定及国家秩序的创造，原则上采用多数者统治（majority rule）或者多数决的决定方法，即以过半数的意志作为全体的共同意志进行统治的方法。从这个意义上说，民主政治又可以说是多数决主义或者多数决政治。多数决原则的重要性在于，通过这种方法能够形成统一共同的秩序，保证社会的稳定性和连续性。在多数决过程中，经过充分的自由讨论，不同意见之间进行协商、交流、沟通、妥协，在吸收少数意见的基础上，以一定的法律程序形成共同意志。因此，少数意见应当服从多数决定的结果。

少数应当服从多数，但也存在着如何保护少数的问题。这是因为：其一，从质的方面看，多数意见并不是在任何时候和任何情况下都是正确的。在一定情况和条件下某种意见是少数意见，而在另一种情况和条件下少数意见可能就成为多数意见。其二，从量的方面看，多数意见因为在人数上要多于少数意见，也就存在滥用权力的可能性，多数意见是以全体共同意志的名义出现的，一旦滥用权力往往比较难以制止。

托克维尔在 19 世纪也认为，美国民主的最大危险来自美国多数的无限

---

[9] 洪世宏："无所谓合不合宪法——论民主集中制与违宪审查制的矛盾及解决"，载《中外法学》2000 年第 5 期。

权威，因为不关心少数派利益的多数派联盟存在于大众选举的立法机关。[10]对多数人暴政，密尔业已清醒地认识到："在今天的政治思想中，一般已把'多数人的暴政'这一点列进社会所须警防的诸种灾祸之中了。"而且这种暴政因为是一种社会性的暴虐，因而比许多种类的政治压迫还可怕，人们很少能够逃避，因为"它透入生活细节更深得多，它奴役到灵魂本身"[11]。多数人暴政不仅仅是一种政治预言，它更是一种政治实践。联邦党人也认识到了多数人专政的可怕："173个专制君主（当时美国弗吉尼亚州议会有173个议员）一定会像一个君主一样暴虐不道。"[12] 正是为了防止多数人暴政，美国宪政尤其强调共和理念。与民主相比，共和更崇尚平衡观念。为了遏制多数人暴政，防止民主政治带来的恐怖和对权力的无限追求，美国宪法尤其强调对公民基本权利的保护，公民的基本权利成了抵制多数人暴政和维护少数人利益的机制。在各种国家权力中，司法权最能够维护公民的利益。因为行政权追求的是公共利益，它可能忽略了对个人利益的保护；而司法是中立的，它能够有效地捍卫公民的权利。司法审查的确立，使申请司法审查的机会成为公民的一项基本权利，它是公民借以防止国家权力未经法定正当程序而对其合法权利造成损害的有效手段。可以说，司法审查的确立，使现代社会个体能够在一定程度上对抗立法机关与行政机关，人权保障体系因此而强化了。司法审查的确立，使一种麦迪逊所谓的政府应当以"相反的和敌对的力量组成"的目标，在引入外部合法性评判标准的意义上更加圆满地实现了。这样，个人就能够分别或集体地表达意见、提出要求，人权的救济途径也臻于完善，违宪审查的活动为公民提供了宪法救济。

在法国，法律被认为是公共意志的体现。但是，即使是推崇公意的卢梭也看出，严格的民主或者真正的民主从未有过，而且永远也不会有，因为实现民主的条件非常苛刻。那么，在代议制民主下的立法，是不是有违宪的可能呢？"民主"一词在希腊文中的原义是人民和统治的结合。从古希腊到英国革命为止，在整个古典政治哲学中，民主实际上并不是最理想的政体，最理想的政体是"混合均衡政体"。柏拉图、亚里士多德、波利比

---

[10] [法]托克维尔：《论美国的民主》（上），董果良译，商务印书馆1991年版。
[11] [英]约翰·密尔：《论自由》，程崇华译，商务印书馆1982年版，第4页。
[12] [美]汉密尔顿等：《联邦党人文集》，程逢如等译，商务印书馆1997年版，第246页。

阿、西塞罗、马基雅维利、托马斯·阿奎那等都推崇混合均衡政体。在法国大革命后，民主逐渐成为一种新的话语和实践，取得了全面的统治地位。民主意味着"用投票表示主权意志的全民统治"，它最核心的精神是平等——政治参与的平等。正如孟德斯鸠说："爱民主政治就是爱平等，爱民主政治也就是爱俭朴。"[13]

在社会主义的国家观念中，政治原则之一是实行民主集中制，它强调集中，但更强调民主。民主集中制作为我国党和国家机关的组织原则，要求个人服从组织、少数服从多数、下级服从上级、全党服从中央。作为我国宪法的基本原则，民主集中制要求各级人民代表大会和各级国家机关，坚持少数服从多数、下级服从上级、地方服从中央、国家接受人民群众的监督。在这里，少数服从多数、地方服从中央的统一领导是关键，因为我国是统一的多民族国家。因此，所有的社会主义国家都由最高权力机关行使违宪审查权。即便建立了宪法法院，也仍然受最高权力机关的领导。设立宪法法院实际上是最高权力机关内部的职能分工，而不是分权。它们不能对法律进行违宪审查，只能就行政法规、地方性法规以及规章等进行违宪审查。

四、对司法权的不同态度

美国把违宪审查的权力赋予普通法院，这实际上意味着美国对司法权采用了一种乐观主义的态度，即希望通过司法遏制行政权与立法权，从而捍卫社会的自由价值，因此它将权力赋予了普通法院。在美国独立时期，从法院限制立法机关越权和保障人权出发，法院独立成为必须具备的条件。美国宪法的缔造者把司法独立作为美国建国的一条重要原则，希望用司法对行政和立法部门加以约束，防止它们滥用权力。他们认为，司法权是最能够保护公民权利的，于是把违宪审查权赋予了普通法院。所以在美国，私人可以提起违宪之诉。同时，英美的法律是在社会生活中不断成长起来的法律，所谓"普通法心智"，实际上就是由法官对社会规则不断加以总结。正因为英美法是判例法，法律的可预测性因而也比较差，除了法律人以外，其他的人很难明白法官判案的规则。相应地，法官的地位也远远高于大陆法系的法官。因此，美国能够放心地把如此重要的权力交由普通法院运用。

而法国则对司法权采取了悲观主义的态度，虽然希望通过司法来保障

---

[13] [法] 孟德斯鸠：《论法的精神》（上），张雁深译，商务印书馆1997年版，第41页。

人权,但是又怕它操纵了生杀予夺的大权,从而威胁个人自由,因此将其赋予普通法院以外的专门机构。一般而言,法院是一个社会保守价值的捍卫者,它是中立的、超然的,应当与政治疏离,不应成为实现政治目的的工具。那么,由普通法院进行司法审查,可以说是背离了司法自制的原则。法国在大革命期间,法院给革命者留下了极其恶劣的印象。首先是因为,在法国,法官是世袭的,由贵族担任,有"法袍贵族"之称,属于特权阶级,是革命者致力于铲除的对象。其次,在法国大革命期间,法官曾经干预立法权,阻挠了革命,资产阶级对其深恶痛绝。相反,律师则因为大部分出身于第三等级、积极参加革命、推动了革命的进程,因此在法国的法律界地位和威信很高。很多革命者,比如罗伯斯庇尔都是律师。上述情况使人们对法官极其不信任。同时,在大陆法系国家,法律思维所追求的是,在应受法律调整的领域内,最大限度地预先制定确定的、在任何情况下都能适用的规范;法官仅仅能够适用法律和解释法律,绝对不能自己造法。因此,在孟德斯鸠看来,法官不过是法律的代言人,是一些呆板的人物,既不能缓和法律的威力,也不能缓和法律的严峻。[14]

　　我国《宪法》规定:"人民法院依照法律规定独立行使审判权,不受行政机关、社会团体和个人的干涉。"它要求人民法院在审判具体案件时,必须以事实为根据,以法律为准绳,严格依法办事。对来自其他行政机关、社会团体或个人对审判活动的非法干涉,都要坚决予以抵制,以保证案件的正确处理。否则,就会严重损害法制的统一和尊严。但是,人民法院独立行使审判权并不意味着它可以随心所欲,不受任何领导和监督。人民法院的全部活动都要对本级人民代表大会及其常务委员会负责,接受它的监督;人民法院还必须把自己的全部活动自觉地置于党的领导之下。党必须从政治思想上、从路线、方针和政策上对人民法院进行领导,包括为人民法院推荐德才兼备、公正无私的得力干部从事审判工作;教育党员不断提高政治和业务水平,提高办案质量;同时,也要不断增强组织观念,在工作中取得党组织的支持,以便排除干扰正确判案,努力为人民服务。人民法院的审判工作还要接受人民检察院的监督。可见,在我国的政治体制下,我们对司法权的信任是建立在对党和人民代表机关的信赖基础上的。

---

[14] [法] 孟德斯鸠:《论法的精神》(上),张雁深译,商务印书馆1997年版,第153页。

总之，一个国家采取什么样的违宪审查模式，与这个国家的政治体制、法律传统有重要的联系，同时也与一国的社会背景下的政治文化、政治理念有密切的关系。因而，一个制度的确立总有其语境化的合理性。

意大利公共参与的经验与启示

罗智敏 *

  随着代议制民主危机的出现，世界各国掀起了创立新民主模式的高潮，协商式民主与参与式民主成为各国研究的热点。意大利从 20 世纪六七十年代开始，也不断出现对新民主形式的探讨。作为文艺复兴发祥地的托斯卡纳大区，因其独特的历史文化传统，成为意大利第一个制定公众参与专门法律的大区，并取得了丰富的实践经验。在我国，公众参与也是行政法治实践中需要研究的重要课题。2008 年国务院在《关于加强市县政府依法行政的决定》中就指出公众参与行政决策的重要性，要求各级政府制定与群众切身利益密切相关的公共政策时要向社会公开征求意见，推行重大行政决策听证制度。中共十八大又提出我国的社会管理体制为"党委领导、政府负责、社会协同、公众参与、法制保障"，进一步将公众参与上升到管理体制的层面。然而在具体实践中，我国的公众参与仍然存在很多问题，学习与借鉴国外经验十分必要，其中意大利托斯卡纳大区的经验对我国具有重要的借鉴意义。

  一、托斯卡纳大区制定《公众参与法》的原因与目的

  托斯卡纳大区制定一部专门的公众参与方面的法律的原因，与传统代议制民主存在的缺陷息息相关。代议制民主下，选举的代表一般由少数的政治精英统治并受各种利益集团支配，往往不能真正地代表选民的利益，

---

* 中国政法大学法学院教授。

国家机关与市民社会之间也缺乏有效透明的沟通机制，因此，选举已经不能满足人民参与管理的需要。在意大利，对协商式民主与参与式民主的研究从20世纪六七十年代开始逐渐增多，但是并没有出现一部关于公众参与的国家或大区的法律。受启于责任性（accountability）与回应性（responsiveness）理论，托斯卡纳大区政府意图使大区决策制定的过程能够汲取国家机关与社会民众的共同智慧，在二者之间寻求协作[1] 2006~2010年的大区发展计划就曾经强调：托斯卡纳对自己的挑战，就是要达到一个更为先进的、广泛传播集体意识的新目标，在此过程中实现更为成熟的公众参与[2] 在2005年通过的新的大区章程中，也有很多条款涉及公众参与：大区章程承认公众参与是一项基本原则，"大区保证所有的居民以及居住在外地的托斯卡纳人参与大区政策"（第3条第4款）；第4条规定的一些主要目的也需要推动公众参与才能更好地实现，如第1款m项"保护与利用历史、艺术与风景财产"，z项"在公民、企业与各级国家机关之间实现关系简化，以及根据公正、透明与平等的原则实现良好行政"；第62条还鼓励与支持地方团体在制定公共政策时积极开展公众参与活动；第72条又对公众参与的具体形式作出规定。

依据大区章程，托斯卡纳大区于2007年12月27日通过了第69号《促进参与大区与地方政策制定法》，将意大利公众参与的实践推向了一个新阶段。该法是对参与式民主的一种尝试，具有实验性。其第26条明确规定该法于2012年12月31日废止，同时规定，在2012年12月31日之前，大区政府与大区议会应一起组织大区参与程序，对法律实施效果进行评价，从而决定是否继续实施。五年之后，托斯卡纳大区组织了对法律实施效果的评估，在进行积极肯定并总结经验后，2013年8月2日，托斯卡纳大区又通过了第46号《大区公众辩论与促进参与大区与地方政策制定法》（Dibattito pubblico e promozione della partecipazione alla elaborazione delle politiche regionali e locali，以下称《公众参与法》）。在这部法律中规定了两种程序：一种是大区举办的公众辩论程序（Dibattito Pubblico Regionale），一种是地方

---

[1] G. Pizzanelli, *Alcune note di commento alla legge regionale Toscana che promuove la partecipazione all'elaborazione delle politiche regionali e locali* (l. r. 27 dicembre 2007, n. 69), Istituzioni del federalismo, 2008 (1).

[2] "Programma Regionale di Sviluppo (PRS) 2006 – 2010 – Regione Toscana", http：//www.regione.toscana.it.

进行公众参与向大区申请资金支持的程序（Sostegno regionale ai processi di partecipazione）。

托斯卡纳大区公众参与法的制定是对大区政策与大区章程中关于公众参与规定的落实，体现了大区对公众参与的鼓励与推广。《公众参与法》第1条第2款a项与b项明确规定，该法的目的在于"通过参与式民主的实践、程序与手段，补充并加强与革新民主及民主机构"，"通过公众参与法，推动公众参与成为大区各个领域、各级政府与行政机关的一般程序"。因此，推进民主是公众参与立法的根本目的。由此可以看出托斯卡纳大区对民主现状与质量的担心，代议制民主现今面临着真正的合法性危机。公众参与法的制定可以通过公民帮助改善集体决议的质量，在代议制民主与参与式民主之间找到一个交叉点。[3] 当然，除了改善民主状态之外，该法还包括其他的具体目的，例如"通过居民的参与加强公共政策的形成、确定与制定的能力"、"创造并推动行政机关与社会之间建立信息交换的新形式"、"通过传播参与文化并利用一切公民参与形式达到更高水平的社会和谐"、"推动实现性别平等"、"推广先进的参与经验与方式"等。从立法目的可以看出，公众参与的领域非常广泛，它涉及大区一切政策的制定过程，因此不仅包括行政决策，也包括立法的制定。[4]

二、公众参与机构的地位独立

为了保障公众参与得以公正、透明地进行，托斯卡纳大区设立了一个专门机构——大区保障与促进公众参与局（Autorita' regionale per la garanzia e la promozione della partecipazione，以下简称参与局），具体负责公众参与事项。《公众参与法》第一章第二部分第3~6条规定了参与局的设立，组成成员的条件与任命程序，参与局的任务、机构所在地、组织与成员的津贴等。

参与局是独立的机构，具有中立地位。《公众参与法》第3条第2款明确规定了参与局的独立性，并规定参与局由三名成员组成，由大区议会主席任命，任期五年。与2007年《公众参与法》的规定有所不同，2013年的法律将参与局由独任制改成了合议制，以确保它能够更加公平公正地履行

---

[3] Agostino Fragai, *Le via della partecipazione*, http://www.regione.toscana.it.

[4] Valeria De Santis, *La nuova legge della Regione Toscana in materia di dibattito pubblico regionale e promozione della partecipazione*, http://www.associazionedeicostituzionalisti.it.

职能。三名成员中两名由大区议会指定，一名由大区主席指定，他们应该在参与方法和实践等方面具有丰富经验。该法还规定，参与局的组成人员不一定是意大利公民，可以说，这是一个广泛选择的过程。该局的组成人员并不是大区行政机关的人员，而是从那些具有参与实践经验与能力的人中选择出来的，他要符合担任公职人员的所有条件。大区议会在指定人选时，一般先由有权议会委员会审查候选人条件，对候选人面试之后通过全体一致的投票向议会推荐最为合适的人选；如果票数没有达到全体一致，该委员会应将适当候选人的名单交给大区议会主席办公室，由该办公室在30天之内向议会推荐最多五个候选人，再由议会选举其中两人。

参与局与大区议会及其他机构都不是上下级关系，参与局每年应该向大区议会递交年度工作报告，报告中应该包含其职能的履行情况、取得的成绩等，并说明理由。此外，它也有义务将自己的文件转交给大区议会及相关地方团体议会。大区议会与大区政府有义务保障参与局为履行其职能而获得必要的人力及其他资源。为保证其独立履行职能，《公众参与法》对参与局组成人员的津贴与报销也作出了明确规定。同时规定为了实现该法，2013年拨款15万欧元、2014年与2015年每年拨款85万欧元作为财政支持。

参与局可以就其机构所在地、工作职能及组织等事项，制定一些具体办法。它的主要任务就是开展并组织大区公众辩论，决定是否支持地方申请公众参与的事项并制定一些标准，制定公众参与的方针，对公众参与活动的效果进行评估总结，保证公众参与过程中的所有文件、资料等信息公开与广泛传播。可以说，参与局在整个大区的公众参与活动中发挥着核心作用，参与主体是否广泛、信息是否公开、参与过程是否透明以及是否能够达到预想的参与效果等，都与参与局有着密不可分的关系。参与局每年递交大区议会的报告要由议会进行讨论并形成意见，由有权的议会委员会对该报告进行评估。

三、享有参与权的主体广泛

托斯卡纳大区《公众参与法》第2条明确规定参与是公民的一项权利，享有参与权的主体有：在参与程序有关地区居住的托斯卡纳大区居民、身份合法的外国人或无国籍人；在所涉地学习、工作或居留的人，他们对公共参与的内容感兴趣，并且大区辩论负责人认为让他们参与是有益的。可以看出，参与权似乎建立在一个非常简单的事实要素上：只要在参与程序所涉及的地方居住或者工作、学习即可，他们可以是意大利公民，也可以是外国人及无国籍人，这项规定体现了参与主体的最大包容性。

尽管该法规定的公众参与主体资格很宽泛，但仅限于自然人，协会等社会团体却没有被赋予参与权。社会团体也可能在参与程序中出现，但起到的仅是"服务或合作的作用"。[5]《公众参与法》的规定与大区章程关于参与主体的规定并不相同。大区章程第72条规定了要促进"市民、居民及有组织的社会主体的不同形式的参与"，因此参与主体当然也包括了协会等社会团体。一些意大利学者认为，参与权没有授予具有组织性的主体是为了避免它们垄断参与程序。[6] 也有学者认为，托斯卡纳大区不赋予协会参与资格，其愿望是良好的，社会团体可能会因为它所具备的知识对包容性原则造成限制；但也会产生相反的结果，因为立法者太过于信任地方团体与个人，实际上，这些主体也会使讨论的开展变得很不平衡，地方团体会尽量想办法延期以便推动或者耽搁一个决定，个人也有可能因为参与的地点、时间等原因，不积极主动参与他们不是非常关心的问题，而恰恰那些组织性较强的社会团体具有经验或技术，它们会对公众参与的过程起到平衡作用——有了他们的参与，公众参与的程序就会更加流畅并富有成效。[7] 无论如何，《公众参与法》更倾向于将申请参与权的主体资格赋予自然人。值得注意的是，在具体程序中，《公众参与法》还规定了可以申请启动公众参与程序的主体，他们与享有参与权的主体并不相同。

如何选择公众参与人一向是公众参与程序非常棘手的事情，因为参与人的选择应该能够体现最大的包容性。托斯卡纳大区的立法者并没有规定可以采取的具体形式，而是通过规定一些原则，要求程序公正、公开、组织者中立等确保更多的人平等地参与程序，并将公正选择参与人的权力授予了参与局，要求参与局确定选择方式。托斯卡纳大区经济计划研究所在2011年5月9日发布的对托斯卡纳大区《公众参与法》的调查报告中指出，

---

[5] M. Ciancaglini, "La democrazia partecipativa in Toscana", *Note a margine della legge regionale n. 69/2007*, http://www.consiglio.regione.toscana.it/partecipazione.

[6] C. Corsi, Democrazia partecipativa e procedimento amministrativo: un raffronto attraverso l'esperienza della legge toscana, In F. Bortolotti, C. Corsi., *La partecipazione politica e sociale tra crisi e innovazione. Il caso della Toscana*, Roma: Ediesse, 2012, p. 241.

[7] M. Ciancaglini, "La democrazia partecipativa in Toscana", *Note a margine della legge regionale n. 69/2007*, http://www.consiglio.regione.toscana.it/partecipazione.

托斯卡纳大区很多地方团体所进行的公众参与程序中,都是通过抽签的方式确定参与人的,抽签最能接近包容性原则。[8]

此外,既然托斯卡纳大区将参与上升为公民的一项权利,则不可避免地会产生司法救济的问题。遗憾的是,该法并没有明确规定公民能否申请法官对参与程序进行司法审查。一些意大利学者认为,在某些情况下,如行政机关拒绝某人参与程序或将其排除在一定主体之外,应该保证其有权提起诉讼。[9]

四、公众参与的程序公开透明

托斯卡纳大区《公众参与法》规定了两种程序:大区公众辩论与大区对地方公众参与程序的支持。"大区公众辩论"是受法国公众辩论国家委员会(Commission Nationale du Débat Public)模式影响而规定的,[10] 指针对那些对大区的环境、地域、风景、社会、文化及经济等方面产生特别影响的工程、规划等进行咨询、公开辩论及参与的程序。这是较为具体的参与程序,它规范了大区组织公共参与的事项,对于公众参与范围、组织者、具体的申请、受理、进行及结束等都作出了较为详细的规定。"大区对地方公众参与程序的支持"是为了在大区内各个地方推进公众参与,大区针对地方需要进行公众辩论的事项给予一定支持的程序,一般由地方团体、市民等向大区参与局提出公众参与方案,参与局根据法律确定的标准进行评估,并决定对地方公众参与程序是否给予资金、技术或信息等方面的支持。这种程序不规定地方具体如何组织公众参与,只规定获取大区支持的条件、如何申请支持、大区怎样进行支持等。《公众参与法》对这两种程序的规定都体现了公开透明的原则,因为所规范的内容不同。本文分别对这两种程序进行分析。

(一)大区公众辩论

1. 启动程序的期间。为了使大区公众辩论实现其价值,该法规定,大区公众辩论应该在工程或规划等制定初期或者稍后但最终设计没有完成的

---

[8] Partecipazione, "politiche pubbliche", *territori. La L. R.* 69/2007 (Studi per il Consiglio n. 6/2011), http://www.irpet.it.

[9] S. Cassese, "La partecipazione dei privati alle decisioni pubbliche. *Saggio di diritto comparato*", in *Riv. trim. dir. pubbl.*, 2007.

[10] Antonio Floridia, "La democrazia deliberativa, dalla teoria alle procedure", *Il caso della legge regionale toscana sulla partecipazione*, http://www.gramscitoscano.org.

时候展开,这样,一切不同意见均有可能被采纳,项目人在听取不同利益主体从各种角度进行的广泛争辩后,可以选择更好的方案,公众辩论的结果才有意义。

2. 强制性公众辩论事项。与 2007 年《公众参与法》相比,2013 年的《公众参与法》有了一个重大突破,即规定了强制性公众辩论的情形。在 2007 年的法律中,对于是否进行大区公众辩论并没有规定特别标准或条件,法律仅作出了程序性的规定,因此可以认为,是否举行大区公众辩论完全属于参与局的自由裁量权。2007 年《公众参与法》实施以后,托斯卡纳大区并没有举行过一次公众辩论,一些人认为这与参与局的自由裁量权过大有关。[11] 因此,2013 年的《公众参与法》缩小了参与局的自由裁量权,规定所有总投资超过 5000 万欧元的公共工程必须举行大区公众辩论;对于总投资超过 5000 万欧元的私人工程,参与局要与项目人交涉以获得项目人对举行大区公众辩论的合作,包括财政上的支持;对总投资超过 1000 万少于 5000 万的工程,无论是公共工程还是私人工程,参与局可以依职权或依申请决定是否开展大区公众辩论。对于需要在托斯卡纳大区实现的国家工程,参与局也可以推进大区公众辩论,但是要遵守有关国家法律的规定。

3. 有权申请启动程序的主体。对于不属于强制性公众辩论的项目,《公众参与法》还规定参与局可以自己依职权启动一个大区公众辩论的程序,符合条件的其他主体也可以向参与局申请组织开展大区公众辩论。根据该法第 8 条第 3 款的规定,针对其他总投资超过 1000 万的工程,有权申请进行公众辩论的主体包括:大区政府、大区议会、项目所涉的地方团体、以不同名义帮助项目实现的主体以及居民。当然,并不是任何居民个人都可以单独提出申请。根据《公众参与法》第 8 条第 3 款 e 项的规定,提出申请的居民人数要达到大区总人口的 0.1% 的比例。总人口不仅指托斯卡纳大区的公民,而是包括所有合法居住在大区的年满 16 岁的公民、外国人与无国籍人。规定非行政机关的主体也可以申请启动公众参与程序非常重要,这就避免了公众参与启动权完全掌握在行政机关手中。

4. 申请、受理与信息公开。如果属于强制性的大区公众辩论,项目人应该预先向参与局递交一个项目报告,参与局在收到报告的 15 日内可以要

---

〔11〕 Valeria De Santis, "La nuova legge della Regione Toscana in materia di dibattito pubblico regionale e promozione della partecipazione", http://www.associazionedeicostituzionalisti.it.

求项目人在规定期间内补充资料,并在收到报告或补充资料之日起 30 日内,作出大区公众辩论的决议。如果属于非强制性的大区公众辩论情形,参与局在收到有关主体的申请之后,有义务在 30 日之内作出答复,并说明理由。一旦决定组织大区公众辩论,参与局应该将此决定递交给大区政府及议会,大区政府与议会要在各自网站及官方公报上公布。除此之外,参与局也可以使用其他形式公开。

5. 公众辩论的方式。如前所述,大区公众辩论的方式由参与局确定,法律对此并没有作出强制性规定。虽然不能规定具体方式,但是法律要求参与局应该遵循公开、公正与平等的原则确定公众辩论的方式,这体现在该法第 11 条第 1 款的 a 项中,大区参与局"保证所有所涉居民能够最大程度地获得信息,推动公众参与的开展并保证参与公正进行,保证所有人能够从不同角度完全平等地表达意见,在性别、辩论的地点及时间方面保障公平"。参与局应该确定公众辩论的阶段及期间,并从在公众参与方法与实践方面有经验的专家中选择一人为公众辩论的负责人,明确负责人的特殊任务,当然该局本身也可以作为负责人。

6. 公众辩论结果的效力。大区公众辩论结束后,公众辩论的负责人应向参与局递交一个关于公众辩论的最终报告,对辩论程序及在辩论过程中提出的问题进行说明,并提出自己的结论性建议,参与局将该报告转交给大区政府与议会并公开。对于公众辩论结果的效力,法律没有规定它具有强制约束力,但也没有规定可以对它置之不理,项目人要承担说明理由的义务。根据《公众参与法》第 12 条第 3 款规定,在上述报告公布后的 90 日内,项目人可以公开宣布放弃项目或提交替代计划、修改计划或者保持原计划,并说明理由;参与局将此决定转交给大区政府与议会并公开。

可以看出,整个大区公众辩论的过程就是一个对话与交流的过程,对于涉及大区重要利益的事项,所有居民都可以提出自己的意见,这促使每一个重大项目的项目人在项目设计初期就必须把公众参与考虑在内,并将公众参与列为预算项目。

(二)大区对地方公众参与程序的支持

1. 有权申请大区支持的主体。为了使公众参与成为大区各领域的一般程序,尤其是为了推进地方层面公众参与的开展,针对地方相关主体的申请,大区可以为地方组织公众参与的活动提供一系列支持。根据《公众参与法》第 13 条之规定,可以向参与局申请支持的主体包括五类:首先是居民,居民针对他们所关心的事项如城市规划、卫生政策等可以组织公众参与,申请大区的支持,并在程序结束后将参与结果交给地方行政机关,请求它们考虑对相关问题制定或修改政策。申请者的人数要达到一定居民人口总数的比例,例如,1000人以内居民需要有人口总数5%的人签字才能申请支持计划。居民的范围很广,不仅包括公民,还包括外国人及无国籍人,只要他们年满16岁且享有合法居住权即可。其次是协会或者委员会,但它们不可以直接申请公众参与支持计划,其申请的前提条件是需要得到一定数量居民的支持。再次是地方团体,如果是地方团体申请支持,除了符合一般条件外,它必须声明自己会考虑公众参与的结果;如果不考虑或者部分接受,应该公开说明理由。此外,它还应该与大区签订协议,也就是地方团体声明遵守《公众参与法》的目的并且自愿受其程序约束,保证可获得所有参与程序的重要文件,对参与程序提供自己的资金与组织资源等条件。复次是企业,企业对自己可能会对地方造成环境、社会或经济影响的项目可以提出公众参与支持计划的申请。最后,学校也可以作为公众参与支持计划的申请者,大区立法者认为,学校推广公众参与对于培养学生参与公共事务的热情并积累公众参与的经验等方面而言非常重要。《公众参与法》对于学校申请的情况有特别规定。申请者应该制定详细的申请计划,在得到同意后,作为组织者组织公众参与程序的进行。可以看出,地方普通的民众针对地方的一些重要事项,也有主动要求组织公众参与的权利,并非完全由行政机关来决定。

2. 申请条件与受理。《公众参与法》明确规定了申请书应该包含的内容,以及参与局评估申请书时所应该权衡的要素。申请书应该有明确的公众参与事项,写明参与计划所处的阶段与状态;如果参与程序已经开始,则需要说明决定的程序,还应该有详细的、不超过180天的公众参与程序的时间表,列明参与程序的成本预算以及参与的方式与方法等。申请书递交给参与局后,参与局收到申请后30日之内应该进行审查,决定是否受理。考虑是否受理的要素包括公众参与的事项是否重要、参与的成本,以及公众参与对地方可能产生的影响与后果等。一项申请不能因为形式瑕疵而被拒绝,参与局根据是否符合法律界定的标准进行评判,如果拒绝申请,应该说明理由。《公众参与法》还规定了参与局对提交的计划应该优先考虑的标准,比如,在参与计划中包括了弱势主体或者处于不利地位的人参与、对风景或环境会产生潜在影响的项目等。一旦申请被受理,申请人收到受理决定后，应该在 30 日向参与局提交一项公众参与的详细计划，并要保证所有人能够完全平等地表达不同意见、参与地点与时间的条件平等；保证公众参与程序的包容性、组织与管理的中立性与公正性；保证最大程度地公开参与方面的信息，可以通过电子方式获得参与程序的全部文件。

3. 公众参与方式与参与人的选择。如同大区公众辩论一样，《公众参与法》同样没有确定地方进行公众参与的方式，但法律规定了申请人应该遵循的一般标准，如"所有人能够完全平等地表达不同意见、参与地点与时间的条件平等"等。在参与人的选择上，该法同样规定了一些基本原则，同时授予参与局可以对支持申请进行修改与补充的权力，对于申请书中列明的参与方式与选择参与人的方式，参与局有权补充。

《公众参与法》颁布以后，从 2008~2013 年，参与局共收到 220 个地方请求支持公众参与的申请，其中 116 个申请获得支持。[12] 申请者大部分是地方团体，也有企业、居民及学校。公众参与所涉问题包括教育、地方预算、城市规划、文化、垃圾处理等很多领域，地方居民的参与度较高。每一次组织的公众参与都可以在专门的网站上获得全部信息。参与的方式一般都是通过公民评审团、城镇会议、论坛、讨论会等。地方团体在进行最终决策时，都会考虑公众参与的结果，可以说在地方层面，托斯卡纳大区的公众参与取得了较为满意的成果。

五、对我国公众参与的启示

托斯卡纳大区《公众参与法》在颁布之后取得了丰硕的成果，无论是对行政机关还是对公民，都是一个全新的尝试，激发了公民参与公共决策的热情，也促使行政机关的行为更加公开透明，其立法及实践经验给我们提供了有益的启示与借鉴。

第一，应该制定公众参与方面的统一立法。实际上，在 2007 年第 69 号法律出台之前，托斯卡纳已经有一些涉及公众参与的大区法律。1998 年第 79 号关于道路的法律在有关评价环境影响的程序中就规定要保证公民参与；2000 年第 42 号关于旅游的大区法律第 81 条也规定"省、市镇、山区共同体、行业协会、工会组织、消费者保护协会、商会、农业与手工业协会以及旅游协会（pro‐loco）参与大区旅游研究中心"；2005 年第 1 号关于地方管理方面的大区法律还设立了交流保证局，该局的任务是管理信息并推动

---

[12] Rodolfo Lewanski, "Rapporto annuale 2012—2013", http：//www.consiglio.regione.toscana.it.

公民积极参与城市规划的制定；2005年第40号关于卫生服务的法律第15条第1款也规定："大区推动受救济者、工会组织、志愿者组织、社会保护与促进协会、社会合作协会以及其他第三部门主体参与大区地方社会卫生计划制定程序，并使用个人、职业协会、受尊重的科学界通过适当协商方式取得的成果。"这些法律的制定都充分表明了托斯卡纳大区想要实现参与式民主的政治主张，在实践中也积累了一定的公众参与经验。但是这些规定毕竟是分散的，不能在所有领域实现公众参与。托斯卡纳大区公众参与的统一立法明确指出，其立法目的就是要推进公众参与成为各级行政机关在一切领域进行治理的一般程序。该法明确肯定参与权是一项公民的权利，民众参与公共决策的制定是通过各种由民众充分参与讨论的政策形成过程的方式，参与者能够自由提出自己的观点，有可能受到影响的每一个成员都应该享有平等参与决策的机会。该法在颁布之后取得了丰硕的成果，无论是对行政机关还是对公民，都是一个全新的尝试，激发了公民参与公共决策的热情，也促使行政机关的行为更加公开透明。因此，完善的立法是进行公众参与的第一步。

在我国，近些年来公众参与之所以被重视，主要原因在于"得到了政治上的认同"[13]，但却没有较为完善的法律规定。当然，我国并不是没有涉及公众参与的法律条款，如《城乡规划法》第26条就规定："城乡规划报送审批前，组织编制机关应当依法将城乡规划草案予以公告，并采取论证会、听证会或者其他方式征求专家和公众的意见。公告的时间不得少于三十日。组织编制机关应当充分考虑专家和公众的意见，并在报送审批的材料中附具意见采纳情况及理由。"《水污染防治法》、《环境影响评价法》、《环境影响评价公众参与暂行办法》也有类似的规定，甚至一些地方颁布的地方政府规章，也规定了在某些方面应该进行公众参与，如《广州市规章制定公众参与办法》、《广州市重大行政决策听证试行办法》等。然而这些规定相对来说较为零散，不成体系。

我国在公众参与立法方面存在的问题较多：首先，这些规定呈现部门化状态，有关公众参与的法律仅出现在城市规划、环境保护等领域，其他涉及公众利益的重大事项是否需要公众参与并没有统一的法律规定，决定权完全在于行政机关自身；其次，即使在某些领域有了统一规定，公众参

---

[13] 蔡定剑："公众参与及其在中国的发展"，载《团结》2009年第4期。

与程序的启动也大多取决于行政机关。例如《南京市重大行政决策程序规则》规定的听证启动程序，虽然公民、法人或者其他组织可以提出，也要经政府行政首长的同意；最后，对于重大决策本身的理解也没有确切界定，仍然由行政机关自行决定。制定一个有关公众参与的统一立法可以在一定程序上解决上述问题，为公众参与程序确定统一可行的标准。可以学习托斯卡纳大区的规定，规定强制性公众参与的事项并制定具体标准，而不是笼统地称为重大决策事项。如果全国性立法有些困难，可以先制定地方性法规或者地方政府规章，根据地方情况制定公共参与的具体标准。省级政府还可以参照托斯卡纳大区的规定，对地方举行公众参与的事项提供一定的财政支持，以推广与促进公众参与的进行。

第二，公众参与的主体应该体现最大的包容性。如前所述，托斯卡纳大区中享有公众参与权的主体非常广泛，主体的确定以地域为主要因素，无论是意大利公民还是外国人，甚至无国籍人，只要居住或工作在托斯卡纳大区，都享有参与权；此外，参与局还可以根据"参加有益于参与程序"原则而自行决定参与主体。需要注意的是，尽管托斯卡纳大区法律规定的公众参与主体资格很广，但协会等社会团体的参与资格在一定程序上是受到限制的。它们不具有独立的申请资格，虽然它们可能在参与程序中出现，但起到的仅是"服务或合作的作用"。[14] 这与大区章程关于参与主体的规定并不相同，大区章程第72条规定了要促进"市民、居民及有组织的社会主体的不同形式的参与"，因此参与主体也当然包括了协会等社会组织。而《公众参与法》则更倾向于将申请参与程序的主体资格赋予自然人。

我国现有的关于公众参与的法律、法规及规章对参与主体的规定较为模糊，相对明确的也有一定的局限性，如有的只限于专家。一些法律法规、规章等也提到应该考虑公众的意见，但是具体包括哪些公众，以居住地域为标准还是以利害关系为标准，能否包括外国人？既然公众参与的目的是为了在公共决策形成之前听取各种声音，使决策的制定更加科学合理，就应该在法律中明确规定享有参与权的主体范围。关于一些社会团体是否有资格参与公共决策的制定，考虑到我国民主建设的实际情况，民众本身参与的经验不足，尤其是由于一些参与事项具有较高技术性与专业性等原因，

---

[14] M. Ciancaglini, "La democrazia partecipativa in Toscana", *Note a margine della legge regionale n. 69/2007*.

应该将社会团体纳入到参与的主体中来，发挥他们的优势。意大利也有学者认为，托斯卡纳大区不赋予协会资格，其愿望是良好的，因为有组织的团体可能会因为它所具备的知识对包容性原则造成限制；但是也会产生相反的结果，因为立法者太过于信任地方团体与个人，实际上这些主体也会使得讨论的开展变得很不平衡：地方团体会尽量想办法延期以便推动或者耽搁某项决定；个人也有可能因为参与的地点、时间等原因，不积极主动参与他们不是非常关心的问题。而恰恰是协会，特别是那些组织性较强的社会组织与此相反，因为他们本身的经验或技术会对公众参与的过程产生平衡作用，有了他们的参与，公众参与的程序就会更加流畅并富有成效。[15]

第三，应有保证公众参与程序公开透明的详细规定。为了保证所有人都能够平等地表达自己的意见，托斯卡纳大区《公众参与法》多处强调了涉及公众参与的所有文件都要公开，参与局、大区政府、大区议会、地方团体等都有公开信息的义务；应该通过各种手段包括电子信息平台的建设，使所有居民能够最大程度地获取信息，使他们从各种角度完全平等地表达意见，确保公众参与程序的公正、公开与平等。《公共参与法》明确规定了公众参与的期间及过程，规定了参与局的责任与义务。当然，关于公众参与的方式，托斯卡纳大区的《公众参与法》也没有作出强制性规定。在各国的实践中，主要模式有德国于20世纪70年代开始推广的规划小组（planungszelle）、在英国、美国及澳大利亚实施的公民评审团（citizens' juries），以及丹麦从20世纪90年代以来采取的共识会议（consensus conferences）。在实践中，托斯卡纳大区各个地方一般采用的形式有城镇会议、论坛、会谈等。在选择公众参与人方面也没有规定具体标准。托斯卡纳大区经济计划研究所在2011年5月9日发布的对托斯卡纳大区《公众参与法》的调查报告中指出，托斯卡纳大区很多地方团体所进行的公众参与程序中，都是通过抽签的方式确定参与人的，抽签最能接近包容性原则。[16] 托斯卡纳大区的立法者虽然认为不可能规定公众参与程序中可能采取的方式，但通过规定程序公正、公开、组织者中立、保证公众参与程序的包容性等条款，

---

〔15〕 M. Ciancaglini, "La democrazia partecipativa in Toscana", *Note a margine della legge regionale n. 69/2007*.

〔16〕 Partecipazione, "politiche pubbliche", *territori. La L. R.* 69/2007（Studi per il Consiglio n. 6/2011），http://www.irpet.it.

可以保证更多的参与者平等地参加。具体实践中，参与局都会制定确定的时间表，明确参与的阶段、形式、讨论的主题等，使所有参与者都能够充分准备并发表意见。

我国关于公众参与的规定都较为宏观，既不能保证程序的公开透明，也不具有可操作性。因为缺乏详细操作的条款，对于谁来组织、怎样进行、谁来参与、如何参与等程序性规定不清，在具体执行中容易流于形式。因此，应该进一步细化程序条款。以《广州市重大行政决策程序规定》（以下简称《规定》）为例，它的规定反映了我国目前公众参与程序方面的现状。首先，在公众参与方法方面，决定权在于行政机关。《规定》第 14 条、第 15 条规定，公众参与的形式包括通过公众媒体、听证会、座谈会、问卷调查或者其他方式征求社会公众意见。征求公众意见的方式取决于有关部门的选择，从而导致在实践中经常以专家座谈会的形式完成所谓的公众参与。其次，在公众如何获取相关信息方面，《规定》没有条款保证公众能够获得所涉决策的所有信息。例如，对于通过媒体向社会公众征求意见的程序方面，仅规定决策起草部门通过公共媒体公开征求意见不得少于 20 日，但是公众怎样获得具体信息、决策部门通过什么方式可以让公众获取详细信息，《规定》都没有涉及。再次，在选择听证代表与座谈会的代表方面，《规定》只是简单地指出听证代表由听证组织部门根据听证事项的内容和影响范围，分不同利益群体按比例确定，座谈会的代表由决策起草部门邀请有利害关系的公民、法人或者其他社会组织参加，但是没有涉及具体怎样确保被选择的参与人具有广泛的代表性。最后，一些具体程序的规定也不科学，听证与座谈会很难发挥实效。根据《规定》，如果采取听证会的形式，在听证前的 10 日才确定听证代表人选，代表最多在听证的 5 日前才能够得到相关资料。既然制定的是重大决策，讨论的事项应该很多，甚至有的具有专业性，只给听证代表 5 天的时间去了解与准备，显然不能达到充分讨论的效果。在实践中，听证一般一天就举行完毕，听证代表很难有充分的时间发表言论，更不用说进行辩论了，甚至一些代表根本没有机会发言，才会有哈尔滨市水价听证会中听证代表怒扔矿泉水瓶以示抗议的事件发生。[17] 虽然广州市政府针对专门的听证形式又制定了《广州市重大行政决策听证试

---

[17] 毕晓哲："听证代表扔矿泉水瓶也是民意表达"，载 http://www.legaldaily.com.cn/bm/content/2009－12/11/content_ 2003573. htm? node =7.

行办法》，对听证程序进行了进一步详细的规定，但是本质上并没有解决上述存在的问题。

第四，设立具有独立性的专门机构负责公众参与非常重要。实践证明，《公众参与法》设立的独立的大区参与局在实践中发挥了重要作用。它组织并能保证公众参与公开公正地进行，不受行政机关的影响。而我国一般公众参与的组织者就是作出决策的行政机关本身，不能保证参与的公正性。如果借鉴托斯卡纳大区的做法，设立一个相对独立的机构组织公众参与的进行，很大程度上会避免公众参与流于形式。

第五，应规定行政机关说明理由的义务。托斯卡纳大区立法者在公众参与结果的效力方面采取了一条中间道路，即没有规定它对最终决策具有强制约束力，也没有规定它可以被忽视，因为无论是否采纳该意见，责任人都应该说明理由。我国一般规定行政机关如果不采纳公众参与的意见应该做出说明，但没有规定方式、内容等具体要求。因此，应该进一步对说明理由的义务作出详细规定。

当然，托斯卡纳大区的《公众参与法》并非尽善尽美。例如，在规定公众参与结果对最终公共决策的效力方面，托斯卡纳大区的立法者采取了一条中间道路，既没有规定公众参与的结果对公共决策有强制约束力，也没有规定行政机关可以完全无视公众参与的结果而自行决定，而是采取一种"事先承诺"的方式：在大区对地方公众参与支持的程序中，如果申请者是地方团体，在申请时必须承诺，作出最终决定时会考虑公众参与的结果，如果不采纳要说明理由；在大区公众辩论程序中，项目人在辩论程序结束时有三种选择，即放弃计划、改变计划或坚持原计划，均应说明理由。虽然在法律上公众参与形成的意见没有约束力，但是在事实上，一般行政机关不会对耗费大量时间与资源形成的公众参与意见置于不顾，至少在作出决定的时候应该有充足的理由，加强了行为的公开透明性。我国虽然也规定行政机关如果不采纳公众参与的意见，应该对此作出说明，但是与说明理由的义务还相差甚远。由此，应该进一步对说明理由的义务作出详细规定。

总之，托斯卡纳大区的《公众参与法》给予我们很多有益的启示，但毕竟两国民主政治的土壤是不一样的。众所周知，托斯卡纳大区在中世纪就是文艺复兴的发祥地，其居民在历史上就具有强烈的市民精神，对涉及整个大区发展的问题民众都非常关心。而我国毕竟不具备这样的民主土壤。

虽然近些年在一些地方也出现了公众参与的事件，如厦门的 PX 事件，然而整体而言，公众参与的发展并不平衡。因此在立法保障的前提下，还应该积极采取各种方法提高公众参与的热情，推进公众参与的有效进行。

废除死刑的全球化与中国死刑
罪名立法的宪法控制

上官丕亮 *

关于死刑罪名的控制，我国法学界虽有些探讨，但鲜见学者从宪法角度加以分析。在此，本文就拟从宪法的角度并结合废除死刑的全球化，对中国死刑罪名的控制作一点探讨，以期抛砖引玉。

一、废除死刑的全球化与中国死刑罪名的立法变迁

在世界上，废除死刑已经成为一种全球化潮流。截至 2012 年 12 月 31 日，全世界已有 97 个国家废除了所有犯罪的死刑，8 个国家废除了普通犯罪的死刑（战时犯罪除外），35 个国家在事实上废除了死刑（虽然在法律上保留了死刑，但在过去 10 年或更长的时间内没有执行过死刑，不执行死刑已成为一个政策或惯例），全球共计有 140 个国家（即超过 2/3 的国家）在法律或事实上废除了死刑；只有 58 个国家保留了死刑。而且，自 1976 年以来共有 86 个国家废除死刑。也就是说，近 36 年来平均每年有 2 个以上国家废除死刑。[1]

然而，在中国，尽管 2011 年全国人大常委会通过的《刑法修正案（八）》取消了 13 个经济性非暴力犯罪的死刑罪名，但目前我国《刑法》仍

---

* 苏州大学王健法学院教授。

〔1〕 参见 "Abolitionist and Retentionist Countries"，载 http://www.deathpenaltyinfo.org/abolitionist-and-retentionist-countries，访问时间：2014 年 3 月 1 日。

有55个死刑罪名,仍然是世界上死刑罪名最多的国家。[2]

1949年新中国成立后,我国法制不健全,在此后的30年间没有制定刑法典,关于死刑的规定仅见于几个单行刑法,如1951年的《惩治反革命条例》、《妨害国家货币治罪暂行条例》,1952年的《惩治贪污条例》等。这些单行刑法涉及可处死刑的罪名主要是反革命罪,包括背叛祖国罪、策动叛变罪、持械聚众叛乱罪、间谍罪、资敌罪、利用封建会道门进行反革命活动罪、反革命破坏罪、反革命杀害罪等,此外还有贪污贿赂罪、伪造国家货币罪等。然而,在审判实践中,还出现过故意杀人罪,故意伤害(致死)罪,强奸妇女罪,惯窃、惯骗罪,虐待致死罪,毁损通讯设备罪,制造、贩卖假药罪,盗卖、盗运珍贵文物罪等被判处死刑的情形,但并非依据法律上的明文规定,而是依据"惩办与宽大相结合"的刑事政策精神。[3] 直到1979年新中国第一部刑法典的制定,死刑罪名的立法才开始纳入法制轨道。为此,本文关于死刑罪名的立法概况主要从1979年刑法典的制定谈起。

(一)1979年刑法典颁布时的死刑罪名为28个

1979年7月1日,第五届全国人民代表大会第二次会议通过了新中国第一部刑法典《中华人民共和国刑法》(1980年1月1日起施行),当时规定的死刑罪名为28个。具体的死刑罪名,详见表1:

表1:1979年刑法典颁布时的死刑罪名(28个)

在刑法分则中的位置	死刑罪名	数量
第一章反革命罪	(1)背叛祖国罪;(2)阴谋颠覆政府罪;(3)阴谋分裂国家罪;(4)策动叛乱罪;(5)策动叛变罪;(6)投敌叛变罪;(7)持械聚众叛乱罪;(8)聚众劫狱罪;(9)组织越狱罪;(10)间谍罪;(11)特务罪;(12)资敌罪;(13)反革命破坏罪;(14)反革命杀人罪;(15)反革命伤人罪	15

---

[2] 值得关注的是,2013年11月12日中国共产党十八届三中全会通过的《中共中央关于全面深化改革若干重大问题的决定》明确提出:"逐步减少适用死刑罪名。"2014年10月27日,第十二届全国人大常委会第十一次会议初次审议了《中华人民共和国刑法修正案(九)(草案)》(该《草案》已经公布,正向社会公开征求意见),拟再取消9个死刑罪名:走私武器、弹药罪,走私核材料罪,走私假币罪,伪造货币罪,集资诈骗罪,组织卖淫罪,强迫卖淫罪,阻碍执行军事职务罪,战时造谣惑众罪。

[3] 参见高铭暄:"我国的死刑立法及其发展趋势",载《法学杂志》2004年第1期。

续表

在刑法分则中的位置	死刑罪名	数量
第二章危害公共安全罪	(1)放火罪;(2)决水罪;(3)爆炸罪;(4)投毒罪;(5)以其他危险方法危害公共安全罪;(6)破坏交通工具罪;(7)破坏交通设施罪;(8)破坏易燃易爆设备罪	8
第三章破坏社会主义经济秩序罪	无	0
第四章侵犯公民人身权利、民主权利罪	(1)故意杀人罪;(2)强奸妇女罪;(3)奸淫幼女罪	3
第五章侵犯财产罪	(1)抢劫罪;(2)贪污罪	2
第六章妨害社会管理秩序罪	无	0
第七章妨害婚姻、家庭罪	无	0
第八章渎职罪	无	0
共计		28

　　从刑法分则的规定来看,1979年刑法分则中规定死刑的条文共计15条,涉及28种具体犯罪,其中反革命罪占9条15个罪名,危害公共安全罪占2条8个罪名,侵犯公民人身权利罪占2条3个罪名,侵犯财产罪占2条2个罪名。规定死刑的条文占刑法分则实际规定犯罪和刑罚的97个条文的15%;可以判处死刑的罪名占刑法分则中152个罪名的18%;在刑法分则规定的8类犯罪中,仅有4类犯罪中有死刑条款。值得注意的是,在死刑条款和死刑罪名中,反革命罪分别占总数的60%和57%,这说明当时的死刑主要是用来对付反革命犯罪的手段。[4]

　　(二) 1997年刑法修订前全国人大常委会通过特别刑法增加47个死刑罪名,死刑罪名达到75个

　　1979年刑法制定实施后,随着我国经济体制改革的发展,我国进入了一个体制转轨、社会转型的历史时期,这时社会整合力量减弱、失范效应

---

[4] 参见鲍遂献:"对中国死刑问题的深层思考",载《法律科学》1993年第1期。

发生，出现了一个犯罪高潮。为此，在1997年刑法修订之前，全国人大常委会先后通过了23个具有特别刑法性质的《条例》、《决定》和《补充规定》，对刑法有关内容进行了大量的修改补充，其中包括增加了大量的死刑罪名。[5] 关于1997年刑法修订之前全国人大常委会通过特别刑法增设的死刑罪名究竟有多少个，学者们有不同的看法。有学者的统计是53个；[6] 有的学者认为是50个；[7] 还有学者认为是46个。[8] 为了更好地进行新旧刑法的比较，笔者参照1997年《最高人民法院关于执行〈中华人民共和国刑法〉确定罪名的规定》来确定全国人大常委会特别刑法中的死刑罪名名称，进而统计出1997年刑法修订之前（主要是1981~1995年间）全国人大常委会特别刑法增设的死刑罪名为47个。这47个死刑罪名增设的具体情况，见表2：

表2：1997年刑法修订前全国人大常委会通过
特别刑法增设的死刑罪名（47个）

序号	时间	特别刑法	增设的死刑罪名	数量
1	1981年6月10日第五届全国人大常委会第十九次会议	《中华人民共和国惩治军人违反职责罪暂行条例》	(1)窃取、刺探、收买、非法提供军事秘密罪；(2)阻碍执行军事职务罪；(3)盗窃武器装备、军用物资罪；(4)破坏武器装备罪；(5)破坏军事设施罪；(6)战时造谣惑众罪；(7)临阵脱逃罪；(8)战时违抗命令罪；(9)谎报军情罪；(10)假传军令罪；(11)投降罪；(12)掠夺、残害战区无辜居民罪	12

---

[5] 参见陈兴良：《死刑备忘录》，武汉大学出版社2006年版，第106页。
[6] 参见李云龙、沈德咏：《死刑专论》，中国政法大学出版社1997年版，第85页。
[7] 参见胡云腾：《存与废——死刑基本理论研究》，中国检察出版社2000年版，第202页。
[8] 参见陈兴良：《死刑备忘录》，武汉大学出版社2006年版，第106页。

续表

序号	时间	特别刑法	增设的死刑罪名	数量
2	1982年3月8日第五届全国人大常委会第二十二次会议	《关于严惩严重破坏经济的罪犯的决定》	(1)走私罪;(2)套汇罪;(3)投机倒把罪;(4)盗窃罪;(5)惯窃罪[9];(6)盗运珍贵文物出口罪;(7)贩毒罪;(8)受贿罪	8
3	1983年9月2日第六届全国人大常委会第二次会议	《关于严惩严重危害社会治安的犯罪分子的决定》	(1)流氓罪;(2)故意伤害罪;(3)拐卖人口罪;(4)非法制造、买卖、运输枪支、弹药、爆炸物罪;(5)盗窃、抢夺枪支、弹药、爆炸物罪;(6)组织反动会道门、反革命活动罪;(7)利用封建迷信进行反革命活动罪;(8)引诱、容留卖淫罪;(9)强迫妇女卖淫罪;(10)传授犯罪方法罪[10]	10
4	1988年9月5日第七届全国人大常委会第三次会议	《关于惩治泄露国家秘密犯罪的补充规定》	(1)为境外窃取、刺探、收买、非法提供国家秘密罪	1

---

〔9〕 1994年1月17日,福建省高级人民法院就对惯窃犯可否适用《关于严惩严重破坏经济的罪犯的决定》第1条第(一)项向最高人民法院提出请示:"最高人民法院:1982年3月8日全国人大常委会通过的《关于严惩严重破坏经济的罪犯的决定》第1条第(一)项中对《刑法》第152条盗窃的处刑作了补充和修改,此项规定中对《刑法》第152条仅列了盗窃罪,未列惯窃罪,惯窃罪虽属盗窃罪的范畴,但系独立的罪名,此项规定是否适用于惯窃罪不明确。我们的意见是,惯窃罪的基本特征属盗窃罪,而且是盗窃罪中更严重的一种犯罪,犯罪情节特别严重的可适用此规定,是否正确,望予批复。"1994年2月9日,最高人民法院研究室作出了关于对惯窃罪犯可否适用《关于严惩严重破坏经济的罪犯的决定》第1条第(一)项问题的答复:"福建省高级人民法院:你院闽高法〔1994〕11号《关于对惯窃犯可否适用〈关于严惩严重破坏经济的罪犯的决定〉第1条第(一)项的请示》收悉。经研究,我们认为,根据1992年12月11日最高人民法院、最高人民检察院《关于办理盗窃案件具体应用法律的若干问题的解释》第6条的规定,犯惯窃罪,数额特别巨大的,可适用全国人大常委会《关于严惩严重破坏经济的罪犯的决定》第1条第(一)项的规定处罚。"

〔10〕 前9个是对刑法中原有的9种犯罪增设了死刑,最后的传播犯罪方法罪是新增设的可判死刑的新罪名。

续表

序号	时间	特别刑法	增设的死刑罪名	数量
5	1990年12月28日第七届全国人大常委会第十七次会议	《关于禁毒的决定》	（1）走私、贩卖、运输、制造毒品罪	1
6	1991年6月29日第七届全国人大常委会第二十次会议	《关于惩治盗掘古文化遗址古墓葬犯罪的补充规定》	（1）盗掘古文化遗址、古墓葬罪	1
7	1991年9月4日第七届全国人大常委会第二十一次会议	《关于严惩拐卖、绑架妇女、儿童的犯罪分子的决定》	（1）拐卖妇女、儿童罪；（2）绑架妇女、儿童罪；（3）绑架勒索罪	3
8	1991年9月4日第七届全国人大常委会第二十一次会议	《关于严禁卖淫嫖娼的决定》	（1）组织卖淫罪；（2）强迫卖淫罪	2
9	1992年12月28日第七届全国人大常委会第二十九次会议	《关于惩治劫持航空器犯罪分子的决定》	（1）劫持航空器罪	1
10	1993年7月2日第八届全国人大常委会第二次会议	《关于惩治生产、销售伪劣商品犯罪的决定》	（1）生产、销售假药罪；（2）生产、销售有毒、有害食品罪	2

续表

序号	时间	特别刑法	增设的死刑罪名	数量
11	1995年6月30日第八届全国人大常委会第十四次会议	《关于惩治破坏金融秩序犯罪的决定》	(1) 伪造货币罪;(2) 集资诈骗罪;(3) 票据诈骗罪;(4) 信用证诈骗罪	4
12	1995年10月30日第八届全国人大常委会第十六次会议	《关于惩治虚开、伪造和非法出售增值税专用发票犯罪的决定》	(1) 虚开增值税专用发票罪;(2) 伪造、出售伪造的增值税专用发票罪	2
共计				47

1979年刑法规定了28个死刑罪名，加上全国人大常委会通过特别刑法增加了47个死刑罪名，这样到1997年刑法修订之前，我国的死刑罪名在事实上达到75个。为此，有学者惊叹"我国的死刑立法急剧膨胀，死刑适用范围之广，死刑增长速度之快，令人震惊"，并指出这是一种"危险的倾向"。[11]

（三）1997年刑法修订后确定68个死刑罪名，在数量上比原来减少7个

为适应随着我国政治、经济和社会生活的发展变化而出现的许多新情况、新问题，1997年我国对1979年刑法作了比较全面系统的修改，1997年3月14日第八届全国人民代表大会第五次会议通过了修订后的《中华人民共和国刑法》（通常称之为"1997年刑法"）。1997年修订后的刑法规定的死刑罪名为68个。

值得指出的是，仅从刑法条文来看，1979年刑法典只有28个死刑罪名，而1997年刑法典有68个死刑罪名，好像一下子增加了40个死刑罪名。其实，1997年在修订刑法时，死刑罪名并没有多少新的增加，只是"要制

---

[11] 鲍遂献："对中国死刑问题的深层思考"，载《法律科学》1993年第1期。

定一部统一的、比较完备的刑法典。将刑法实施 17 年来由全国人大常委会作出的有关刑法的修改补充规定和决定研究修改编入刑法"[12]，这样也将 1979 年刑法制定以来，全国人大常委会制定的特别刑法中的 47 个死刑罪名编入了刑法典。时任全国人民代表大会常务委员会副委员长的王汉斌于 1997 年 3 月 6 日在第八届全国人民代表大会第五次会议上所作的《关于〈中华人民共和国刑法（修订草案）〉的说明》中还专门对"死刑问题"作了说明："有些同志认为现行法律规定的死刑多了，主张减少。这是值得重视的。但是，考虑到目前社会治安的形势严峻，经济犯罪的情况严重，还不具备减少死刑的条件。这次修订，对现行法律规定的死刑，原则上不减少也不增加。"

从总体上看，与 1979 年刑法以及此后全国人大常委会有关补充规定相比，1997 年修订后的刑法典取消了反革命破坏罪、反革命杀人罪、反革命伤人罪、组织反动会道门进行反革命活动罪、利用封建迷信进行反革命活动罪、阴谋颠覆政府罪、策动叛乱罪、策动叛变罪、奸淫幼女罪、套汇罪、投机倒把罪、惯窃罪等死刑罪名（其中许多罪名本身都取消了）；死刑罪名走私罪分解为走私武器、弹药罪，走私核材料罪，走私假币罪，走私文物罪，走私贵重金属罪，走私珍贵动物、珍贵动物制品罪，走私普通货物、物品罪等死刑罪名；盗窃、抢夺枪支、弹药、爆炸物罪分解为盗窃、抢夺枪支、弹药、爆炸物罪，抢劫枪支、弹药、爆炸物罪；新增加了破坏电力设备罪，金融凭证诈骗罪，盗掘古人类化石、古脊椎动物化石罪，军人叛逃罪，非法出卖、转让军队武器装备罪等死刑罪名；整合了拐卖人口罪与拐卖妇女、儿童罪，组织卖淫罪与引诱、容留卖淫罪，强迫卖淫罪与强迫妇女卖淫罪，绑架妇女、儿童罪与绑架勒索罪等死刑罪名；还有一些死刑罪名在名称上作了修改完善。这样，1997 年刑法修订后，我国的死刑罪名在数量上略有减少，从原来实际上的 75 个减少至 68 个，减少了 7 个死刑罪名。但总的说来，我国刑法典的死刑罪名配置具有死刑罪名配置广泛、死刑罪名配置比重大、暴力犯罪死刑配置范围广、非暴力犯罪死刑配置数量大的特点，[13] 死刑罪名之多为世界之最。

---

〔12〕 参见时任全国人民代表大会常务委员会副委员长王汉斌于 1997 年 3 月 6 日在第八届全国人民代表大会第五次会议上所作的《关于〈中华人民共和国刑法（修订草案）〉的说明》。

〔13〕 参见赵秉志等编著：《穿越迷雾：死刑问题新观察》，中国法制出版社 2009 年版，第 295 页。

表3：1997年刑法修订后的死刑罪名（68个）

在刑法分则中的位置	死刑罪名[14]	数量
第一章危害国家安全罪	（1）背叛国家罪；（2）分裂国家罪；（3）武装叛乱、暴乱罪；（4）投敌叛变罪；（5）间谍罪；（6）为境外窃取、刺探、收买、非法提供国家秘密、情报罪；（7）资敌罪	7
第二章危害公共安全罪	（1）放火罪；（2）决水罪；（3）爆炸罪；（4）投毒罪；（5）以危险方法危害公共安全罪；（6）破坏交通工具罪；（7）破坏交通设施罪；（8）破坏电力设备罪；（9）破坏易燃易爆设备罪；（10）劫持航空器罪；（11）非法制造、买卖、运输、邮寄、储存枪支、弹药、爆炸物罪；（12）非法买卖、运输核材料罪；（13）盗窃、抢夺枪支、弹药、爆炸物罪；（14）抢劫枪支、弹药、爆炸物罪[15]	14
第三章破坏社会主义经济秩序罪	（1）生产、销售假药罪；（2）生产、销售有毒、有害食品罪；（3）走私武器、弹药罪；（4）走私核材料罪；（5）走私假币罪；（6）走私文物罪；（7）走私贵重金属罪；（8）走私珍贵动物、珍贵动物制品罪；（9）走私普通货物、物品罪；（10）伪造货币罪；（11）集资诈骗罪；（12）票据诈骗罪；（13）金融凭证诈骗罪；（14）信用证诈骗罪；（15）虚开增值税专用发票、用于骗取出口退税、抵扣税款发票罪；（16）伪造、出售伪造的增值税专用发票罪	16
第四章侵犯公民人身权利、民主权利罪	（1）故意杀人罪；（2）故意伤害罪；（3）强奸罪；（4）绑架罪；（5）拐卖妇女、儿童罪	5

[14] 死刑罪名的具体名称，来源于1997年《最高人民法院关于执行〈中华人民共和国刑法〉确定罪名的规定》。

[15] 由于2001年12月29日《中华人民共和国刑法修正案（三）》的出台，2002年3月15日最高人民法院、最高人民检察院公布了《关于执行〈中华人民共和国刑法〉确定罪名的补充规定》，取消"投毒罪"罪名，代之以"投放危险物质罪"；取消"非法买卖、运输核材料罪"罪名，代之以"非法制造、买卖、运输、储存危险物质罪"；"盗窃、抢夺枪支、弹药、爆炸物罪"更名为"盗窃、抢夺枪支、弹药、爆炸物、危险物质罪"；"抢劫枪支、弹药、爆炸物罪"更名为"抢劫枪支、弹药、爆炸物、危险物质罪"。

续表

在刑法分则中的位置	死刑罪名[16]	数量
第五章侵犯财产罪	（1）抢劫罪；（2）盗窃罪	2
第六章妨害社会管理秩序罪	（1）传授犯罪方法罪；（2）暴动越狱罪；（3）聚众持械劫狱罪；（4）盗掘古文化遗址、古墓葬罪；（5）盗掘古人类化石、古脊椎动物化石罪；（6）走私、贩卖、运输、制造毒品罪；（7）组织卖淫罪；（8）强迫卖淫罪	8
第七章危害国防利益罪	（1）破坏武器装备、军事设施、军事通信罪；（2）故意提供不合格的武器装备、军事设施罪	2
第八章贪污贿赂罪	（1）贪污罪；（2）受贿罪	2
第九章渎职罪	无	0
第十章军人违反职责罪	（1）战时违抗命令罪；（2）隐瞒、谎报军情罪；（3）拒传、假传军令罪；（4）投降罪；（5）战时临阵脱逃罪；（6）阻碍执行军事职务罪；（7）军人叛逃罪；（8）为境外窃取、刺探、收买、非法提供军事秘密罪；（9）战时造谣惑众罪；（10）盗窃、抢夺武器装备、军用物资罪；（11）非法出卖、转让军队武器装备罪；（12）战时残害居民、掠夺居民财物罪	12
共计		68

（四）2011年刑法修正案（八）取消13个死刑罪名，死刑罪名减至55个

随着经济社会的发展，又出现了一些新的情况和问题，需要对刑法的有关规定作出修改。中央关于深化司法体制和工作机制改革的意见也要求进一步落实宽严相济的刑事政策，对刑法作出必要的调整和修改。"经与各有关方面反复研究，一致认为我国的刑罚结构总体上能够适应当前惩治犯罪，教育改造罪犯，预防和减少犯罪的需要。但在实际执行中也存在一些问题，需要通过修改刑法适当调整。一是刑法规定的死刑罪名较多，共68

---

[16] 死刑罪名的具体名称，来源于1997年《最高人民法院关于执行〈中华人民共和国刑法〉确定罪名的规定》。

个,从司法实践看,有些罪名较少适用,可以适当减少。二是根据我国现阶段经济社会发展实际,适当取消一些经济性非暴力犯罪的死刑,不会给我国社会稳定大局和治安形势带来负面影响。"[17] 为此,2011 年 2 月 25 日第十一届全国人民代表大会常务委员会第十九次会议通过了《中华人民共和国刑法修正案(八)》,取消了 13 个经济性非暴力犯罪死刑罪名,占死刑罪名总数的 19.1%。取消的 13 个死刑罪名是:①走私文物罪;②走私贵重金属罪;③走私珍贵动物、珍贵动物制品罪;④走私普通货物、物品罪;⑤票据诈骗罪;⑥金融凭证诈骗罪;⑦信用证诈骗罪;⑧虚开增值税专用发票、用于骗取出口退税、抵扣税款发票罪;⑨伪造、出售伪造的增值税专用发票罪;⑩盗窃罪;⑪传授犯罪方法罪;⑫盗掘古文化遗址、古墓葬罪;⑬盗掘古人类化石、古脊椎动物化石罪。

2011 年刑法修正案(八)取消了 13 个死刑罪名后,我国的死刑罪名减至 55 个(见表4),但仍为世界上死刑罪名最多的国家。

表4:2011 年刑法修订后的死刑罪名 (55 个)

在刑法分则中的位置	死刑罪名	数量
第一章危害国家安全罪	(1) 背叛国家罪;(2) 分裂国家罪;(3) 武装叛乱、暴乱罪;(4) 投敌叛变罪;(5) 间谍罪;(6) 为境外窃取、刺探、收买、非法提供国家秘密、情报罪;(7) 资敌罪	7
第二章危害公共安全罪	(1) 放火罪;(2) 决水罪;(3) 爆炸罪;(4) 投放危险物质罪;(5) 以危险方法危害公共安全罪;(6) 破坏交通工具罪;(7) 破坏交通设施罪;(8) 破坏电力设备罪;(9) 破坏易燃易爆设备罪;(10) 劫持航空器罪;(11) 非法制造、买卖、运输、邮寄、储存枪支、弹药、爆炸物罪;(12) 非法制造、买卖、运输、储存危险物质罪;(13) 盗窃、抢夺枪支、弹药、爆炸物、危险物质罪;(14) 抢劫枪支、弹药、爆炸物、危险物质罪	14

---

[17] 参见全国人大常委会法制工作委员会主任李适时于2010年8月23日在第十一届全国人民代表大会常务委员会第十六次会议上所作的《关于〈中华人民共和国刑法修正案(八)(草案)〉的说明》。

续表

在刑法分则中的位置	死刑罪名	数量
第三章破坏社会主义经济秩序罪	(1) 生产、销售假药罪；(2) 生产、销售有毒、有害食品罪；(3) 走私武器、弹药罪；(4) 走私核材料罪；(5) 走私假币罪；(6) 伪造货币罪；(7) 集资诈骗罪	7
第四章侵犯公民人身权利、民主权利罪	(1) 故意杀人罪；(2) 故意伤害罪；(3) 强奸罪；(4) 绑架罪；(5) 拐卖妇女、儿童罪	5
第五章侵犯财产罪	(1) 抢劫罪	1
第六章妨害社会管理秩序罪	(1) 暴动越狱罪；(2) 聚众持械劫狱罪；(3) 走私、贩卖、运输、制造毒品罪；(4) 组织卖淫罪；(5) 强迫卖淫罪	5
第七章危害国防利益罪	(1) 破坏武器装备、军事设施、军事通信罪；(2) 故意提供不合格的武器装备、军事设施罪	2
第八章贪污贿赂罪	(1) 贪污罪；(2) 受贿罪	2
第九章渎职罪	无	0
第十章军人违反职责罪	(1) 战时违抗命令罪；(2) 隐瞒、谎报军情罪；(3) 拒传、假传军令罪；(4) 投降罪；(5) 战时临阵脱逃罪；(6) 阻碍执行军事职务罪；(7) 军人叛逃罪；(8) 为境外窃取、刺探、收买、非法提供军事秘密罪；(9) 战时造谣惑众罪；(10) 盗窃、抢夺武器装备、军用物资罪；(11) 非法出卖、转让军队武器装备罪；(12) 战时残害居民、掠夺居民财物罪	12
共计		55

二、长期以来我国死刑罪名控制欠佳的宪法检视

从横向来看，与世界上保留死刑的国家相比较，我国是世界上死刑罪名最多的国家。从纵向来看，1979 年我国制定的刑法所规定的死刑罪名也才 28 个，正如彭真于 1979 年 6 月 26 日在第五届全国人民代表大会第二次会议上所作的《关于七个法律草案的说明》中就《中华人民共和国刑法（草案）》所指出的："我国现在还不能也不应废除死刑，但应尽量减少使用。早在 1951 年，中共中央和毛泽东同志就再三提出要尽量减少死刑。现在，建国将近三十年，特别在粉碎'四人帮'以后，全国形势日益安定，因此刑法（草案）减少了判处死刑罪的条款。"[18] 那为什么此后我国死刑罪名的立法不断递增、至今居高不下呢？应该说，原因是多方面的。从宪法的角度来看，我国死刑罪名控制欠佳的原因主要有三：

（一）死刑罪名的立法缺乏宪法上生命权条款的约束

死刑，又称生命刑，它要剥夺的是罪犯的生命。显然，死刑与人类最为珍贵的权利——生命权密切相关，死刑罪名的有无以及多少是与生命权的保障程度成正比的。也正因为如此，世界上废除或者限制死刑的国家大多在宪法中规定了生命权条款，[19] 并且往往将它与死刑问题一起规定。

例如，瑞士宪法第 10 条第 1 款规定："每个人都享有生命权。禁止死刑。"芬兰宪法第 7 条规定："每个人都享有生命权、人身自由、完整性和安全"，"任何人不得判处死刑、遭受拷打或其他侵犯人格尊严的待遇。"葡萄牙宪法第 24 条规定："人的生命不可侵犯"，"在任何情况下不适用死刑。"西班牙宪法第 15 条规定："人人享有生命和身心完整的权利，在任何情况下不遭受拷打或不人道或贬低人格的惩罚和待遇。除了在战争时期军事刑法所规定的情形之外，废除死刑。"日本宪法第 13 条规定："一切国民作为个人都受到尊重。对于国民的生命、自由和追求幸福的权利，只要不违反公共福祉，在立法和其他国政上必须给予最大的尊重。"印度宪法第 21 条规定："除依照法律规定的程序外，不得剥夺任何人的生命和人身自由。"俄罗斯宪法第 20 条规定："每个人都享有生命权"，"死刑在废除之前可由联邦法律规定，作为惩罚侵害生命的特别严重犯罪的特殊措施，同时要为被告提供由陪审团参加的法庭审判其案件的权利"，等等。[20]

正因为上述国家有了生命权条款的宪法约束，所以这些国家的刑法要么没有规定死刑，亦即没有死刑罪名，要么刑法上所规定的死刑罪名较少。比如，日本刑法规定的死刑罪名只有 12 个：①内乱罪；②诱致外患罪；③援助外患罪；④对现住建筑物等放火罪；⑤爆炸罪；⑥侵害现住建筑物等罪；⑦颠覆列车等致死罪；⑧威胁交通罪的结果加重犯；⑨水道投毒致

---

[18] 全国人民代表大会常务委员会法制工作委员会编：《中华人民共和国法律汇编（1979—1984）》，人民出版社 1985 年版，第 642 页。

[19] 参见上官丕亮："废除死刑的宪法学思考"，载《法商研究》2007 年第 3 期。

[20] 参见上官丕亮：《宪法与生命——生命权的宪法保障研究》，法律出版社 2010 年版，附录"全球 161 国宪法生命权条款表"。

死罪；⑩杀人罪；⑪强盗致死罪；⑫强盗强奸致死罪。[21] 又如，印度刑法典 511 个条文中只有 10 个条文涉及死刑，在这 10 个条文中有 8 个是涉及人命的犯罪，另外 2 个涉及叛国犯罪。也正如印度著名学者哈日·辛·郭尔（Hari Singh Gour）所指出的，印度的死刑罪名在实际上只有两个，即叛国罪和谋杀罪。[22]

然而，在我国，长期以来将"人权"视为西方的"洪水猛兽"，人权以及作为第一人权的生命权一直没有在宪法中规定，死刑的立法自然没有生命权条款的宪法约束，这是我国死刑罪名立法失控的重要原因之一。即使在 2004 年"国家尊重和保障人权"正式载入宪法之后，尊重和保障生命权的理念依然没有成为立法机关的共识。比如，对于 2011 年刑法修正案（八）取消了 13 个死刑罪名，占死刑罪名总数的 19.1%，学者们都予以充分肯定，认为这是自 1979 年新中国刑法颁布以来第一次减少死刑罪名，凸显了对生命的尊重和对人权的保障，"这是我国严格限制死刑在立法上迈出的重要一步"，[23]"这种调整在一定程度上体现了刑法人性化、轻刑化的趋势，彰显了对生命尊严和人权的尊重"。[24] 但是，在全国人大常委会对《刑法修正案（八）（草案）》的审议过程中，对于"草案减少了 13 个经济性非暴力犯罪的死刑，在常委会审议和征求意见过程中，大多数常委会组成人员、部门和地方赞成草案的规定。但有的常委委员、部门和专家提出，对其中的有些犯罪是否取消死刑需要慎重，建议减少一些取消死刑的罪名"[25]。而且，在《刑法修正案（八）（草案）》的立法说明、审议报告以及修正案通过后的委员长讲话中，都没有提及取消 13 个经济性非暴力犯罪死刑罪名对生命权保障的意义，似乎取消 13 个死刑罪名不是出于尊重和保

---

[21] 参见曾赛刚：《死刑比较研究》，吉林大学出版社 2012 年版，第 114 页。

[22] 同时，值得一提的是，正因为印度的死刑罪名少，所以从 1999~2007 年的九年间，印度只执行了 1 例死刑。参见蔡桂生："死刑在印度"，载《刑事法评论》2008 年第 2 期，北京大学出版社 2008 年版，第 265~268 页。

[23] 参见周婷玉、周英峰、赵超："我国取消 13 个死刑罪名"，载新华网 http://news.xinhuanet.com/2011-02/25/c_121123806.htm，访问时间：2014 年 3 月 1 日。

[24] 韩大元："死刑冤错案的宪法控制——以十个死刑冤错案的分析为视角"，载《中国人民大学学报》2013 年第 6 期。

[25] 参见全国人大法律委员会副主任委员李适时于 2010 年 12 月 20 日在第十一届全国人民代表大会常务委员会第十八次会议上所作的"全国人民代表大会法律委员会关于《中华人民共和国刑法修正案（八）（草案）》修改情况的汇报"。

障生命权的考虑,而是"立法说明"所指出的"从司法实践看,有些罪名较少适用,可以适当减少"。可以说,正因为我国的立法者缺乏宪法上生命权条款的约束,缺乏尊重和保障生命权的宪法意识,所以长期以来死刑罪名的立法一直在膨胀,即使在 2011 年取消了一些死刑罪名,也取消得不够多。

(二) 死刑罪名的立法未遵循宪法所规定的立法权限

1979 年刑法是全国人大根据 1978 年宪法制定的,随后 1982 年 12 月我国制定了现行宪法,而在 1979 年刑法制定后至 1997 年修订前的期间,全国人大常委会通过了 12 个增设死刑罪名的条例、规定和决定,其中前 2 个是在 1982 年宪法制定前出台的,后 10 个是在 1982 年宪法制定后出台的。显然我国死刑罪名的立法涉及两部宪法,即 1978 年宪法和 1982 年宪法。

1978 年《宪法》第 22 条规定:"全国人民代表大会行使下列职权:……(二)制定法律;……"第 25 条规定:"全国人民代表大会常务委员会行使下列职权:……(三)解释宪法和法律,制定法令;……"1982 年《宪法》第 62 条规定:"全国人民代表大会行使下列职权:……(三)制定和修改刑事、民事、国家机构的和其他的基本法律;……"第 67 条规定:"全国人民代表大会常务委员会行使下列职权:……(二)制定和修改除应当由全国人民代表大会制定的法律以外的其他法律;(三)在全国人民代表大会闭会期间,对全国人民代表大会制定的法律进行部分补充和修改,但是不得同该法律的基本原则相抵触;……"显然,包括死刑罪名在内的刑事制度,属于涉及国家基本制度及公民生命安全的重大事项,应由最高国家权力机关即全国人大立法,制定成"基本法律",而不应由全国人大常委会立法(包括不得制定成为"法令")。正因为如此,所以 1979 年刑法是由全国人大制定的而不是由全国人大常委会制定的,而且当时的"立法说明"明确强调"刑法是国家的基本法之一"。[26]

无疑,在 1997 年刑法修订前,全国人大常委会 12 次通过出台条例、规定和决定增设了 47 个死刑罪名,超越了其立法权限,有违宪之嫌。或许,有人会提出 1981 年 6 月 10 日第五届全国人大常委会第十九次会议通过的《中华人民共和国惩治军人违反职责罪暂行条例》属于"法令",符合当时

---

[26] 参见全国人民代表大会常务委员会法制工作委员会编:《中华人民共和国法律汇编(1979—1984)》,人民出版社 1985 年版,第 641 页。

宪法关于全国人大常委会有权制定"法令"的规定。其实，这只是表面现象。如上所述，死刑罪名的增设属于"制定法律"的范围，1981年全国人大常委会通过"法令"来增设了12个死刑罪名，显然无论在内容上还是在形式上都有违宪之嫌。也许，还有人会提出：1982年宪法规定，全国人大常委会在全国人大闭会期间，有权对全国人大制定的法律进行部分补充和修改，故全国人大常委会作出补充规定增设死刑罪名是合宪的。的确，根据1982年宪法的规定，全国人大常委会有权对全国人大制定的法律进行补充和修改，但是根据宪法的规定，"补充和修改"必须是"部分补充和修改"，而且"不得同该法律的基本原则相抵触"。在1982年宪法制定之后，全国人大常委会通过了2个"补充规定"和8个"决定"，新增设了27个死刑罪名，几乎与1979年刑法典所规定的28个死刑罪名数量持平，哪里是"部分补充和修改"？而且，与1979年刑法的"立法说明"所强调的"我国现在还不能也不应废除死刑，但应尽量减少使用"的基本原则明显相抵触。

可以说，全国人大常委会不依宪立法，没有严格遵守宪法有关立法权限的规定及精神进行立法，是我国死刑罪名的立法失控，特别是自1979年刑法制定后至1997年修订前死刑罪名立法膨胀的一个重要原因。

（三）死刑罪名的立法缺失违宪审查的监督机制和实践

各国的宪政实践表明，违宪审查是限制乃至废除死刑，包括规范和减少死刑罪名的重要保障。例如，1972年美国联邦最高法院在 Furman v. Georgia 案中，接受了辩护律师提出的"陪审团不受限制的死刑裁量既违反了委托人拥有的宪法第十四修正案所规定的正当程序权利，也违反了宪法第八修正案'禁止残酷且异常刑罚'规定"的意见，撤销该案死刑判决。这是美国联邦法院历史上首次撤销死刑判决。美国联邦最高法院在判决中还要求各州暂停死刑执行，直至"通过立法修正为陪审员和法官提供死刑裁量标准或更为限制性地界定可以适用死刑的罪名，从而符合联邦最高法院的规则"。在其后的4年里，美国联邦国会及全国35个州议会纷纷重新制定死刑法律，修正死刑审判程序，加强对死刑裁量的规范和限制。此后，美国联邦最高法院1977年又在 Coker 案中提出，对未造成被害人死亡的强奸罪适用死刑是过度的且不符合宪法第八修正案的要求，将强奸罪排除在死刑罪名之外；1982年在 Enmund 案中提出，对没有实施谋杀、没有杀人故意，仅对重罪实施起到帮助作用的犯人判处死刑，不符合宪法第八修正案的比例原则，将非谋杀实行犯排除在死刑罪名之外；2008年在 Kennedy 案中，美国联邦最高法院提出，联邦州对于强奸幼童罪规定死刑违反宪法第八修正案，且从更为宽泛的意义看，对未导致被害人死亡的，也不应规定死刑。通过美国联邦最高法院数十年有关死刑问题违宪审查实践的监督和推动，美国各州刑法的死刑罪名范围逐步走向统一，绝大部分州的刑法确立了以谋杀罪作为死刑基本适用标准的原则，一般只对最为恶劣的、与剥夺他人生命有关的一级谋杀罪适用死刑。1994 年美国颁布《联邦暴力犯罪控制及法律执行法》(Violent Crime Control and Law Enforcement Act)，虽然规定的死刑罪名有 50 个，但其中 46 个是涉及谋杀的犯罪。目前，除联邦法律仍对叛国罪、大宗毒品犯罪等非谋杀类犯罪规定有死刑之外，美国的死刑罪名一般集中于谋杀罪，而且主要针对最为严重的一级谋杀、加重谋杀或重罪谋杀。[27]

然而，在我们国家，根据宪法的规定，我国是由全国人大及其常委会负责"监督宪法的实施"，自己监督自己，机制上存在着缺陷。由此，全国人大及其常委会也从未对包括死刑立法在内的法律开展过违宪审查的活动。所以我国的死刑罪名立法与其他国家相比，也就缺少了一个控制和纠错的监督机制，相应地，死刑罪名是否减少也就完全依靠立法者的自觉。

三、死刑罪名控制的宪法思路

世界各国及我国的实践均已经表明，在死刑废除之前，需要通过立法控制死刑。然而立法能否控制死刑的关键又在于，死刑立法（包括死刑罪名的立法）能否受到有效的控制，而控制死刑立法的关键又在于宪法作用的发挥。显然，死刑罪名的立法控制离不开宪法控制。正如一位在全国人大常委会法制工作委员会工作的同志所指出的：死刑立法控制的内容应当主要在"立法控制死刑"和"控制死刑立法"两个基本面上考虑，二者不可偏废；而无论是从立法控制死刑，还是从控制死刑立法角度而言，宪法控制都是死刑立法控制不可或缺的重要路径。[28]

（一）建议通过宪法解释将生命权入宪，并在宪法中明确规定对死刑的限制

为控制死刑罪名的立法，限制死刑乃至适应世界潮流而最终废除死刑，

---

〔27〕 参见魏昌东："美国司法型死刑控制模式与中国借鉴"，载《法学》2013 年第 1 期。

〔28〕 雷建斌："死刑立法控制的宪政之维"，载赵秉志、[加]威廉·夏巴斯主编：《死刑立法改革专题研究》，中国法制出版社 2009 年版，第 319 页。

建议通过宪法解释（必要时也不排除宪法修改）在我国的宪法文本中明确规定生命权及限制死刑条款，以强化对死刑罪名立法的控制，让立法者今后在开展死刑罪名立法时受到宪法的明确约束。

我国已经签署联合国大会通过的《公民权利和政治权利国际公约》（全国人大常委会尚未正式批准）。为此，笔者建议借鉴联合国《公民权利和政治权利国际公约》的有关规定和相关解释以及外国立宪的有效经验，在宪法上对生命权及死刑限制作出明确规定。《公民权利和政治权利国际公约》第6条规定："人人有固有的生命权。这个权利应受法律保护。不得任意剥夺任何人的生命"，"在未废除死刑的国家，判处死刑只能是作为对最严重的罪行的惩罚"。联合国人权事务委员会认为，对"最严重的罪行"这一表述应作限制性解释，只有那些仅仅作为一种例外措施而判处的死刑才符合《公约》第6条第2款的规定。"最严重的罪行"仅局限于故意杀人以及故意施加严重的身体伤害。在任何情况下，都不能对财产犯罪、经济犯罪、政治犯罪以及一般而言不涉及使用暴力的罪行规定死刑。[29] 1984年5月25日联合国经济及社会理事会第1984/50号决议通过、后被联合国大会认可的《关于保护面临死刑的人的权利的保障措施》第1条也规定："在未废除死刑的国家，只有最严重的罪行可判处死刑，且最严重犯罪应理解为只限于蓄意的而结果为害命或其他极端严重后果的罪行。"[30] 具体建议是，由全国人大常委会对我国现行《宪法》第33条第3款"国家尊重和保障人权"作出宪法解释，明确解释出如下内容："人人享有生命权"、"国家尊重和保障生命权，禁止任意剥夺任何人的生命"、"死刑在废除之前，只能由法律规定用于惩罚故意侵害生命或者其他后果极端严重的犯罪"。如果采取修宪方式的话，则由全国人大在《宪法》第33条中增加一款，补充规定上述内容。[31]

（二）建议全国人大常委会遵循宪法所规定的立法权限修改刑法，逐步减少死刑罪名

如前面所述，全国人大常委会通过补充规定和决定等方式增设死刑罪名，有违背《宪法》第62条和第67条关于全国人大及其常委会的立法权

---

[29] 参见［奥］曼弗雷德·诺瓦克：《〈公民权利和政治权利国际公约〉评注》（修订第2版），孙世彦、毕小青译，生活·读书·新知三联书店2008年版，第146、147页。

[30] 参见［加］威廉姆·夏巴斯：《国际法上的废除死刑》（第3版），赵海峰等译，法律出版社2008年版，第108、423页。

[31] 上官丕亮："论生命权的限制标准"，载《江汉大学学报（社会科学版）》2012年第6期。

限规定之嫌,建议全国人大常委会今后不再采用1997年刑法修订之前12次通过出台条例、规定和决定的方式,增设47个死刑罪名的做法,不再超越立法权限增设死刑罪名,而应当适应废除死刑的世界潮流,严格遵循我国《宪法》第67条所规定的立法权限,通过修改刑法的方式,逐步减少死刑罪名。

值得一提的是,在2014年"两会"期间,全国人大常委会法制工作委员会刑法室副主任臧铁伟就"人大立法与监督工作"的相关问题回答中外记者的提问时表示:目前刑法的修改工作已经列入了年度立法计划,正在根据三中全会的精神,根据我国经济社会发展的情况和打击犯罪的需要,听取各方面的意见,研究逐步减少死刑的问题。[32] 而且,如前面所述,2014年10月27日,第十二届全国人大常委会第十一次会议已经初次审议了《中华人民共和国刑法修正案(九)(草案)》,拟再取消9个死刑罪名。

(三)建议全国人大及其常委会在对死刑罪名逐一开展违宪审查的基础上,通盘考虑死刑罪名的减少

在我国现行宪法的监督体制下,全国人大及其常委会仍然可以对死刑罪名立法开展违宪审查工作,审查工作的重点不是也没有必要宣布自己制定的刑法死刑条款违宪,而是逐一对死刑罪名进行合宪性审查,在《宪法》第33条第3款"国家尊重和保障人权"与第28条"国家维护社会秩序,镇压叛国和其他危害国家安全的犯罪活动,制裁危害社会治安、破坏社会主义经济和其他犯罪的活动,惩办和改造犯罪分子"之间寻求平衡,并在此基础上重新通盘考虑刑法中死刑罪名的设置,尽可能地减少死刑罪名。

我国刑法虽然在《2011年刑法修正案(八)》通过之前规定了多达68个死刑罪名,但在事实上,大多数死刑罪名基本上闲置不用。早在20世纪90年代,就有学者调查发现,在司法实践中,一个省市每年实际适用的死刑罪名一般不超过15个,有的还不超过10个;杀人、抢劫、强奸、盗窃、伤害、放火、爆炸、拐卖人口、贩卖毒品等几种罪名的死刑适用量,占到了全部死刑适用量的90%以上。[33]《2011年刑法修正案(八)》通过之后,

---

[32] 参见中国新闻网2014年3月9日的报道:"人大常委会法工委:研究逐渐减少适用死刑罪名",载 http://www.chinanews.com/gn/2014/03-09/5928127.shtml,访问时间:2014年3月20日。

[33] 参见胡云腾:《死刑通论》,中国政法大学出版社1995年版,第303页。

目前我国刑法所保留的 55 个死刑罪名中，仍有 21 个属备而不用的罪名，分布于《刑法》分则第一章"危害国家安全罪"、第七章"危害国防利益罪"和第十章"军人违反职责罪"中；而在 34 个具有实际适用性的罪名中，有 14 个罪名（放火罪，决水罪，爆炸罪，投放危险物质罪，以危险方法危害公共安全罪，劫持航空器罪，生产、销售假药罪，生产、销售有毒、有害食品罪，故意杀人罪，故意伤害罪，强奸罪，绑架罪，拐卖妇女、儿童罪，抢劫罪）在犯罪构成要素中明确规定了在杀害被害人或致使被害人死亡的情形下可适用死刑，有 8 个罪名（破坏交通工具罪，破坏交通设施罪，破坏电力设备罪，破坏易燃易爆设备罪，暴动越狱罪，聚众持械劫狱罪，组织卖淫罪，强迫卖淫罪）在"造成严重后果"或"情节特别严重"中可以包括对死亡结果的评价，其他 12 个罪名（非法制造、买卖、运输、邮寄、储存枪支、弹药、爆炸物罪，非法制造、买卖、运输、储存危险物质罪，盗窃、抢夺枪支、弹药、爆炸物、危险物质罪，抢劫枪支、弹药、爆炸物、危险物质罪，走私武器、弹药罪，走私核材料罪，走私假币罪，伪造货币罪，集资诈骗罪，走私、贩卖、运输、制造毒品罪，贪污罪，受贿罪）则在规范表述中不包括侵害生命法益的内容。[34]

  针对上述目前我国死刑罪名的现状，建议全国人大及其常委会根据"国家尊重和保障人权"特别是尊重和保障生命权的宪法精神，在逐一开展合宪性审查的基础上，通盘考虑现有死刑罪名的去留，参考联合国关于死刑适用范围的意见，考量我国从古到今"杀人偿命"的历史传统和当下民意，原则上只保留那些故意侵害他人生命的死刑罪名，取消那些长期闲置不用的特别是非故意侵害他人生命的非暴力犯罪的死刑罪名；同时可借鉴印度、日本、美国等国的立法经验，也保留少量叛国犯罪和大宗毒品犯罪的死刑罪名。考虑到死刑罪名立法属于基本法律的范畴，可先由全国人大常委会通过刑法修正案的方式，分几个阶段取消一些不常用的非暴力犯罪的死刑罪名，然后由最高国家权力机关即全国人大对刑法作一次较全面的

---

[34] 参见魏昌东："美国司法型死刑控制模式与中国借鉴"，载《法学》2013 年第 1 期。

修改，较彻底地对我国的死刑罪名进行改革（包括对一些死刑罪名进行整合）。[35] 到时，原则上只保留：①背叛、分裂国家罪；②武装叛乱、暴乱罪；③放火、决水、爆炸、投放危险物质或以其他危险方法危害公共安全致人死亡罪；④破坏交通工具、交通设施致人死亡罪；⑤破坏电力设备、易燃易爆设备致人死亡罪；⑥劫持航空器致人死亡罪；⑦抢劫、抢夺枪支、弹药、爆炸物、危险物质致人死亡罪；⑧生产、销售假药致人死亡罪；⑨生产、销售有毒、有害食品致人死亡罪；⑩故意杀人罪；⑪故意伤害致人死亡罪；⑫强奸致人死亡罪；⑬绑架致人死亡罪；⑭拐卖妇女、儿童致人死亡罪；⑮抢劫致人死亡罪；⑯暴动越狱、聚众持械劫狱致人死亡罪；⑰强迫卖淫致人死亡罪；⑱走私、贩卖、运输、制造大宗毒品罪等18个左右的死刑罪名。当然，到条件成熟时，我们应当像世界上越来越多的国家那样彻底废除死刑。

---

[35] 陈兴良教授曾经对1997年《刑法》68个死刑罪名的削减提出过具体的建议：①关于备而不用的死刑罪名之存废，《刑法》第一章"危害国家安全罪"中的7个死刑罪名，只需保留背叛国家罪和分裂国家罪的死刑，其余皆可废止；《刑法》第七章"危害国防利益罪"中的2个死刑罪名没有必要设立；《刑法》第十章"军人违反职责罪"中的12个死刑罪名可以适当削减，保留战时违抗命令罪，战时临阵脱逃罪，为境外窃取、刺探、收买、非法提供军事秘密罪的死刑，其余死刑可废止。②关于经济犯罪的死刑之存废，《刑法》第三章"破坏社会主义秩序罪"中的16个死刑罪名，这些罪名的死刑完全是不合理的；《刑法》第五章"侵犯财产罪"中的2个死刑罪名，其中抢劫罪如果是采用故意杀人手段进行抢劫，可规定以故意杀人罪论处，故抢劫罪应当废除死刑，至于盗窃罪，也没有必要设置死刑；《刑法》第八章"贪污贿赂罪"中的2个死刑罪名，在短时间内难以废除，待条件成熟时予以废除。③关于普通刑事犯罪的死刑之存废，《刑法》第二章"危害公共安全罪"中的14个死刑罪名，应当将这些犯罪的法定最高刑设置为无期徒刑，并规定：犯本罪故意造成他人死亡的，以故意杀人罪论处；《刑法》第四章"侵犯公民人身权利、民主权利罪"中的5个死刑罪名，故意杀人罪是"死刑保留论的最后堡垒"，必将是最后废除的死刑罪名；强奸罪应分为普通强奸与加重强奸，普通强奸不应保留死刑，加重强奸可以保留死刑；绑架罪，杀害被绑架人的可按照故意杀人罪判处死刑，致使绑架人死亡的不应设置死刑；故意伤害罪、拐卖妇女儿童罪的死刑应当废除；第六章"妨害社会管理秩序罪"中的8个死刑罪名均应废除（参见陈兴良："中国死刑的当代命运"，载《中外法学》2005年第5期）。赵秉志教授则提出了一个分三阶段切实减少与逐步废止死刑罪名的步骤设想：第一阶段，至2020年我国全面建成小康社会之时，基本废止非暴力犯罪的死刑；第二阶段，从2020年起再经过一二十年的发展，在条件成熟时进一步废止致命性暴力犯罪的死刑；第三阶段，至迟到2050年新中国成立100周年时，全面废止死刑（参见赵秉志主编：《死刑改革研究报告》，法律出版社2007年版，第81页）。

两岸四地私法冲突与协调的路径

张 彤[*]

一、引 言

当前国际经济体系贸易自由化与区域经济一体化两大浪潮方兴未艾,面对这样的国际趋势,为降低区域经济一体化潮流对两岸四地经贸正常发展的冲击,组建自由贸易区已是大势所趋。《内地与香港关于建立更紧密经贸关系的安排》和《内地与澳门关于建立更紧密经贸关系的安排》正是朝着两岸四地经济整合迈出的第一步。与两岸四地经济、政治一体化密切联系的是法律的区域化。法律的区域化是经济、政治区域化的过程中不可或缺的要素,对区域化进程的推进往往发挥着引导和保障作用。欧洲一体化、北美经济一体化等区域化进程的实例都说明了法律在区域化进程中的重要作用。

随着香港、澳门的回归和"一国两制"的实施,我国由过去的单一法域转变为多法域国家。现今,中国内地、香港特别行政区、澳门特别行政区和我国台湾地区四地在政治、经济、文化、人员流动等诸多领域建立了日益密切的联系,与此密切相伴而生的,是要解决各种区际法律冲突问题。事实上,我国四个法域之间一直存在较多的民事、商事往来,在历史上基本没有发生过完全隔绝来往的情况。随着中国的改革开放,四法域人民之间发生了广泛而频繁的民事、商事交往,区际法律冲突问题日趋显著。由

---

[*] 中国政法大学比较法学研究院教授,法学博士。

于两岸四地不同的社会制度属性,不同的法律制度和法系归属,各自独立的立法权和司法权,中国区际法律冲突呈现出独有的特点。在我国单一制结构下,一国两制三法系四法域下的法律冲突是世界范围的全新课题。这一法律冲突是不同社会制度间和不同法系间的法律冲突,体现着不同的利益。这些法律冲突该如何解决,法律协调应如何实现,值得学界深入研究。当前,两岸四地对于区际法律冲突的解决有了各自的冲突法解决规则,而四地的实体法的协调成为人们日益关注的焦点。值得注意的是,两岸四地的法律协调绝不应等同于完美立法构想的实现方式,而应成为法律冲突的解决途径。

二、两岸四地区际法律冲突问题的性质

(一) 两岸四地区际法律冲突问题的产生

香港特别行政区、澳门特别行政区和我国台湾地区自古以来就是我国神圣领土不可分割的组成部分,然而由于历史的原因,这些地区在不同历史时期脱离了祖国的怀抱。为了实现祖国的和平统一,为了维护香港特别行政区、澳门特别行政区和我国台湾地区的稳定和繁荣,邓小平同志提出了"一国两制"的构想。"一国两制"构想的提出使香港、澳门问题得以顺利解决,而香港、澳门问题的解决方式已经使我国成为一个多法域的国家,区际法律冲突已成为现实。[1] 这种区际法律冲突表现在一个国家内部不同地区的法律制度之间的冲突,或者说是一个国家内部不同法域之间的法律冲突。可以说,区际法律冲突产生和存在的根本原因在于一国内部存在着法律不统一的状况,亦即一国之内存在着不同法律制度的法域。随着祖国的统一,各个法域之间人们的经济交往活动更加频繁,民商事交往及其所引起的民事纠纷和其他法律问题更为广泛,这些都促进了两岸四地区际法律冲突的产生。[2]

(二) 两岸四地区际法律冲突的特殊性

要解决好两岸四地民商事法律冲突问题,我们首先必须对两岸四地法律冲突的性质有正确认识,这是我们选择有效解决途径的前提和关键。

将中国内地与香港特别行政区、澳门特别行政区的法律冲突定性为区

---

[1] 李广辉:"试论我国一国两制下的区际法律冲突",载《河南大学学报(社会科学版)》1992年第6期。

[2] 杨涛:"'一国两制'下多法域的法律冲突及解决",载《法制与社会》2009年第29期。

际法律冲突，已为学界广泛接受。自中国大陆与台湾地区两岸关系缓和，重新开始交往后，大陆学者即开始关注和研究海峡两岸的法律冲突问题。从有关的论著来看，大部分的学者都认为两岸民商事法律冲突属于特殊的区际法律冲突。首先，两岸民商事法律冲突是区际法律冲突，因为它是"一个主权国家领土范围内不同法域之间的法律冲突"；其次，这种区际法律冲突有其特殊之处，表现在一般意义上的区际法律冲突是指统一国家内各法域的民商事法律冲突，而目前海峡两岸还未统一，尚处于分裂状态。

在海峡两岸民商事法律冲突属于特殊区际法律冲突这一点上，海峡两岸的学者是存在着共识的。现在的问题是，如何进一步界定海峡两岸民商事法律冲突的特殊之处。这种特殊之处反映在它既不同于其他多法域国家的法律冲突，即一般意义的区际法律冲突，又和我国内地与香港特别行政区、澳门特别行政区的区际法律冲突有所不同。我们认为，海峡两岸法律冲突的复杂性表现在：相互不承认对方为合法性的政府，相互都不承认对方法律的效力，并各自都将自己的法律效力扩展到对方辖治的区域。并且，我国大陆和台湾地区的法律是两种不同的法律体系，无论在意识形态还是在实质内容上都有很大的差距。由于这些复杂性主要是由两岸的政治对峙这一根本原因引起的，所以我们认为两岸的民商事法律冲突的性质是一国内两个政治对峙的法域间的区际法律冲突，它比单纯的国家间互不承认或国家分裂的法律冲突更为复杂。[3]

由此可见，我国的区际法律冲突，有同一社会制度下的区际法律冲突和不同社会制度下的区际法律冲突。而同样实行资本主义制度的香港特别行政区、澳门特别行政区、我国台湾地区之间的法律冲突，又是无统一宪法性法律和各主要部门法情况下的法律冲突，这是我国区际法律冲突和任何其他多法域国家的区际法律冲突不同的特点。因此，我国的区际法律冲突会呈现出其他多法域国家未曾有过的特殊的复杂情况。[4]

三、国际私法冲突问题的解决路径和经验——以欧盟为例

（一）国际私法冲突解决的路径

从国际私法意义上来讲，法律冲突的解决大体上是通过冲突法方法和

---

[3] 吴国平、陈向聪、蔡善强："两岸民商事法律冲突的性质和解决"，载《福建政法管理干部学院学报》2002年第2期。

[4] 孙奎："论我国区际法律冲突问题及其解决模式"，载《法制与社会》2007年第9期。

实体法方法两种路径。用冲突法方法解决区际法律冲突，就是通过制定冲突规范来确定各种相关法律关系应适用何法域法律，进而解决法律冲突。[5]这一方法只指定有关法律关系应适用何法域之法律，而不直接规定当事人的权利与义务。用实体法方法解决区际法律冲突，是指各法域通过协商，制定统一的实体法，直接规定当事人的权利和义务，从而避免法律冲突的出现。[6]

目前世界上存在两大国际私法体系：欧洲传统国际私法和美国现代国际私法。两大法系的国际私法虽然各有特点，但是两大法系占主导地位的学说都主张国际私法主要由各种冲突法规则构成。冲突法规则调整涉外民商关系的出发点始终是本国的利益，这种与生俱来的局限性决定了不管是对冲突法规则进行软化处理也好，还是进行国际冲突法规则统一化运动也好，都不可能脱离狭隘的国家本位的桎梏。与冲突法规则相对的是统一实体法规则，后者较之于前者更着力于在当事人之间建立正义。统一实体法把同一法律关系置于一个共同的、统一的实体法规范之下，从而可以明确地约束当事人的行为，公平地确定当事人的权利、义务，及时解决当事人之间的纠纷。相对于冲突法规则，统一实体法更符合当前国际民商关系发展的趋势，是国际私法发展的自然进程。

（二）欧洲一体化过程中私法冲突解决的经验

1. 欧洲冲突法的统一

从欧洲一体化发展伊始，欧洲各国间的法律冲突大量存在。虽然欧盟在某些领域的实体法统一方面取得了一定成就，但是实体法的统一赶不上欧洲经济一体化的步伐，只要欧盟各国实体法没有完全统一，法律冲突及其需要解决的问题就依然存在。因此，在欧洲一体化还未达到制定出统一实体法之前，就只有先实现各国冲突法的统一；否则，由此产生的判决的不确定性会影响货物、人员、服务和资本在共同体市场内的流通，直接危及欧盟目标的实现。

在欧洲一体化过程中，冲突法的统一要比实体法方面的统一早得多。欧盟各成员国都有自己的国际私法规则，由于各国国家私法规则的差异，不可避免地存在诸多法律适用上的冲突。解决这种冲突最好的办法，就是

---

[5] 肖永："法律冲突新论"，载《法学杂志》1997 年第 6 期。
[6] 韩德培主编：《国际私法》，武汉大学出版社 2003 年版，第 274 页。

在欧盟框架内制定统一的国际私法规则。1967年9月8日，比利时、卢森堡以及荷兰常驻欧共体代表向欧共体委员会呼吁，组成专门小组研究欧共体国际私法的统一化以及冲突法规则的法典化问题。1969年10月20～22日欧共体各成员国会议一致认为，协调各国国际私法规则对于欧共体法的确定性方面具有重要意义，并决定协调的范围包括与共同市场运转最密切相关的事项，包括：①有形和无形财产所适用的法律；②合同之债和非合同之债所适用的法律；③交易形式和证据所适用的法律；④有关上述事项的一般方面（转致、识别、外国法的适用、公共秩序、行为能力、代理）。会议任命了由四人组成的专家工作组，从而开始了欧共体国际私法的统一化进程。

在1999年5月1日《阿姆斯特丹条约》（以下简称《阿约》）实施以前，欧盟统一各成员国民商事立法的方式，主要是通过成员国之间的谈判、签署相关条约或公约的形式来实现的。早在欧盟成立以前，欧共体在冲突法领域已经达成了两个重要的公约：一个是1968年的《民商事管辖权及判决的执行公约》（即《布鲁塞尔公约》）；另一个是1980年在罗马签署的《关于合同之债的法律适用公约》（即《罗马公约》）。这两个公约主要统一各成员国有关民商事管辖权、判决的承认与执行、合同之债的法律适用方面的相关规定，而对于冲突法方面的其他问题，仍然由成员国自己的法律规定。

欧盟成立以后，1992年的《马斯特里赫特条约》（即《欧盟条约》）和1997年《阿约》中的部分条文也涉及国际私法的问题。《欧盟条约》生效后，在该条约第六章K条关于司法与内务合作（包括民事领域的司法合作）的规定下，条约的达成还可通过欧盟理事会的起草，建议成员国采取相关措施，以适应它们各自国内宪法的规定。在《阿约》生效后，欧盟各成员国之间的法律冲突根据《阿约》第四编（第61～69条）的规定，主要采取欧盟理事会或欧盟理事会与欧盟委员会制定统一的国际私法条例（Regulation）的方式来进行协调。

由此可见，《阿约》生效以后，欧盟统一民商事立法的方式从欧盟成员国签订区域性条约转化为欧盟理事会制定具有直接执行力的条例。这使得欧盟民商事领域的国际私法规则更加完整和统一，欧盟内部的民商事法律冲突得到更为有效的协调。

2003年1月14日，欧盟委员会发布了一个《关于将1980年〈关于合同之债的法律适用公约〉转换为欧共体立法及其促进其现代化的绿皮书》。[7] 成员国要求欧盟委员会至少在 2005 年年末之前,提出关于合同债权法律适用的条例的建议,欧盟委员会于 2005 年 12 月正式向欧盟理事会提出相关建议。通过欧盟理事会统一立法的方式,制定统一的合同之债的法律适用条例从此被正式提上日程。2008 年 6 月 6 日,《欧洲议会和欧盟理事会关于合同债权关系法律适用的条例》(以下简称《罗马条例 I》)在欧盟司法部长会议上正式获得通过,并于其通过之日起的 18 个月后,即 2009 年 12 月 6 日,正式施行。

对于非合同债权的法律适用,2003 年 7 月 22 日欧盟委员会提出《关于非合同之债的法律适用条例(建议稿)》,[8] 通常被称为"罗马条例 II(建议稿)",主要涉及侵权和赔偿责任准据法。2005 年 7 月 6 日欧洲议会经历了一读,并提出了许多修改意见。2006 年 9 月 21 日欧盟委员会根据修改意见进行了二读,但未获通过。后欧盟理事会和欧洲议会启动调节委员会程序,把争议大的问题排除在公约调整之外,最终于 2007 年 7 月 11 日通过了《关于非合同债权关系的法律适用的第 2007/846 号条例》,通常被称为《罗马条例 II》(Treaty of Rome II)。欧盟统一国际私法大致可以分为以下五个方面:债权的法律适用;民事管辖和判决的承认与执行;家庭事务;破产;司法程序的合作。[9]《阿约》生效后,欧盟理事会以颁布条例的方式进行了大量的国际私法立法,实现了欧盟国际私法的"共同体化",同时也为欧盟公民享有一个更高水平的安全司法环境和内部市场的顺畅运作提供了司法保障。[10]

2. 欧洲冲突法统一化中的问题

就欧盟国际私法的统一化特点而言,除了欧盟国际私法的统一化与共同市场目标密切相关、欧盟国际私法统一化的形式由国际条约向欧盟立法转变、欧盟国际私法统一化产生了欧盟统一国际私法等几个特点外,最主

---

[7] Kommission der Europäischen Gemeinschaften, Grünbuch über die Umwandlung des übereinkommens von Rom aus dem Jahr 1980 über das auf vertragliche Schuldverhältnisse anzuwendende Recht in ein Gemeinschaftsinstrument sowie über seine Aktualisierung, Kom (2002) 654 endgültig.

[8] Kommission der Europäischen Gemeinschaften, Vorschlag für eine Verordnung des Europäischen Parlaments und des Rates über das auf ausservertragliche Schuldverhältnisse anzuwendende Recht (Rom II), Kom (2003) 427 endgültig.

[9] 张彤:《欧盟法概论》,中国人民大学出版社 2011 年版,第 409~439 页。

[10] 邹国勇:《德国国际私法的欧盟化》,法律出版社 2007 年版,第 20~27 页。

要的特点是欧盟国际私法统一化以国际民事诉讼程序法为重心。[11] 现有的欧盟统一国际私法的法律渊源主要包括两个公约：1968 年的《布鲁塞尔公约》，以及 1980 年的《罗马公约》和 9 个条例。除了《罗马公约》和《关于欧洲公司章程的第 2157/2001 号条例》以外，其余的公约和条例基本都涉及民事诉讼程序事项，并构成了欧盟统一国际民事诉讼的基本框架。因此，欧洲冲突法的统一并没有为欧盟内部市场的货物和服务贸易提供一个稳定的基础，具有其自身的不足。[12] 即使《罗马公约》已经统一了冲突法规则，但仍然不能克服国内实体法的差异以及由此产生的相关弊端。更严峻的是，由于冲突法律规则的复杂性，加上很多律师对它们都很陌生，外国法的查明是一项极为困难并且花费昂贵的活动。从实践上讲，执业律师会本能地避免冲突法规则和外国法的复杂晦涩，因此，实践中往往适用的是司法管辖的法院地法。这大大降低了案件结果的可预测性，也同样导致当事人在早期构建法律环境时做出的适用法律的选择变成了无用功。因而，冲突法的统一规则无法建立内部市场所需要的法律一致性。

3. 欧洲实体私法的统一

冲突法主要解决的是法律的适用问题，其规定遇到各种情况应当适用哪国哪地的法律，而不规定具体的实体法内容。当某些特殊困难出现时，只有统一成员国的实体法才能解决问题。在理论上，冲突法的统一相对实体法的统一要容易一些。因为一方面，实体法普遍适用的特性要求整体变革；另一方面，冲突法规则根据其特性只会影响极小一部分通常是含有涉外因素的案件，并不影响所涉各国的实体规则。[13]

2003 年 1 月 14 日欧盟委员会发布的《关于将 1980 年〈关于合同之债的法律适用公约〉转换为欧共体立法及其促进其现代化的绿皮书》中，[14] 明确考虑到了欧洲在合同之债领域的国际私法的现代化与实体私法的协调之间的关系。在绿皮书中，委员会尤其提到了共同体现有法律在合同法领域的协调问题以及成员国合同法的差异是否妨碍内部市场顺利运行的问题。

---

[11] 邹国勇："论欧洲联盟国际私法的统一化"，载《法学评论》2007 年第 1 期。

[12] Christian von Bar, Ole Lando, Stephen Swann, "Communication on European Contract Law: Joint Response of the Commission on European Contract Law and the Study Group on a European Civil Code", *European Review of Private Law*, 2 (2002), pp. 216~221.

[13] 肖永平主编：《欧盟统一国际私法研究》，武汉大学出版社 2002 年版，第 25 页。

[14] Para. 1.6 of the Green Paper, *COM* (2002) 654 final, pp. 11~12.

其中一种意见指出,如有必要采用新的处理方式,那就是在共同体层面上通过新的法律文件来进一步协调成员国的合同实体法。不过,即便是将来合同法在共同体范围内得到进一步协调,也很可能只涉及某些特别重要的领域,而对于尚未协调的领域,仍有必要通过冲突法规则来决定其法律适用。

在欧洲冲突法统一的过程中发现,准据法的不确定性仍然导致在欧盟统一市场内部法律适用的不统一与不稳定。而实体私法的统一则会带来法律上的稳定性,有助于降低交易成本,保护公平竞争,与欧盟倡导的基本自由是一致的,对于商人、法律工作者和公民都有利。实体私法的统一是彻底的统一,但面临许多现实难题,目前只是在有限的范围内形成了统一私法。尽管如此,实体私法的统一仍是欧洲私法发展的趋势。[15] 我国著名的国际私法学家韩德培教授认为,在欧盟国际私法中,统一实体法占有很大比重,在这些领域,冲突法逐渐在退出。欧盟是当今世界颇具特色的一个区域性国际组织,它在机构设置及具体操作上颇似一个联邦制国家,目前共同体自身确实已具备了不少联邦制国家的特征。这种情况决定了共同体在统一各国法律时,能够以统一实体法这种方法方便地进行,而无需再借助于冲突法的作用。尤其是在经济关系中,因为共同体主要是一个经济共同体,其中心是共同的经济与社会政策。在共同体共同的经济和社会政策之下,其经济领域的法律制度也就易于趋向一致,所以在这些领域就出现了相当多的统一实体法,而冲突法在这些领域中的作用则逐渐减弱。出现这种现象是由欧盟的特殊情况决定的,与欧盟的特殊情况密不可分。[16]

四、两岸四地私法协调的理论依据

(一) 两岸四地私法协调的原则

"一国两制"是我国的基本国策和基本方针。"一国两制"开启了一个国家两种制度的政治实践,这既有理论创新,也有制度创新。《香港特别行政区基本法》和《澳门特别行政区基本法》都在序言、总则和具体条文中,进一步将"一国两制"的方针予以法律化。例如,两部《基本法》都在序言中明示:"为了维护国家的统一和领土完整",并"考虑到香港(澳门)

---

[15] 张彤:《欧洲私法的统一化研究》,中国政法大学出版社2012年版,第102~114页。
[16] 韩德培、刘卫翔:"欧洲联盟国际私法的特征和发展前景",载《武汉大学学报(人文科学版)》1999年第1期。

的历史和现实情况，国家决定，在对香港（澳门）恢复行使主权时，根据中华人民共和国宪法第 31 条的规定，设立香港（澳门）特别行政区，并按照'一个国家，两种制度'的方针，不在香港（澳门）实行社会主义的制度和政策。国家对香港（澳门）的基本方针政策，已由中国政府在中英（葡）联合声明中予以阐明"。

我国的《宪法》和香港特别行政区、澳门特别行政区《基本法》，都未对各相关法域的立法管辖权作出明确划分。但是我国与英、葡政府签订的双边协定，都遵循"一国两制"之大框架，此框架突出了诸法域之平等共处。例如，两部《基本法》都在第 2 条肯定："全国人民代表大会授权香港（澳门）特别行政区依照本法的规定实行高度自治，享有行政管理权、立法权、独立的司法权和终审权。"又如，澳门特别行政区筹备委员会在其《关于处理内地同澳门特别行政区经贸关系的基本原则和政策》中申明："中央人民政府对内地颁布实施的经贸法律、法规及管理措施，均不及于澳门特别行政区。"

"一国两制"，是解决我国香港、澳门和台湾地区问题的基本国策，也是协调和解决中国法域冲突的指导思想和理论依据。据此，可行的协调路径是：在"一国两制"方针的指导下，充分运用各种立法举措，从《宪法》和《基本法》的立法精神和原则出发，以《基本法》为准据，积极协调法域冲突，并使之和谐共进。

私法由于其规范民事关系的特性，大多数规范服务于社会生活而远离政治和意识形态，一般不至于与《基本法》相抵触，因而多属于被保留的"原有法律"范围。将来海峡两岸实现和平统一，根据"一国两制"的原则，我国台湾地区的私法原则上也属于应被保留的"原有法律"。在"一国两制"的原则下，"两岸四地"的私法由此将形成并存的局面，可以说，"一国两制"原则下"两岸四地"的私法并存将是相当长久的。

（二）两岸四地私法协调的基础

中国的法域冲突是单一制的主权国家之内的区域法律冲突，不适用国际冲突法。但是，该法律冲突的范围，几乎可与国际法律冲突相当。这一冲突，是世界范围法域法律冲突的全新课题。

当前的国际关系在一定程度上提供了统一国际实体法发展的土壤。与冲突法规则以绝对主权理论为基础不同，统一实体法的基础在于国家主权的让渡。经济全球化趋势使得国家主权进行不同程度的让渡成为可能，并且随着经济一体化进程的继续深入,国家主权让渡的合法性得到认同。事实上,从19世纪末开始,各国就已经开始了现代意义上的统一实体法运动。1883年《保护工业产权的巴黎公约》的签订,标志着现代意义上的国际统一实体法的诞生,但直到第二次世界大战前,实体法的统一化进程非常缓慢。二战后,商事领域才出现大规模的实体法统一化活动。而随着1989年欧洲议会要求各成员国统一它们的私法,制定一个适用于所有欧盟国家民法典决议的产生,国际统一实体法运动首次出现了一个高潮。因此,各国之间进行法律统一化运动在法律上不仅是可能的,而且也是现实的。成立具有区域性的国家间联盟对于制定彼此相互协调及统一的法律具有重大意义,区域性国际组织的立法活动也加速了法律协调的进程。包括欧盟、东盟、北美自由贸易区、西非共同体等在内的区域性组织都是这一活动的推动者。

但是中国大陆和我国台湾地区、香港特别行政区、澳门特别行政区的关系并非国与国间的关系,而是一个主权国家之下的两种政治制度和两种法律系统。我国是单一制国家,但香港、澳门两个特别行政区享有高度自治权,这种自治权不仅远远超过我国内地各民族自治地区,而且也超过世界各联邦国家的州或成员共和国。在立法和司法上,特别行政区享有广泛的权力,有相当大的独立性。这与其他多法域国家的区际法律冲突大不相同。其他多法域国家,全国性的法律对国内各法域的法律都有不同程度的约束力。在立法方面,中央立法机关制定的法律,其效力高于地方制定的法律。但我国内地和港澳特别行政区的情况却不然。港澳地区只有特别行政区基本法是全国人民代表大会制定的,特别行政区除了实行基本法,还有其原来的法律(与基本法抵触者除外),以及特别行政区立法机关制定的法律。这样,我国的特别行政区法律和内地法律就处于完全平行的地位。特别行政区还有终审权。因此,特别行政区在立法和司法上几乎处于完全独立的地位;除了特别行政区基本法之外,中央的立法、司法机关不能对特别行政区立法、司法施加影响,进行控制。从而就增加了中国区际法律冲突的复杂性和解决这种冲突的艰巨性。由此可见,我国的区际法律冲突,虽然与主权国家之间的法律冲突有质的区别,但却包含了这些国际法律冲突的特点。在制定解决我国区际法律冲突的方案时,需考虑到这一情况。[17]

---

[17] 孙奎:"论我国区际法律冲突问题及其解决模式",载《法制与社会》2007年第9期。

也有学者认为，我国的区际法律冲突是一国两制三法系四法域的冲突。各法域法既存在差异，又没有共同的最高司法机关可据以裁决，要实现实体法的统一，绝非易事。而且，"一国两制"本身就意味着一定时期内需要肯定差异，急于统一实体法，是与"一国两制"的精神实质相违背的。[18]

一般而言，单一制国家的法律制度，通常归属于同一种法系。港澳回归前，我国实行全国统一的法律制度，该法律制度在整体上属于我国社会主义法系。随着港澳回归和两部《基本法》的颁布，在主权统一的中华人民共和国一国之内，我国内地的社会主义法律制度和基本上予以保留的香港、澳门原有资本主义法律制度，相辅相成，相互并存。

较之于国际社会所谋求的私法统一和欧盟所谋求的私法统一，"一国两制"原则下"两岸四地"的私法协调更具有坚实的基础。"两岸四地"的私法，究其渊源来说，均主要移植于西方国家。香港特别行政区移植的是英国法，属英美法系；澳门特别行政区移植的是葡萄牙私法，属大陆法系；我国台湾地区私法的前身是民国时期的私法，以德日私法为主要仿照对象，同属大陆法系。从法律传统来说，澳门私法与台湾私法更为接近，而与香港私法传统则存在较大差距。然而，不论是香港私法，还是澳门私法或台湾私法，均有较长历史，相对而言私法观念强，其各种私法制度也较为健全和成熟。随着大陆地区民商事法律制度的日益健全和完善，必将缩小与港澳台地区私法制度的差异。这种趋同的现象不仅表明"两岸四地"私法的统一是可能的，而且这种趋同本身，在某种意义上也可以说是私法走向统一的表现。在"一国两制"原则下，谋求"两岸四地"私法的统一，不仅是必需的，而且是可能的，具有现实的基础。[19]

五、两岸四地私法协调的路径

（一）两岸四地区际法律冲突解决路径的争议

我国学者在研究国内有关区际法律冲突问题时，强调运用某一种单项手段作为最佳途径的研究多，强调分阶段综合运用单项手段作为最佳途径的研究较少。即便对中国内地与澳门特别行政区区际法律冲突的解决途径进行研究时，此种"途径"也是一种经历一段历史时期综合运用如类推适用

---

[18] 陈俊："一国两制下法域法律冲突之协调"，载《国际经济合作》2007年第6期。
[19] 柳经纬："'一国两制'原则下'两岸四地'的私法统一问题"，载《比较法研究》2010年第1期。

国际私法规范、统一区际冲突法等单项手段来解决区际法律冲突的方法，而非研究用实体法方法来解决区际法律冲突。[20]

也有学者单就中国内地与澳门特别行政区之间法律冲突如何解决提出了自己的看法，认为中国内地和澳门特别行政区签订区际协议是最佳途径，除此之外，辅之以类推适用各自的国际私法规范、两地立法互相借鉴、个案协商等手段。这些学者认为，只有在国家完全统一之后才能由中央立法机关制定全国统一的区际冲突法；至于有关以统一实体法解决法律冲突的问题，其认为寻求法律冲突的解决途径旨在维护正常的交往并加强彼此间的联系，而不在于完全消除法律冲突本身，在"一国两制"的条件下实行实体法的统一是根本行不通的。但我国还有学者强调，解决中国的区际法律冲突应采用区别方法，即区别不同时间阶段、不同法制类型和不同区域、不同法律领域等，以不同的法律方法调整有关冲突。[21] 具体而言，1999年12月底以前，我国内地与港澳台地区的法律冲突可援引各地的国际冲突法解决，还可适用各地共同参加的国际公约；1999年后，只能以各地区的区际冲突法作为解决法律冲突的主要依据；一段时期后，可制定统一冲突法；最后，可走向实体法的统一。并且持此种观点的学者还认为，中国各地区实现经济发展共同利益的趋同性已压倒经济制度的对立。因此，可以预见，各地区经济法或商法或许可以先趋于一致，各地区调整财产关系的法律（如担保法）、调整人身关系的法律（如调整结婚和离婚关系、夫妻人身关系的法律）也可先行走向一致。概言之，持这种观点的学者认为，在同一时间可运用某一种单项手段来解决区际法律冲突，不同的部门法在走向各地法制统一的进程中可有先有后，并同样赞同用国际公约来调整各法域间的法律冲突。[22]

实际上，我国大多学者是强调分阶段来解决区际法律冲突的，可采用具有区际协议性质的区际冲突法甚至统一实体法来解决区际法律冲突。一方面，由于用冲突法方法解决区际法律冲突只能消极地解决已经出现的法律冲突，而用实体法解决区际法律冲突则能积极主动地消灭今后再出现法

---

[20] 丁伟、马远超："中国内地与澳门之间区际法律冲突解决途径之思考"，载《华东政法学院学报》2001年第3期。

[21] 沈涓：《中国区际冲突法研究》，中国政法大学出版社1999年版，第111~120页。

[22] 曾忠恕："论澳门特别行政区与内地的法律冲突"，载《行政》（澳门）1999年第1期。

律冲突的可能。另一方面，当依据冲突法规则需适用外域私法时，因对其内容难以做到如内域法般的了解，在适用时往往出现司法成本增加、司法进程延缓等问题。在立法实践中，国际（区际）法律冲突的解决往往最初采用冲突法的解决方法，而采用实体法方法解决法律冲突则是各法域不断追求的目标。

（二）制定统一实体私法的路径

截至目前，两岸四地法律协调的成果仅限于若干司法领域。在民商事司法文书的相互送达、民商事判决的相互认可和执行、调查取证的相互委托、仲裁裁决的相互认可与执行等领域，我国内地与港澳特别行政区先后签署了各项《安排》，完成了法律的协调。这些程序性规则得以确立的方式则是，首先由最高人民法院（内地）与香港特区政府律政司（或澳门特区政府行政法务司）签署协议，再由最高人民法院及特区行政长官分别发布公告予以颁行。[23] 在我国内地，这些程序性规则的性质是司法解释。在香港特别行政区，这些规则最终以"条例"（在香港称"条例"，实为特别行政区法律）的方式发挥作用。而在澳门特别行政区，这些规则的性质则是行政命令。可以看出，在上述法律协调过程中，内地与特别行政区并没有强求制定主体的高位阶与对应性，而是根据各方主体法律制度的特性，针对迫切需要解决的法律冲突，采用了最为灵活的处理方式。

笔者认为，解决两岸四地民商事法律冲突最直接和最为有效的途径是制定统一实体法。用实体法方法解决区际法律冲突的过程，实际上就是区际法律协调（趋同）的过程。区际法律协调（趋同），指不同法域的法律，随着社会发展的需要，在区际交往日益发达的基础上，逐渐相互吸收，相互渗透，继而趋于接近甚至一致。[24] 只有在各主体间实现了充分交往的领域，法律趋同才能实现。统一实体法的制定需要内地与港澳台方的积极参与。从参与的形式来看，可分为官方途径和民间途径两种。[25]

---

[23] 在香港特别行政区，经签署的《安排》由律政司司长提交立法会审议，再经立法会"三读"通过后，最终以"条例"的方式发挥效力。在澳门特别行政区，是否在签署后还有相关的审议程序，尚未查明。

[24] 李双元、张茂、杜剑："中国法律趋同化问题之研究"，载《武汉大学学报（哲学社会科学版）》1994年第3期。

[25] 吴国平、陈向聪、蔡善强："两岸民商事法律冲突的性质和解决"，载《福建政法管理干部学院学报》2002年第2期。

从欧盟私法协调和统一的各种尝试及其经验来看，私法领域的协调首先应从合同法开始。在两岸四地建立自由贸易区的过程中，对两岸四地的合同法进行协调便显得更为迫切与可行。我国著名民法学者王利明教授认为，在现阶段，有必要在合同法领域内推动两岸四地规则的统一。两岸四地同文同种，同根同源，同属一个中国，而且已经签署《内地与香港关于建立更紧密经贸关系的安排》、《海峡两岸经济合作框架协议》，这对建立两岸四地统一的市场具有重要意义。统一的市场呼唤统一的交易规则，合同法又是调整市场交易关系的基本法，为了减少贸易摩擦、降低交易成本、消除贸易中的法律障碍，制定一部在两岸四地共同适用的合同示范法有必要付诸行动。目前，在两岸四地之间的经贸往来中，纠纷时有发生。香港是判例法，其他三地虽是成文法，但成文法规则极不一致，一旦发生纠纷，法律适用便容易发生争议，因而有必要也有可能首先采用示范法的方式推进合同法规则的统一。[26]

我们可以从欧洲合同法统一立法的工作中获取有益的经验，即私法的协调化之路可以首先从民间开始，从学者开始，从示范法开始。民间途径可以考虑在民商事领域促成建立两岸四地统一的学术等专门民间机构，从促进和发展两岸四地民商事交往和交流出发，共同研讨两岸四地的民商事法律问题并拟定示范性的文本，供两岸四地在制定统一实体法立法时参考，也可供两岸四地民商事主体直接约定适用，从而发挥商人法的功能。

（三）两岸四地私法律协调的进展

目前，两岸四地私法的协调已经进入了快车道。由两岸四地学者组成的民间学术研究团体开始了这一伟大工程。2013年10月3日，在我国台湾地区辅仁大学召开了"两岸四地合同法示范法研讨会"。来自中国人民大学法学院、北京大学法学院、清华大学法学院、四川大学法学院、西南民族大学法学院和我国台湾地区辅仁大学法学院、台湾大学法学院、香港中文大学法学院的多位学者参加了本次研讨会。本次会议对《"两岸四地民法示范法工作组"工作计划（草案）》进行了讨论，形成如下决议：其一，计划于2014年1月在澳门大学召开会议，组建"两岸四地民法示范法工作组"，开始起草《两岸四地民法示范法》，第一个项目为"两岸四地合同法示范

---

[26] 王利明："两岸四地当有共同适用的合同示范法"，载《检察日报》2014年2月18日，第3版。

法"。其二，两岸四地民法示范法工作组的发起单位是：中国人民大学、清华大学、北京大学、辅仁大学、台湾大学、东吴大学、香港城市大学、澳门大学。其他院校法学院可以派专家参加工作组的工作。其三，"两岸四地民法示范法工作组"的架构分为三个层次，即工作组、顾问团和秘书处。

为了推进两岸四地民商事法律的协调和统一，拟由两岸四地的法学教学研究机构成立"两岸四地民法示范法工作组"（以下简称"工作组"），起草《两岸四地民法示范法》，并将《两岸四地合同法示范法》作为《两岸四地民法示范法》的第一个项目，先行起草完成，发挥示范法的作用。《两岸四地合同法示范法》分为三个部分：①合同通则；②合同分则；③示范合同文本。第一阶段起草《两岸四地合同法示范法·合同通则》。

《两岸四地合同法示范法·合同通则》的起草工作计划用三年时间（2013～2016年）完成，按照"大纲"、"比较报告暨起草原则"、"条文"和"条文附说明"四个阶段展开。"《两岸四地合同法示范法》大纲"是"合同法示范法"的章节结构，"《两岸四地合同法示范法》比较报告暨起草原则"是"合同法示范法"各个章节内容起草所依据的两岸四地比较法研究结论和拟采纳的学说理论，"《两岸四地合同法示范法》条文"是"合同法示范法"具体的条文表达方式，"《两岸四地合同法示范法》条文附说明"是对"合同法示范法"具体表达的学术说明。

"合同法示范法"的制定不仅在学术层面上具有重要意义，还将为解决两岸四地中的贸易纠纷提供重要支持，并肯定了示范法制定的作用，希望在示范法的制定过程中实现求同存异。希望"合同法示范法"不仅能够为两岸四地所适用，也能对其他地区起到示范作用。

2014年5月2日，由中国民法学研究会、中国人民大学民商事法律科学研究中心联合主办，西南财经大学法学院承办的"两岸四地合同法研究项目启动仪式暨两岸四地合同法第一届理论研讨会"在西南财经大学法学院举办。来自中国内地以及港澳台的二十余位学者参加了本次研讨会。大会宣布成立"两岸四地民法示范法工作组"。本次会议通过了《"两岸四地民法示范法工作组"工作计划》，确定了"《两岸四地合同法示范法·合同通则》拟定分工"，对《两岸四地合同法示范法·合同通则（起草原则·初稿）》的内容和体例进行了讨论，并决定在"中国民商法律网"建设"两岸四地民法示范法"专题，作为"两岸四地民法示范法工作组"的信息发布平台。[27]

  两岸四地在法律协调问题上已经取得了成果，但我国区际法律协调的问题尚处于学者理论构想和尝试拟定示范法的阶段，实践中并无太多立法成果。我国两岸四地区际法律冲突的特殊性，决定了我们难以完全照搬其他国家、国际组织的经验。这一现状下，笔者认为，两岸四地私法的协调应沿着如下路径进行：在相互交往增加的基础上，扩大四地在特定领域的共识；四地可以借鉴国际经验对私法协调机制的适用模式、机构设置、基本程序等进行磋商，在实践发展中不断完善示范法的内容；将学者拟定的示范法交由立法者讨论和两岸四地民商事主体检验。

---

[27]　中国民商法律网："两岸四地合同法研究项目启动仪式暨两岸四地合同法第一届理论研讨会"简报，来源 http://www.civillaw.com.cn/Article/default.asp? id = 62530，访问时间：2014 年 7 月 29 日。

归入与裂变：中国民事主体制度法律移植的路径转向[*]

王春梅[**]

中国是古代世界五大法系之一——中华法系的发源地，并一度对东亚等国家和地区的法律制度产生过深刻影响。但是，一方面，中华法系以小农经济和封建君主专制制度为经济和政治基础；另一方面，又深受家族血缘关系和伦理道德思想的束缚，并最终在呈现出一种"落日的辉煌"之后瓦解在鸦片战争的炮火之中。[1] 此后，中国法制的发展开始离开传统中华法系的轨道，并在走向现代化进程的同时走上了法律移植之路。但直至20世纪50年代之前，西方法一直是中国进行法律移植的主要供体选择，对苏联法的移植是十分有限的。因而可以说，在此之前，中国的法律制度整体上仍然属于西方传统法的范畴，并在南京国民政府时期完成了中国法律的近代化事业。只是在20世纪50年代之后，对苏联法和苏联民事主体制度的全面移植，才导致中国法与西方传统法发生裂变。因此，为便于直观地认识与感受中国民法和民事主体制度在脱离传统中华法系之后归入西方传统法，并在20世纪50年代之后与西方传统分裂而靠拢苏联法的进程，本文以《中华民国民法》中的民事主体立法和民事主体制度为范本展开分析。当

---

[*] 本文系教育部规划基金项目（项目号13YJA820047）阶段性成果。
[**] 黑龙江大学法学院教授。
[1] 何勤华、李秀清：《外国法与中国法——20世纪中国移植外国法的反思》，中国政法大学出版社2003年版，第11页。

然，犹如法律移植表现为一个渐进过程一样，中国民事主体制度与西方传统法的裂变也是渐进的。也就是说，虽然这种裂变以包括《中华民国民法》在内的"六法全书"被宣布废止为表现与结果，之后才开始了对苏联法的全面移植，但实际上，在中共革命政权时期，包括民事主体制度在内的中国法律制度就已经开始走上与西方传统断裂之路了。

一、民国时期民事主体制度的西方传统归入

1927年南京国民政府成立后，于1929年5月23日公布了《中华民国民法》总则编，并于同年10月10日施行。之后，债权编、物权编、亲属编及继承编先后公布与施行。从整体上看，《中华民国民法》基本以德国民法典为范式，同时借鉴他国立法。也就是说，其借鉴的视野比较宽阔，除1922年《苏俄民法典》之外，瑞士民法典、日本民法典等也都被纳入了立法者的视域。民事主体制度被规定在总则编第二章之中，其以"人"为标题，下设自然人与法人两节内容。

（一）《中华民国民法》中自然人主体对西方传统的归入

《中华民国民法》在第二章"人"之下，首先用19个条文对"自然人"主体作出了规定，内容上基本涵盖了传统民法自然人的基本内容，如自然人的权利能力、行为能力、宣告失踪、宣告死亡、禁治产、住所等，从而在内容上体现出与西方传统民法的一致性。除此之外，《中华民国民法典》更是从以下几方面展现出对西方传统民法的归入。

首先，《中华民国民法典》使用了与传统大陆法系民法相同的表达来称谓"自然人"主体。《法国民法典》和《德国民法典》作为大陆法系民法的两大分支和典型代表，虽然所处的历史时代不尽相同，但都是启蒙运动和理性时代的产物，罗马法传统和自然法精神是二者共具的底蕴与音符。在以法、德民法典为代表的传统民法中，"人"往往是民事法律关系主体的同义语。在《法国民法典》中，"人"的外延初始是与自然人相对应的，其后才发展得同《德国民法典》一样，涵盖了自然人和法人。但二者对于以生命个体为基础的民事主体几乎都一致地谓为"自然人"，并意指基于自然规律而出生的人。《中华民国民法》以《德国民法典》为范本，并借鉴他国立法而完成，不仅在"人"的内涵与外延上保持了与传统民法的一致性，对基于自然规律而出生并在法律上享有主体地位的人同样称之为"自然人"。

其次，对民事主体人格属性和主体性要素的承认与保护，彰显了对主

体人格的尊重与民法的私法本质。作为主体特质之"人格"——意思自治在《中华民国民法》中获得充分的显现与尊重。典型如作为意思自治法律手段的法律行为一章（第四章）共设置了六节内容，累计 48 个条文，对主体的行为能力、意思表示、附条件和附期限的法律行为、法律行为的代理、无效与撤销等作出了详细规定。再如所有权人充分的意志支配、契约自由原则的规定等，都充分体现了对民事主体的意志尊重。此外，主体性要素之"人格"也在《中华民国民法》中获得一定程度的承认与保护。因为，其一，《中华民国民法》虽然在总则编中并未明确规定其调整对象，但从各编的配置安排与内容可以断定，其既调整民事主体之间的财产关系，也调整他们之间的人身关系，这为主体性要素之保护奠定了基础。其二，其不仅为具体的主体性要素提供保护，而且还规定了对自由和人格权的保护，扩大了主体人格保护的覆盖面。前者如在自然人部分的第 19 条规定了对姓名权的保护，后者则体现在第 17 条和第 18 条之中。而无论是《中华民国民法》对主体意志的尊重与保护，还是对主体人格要素的承认和保护，都是建立在民法私法属性的认识基础上的。也就是说，民国时期的民法学者已经对民法的私法性质有了基本认识。如吴经熊先生对民法的认识就是以私法为出发点的，他说："窃谓民法者，民族精神之表现，民权借以保障，而民生恃以发展者也。"[2] 更有学者直言："规范吾人日常生活与乎社会之生活的私法之一部，厥惟民法。"[3] 正是在肯定和承认民法的私法属性的基础上，才能形成和贯彻意思自治，并给予其立法上的尊重与保护。

（二）《中华民国民法》中法人主体对西方传统的归入

《中华民国民法》借鉴德国民法典，实行主体二元制的结构安排，分别规定了自然人主体和法人主体。其中，在法人部分，详细规定了法人的住所、法人的成立、法人的财产、法人的清算和消灭、法人及其成员的责任等内容。

在具体内容安排上，《中华民国民法》第二章第二节"法人"在第一款通则之后，采用私法人的传统分类之一——社团法人和财团法人，分两款

---

[2] 吴经熊："关于编订民法之商榷"，载何勤华、李秀清主编：《民国法学论文精萃——民商法律篇（第 3 卷）》，法律出版社 2004 年版，第 2 页。

[3] 李祖荫："中华民国新民法概评"，载何勤华、李秀清主编：《民国法学论文精萃——民商法律篇（第 3 卷）》，法律出版社 2004 年版，第 11 页。

规定了社团和财团。众所周知，社团法人和财团法人是根据法人成立基础的差异而作出的区分。前者以社员或成员为基础，后者以财产为基础，并由此决定了二者在其他诸多方面的差异。私法人的传统分类还有一种，即根据其目的事业有无营利性而分为营利法人、公益法人和中间法人。虽然因目的事业不同，立法对于不同目的事业的法人的规范也有差异，如法人设立采取不同的原则等。但是，一方面，各国基于此分类而进行分别规范者鲜有；另一方面，营利与公益的法人划分与社团与财团的法人划分存在一定的交叉，以目的事业区分法人并在立法上加以分别规范，将造成逻辑上的混乱与内容上的重复。因此，以法人成立基础的差异而分别进行的立法规范更具合理性。

《中华民国民法》以法人的成立基础不同而区分社团与财团进行分别规范，只注重法人自身的差异而给予立法上权利义务的不同配置与要求，而不问法人的出身与身份并给予法律上的相同对待，不仅使不同的法人处于法律上的平等地位，也可以使与之进行交易的自然人处于平等地位，实现与落实了民法的平等原则。而且，根据《中华民国民法》第26条之规定，除专属于自然人的权利义务外，无论何种法人，都有在法令限制内享受权利、负担义务的能力。

民国时期，古老的中国抛弃了固有法律传统而转向西学，中国的公私立法整体上都开始走向对西法的效仿、借鉴与移植。就民法而言，民法的私法属性认识与定位，不仅使中国生发出私法秩序的萌芽而且获得了初步成长，从而完成了中国民法的近代形塑与定型。民事主体立法及其制度在显现其对西方民法传统归入的同时，呈现出对现代社会本位思想与潮流的趋附。

二、民国时期民事主体制度的现代趋附

《中华民国民法》制定之时，西方私法早已经完成了近代的形塑过程，个人主义及其精神的极度弘扬与发展，已经使近代私法显现出极大的弊端，社会本位思想开始粉墨登场，并已经进入各国的立法实践。因此，以西方立法为蓝本而制定的《中华民国民法》不可避免地受到社会本位思想之影响，体现出极强的社会公益精神。正如其总则编起草说明书所阐释的立法理由谓之："驯至放任过甚，人自为谋，致社会公益于不顾，其为弊害，日

益显著……对于社会公益，自应特加注重，力图社会之安全。"[4] 民事主体制度也呈现出社会本位思想并由此呈现出对私法现代化之趋附。在自然人主体中，这种现代趋附表现为对作为主体人格属性之意志限制和对人格要素之深切关注；在法人主体中，则集中体现为对法人目的或其行为的限制与规范方面。

(一) 自然人人格属性对现代私法之趋附

作为主体特质之人格，即意思自治在近代获得绽放，主体的自由与人格也因此获得充分发展。但个体无限制的意思自治则可能对他人与社会构成威胁与损害，因此，现代私法的趋势之一即对意思自治的限制，并以对契约自由的干预和限制为典型。

在《中华民国民法》中，其债编第 153 条第 1 款规定："当事人相互表示一致者，无论其为明示或默示，契约即为成立。"这昭示着当事人的意思决定契约的成立，从而确立了契约自由原则。但是，"19 世纪末开始形成的限制契约自由的潮流也影响到了民国时期的立法"，[5] 这种限制在《中华民国民法》总则部分通过对法律行为的效力干预而作用于契约自由。如其第 71 条规定了违反强制或禁止性规定的行为无效、第 72 条规定了悖于公共秩序与善良风俗的行为无效，以及第 74 条第 2 款对显失公平的行为给予救济等规定，都可以基于对法律行为的上位规定适用于契约领域而构成对契约自由的限制。

除总则外，在债编的诸多具体规定中也贯彻与体现了对当事人意思自治和契约自由的干涉与限制。如其第 203 条对有息之债以法律规定弥补当事人利息约定不明的规定、第 205 条对利息上限及其请求权限制的规定、第 252 条对当事人违约金约定的干涉的规定等，都体现出对本应由民事主体意志自决的内容与事项却注入了国家的强制与权力因素，以维护社会之正义与公平。

此外，由社会本位思潮所导引的私法现代走向的其他重要表现，如对所有权人权利的限制，某种程度上可以理解为是通过对所有权人绝对的意

---

[4] 转引自何勤华、李秀清：《外国法与中国法——20 世纪中国移植外国法的反思》，中国政法大学出版社 2003 年版，第 254 页。

[5] 何勤华、李秀清：《外国法与中国法——20 世纪中国移植外国法的反思》，中国政法大学出版社 2003 年版，第 248 页。

志支配加以干涉而实现相对化的,故而也构成对所有权主体意志的限制。《中华民国民法》第148条所规定的"权利之行使不得以损害他人为主要目的"即体现了对包括所有人在内的权利人的限制。类似的限制性规定在物权编也颇为常见。

在《中华民国民法》中,不仅作为主体特质之人格表现出对现代私法之趋附,而且,作为主体性要素之人格也同样显示出这种趋附。例如除前述姓名权、自由与人格权的保护规定之外,还承认了最低限度生存权。[6]应该说,民国时期作为主体性要素之人格的现代趋附,在相当程度上归功于孙中山的思想。因为,在任何时代,领导者的法律思想和观念都会不可避免地在一定程度上影响或决定其所在时代的立法价值取向与内容,甚至引导立法的走向。作为民国开国领袖的孙中山先生顺应西方社会本位思想与趋势,提出了三民主义理论。他对民主、民权与民生的深切关注,不仅要求注重个体权利与自由的赋予与保护,而且要求关注国家与集体利益,从而形成了以国家自由观、集体平等观为理论基础的社会本位立法思想体系,提倡国家与社会的整体自由,限制个人的自由与权利,以实现国家的自由与独立。[7]而时任立法院院长的胡汉民深受孙中山先生三民主义和社会本位思想的影响,将之贯彻到立法中的结果就是:一方面,导致对作为基本民权应有内涵范畴的某些主体性要素保护的肯定与扩大;另一方面,形成了对个体权利与自由的必要限制。

(二)法人人格对现代私法之趋附

基于社会本位思想和公益精神对于民事主体所生的国家干涉与限制,不仅及于自然人主体,也应及于法人主体。法人以团体为基础,但法人个人主义使法人在法律上被视为一个人,并借助于权利能力的法技术工具获得与自然人同样的主体资格与地位。但是,一方面,法人的经济优势必然破坏其与自然人之间的平等;另一方面,享受较多资源者应当背负更多的社会义务。因此,现代私法增加了诸多对法人的限制。不过,法人人格的非伦理性与工具性要求和决定了国家强力对法人主体的干涉与限制只能从

---

[6] 何勤华、李秀清:《外国法与中国法——20世纪中国移植外国法的反思》,中国政法大学出版社2003年版,第253页。

[7] 何勤华、李秀清:《外国法与中国法——20世纪中国移植外国法的反思》,中国政法大学出版社2003年版,第253页。

法人的设立、法人的目的与法人的行为规范着眼，而无法及于法人的人格属性本身。

《中华民国民法》对社会本位思想与社会公益精神的反馈也印证了这一点。对于法人的设立，《中华民国民法》总则编第 30 条设置了登记程序，而第 46 条对于公益法人更要求登记前获得主管官署的许可。对于法人的目的与行为的限制，其第 36 条规定："法人之目的或其行为有违反法律公共秩序或善良风俗者，法院得因主管官署检察官或利害关系人之请求宣告解散。"而立法要求法人在解散时必须进行清算，并规定了清算人及其职务。而且，为确保清算程序的公正和对债权人的利益保护，立法还设置了监督程序，其第 42 条规定："法人之清算属于法院监督。法院得随时为监督上的必要之检查。"此外，还有一些其他的限制性规定。由此可见，《中华民国民法》在法人的规定中所体现出来的社会本位精神，较自然人主体可能更多。

综上，在《中华民国民法》总则及其他各编的规定中，都一定程度地映射出社会本位精神对民事主体制度之影响，并由此彰显了民国民法及其理论对现代私法精神之趋附。如果沿着这一路径发展下去，包括民事主体制度在内的中国法律制度或许将以另一种面貌和状态来展现并发挥作用。但遗憾的是，历史却在此时发生巨变，包括民事主体制度在内的中国法律及其各项制度也在此后萌发了与传统断裂的萌芽。

三、新民主主义革命时期的民事主体：与传统裂变之萌芽

如果说 20 世纪 50 年代之后，中国开始全面移植苏联立法与法律制度，从而走进苏联范式并最终走上与西方私法传统断裂之路的话，则这种断裂在苏维埃新民主主义革命时期就已经生发出萌芽了。当然，这一时期不存在成形的法律制度与法律体系，只是针对某些具体问题而颁布了一些立法性文件和政策，因此，我们也只能通过片言只语发现与寻找到一些端倪。

（一）所有制话语的引入与民事主体的公私区分

所有制是马克思主义学说的核心，所有制话语也是在十月革命之后伴随着马克思主义和列宁主义而传入我国的。我国很多党内重要人物都在其著作中论及所有制学说。如李大钊在 1924 年发表的《社会主义下的经济组织》一文中指出：社会主义经济的主要特点之一就是废除生产资料私有制，建立公有制。凡大规模的企业，如铁路、矿山、轮船公司、承办运输事业、大规模的制造工业、大商店等一律收归国有。自国家银行以下，所有的银

行都收归公有,由国家经营。同时指出与公有制相配套,社会主义经济的另一特点是生产的目的性和计划性。[8] 再如毛泽东也曾经指出要"没收帝国主义者和汉奸反动派的大资本大企业","归这个共和国的国家所有",并使之成为社会主义性质的国营经济。[9] 在新民主主义阶段,要"保存一般的私人资本主义企业",使"私人资本主义经济在不能操纵国计民生的范围内获得发展的便利"[10]。由此可见,所有制学说与社会主义和公有制相连,以建立和维护社会主义公有制为内容与目标追求。于是,采取一系列措施将土地、银行、大规模企业等收归国有,建立社会主义公有制就成为必然。如继1917年11月8日苏俄颁布《土地法令》,宣布废除土地私有制,将土地转归国家所有成为全民的财产,并平均分配给农民之后,中国共产党在1927年的"八七会议"上就提出了土地国有的口号。之后,在总结经验的基础上,1928年在井冈山颁布了《土地法》,其第1条就规定:"没收一切土地归苏维埃政府所有。"[11] 由于该条规定存在没收一切土地而非没收地主土地的错误,1929年4月颁布的《土地法》第1条将其更改为"没收一切公共土地及地主阶级的土地归兴国工农兵代表会议政府所有,分给无田地及少田地农民耕种使用"[12] 此后,在1930年6月由中国革命军事委员会颁布的《苏维埃土地法》第1条和《中华苏维埃共和国土地法》第1条都有类似规定。[13] 通过这些立法及一系列的措施,中共革命政权逐步在根据地和解放区建立起了主要生产资料公有制。当然,在建立生产资料公有制的同时,革命政权并不绝对否定私有制和私营资本,而是允许它们在合理范围内存在。如1932年1月,中华苏维埃共和国临时中央政府颁布和实施了《工商业投资暂行条例》,其第1条规定:"凡遵守苏维埃一切法令,实

---

[8] 参见《李大钊选集》,人民出版社1959年版,第429、432页。转引自冀诚:《试论所有制概念对中国私法制度的影响》,中国政法大学2004年博士学位论文,第30页。

[9] 参见《毛泽东选集》第2卷,人民出版社1991年版,第647、678页。转引自冀诚:《试论所有制概念对中国私法制度的影响》,中国政法大学2004年博士学位论文,第31页。

[10] 参见《毛泽东选集》第3卷,人民出版社1991年版,第1060~1061页。转引自冀诚:《试论所有制概念对中国私法制度的影响》,中国政法大学2004年博士学位论文,第31页。

[11] 西南政法学院函授部编:《中国新民主主义革命时期法制建设资料选编》(第3册),1982年,第77页。

[12] 参见西南政法学院函授部编:《中国新民主主义革命时期法制建设资料选编》(第3册),1982年,第79页。

[13] 参见西南政法学院函授部编:《中国新民主主义革命时期法制建设资料选编》(第3册),1982年,第81页、第85~86页。

行劳动法,并依照苏维埃政府所颁发之税则,而完纳国税的条件下,得允许私人资本在中华苏维埃共和国境内,自由投资经营工商业。"[14] 之后,1948年3月31日,陕甘宁边区政府又颁布了保护工商业的布告,再次郑重强调无论属公属私的工商业都要坚决保护。[15]

  随着所有制学说的传入,所有制话语也开始发挥作用,不仅形成了财产的公有与私有区分,而且形成了民事主体的公有与私有区分。也就是说,在新民主主义革命时期,中共革命政权在没收地主和大资本家的土地、银行、大企业等归国家所有建立公有制的同时,一方面允许私营资本的存在,另一方面也承认和保护包括土地在内的个人的私有财产。这种公有制与私有制的并存,不仅在事实上形成与存在公有财产与私有财产的区分,而且也获得了立法上的肯定与体现。如1939年9月29日公布了《晋察冀边区保护公私林木办法》,其第1条和第2条规定:"本边区各县公有私有林木之保护,除森林法已有规定外,依本办法行之","公私林木由各县政府督同区村公所负责保护之"。[16] 由此可见,不仅该办法名称中带有"公私"字样,其内容中也多次使用"公有私有"或者"公私"字样。再如1939年10月2日公布的《晋察冀边区禁山办法》中,也多次使用"公有私有"的表达。[17] 既然所有制和财产有公私之分,其主体也必然存在公有主体与私有主体之差异。如《工商业投资暂行条例》第3条规定:"无论国家的企业矿山森林等和私人的产业,均可投资经营,或承租承办,但须由双方协商订立租借契约,向当地苏维埃政府登记,但苏维埃政府对于所订合同,认为与政府所颁布的法令和条例相违反时,有修改和停止该合同之权。"[18] 此处,国家与私人分别代表着公有主体与私有主体。再如,1932年2月1日实行的《借贷暂行条例》也存在公有主体和私有主体的区分。其第2条规

---

  [14] 参见西南政法学院函授部编:《中国新民主主义革命时期法制建设资料选编》(第3册),1982年,第1页。

  [15] 参见西南政法学院函授部编:《中国新民主主义革命时期法制建设资料选编》(第3册),1982年,第12~13页。

  [16] 参见西南政法学院函授部编:《中国新民主主义革命时期法制建设资料选编》(第3册),1982年,第21页。

  [17] 参见西南政法学院函授部编:《中国新民主主义革命时期法制建设资料选编》(第3册),1982年,第22页。

  [18] 参见西南政法学院函授部编:《中国新民主主义革命时期法制建设资料选编》(第3册),1982年,第1页。

定:"凡国家银行、信用合作社,或私人借贷之非高利贷性质的周转和为帮助某种生产事业而举行的各种借贷,不违背本条例之规定者,苏维埃政府不加以干涉。"[19] 由此可见,在新民主主义革命时期,所有制话语即已经开始出现在中共政权的民事立法之中,并已经对民事主体的地位和权利产生影响作用,即已经形成了民事主体的公私之分。

(二)"企业"的术语引入与使用

在新民主主义革命时期,中国共产党为了建立自己的政权,稳定社会经济秩序及保护民众的基本生活与利益,颁布了一系列民事立法文件。当然,由于历史条件、立法水平等诸多因素的影响与限制,不可能制定出完整的民事立法,也不可能建立和形成完整的民事法律制度,只是对基本生活领域中的主要社会关系,如土地关系、投资借贷关系、婚姻家庭关系、继承关系等加以简单的规定与调整。但是,在这些十分粗简的民事立法及规定中,仍然可以发现某些民事法律制度的雏形。

就法人主体而言,新民主主义革命时期的民事立法也不可能有完整的规定,但某些内容完全可以看作是对法人的规定。如1932年1月实行的《工商业投资暂行条例》第2条规定:"凡投资者,须先将资本的数目、公司章程或店铺的名称、经营事项、经理的姓名等详细具报,向当地苏维埃政府登记,取得营业证,即可按照规定事业去经营,以后改营他业时,亦须要向政府报告登记。"[20] 此处虽然没有明确投资主体是否具有法人资格,但将其视为对法人设立程序的规定应该是没有问题的。再如对于法人的营业自由,其第4条规定:"凡遵守一、二、三条之规定的私人投资所经营的工商业,苏维埃政府在法律上许其营业之自由。"由此可见,在新民主主义革命时期,虽然没有建立和形成法人制度,但法人主体不仅在事实上是存在的,立法对其也是有所规定与调整的。

既然存在法人主体,当时的民事立法文件对其也有规定,就涉及其立法表达问题。但是,无论是在当时的民事立法文件中,还是在相关的民事立法政策中,都没有出现过"法人"字样,也没有使用过"法人"这一称

---

[19] 参见西南政法学院函授部编:《中国新民主主义革命时期法制建设资料选编》(第3册),1982年,第2页。

[20] 参见西南政法学院函授部编:《中国新民主主义革命时期法制建设资料选编》(第3册),1982年,第1页。

谓，而是以其他用语来表述的，如"国家银行"、"信用合作社"、"公司"、"企业"等。其中，以"企业"来指代和表达法人主体的，如《陕甘宁边区地权条例》第11条规定："部队、机关、学校、团体及公营企业，得依法领取（不得自由圈地）公地、公荒使用，但所有权仍属于边区政府。"[21] 再如1949年2月28日辽宁省人民政府颁发的《辽宁省森林管理暂行办法》第15条规定："本省各机关各部队各公私企业部门，在不违反本办法之原则下，可向有关部门及群众收购木材，但严禁包山包林等采伐方式，否则按本办法，予以处分。"[22] 由此可见，"企业"作为法人主体的替代表达，在新民主主义革命时期的立法文件中就已经开始出现并加以使用了。

（三）机关主体地位的初现

新民主义革命时期的民事立法文件对于法人主体的规定不仅体现在对法人的设立程序和营业自由的规定上，而且其有些规定还涉及法人主体的种类问题。如，一方面为了废除和禁止高利贷，另一方面为了解决生产发展和群众的资金周转问题，中华苏维埃临时中央政府在1932年2月1日颁布与实行了《借贷暂行条例》，其第2条在表明对合法借贷的保护的同时，涉及了借贷主体问题，其规定："凡国家银行、信用合作社，或私人借贷之非高利贷性质的周转和为帮助某种生产事业而举行的各种借贷，不违背本条例之规定者，苏维埃政府不加以干涉。"[23] 据此可以认为，作为借贷主体的国家银行、信用合作社应该具有法人资格，属于法人类型之一。此外，部队、学校、企业，以及团体等也可以依法享有民事权利、承担民事义务，即具有民事主体资格，将它们作为法人主体认识也没有问题。

就机关而言，应该说，在新民主义革命时期，其民事立法已经开始承认机关的独立民事主体地位了。如前述《陕甘宁边区地权条例》第11条规定："部队、机关、学校、团体及公营企业，得依法领取（不得自由圈地）公地、公荒使用，但所有权仍属于边区政府。"依照这一规定，机关同其他主体一样，可以依法领取公地、公荒并享有对该地的使用权，由此可以推

---

[21] 参见西南政法学院函授部编：《中国新民主主义革命时期法制建设资料选编》（第3册），1982年，第125页。

[22] 参见西南政法学院函授部编：《中国新民主主义革命时期法制建设资料选编》（第3册），1982年，第29页。

[23] 西南政法学院函授部编：《中国新民主主义革命时期法制建设资料选编》（第3册），1982年，第2页。

断其具有独立民事主体的地位。再如依照《辽宁省森林管理暂行办法》第15条[24]的规定，各机关也可以向有关部门及群众收购木材，从而作为合同当事人而享有合同权利义务。由此可见，在新民主主义革命时期，虽然法人制度尚未建立，但机关作为民事主体而享有民事权利、承担民事义务不仅是一种既定事实，而且获得了立法层面的肯定；这不仅是我国国家机关独立主体地位的初现，而且不得不让人认为其与20世纪50年代之后我国国家机关的全面法人化地位具有的某种渊源性。

（四）权力因素的介入与对主体意志的干涉

在新民主主义革命时期，虽然中共革命政权在社会主义革命目标的指引下，对于大资本和大地产没收收归国有，以建立和实现社会主义公有制，但鉴于私人经济对于国家和人民利益的有益性，仍然允许和支持私人资本和私营经济的存在与发展。也就是说，此阶段在公营经济与私营经济之间的关系上，公营经济居于主导地位，私营经济只是辅助性的存在，但二者的并存为自由竞争在一定范围内的存在奠定了现实基础，也为民事主体的存在与发展、主体的意志自由提供了经济环境与经济基础。

就对民事主体意志自由的尊重与保护而言，虽然这一时期的民事立法十分粗糙，但在这些粗糙的立法文件中，仍然可以发现对民事主体意志自由的规定与保护。如根据中华苏维埃共和国临时政府在1932年1月颁布实行的《工商业投资业暂行条例》第3条的规定，国家的矿山企业和私人产业在双方协商、订有租借契约的基础上，经登记后进行投资经营或承租承办。[25] 此处，双方协商和订立租借契约即体现了对投资主体意思自治的尊重。再如，在1932年2月实行的《借贷暂行条例》中，在合法范围内允许当事人自由约定借贷数目、利率、用途和归还日期，并依法保护合法借贷合同的规定，也体现了对当事人意志自由的尊重与保护。[26]

此外，对围绕土地而展开的租佃关系的调整中，对租佃契约的规定也

---

[24]《辽宁省森林管理暂行办法》第15条规定："本省各机关各部队各公私企业部门，在不违反本办法之原则下，可向有关部门及群众，收购木材，但严禁包山包林等采伐方式，否则按本办法，予以处分。"西南政法学院函授部编：《中国新民主主义革命时期法制建设资料选编》（第3册），1982年，第29页。

[25] 参见西南政法学院函授部编：《中国新民主主义革命时期法制建设资料选编》（第3册），1982年，第1页。

[26] 参见西南政法学院函授部编：《中国新民主主义革命时期法制建设资料选编》（第3册），1982年，第2~3页。

体现了对民事主体意志自由的尊重与保护。如在 1943 年 1 月 21 日晋察冀边区第一届参议会通过、同年 2 月 4 日晋察冀边区行政委员会公布的《晋察冀边区租佃债息条例》中，第 12 条规定："土地之租佃，须一律缔结书面契约。契约期满出租出佃人得收回其土地。但在抗战期间，出租出佃人收回土地致承租承佃人无法生活者，应减收一部或暂时不收，并另定新约。"[27] 依此，书面租佃契约的订立是土地租佃关系产生和受法律保护的基础与依据，而租佃契约是当事人自由意志的体现与结果。另外，在《晋冀鲁豫边区土地使用暂行条例》[28]、《陕甘宁边区土地租佃条例》[29] 中，也有对租佃契约的规定与调整，契约当事人的意志自由获得了同样的尊重与保护。

但是，在新民主主义革命时期，其民事立法对民事主体意志自由的尊重与保护是十分有限的。这不仅因为自由竞争经济的基础薄弱与范围有限，其更主要的原因在于，权力因素的介入对民事主体的意志自由构成限制与干预。而权力因素对于私法的介入和对民事主体意志自由的限制与干预，一方面体现出我国新民主主义革命时期私法观念在整体上的缺失，另一方面也彰显出其民事立法上的公法因素影响，这与苏联民法的基调是完全一致的。就具体规定而言，如在《工商业投资暂行条例》中，其第 3 条一方面允许国家的矿山森林和私人产业依双方协商，订立租借契约而进行工商业经营；另一方面又规定在苏维埃政府认为当事人所订立的合同违反政府所颁布的法令和条例时，可以享有直接进行修改和停止的权利，从而将当事人的意志排除在外。[30] 再如，依照《借贷暂行条例》第 4 条的规定，保护双方在自由协议基础上订立的合法的借贷合同，但是，对于团体性质的借贷合同规定了向政府报告和请求登记的要求与程序，从而将团体性质的借贷合同置于政府公权力的审查与监督之下，这无疑是对团体性借贷合同当事人自由意志的不信任与干涉。另外，在没收大地主和大资本家的土地而进行分配时，政府公权力的介入与彰显更为明显。应该说，无论是古今

---

[27] 参见西南政法学院函授部编：《中国新民主主义革命时期法制建设资料选编》（第 3 册），1982 年，第 6 页。

[28] 参见西南政法学院函授部编：《中国新民主主义革命时期法制建设资料选编》（第 3 册），1982 年，第 111~115 页。

[29] 参见西南政法学院函授部编：《中国新民主主义革命时期法制建设资料选编》（第 3 册），1982 年，第 129~131 页。

[30] 参见西南政法学院函授部编：《中国新民主主义革命时期法制建设资料选编》（第 3 册），1982 年，第 1 页。

中外的农民起义还是政党革命,"均田地"或"均贫富"都是其起义或者革命的政治口号与目标,我国的新民主主义革命也是如此。因此,在中国共产党领导的革命政权控制的地域范围内,除一部分土地归于公有之外,对于被没收的地主和资本家的土地基本上分配给无地的农民所有,即当时存在和实行土地私有制。而革命政权在初期进行土地分配时,平均分配是基本原则。如中国共产党全国土地会议在1947年9月13日通过的《中国土地法大纲》第6条规定:"……乡村中一切地主的土地及公地,由乡村农会接收,连同乡村中其他一切土地,按乡村全部人口,不分男女老幼,统一平均分配;在土地数量上抽多补少,质量上抽肥补瘦,使全乡人民均获得同等的土地,并归各人所有。"[31] 之后,某些地区又制定了实行土地法大纲的补充办法。如《东北解放区实行土地法大纲补充办法》和《晋冀鲁豫边区政府施行中国土地法大纲补充办法》,这两个补充办法都在坚持和贯彻平均分配土地原则的基础上进行了细化规定。[32] 此外,毛泽东在《复李井泉同志的信》中还指出,在老区实行平均分配土地,基本消灭地主富农的经济基础之后,还可以在某些地区进行酌量调剂土地,不应再进行平均分配,而是应该采取合理的抽补办法来满足部分农民土地不足的要求。[33] 由此可见,在革命政权控制的地区,对于土地的分配遵循以平均分配为原则,以调剂为补充的方法。但是,无论是平均分配,还是抽补调剂,都需要借助政府公权力来运作与实现,根本无需主体意志,即无需农民意志的表达与体现。

四、余 论

虽然在新民主主义革命时期,我国的民事主体制度及其立法仅仅是出现了与西方传统民法裂变之萌芽,但却在相当程度上预示出其未来的发展与走向。因为,裂变一旦产生,萌芽一旦出现,特定的历史背景与诸多因素的综合作用极有可能使裂变和萌芽以不可阻挡之势获得发展,从而改变其原有的路径与走向。历史的事实表明,中国民事立法和民事主体制度的

---

[31] 西南政法学院函授部编:《中国新民主主义革命时期法制建设资料选编》(第3册),1982年,第133页。

[32] 参见西南政法学院函授部编:《中国新民主主义革命时期法制建设资料选编》(第3册),1982年,第136~141页。

[33] 参见西南政法学院函授部编:《中国新民主主义革命时期法制建设资料选编》(第3册),1982年,第150页。

发展恰恰如此。但是，正如中国民事主体制度的传统路径可以改变一样，苏联法对中国民事主体制度及其立法的供体提供与影响，也可能因为某种原因而再次发生转向，关键在于这种转向是否符合我国民事主体制度的当代价值选择与社会需求，是否能够促进我国民事主体制度的当代发展。

迈向卫生公平：WTO 中的
药品知识产权[*]

何 隽[**]

一、健康权可否由市场定价？

在所有关于社会公平的讨论中，疾病、药品与健康都是无法回避的话题。1946 年签署的《世界卫生组织章程》是第一份提出健康权（the right to health）的国际文件，在其序言中指出："享受可能达到的最高水平的健康，是不分种族、宗教、政治信仰、不因经济或社会条件而有区别的每个人的基本权利之一"。此后 1948 年通过的《世界人权宣言》、1966 年的《联合国经济、社会及文化权利国际公约》（ICESCR），以及多个区域性人权法律文件[1]和许多国家宪法[2]都将健康权作为最基本的人权。

联合国经济、社会和文化权利委员会（CESCR）第 14 号《一般性意

---

[*] 本文是国家知识产权局软科学研究项目（项目编号：SS14 - A - 05）、清华大学文化传承创新基金项目（项目编号：2012WHYX018）和清华大学深圳研究生院青年科研基金项目（项目编号：QN20140002）的部分研究成果。自 2014 年春，笔者在清华大学化学系开设研究生专业课"药品知识产权与 WTO 规则"，本文部分内容是授课中进一步研究的发现和心得。

[**] 法学博士，清华大学深圳研究生院副教授。

〔1〕 例如 1961 年《欧洲社会宪章》、1981 年《非洲人权和人民权利宪章》和 1988 年《美洲人权公约关于经济、社会和文化权利领域的附加议定书》（萨尔瓦多议定书）。

〔2〕 截至 2009 年，已有 135 个国家将健康权纳入本国宪法。参见 WHO, WIPO and WTO, *Promoting Access to Medical Technologies and Innovation: Intersections between Public Health, Intellectual Property and Trade*, 2013, p. 40.

见》[3] 规定，各成员国不得干涉民众享有健康权，要求各国采取措施，以防止其他各方干涉民众享有健康权；同时通过法律实施、采取积极措施和政策，使个人能享有健康权。简单而言，各国应尊重、保护和落实民众的健康权。这其中，最重要的是确保公众能够非歧视地获得基本药物。考虑到知识产权对基本药物价格的影响，CESCR 在第 17 号《一般性意见》[4] 中指出，知识产权从根本来说是一种社会产品，具有社会功能，因此各缔约方有义务达成适当的平衡，即不能过度鼓吹知识产权创造者的私人利益，而需要在确保其利益与公众广泛应用其产品之间促成充分的平衡，各方都有责任防止基本药物的价格过高。

基本药物（essential medicines）是那些满足人群卫生保健优先需要的药品，在一个正常运转的医疗卫生体系中，基本药物在任何时候都应充足供应、保障质量，且价格为个人和社区所能承受。基本药物通过循证方法来确定，对药物的选择考虑到患病率、安全性、药效以及相对成本效益。由世界卫生组织（WHO）的专家小组编写一个标准清单，为会员国提供范本，各国可根据本国需要进行改编。基本药物清单（EML）每两年修订一次。1977 年，首个清单确定了 208 种基本药物，2013 年的清单涵盖了 583 种药物（包括活性药物成分、医疗设备和疫苗），除用于治疗传染性疾病，例如疟疾、艾滋病毒/艾滋病、结核，最近的清单越来越多地关注到非传染性疾病，包括心脑血管疾病、癌症、慢性呼吸道疾病和糖尿病等慢性病的治疗。[5] 任何实体，包括个人、政府、制药公司或医学协会，都可建议增加药物，但必须提供相应证据，说明其所建议药物的安全性、功效和成本效益，证明该药物对满足重点卫生保健需求是至关重要的，并能够充足供应。

由于药品的价格受专利影响，增加新的基本药物常常需要等到药品专利期届满，进入仿制药大规模生产阶段。例如，利培酮（Risperidone）是新一代的抗精神病药，因不良反应较轻，上市 4 年后，于 1998 年首次被建议

---

[3] UN CESCR, *General Comment No. 14: The Right to the Highest Attainable Standard of Health (Art. 12 of the Covenant)*, UN document E/C. 12/2000/4, 11 August 2000.

[4] UN CESCR, *General Comment No. 17: The Right of Everyone to Benefit from the Protection of the Moral and Material Interests Resulting from any Scientific, Literary or Artistic Production of Which He or She is the Author [Art. 15, Para. 1 (c) of the Covenant]*, UN document E/C. 12/GC/17, 12 January 2006.

[5] WHO, *Essential Medicines and Health Products: Biennial Report 2012 – 2013*, WHO/EMP/2014.1, August 2014.

列入基本药物清单。由于当时该药仍在专利保护期内，价格昂贵而被拒绝列入清单。2008年专利到期后，利培酮及其仿制药的单价大幅度下降，目前利培酮固体口服制剂已经被列入基本药物清单之中。[6] 又如，用于治疗慢性粒细胞性白血病的伊马替尼（Imatinib）是诺华公司的专利药品，曾经的价格非常高昂，目前其在美国的专利即将到期，在欧盟的仿制药已获批准，药品价格预期将下降，因此世界卫生组织的专家小组在2013年将其列入基本药物清单。[7]

由于药品开发和上市过程漫长，且资金投入大，如果单纯依靠市场激励机制，这些投资最终都会转嫁到消费者即患者身上，因此专利保护期内药品价格居高不下，也严重影响到针对贫困人群疾病的药品研发。世界卫生组织宏观经济学和卫生委员会（CMH）将疾病分为三类：第一类疾病在富国和穷国均有发现，传染病包括麻疹、乙型肝炎、B型流感嗜血杆菌等，非传染性疾病包括糖尿病、心血管疾病和吸烟引发的疾病。第二类疾病在富国和穷国都有发生，但大部分发生在贫穷国家，例如艾滋病毒/艾滋病和结核病。第三类疾病是那些绝大多数或全部发生在发展中国家的疾病，最典型的是热带病，包括登革热、非洲人类锥虫病（昏睡病）、盘尾丝虫病（河盲症）、血吸虫病等。第二类和第三类疾病，通常被称为被忽视的疾病（neglected diseases）。[8] 由于气候原因，上述疾病主要集中发生在贫穷国家，对高收入国家居民几乎不存在威胁；而贫困人群根本不可能承担高昂的治疗费用以支撑药品研发，因此成为被药品研究忽视的疾病。

事实上，不是疾病被忽视，而是疾病的患者因为贫穷而被以利益为导向的制药商所忽视。我们所面对的残酷现实是，一旦由市场来配置健康，药品研发资源在全球的分配差距将日益扩大。哈佛大学政治哲学教授迈克尔·桑德尔指出，随着金钱最终可以买到的东西越来越多，包括良好的医疗保健，收入和财富分配的重要性越发凸显出来。在过去几十年里，一切事物的商品化使得金钱变得越发重要，也使得不平等的矛盾变得更加尖锐。

---

［6］ WHO, *The Selection and Use of Essential Medicines: Report of the WHO Expert Committee 2013*, pp. 79~80.

［7］ WHO, *The Selection and Use of Essential Medicines: Report of the WHO Expert Committee 2013*, pp. 45~46.

［8］ WHO, *Public Health, Innovation and Intellectual Property Rights: Report of the Commission on Intellectual Property Rights, Innovation and Public Health*, 2006, pp. 12~13.

市场不仅在分配商品，还在表达和传递人们针对所交易商品的态度。[9] 一旦维持健康所必需的药品和医疗被作价而沽，那么其所代表的作为基本人权的健康权的价值就会被市场所侵蚀，这就意味着健康权由市场定价，价高者得，而穷人则丧失基本的健康保障。因此，药品知识产权所涵盖的绝不仅是私人利益的分配问题和经济问题，而且是道德问题和政治问题。

二、《TRIPS 协定》的灵活性

20 世纪末，当世界贸易组织（WTO）将知识产权纳入其管辖范围时曾面临激烈的争论：一旦在国际贸易法框架下讨论知识产权，如何解决知识产权自身的社会价值及其蕴含的深层道德问题？[10]尽管争论继续，乌拉圭回合结束后，经过近三十年的实践，贸易与知识产权之间的结合越来越紧密。

1994 年《与贸易有关的知识产权协定》（《TRIPS 协定》）正式生效之后，世界卫生组织会员国随即讨论了其对公众健康的潜在影响，要求世界卫生组织总干事报告 WTO 工作对国内医药政策和基本药物应用的影响，并建议在合适的时机，在 WTO 与世界卫生组织之间开展合作。[11] 此后，在公共卫生、知识产权和贸易的交叉领域一直存在着辩论，近些年也正在达成越来越多的共识。第 52 届世界卫生大会（WHA）授权世界卫生组织秘书处与 WTO 成员展开合作，以监督《TRIPS 协定》和其他贸易协议的影响，在必要时帮助成员国制定适当的卫生政策，来减轻贸易协议的负面影响。[12]对此项决议的执行，包括建立一个世界卫生组织工作网络，以监测《TRIPS 协定》对公共卫生的影响。除此之外，世界卫生大会认识到知识产权对促进医药创新和基本药物研发的重要性，敦促成员国在必要时考虑调整国家立法以便充分利用《TRIPS 协定》中的灵活性条款。[13] 在艾滋病毒/艾滋病领域，世界卫生大会强调发展中国家基于《TRIPS 协定与公共卫生多哈宣

---

〔9〕 [美] 迈克尔·桑德尔：《金钱不能买什么：金钱与公正的正面交锋》，邓正来译，中信出版社 2012 年版，第 XV ~ XVI 页。

〔10〕 何隽："WTO 框架下知识产权保护的反思"，载《清华法治论衡》2014 年第 20 辑，第 175 页。

〔11〕 WHA, Resolution: *Revised Drug Strategy*, WHA49. 14, 25 May 1996.

〔12〕 WHA, Resolution: *Revised Drug Strategy*, WHA52. 19, 24 May 1999.

〔13〕 WHA, Resolution: *Intellectual Property Rights, Innovation and Public Health*, WHA56. 27, 28 May 2003.

言》(《多哈宣言》)有效利用强制许可。[14] 世界卫生大会还要求世界卫生组织秘书处,在成员国提出请求时给予支持,以帮助其制定符合国际组织要求的贸易和卫生政策[15],并根据成员国请求,提供针对《TRIPS 协定》灵活性条款的技术和政策支持。[16]

世界卫生组织"公共卫生、创新和知识产权全球战略和行动计划"(GSPA-PHI)[17] 明确敦促会员国考虑实施 TRIPS 灵活性,包括《多哈宣言》中确认的灵活性条款,并将它们纳入本国法律。对于比《TRIPS 协定》所要求更广泛的知识产权保护,世界卫生组织敦促成员国在采纳或实施该义务时要考虑到其对公众健康的影响;成员国还应该在谈判其他(双边或区域)贸易协定时考虑灵活性。GSPA-PHI 更新并扩大了世界卫生组织在涉及公共卫生和知识产权领域的职能,在《TRIPS 协定》生效后,通过决议的方式,将上述职能赋予世界卫生组织。这项职能体现了世界卫生组织各成员国的明确愿望,即确保相关政府间组织在针对公共卫生和知识产权问题时,彼此间有更密切的合作,成为迈向公共卫生、创新和知识产权实践行动全球共识的重要一步。

根据世界知识产权组织(WIPO)知识产权与发展委员会(CDIP)的报告[18],《巴黎公约》留给成员国的政策空间被称为"不对称性"(asymmetries)。成员国在执行《巴黎公约》方面的自由源于适用国民待遇原则,《巴黎公约》未建立最低强制标准,成员国可以在自己的法律中自由设定这些标准。就专利而言,根据《巴黎公约》,各成员国必须设立专利制度,但专利领域政策考虑的要点由各国政府决定。因此,各国可以在本国法律中自由设定自己的专利保护标准,这些标准同时适用于其他成员国国民。这样,如果某一国家将药品发明排除在专利保护之外,那么不论是该国国民还是其他国家国民,均不能获得药品专利。

CDIP 报告指出,《TRIPS 协定》与《巴黎公约》不同,它规定了 WTO

---

〔14〕 WHA, Resolution: Global Health – Sector Strategy for HIV/AIDS, WHA56.30, 28 May 2003.

〔15〕 WHA, Resolution: International Trade and Health, WHA59.26, 27 May 2006.

〔16〕 WHA, Resolution: Public Health, Innovation and Intellectual Property, WHA60.30, 24 May 2007.

〔17〕 WHA, Resolution: Global Strategy and Plan of Action on Public Health, Innovation and Intellectual Property, WHA61.21, 24 May 2008.

〔18〕 WIPO CDIP, Patent Related Flexibilities in the Multilateral Legal Framework and their Legislative Implementation at the National and Regional Levels, CDIP/6/REF/CDIP/5/4 REV., 18 Aug. 2010.

成员必须达到的最低实体保护标准,而这些标准是在乌拉圭回合谈判时根据发达国家当时的水平设定的,因此,最低实体标准减少了回旋空间。发展中国家意识到这种"后 TRIPS 时代"的变化将减少政策空间,正在寻求对这套规则的更好理解,以便能够以连贯的方式落实协定,并利用可用的各种选项,将这些选项用于根据本国政策选择来执行协定。这些选项被称为"灵活性"(flexibilities)。

灵活性的选项可以简单分为两类:关于过渡期的灵活性和《TRIPS 协定》实体灵活性。其中,实体灵活性包括有资格得到保护的客体、保护的范围、保护的实质性标准、执法机制和相关行政事项。可以看出,灵活性来源于正常的条约执行行为,即可以通过不同的选择将 TRIPS 义务转化为国家法律,使国家利益得到照顾,同时 TRIPS 的规定和原则得到遵守。然而,需要清醒认识到的是,大部分特殊和差别待遇条款,尤其是那些需要发达国家做出积极行动的条款,缺乏法律可执行性,因此发展中国家从相关条款中的受益极为有限。[19]

三、药品专利权的限制

为了确保全球健康资源的公平分配和利用,《TRIPS 协定》及此后的《多哈宣言》对药品专利权进行了限制,其中最重要的限制是为了公共健康目的和惠及最少受惠者的强制许可制度,以及权利用尽和平行进口制度。此外,出于药品监管审批目的的例外(Bolar 例外),允许在专利期内为获得市场准入所需的信息,在不经过专利权人同意的情况下使用该专利。这一例外充分考虑到药品监管审批常常需要耗时几年,如果等到专利权届满才能使用专利技术、获取审批所需信息,那么将导致仿制药延迟进入市场,不利于更多人群获得药品。目前有 48 个国家在专利法中规定了 Bolar 例外。[20][21]

(一)强制许可

《TRIPS 协定》谈判的出发点之一就是确保各国对药品提供专利保护。

---

[19] 车丕照、杜明:"WTO 协定中对发展中国家特殊和差别待遇条款的法律可执行性分析",载《北大法律评论》2005 年第 2 期,第 287~304 页。

[20] WIPO CDIP, *Patent Related Flexibilities in the Multilateral Legal Framework and their Legislative Implementation at the National and Regional Levels*, Annex II.

[21] 中国《专利法》第 69 条第 5 款规定,"为提供行政审批所需要的信息,制造、使用、进口专利药品或者专利医疗器械的,以及专门为其制造、进口专利药品或者专利医疗器械的"不视为侵犯专利权。

出于公共卫生的考虑，TRIPS 保留了部分对专利保护客体和专利权范围的规定。2000 年，当大多数发展中国家履行《TRIPS 协定》实质性义务的期限到来时，发生了一起具有里程碑意义的诉讼：南非医药行业协会和所属的 39 家公司向比勒陀利亚高等法院提起诉讼，指控南非《药物和相关物品控制修正案》（MRSCAA）违背了《TRIPS 协定》。原因在于，为了降低艾滋病药品的价格，该法案授予南非卫生部长实施药品强制许可和平行进口的权力。这起诉讼引发了非政府组织和艾滋病活动家领导的运动，他们在法庭中指出南非法律的依据是 WIPO 的示范法。最终，医药公司于 2001 年无条件撤回起诉。[22] 这一事件经发展，最终导致 2001 年在多哈举行的 WTO 第四次部长级会议上通过了《多哈宣言》。

《多哈宣言》阐明了《TRIPS 协定》在促进医药应用上的一般作用，说明了其具体的灵活性，确定了一个更加清晰的环境。宣言第 4 条确认："《TRIPS 协定》没有也不应当妨碍成员国为维护公共卫生而采取措施"；因此，"协议能够也应当以一种有助于成员国维护公共卫生，特别是促进所有的人获得医药的方式进行解释和实施"；此外，WTO 成员"有权充分运用《TRIPS 协定》中为此而给予灵活性的条款"。

《多哈宣言》第 5 条针对《TRIPS 协定》第 31 条对"未经权利人授权的其他使用"即强制许可制度进行澄清，规定 WTO 各成员都"有权批准强制许可，并且可以自由决定批准强制许可的理由"。上述澄清消除了一个误解，即认为强制许可只能在国家紧急状态下才能使用。WTO 各成员国有权决定构成国家紧急状况或其他紧急情况的条件，这样政府机构可以不必首先选择与专利所有人协商以获得自愿许可。《多哈宣言》列举出可以列入紧急状况的类型，涵盖公共健康危机，包括与艾滋病病毒/艾滋病、结核病、疟疾和其他传染病有关的危机。[23]

2007 年，由于与默克制药公司谈判未果，巴西对抗逆转录病毒药依非韦伦颁发药品专利强制许可。巴西政府表示，38% 的巴西艾滋病患者正在服用这种药品，颁布强制许可预计可以使得该药的单价从当时每片 1.59 美元

---

[22] Duane Nash, "South Africa´s Medicines and Related Substances Control Amendment Act of 1997", *Berkeley Technology Law Journal*, Vol. 15, 2000, pp. 491～497.

[23] 我国《专利法》第 49 条规定："在国家出现紧急状态或者非常情况时，或者为了公共利益的目的，国务院专利行政部门可以给予实施发明专利或者实用新型专利的强制许可"，这其中包括爆发大规模疫病的情况。

降至每片 0.45 美元。[24] 除巴西之外，泰国、马来西亚、厄瓜多尔和印度尼西亚都曾对治疗艾滋病的药物颁发强制许可。强制许可并没有限于解决传染性疾病或公共健康紧急状况。2012 年初，印度颁发了首个药品强制许可，允许本国仿制药厂商 Natco 公司生产拜耳公司拥有专利权的抗癌药物索拉非尼。印度《专利法》规定，专利权人应当尽最大可能在印度合理使用专利。拜耳公司通过进口向印度引进该药品，并没有在印度国内进行生产。Natco 公司曾在 2011 年 12 月向拜耳公司申请生产该药的许可，但遭到了拒绝。Natco 公司据此声称其申请符合《专利法》中规定的强制许可适用的所有情形，即公众对于该专利的合理需求未得到满足，或公众不能以合理的可支付价格获取该专利，或该专利未在印度领土范围内使用。印度知识产权局认同了上述理由，认为拜耳公司没有遵照执行，因此签署了强制许可。[25] 在 2006~2008 年期间，泰国对多个药品宣布政府使用，包括心脏病药品氯吡格雷和抗癌药品来曲唑、多西他赛和厄洛替尼。[26] 事实上，即使没有真正授予强制许可，强制许可制度所产生的议价能力也可以作为谈判的筹码。

《TRIPS 协定》第 31 条规定的强制许可受供应国内市场的限制，潜在的出口国面临着法律障碍，《多哈宣言》适应需要，规定了惠及最少受惠者的为向最不发达国家出口进行的强制许可。《多哈宣言》第 6 条，承认对于制药企业没有制造能力或制造能力不足的 WTO 成员国有可能会遇到按照 TRIPS 规定有效利用强制许可的困难，并计划随后展开工作，帮助在制药领域不具备生产能力或能力不足的国家有效利用强制许可赋予的额外的灵活性。[27] 根据《多哈宣言》第 6 条制度，特殊的出口许可不受限制，但要求

---

[24] 何艳霞：“巴西首次颁布药品专利强制许可”，载《中国知识产权报》2007 年 6 月 21 日，第 4 版。

[25] 段然：“印度颁布首个药品强制许可”，载《中国发明与专利》2012 年第 5 期，第 110 页。

[26] 何艳霞：“泰国欲对四种癌症治疗药品实施强制许可”，载《中国知识产权报》2007 年 11 月 9 日，第 4 版。

[27] 2008 年我国《专利法》第三次修改时，针对药品专利的强制许可新增第 50 条，规定"为了公共健康目的，对取得专利权的药品，国务院专利行政部门可以给予制造并将其出口到符合中华人民共和国参加的有关国际条约规定的国家或者地区的强制许可"。按照 TRIPS 的规定，有资格进口实施强制许可的药品的成员指任何最不发达成员，以及任何已向 TRIPS 理事会通报（无须理事会批准），表明希望使用此制度作为进口方的成员。除最不发达国家成员外，进口成员要证明其在所需药品的生产领域制造能力不足或没有制造能力；确认该药品已在其地域内授予专利权，其已经或者计划颁发强制许可。

根据强制许可生产的全部产品必须出口。2012年，加拿大成为第一个通知WTO出口强制许可仿制药品的国家，一家加拿大公司获得强制许可将抗艾滋病药品出口到了卢旺达。[28] 由于一些国家可以通过非专利法渠道，从未实施药品专利保护的国家如印度进口仿制药，因此《多哈宣言》第6条制度在此前很少被利用。但是，随着印度开始对药品实施全面的专利保护，以及最不发达国家的过渡期临近届满，使得在将来采购新药的仿制药更加困难，第6条制度可能具有更大的意义。

然而，目前发展中国家以强制许可作为政策工具应对公共健康问题的情况还很少见。美国佛罗里达州立大学法学院阿博特教授曾担任多个国际组织的顾问，经他研究发现，[29] 造成这种情况的原因有多个：其一，《TRIPS协定》只是在近期才开始增加对专利保护的影响；其二，发达国家及其利益集团反对利用强制许可，面对反对，发展中国家需要有采取行动的有力的政治承诺；其三，一些发展中国家表示，担心外国直接投资人出现对抗性反应；其四，较之采用强制许可来挑战外国专利权人，发展中国家的企业发现，与他们达成共识会更加容易；其五，有效地实施强制许可还需要有行政、财政和技术能力方面的前提条件，而这些，常常恰好是发展中国家不具备的。因此，发展中国家很少利用强制许可制度的问题需要从多方面加以解决，不仅需要重视合适的法律制度建设，还需要获得资金、技术和智力等方面的支持。

（二）权利用尽和平行进口

为避免产生更多的分歧，《TRIPS协定》的制定者规定，在WTO框架下解决争端时，协定中的任何条款均不得用于处理权利用尽问题。[30]《多哈宣言》确认WTO各成员国在符合最惠国待遇和国民待遇的前提下，有权自由地、不受干扰地建立其权利用尽体系。[31] 这使得WTO成员国的权利用尽制度，可以在国家、地区或国际标准间进行选择。权利用尽（exhaustion）

---

[28] WTO, "Canada is First to Notify Compulsory Licence to Export Generic Drug", 4 October 2007, 载WTO网站http://www.wto.org/english/news_e/news07_e/trips_health_notif_oct07_e.htm，访问日期：2014年8月10日。

[29] Frederick M. Abbott, "The Doha Declaration on the TRIPS Agreement and Public Health: Lighting a Dark Corner at the WTO", *Journal of International Economic Law*, Vol. 5, 2002, pp. 498~499.

[30] 参见《TRIPS协议》第6条。

[31] 参见《多哈宣言》第5条d项。

是指知识产权权利人同意在首次销售之后，不能再阻碍进一步的分销和再销售。在此情况下，权利人被认为"用尽"了他对这些商品的权利，因此权利用尽也被称为"首次销售"。平行进口（parallel import）是指首次投放到另一个国家的产品，通过与权利人授权渠道相平行的另一个渠道进口。平行进口不是经由专利权人授权的渠道进口，但并不是假冒。各国对权利用尽的规定决定了平行进口是否合法。权利用尽决定了知识产权权利人在何种程度上可以阻止在另一国市场获得授权的产品进行销售或进口。这就意味着 WTO 成员国可以自行决定是否允许平行进口专利产品，包括医疗产品，上述行为不会被视为违背 TRIPS 规定。

根据权利用尽的区域范围，可以分为国际用尽、国内用尽和地区用尽。一个国家选择在什么区域范围内专利权的权利用尽，将决定能否从价格更低的国家或地区进口（或再进口）药品，因此对促进药品应用具有重要作用。国际权利用尽意味着经权利人同意，在世界上任何地方的首次销售之后，该商品上的知识产权就被用尽。截至 2010 年，约二十个国家在其本国法中采用了专利权国际用尽制度，包括阿根廷、中国、哥斯达黎加、埃及、印度、肯尼亚和南非，以及《卡塔赫纳协定》的各方（玻利维亚、哥伦比亚、厄瓜多尔和秘鲁）。[32] 英国知识产权委员会在其报告《整合知识产权与发展政策》中，建议采用国际权利用尽制度，以方便发展中国家和最不发达国家应用医药；同时要建立差别定价制度，即同样的产品在发达国家价格高，在发展中国家价格低，这样就需要对市场进行细分，以避免低价药品进入高价市场，发达国家需要加强自身的法律制度，以防止此类进口。[33] WHO 公共卫生、创新和知识产权委员会（CIPIH）也呼吁发达国家和发展中国家的价格应有所区别，建议发展中国家应继续从差别定价中获益，并保持寻求更低价格药品平行进口的能力。[34] 国内用尽意味着权利用尽的适用仅限于首次销售发生在本国地域之内。在该制度下，知识产权权利人的权利用尽仅限于其同意在国内上市的产品，从而使得权利人可以阻止平行进口。约有四十个国家采用国内用尽制度，包括巴西、马来西亚、

---

[32] WIPO CDIP, *Patent Related Flexibilities in the Multilateral Legal Framework and their Legislative Implementation at the National and Regional Levels*, Annex II.

[33] Commission on Intellectual Property Rights, *Integrating Intellectual Property Rights and Development Policy: Report of the Commission on Intellectual Property Rights*, London September 2002, pp. 41~42.

[34] WHO, *Public Health, Innovation and Intellectual Property Rights*, pp. 123~124.

墨西哥、摩洛哥、泰国、突尼斯和土耳其等。[35] 美国专利法并未对权利用尽规则作明确规定，在案件处理中，对国际用尽标准和国内用尽标准均有采用。[36] 地区权利用尽是指，权利人在该地区首次销售产品，则用尽该产品上的知识产权，不仅限于本国，还包括整个地区，因此本地区内不能反对平行进口。采用地区权利用尽标准的主要包括欧盟成员国、欧洲经济区（EEA）和非洲知识产权组织成员国等。

《多哈宣言》给予了 WTO 成员对权利用尽制度做出不同选择的自由，各国可以根据自身需求，选择适合自身发展的标准，以最好地服务于本国政策目标。在很多国家，知识产权法律并没有明确权利用尽制度或采取何种标准，而是将其留给法院和专利行政部门在实践中根据个案裁决。但是，与《TRIPS 协定》不同，《多哈宣言》并无具体的法律条文，必须将《多哈宣言》规范的内容纳入本国知识产权法律，或者写入双边或多边的知识产权或贸易协定中才能加以落实。在美国和加拿大、摩洛哥的双边贸易协定中允许平行进口；然而，在同一时期，美国与智利、多米尼加、秘鲁、巴拿马、哥伦比亚的双边贸易协定中则排除了平行进口的适用，这事实上限制了这些发展中国家在与美国公司进行专利药品贸易时，实施平行进口的可能性。[37] 由于同发达国家签署自由贸易协定，或因希望加入 WTO，或因各种双边谈判的压力，一些发展中国家引入了比《TRIPS 协议》还要严格的知识产权保护法则，一些超 TRIPS 或 TRIPS - Plus 条款使得更多的药物在发展中国家被授予专利，有可能限制甚至阻止平行进口。[38]

除了权利用尽，影响专利药品平行进口的重要因素还有两类：其一，是有关药品市场准入的法律法规。每种药品都可能存在不同版本，即不同剂型、规格和包装，如果某一版本药品没有获得进口国的相应市场准入，

---

[35] WIPO CDIP, *Patent Related Flexibilities in the Multilateral Legal Framework and their Legislative Implementation at the National and Regional Levels*, Annex II.

[36] Margreth Barrett, "The United States' Doctrine of Exhaustion: Parallel Imports of Patented Goods", *Northern Kentucky Law Review*, Vol. 27, 2000, pp. 920~927.

[37] Horacio Rangel - Ortiz, "Patent and Trademark Rights in Commercial Agreements Entered by the United States with Latin American in the First Decade of the Twenty - first Century: Divide et vinces", in Gustavo Ghidini, Rudolph J. R. Peritz, Marco Ricolfi (eds.), *TRIPS and Developing Countries: Towards a New IP World Order?* Northampton: Edward Elgar Publishing, 2014, pp. 85~86.

[38] 萨妮亚·雷德·司密斯："超 TRIPS 条款及其对药物可及性的影响"，载《中国知识产权报》2007 年 12 月 5 日，第 9 版。

那么即使采用国际权利用尽标准,该药品也不得进口。其二,是专利所有人与分销商之间的授权合同。如果合同禁止分销商再次出口相关产品,无论专利权是否被用尽,专利权人都有权禁止此类进口。[39]

四、结语:迈向卫生公平的征程

与健康权相对应,1996 年世界卫生组织与瑞典国际开发署(SIDA)合作在一份倡议书[40]中提出卫生公平(health equity)。根据世界卫生组织的调查,在所有国家,不同社会群体间的健康状况存有很大差异。个人的健康程度如何,在很大程度上受到社会因素的左右,包括教育、就业状况、收入水平、性别和种族。一个人的社会经济地位越低,其面临的健康不良风险就越高。卫生公平意味着健康机会的分配应以需要为导向,而非取决于社会特权。追求卫生公平,意味着努力降低社会人群在健康和卫生服务方面存在的不公正和不应有的社会差距,同时使得卫生系统高效运转,以达到对社会全体都有利的最大程度的改善。在这份倡议书中,世界卫生组织同时指出,公平性需要被放在卫生政策议程的较高位置;从长远角度来看,同样必须考虑效益与效率(effectiveness and efficiency)问题。

事实上,《TRIPS 协定》在对药品专利权给予限制的同时,出于对效益与效率的考虑,对药品知识产权在某些方面也提供了强化保护机制,例如延长药品专利期。WTO 发达国家成员在《TRIPS 协定》规定的最低 20 年的专利期之外延长专利保护期,以补偿专利审批流程和药品准入监管造成的实际市场占有时间的延误。例如,在美国,如果药品从市场准入到专利期届满的市场占有期少于 14 年,那么最多可以获得 5 年药品专利延长期。[41]在欧盟成员国同样如此,如果药品从获得市场准入到专利期满少于 15 年,则可以最多获得 5 年的补充保护。[42] 除此之外,《TRIPS 协定》还要求各国保护未公开的试验数据,以防止不正当的商业使用。[43] 保护药品测试数据可以给原研药公司带来不同于专利保护的额外收益,在数据独占期间,他

---

[39] WHO, WIPO and WTO, *Promoting Access to Medical Technologies and Innovation*, p. 183.

[40] WHO, *Equity in Health and Health Care: A WHO/SIDA Initiative*, WHO/ARA/96.1, 1996.

[41] USPTO, "Patent Term Extension for Delays at other Agencies", *under 35 U.S.C. 156*, 载 USPTO 网站 http://www.uspto.gov/web/offices/pac/mpep/s2750.html, 访问日期:2014 年 8 月 10 日。

[42] EU, *Regulation (EC) No. 469/2009 of the European Parliament and of the Council of 6 May 2009 concerning the Supplementary Protection Certificate for Medicinal Products*, 6 May 2009.

[43] 数据专有权和专利权是两个不同类别的知识产权。《TRIPS 协定》第 39 条针对测试数据的保护,是作为反不正当竞争的一种保护形式,规定在保护未披露信息一节中。

人无法使用测试数据,甚至药品监管部门也不能使用这些数据对其他公司的药品进行市场准入审批,这造成仿制药延迟进入市场。目前,多数发达国家和部分发展中国家,规定了数据独占制度;[44] 大部分发展中国家,如印度,没有设置单独的数据专有权,而是依照有关保密和反不正当竞争法的规定处理。

由此可见,任何一部法律性文件在追求公平的同时,效益与效率问题总是被同时考虑。对健康权的保障不仅来自法律,而且应该被视为卫生公平的伦理需求。这种伦理需求可能涉及法律制度的执行,但更多的是依靠个体、政府和非政府组织将公共伦理规范内部化,在国际人权法律和政策体系内加强执行和遵守健康权相关规定。[45] 诺贝尔经济学奖得主、印度学者阿马蒂亚·森认为,[46] 对健康问题的社会关注无所不在,导致卫生公平成为理解社会分配正义的一个核心特征。因此,卫生公平需要被当作一个多维概念考察,不仅要关注健康服务分配的公平性、过程的公平性(即无歧视地提供医疗保健),还必须意识到更广泛的社会分配的公平和正义,包括经济配置问题、对卫生公平的影响。森在近期的研究[47]中进一步指出,需要区分好的卫生政策(good health policy)与有利卫生的好政策(good policy for health),并解释说,追求卫生正义需要的是后者,因为公众健康依赖于广泛多元化的社会影响,卫生事业只是其中之一,不能将其孤立出来。

因此,应当将对药品知识产权法律和政策的评价纳入卫生公平体系内考量,将卫生公平问题纳入到对正义的整体理解中。全球化正在深刻影响

---

[44] 中国在加入 WTO 议定书后,对药品试验数据保护问题进行了规定,承诺提供 6 年的药品试验数据专有权保护期。根据《药品管理法实施条例》第 35 条规定:"国家对获得生产或者销售含有新型化学成分药品许可的生产者或者销售者提交的自行取得且未披露的试验数据和其他数据实施保护,任何人不得对该未披露的试验数据和其他数据进行不正当的商业利用。自药品生产者或者销售者获得生产、销售新型化学成分药品的许可证明文件之日起 6 年内,对其他申请人未经已获得许可的申请人同意,使用前款数据申请生产、销售新型化学成分药品许可的,药品监督管理部门不予许可;但是,其他申请人提交自行取得数据的除外。除下列情形外,药品监督管理部门不得披露本条第一款规定的数据:(一)公共利益需要;(二)已采取措施确保该类数据不会被不正当地进行商业利用。"

[45] Jennifer Prah Ruger, "Toward a Theory of a Right to Health: Capability and Incompletely Theorized Agreements", *Yale Journal of Law & the Humanities*, Vol. 18, 2013, p. 278.

[46] Amartya Sen, "Why health equity?", *Health Economics*, Vol. 11, 2002, pp. 659~666.

[47] Amartya Sen, "Foreword", in Jennifer Prah Ruger, *Health and Social Justice*, Oxford: Oxford University Press, 2010, p. ix.

和改变着国际经济和政治环境,知识产权制度也呈现出新的发展趋势[48]。在新一轮的国际规则解释与制定中,如何"推动国际知识产权规则朝着普惠、包容方向发展,让创新创造更多惠及各国人民",[49] WTO 中的药品知识产权规则将是最佳突破口,也是中国等发展中国家应重点关注并参与的领域。迈向公平的征程从来不是坦途,但只要前行就会有希望。

---

[48] 详细分析参见何隽:"全球化时代知识产权制度的走向:趋同、存异与变通",载《比较法研究》2013 年第 6 期,第 126~136 页。

[49] "李克强:推动国际知识产权规则朝着普惠、包容方向发展",载中央政府门户网站 http://www.gov.cn/xinwen/2014 - 08/18/content_ 2736051. htm,访问日期:2014 年 8 月 18 日。

全球化时代的比较法学

——中国法学会比较法学研究会 2014 年年会综述

于 明[*]

2014 年 11 月 22 日~23 日，中国法学会比较法学研究会 2014 年年会在上海顺利召开。本次会议由中国法学会比较法学研究会主办，华东政法大学外国法与比较法研究院承办，上海市法学会外国法与比较法研究会协办。来自北京大学、清华大学、中国社科院法学所、中国政法大学、华东政法大学、中南财经政法大学等六十多所高校、科研机构和出版单位的一百四十余位专家学者出席了本届年会。

本次会议进行了新一届理事会的换届选举，选举清华大学高鸿钧教授为研究会会长，华东政法大学李秀清教授为常务副会长，中国政法大学王志华教授为秘书长，选举同时产生副会长 11 人，常务理事 16 人。新一届理事会还表决通过了新的研究会章程。

本次会议的主题为"法律全球化：中国与世界"，会议研讨分为"依法治国与比较法学发展"、"法律全球化专题"、"比较法理论与比较司法制度"、"比较公法与比较私法"四个分论题，选取 19 位主题发言人，采取作者报告、评议人评议、自由讨论的方式展开热烈研讨。现将与会学者的主题发言和精彩点评综述如下。

一、依法治国与比较法学发展

何勤华教授（华东政法大学）首先就十八届四中全会关于依法治国的

---

[*] 华东政法大学法律学院副教授，法学博士。

决定与比较法的关系问题作主题发言。何勤华认为，比较法研究的主要功能就是通过对各国法律制度与法律观念的比较，来寻找可以为我国法制建设所用的经验和智慧，四中全会通过的"关于全面推进依法治国若干重大问题的决定"为比较法研究提供了重大机遇。比如，决定提出加强宪法实施，树立宪法权威，英美法系与大陆法系在这方面皆有丰富的理论与实践资源可以发掘。又如，决定提出建立领导干部干预司法活动、插手具体案件处理的记录、通报和责任追究制度，为司法独立确立刚性原则，这方面西方国家也有较多历史经验。再如，决定强调健全行政机关依法出庭应诉、支持法院受理行政案件、尊重并执行法院生效裁判的制度，这一规定充分体现司法权对行政权的监督和制约，同样也是比较法领域可以研究的重大课题。再比如，决定提出非因法定事由、非经法定程序，不得将法官、检察官调离、辞退或处分的规定，在这方面同样可以开展对于法官职务保障的比较研究。此外，决定提出的其他问题，如最高院建立巡回审判法院制度、完善人民陪审员制度、建立法官检察官遴选制度、构建结构合理的律师队伍等，也都可以从比较法学角度开展新的研究与课题。总之，随着对四中全会决定解读的深入，比较法学研究必将迎来更广阔的发挥空间。

刘兆兴教授（中国社科院法学所）随后作了题为《依法治国与中国比较法学发展》的报告。刘兆兴指出，党的十八届四中全会提出建设中国特色社会主义法治国家的决定为我们依法治国、依宪治国提供了总方向，比较法学研究会的研究应该围绕这一目标，从依法、立法、守法、执法、法律监督的多方面提供理论服务，实事求是地进行中国与外国、外国与外国的比较研究。据此，他提出三方面的吸收借鉴具体内容的途径和方法。首先，研究当代世界各个法系的发展大趋势及不同国家法制的相应发展。各国法律渊源、民族传统及立法习惯等皆不一样，但都在理论或实践上有所突破，应当更多关注法系融合，关注多种法系的有机构成。其次，党中央提出建设具有中国特色的社会主义法治国家，不能按照西方的路子走，但从吸收借鉴人类共同法律文化的角度看，要选择性地吸收西方技术性、可操作性、程序性的具体法律制度，尤其是对人类生存、安全等有共同需要的技术性规范。如违宪审查制度、公民个人诉愿制度等。最后，坚持用马克思主义唯物史观研究比较法。其一，重视中外古代、近代及现代某个阶段的立法、司法、法律监督的做法，进而进行古今的比较研究；其二，微观和宏观的比较研究同时进行；其三，还应当加强功能主义的比较研究。

钱弘道教授（浙江大学光华法学院）围绕法治的中国学派问题作了主题报告。钱弘道指出，法治的幽灵在中国徘徊，共产党向中国人民、向世界宣告了一个法治宣言。我们应该设身处地地站在其他国家看中国法律的角度上，审视这一法治宣言能否实现。当我们选择站在世界的高度看法治时，就会涉及法治的话语权问题；所谓法治话语权的逻辑，就是法治的实践需要相应法治理论的配套。中国处在这一转型期，必然能够生长出相应的学术流派，这一重任需要法学家们尤其是比较法学者们的承担。对于这一任务，钱弘道提出三点努力的方向：其一，追求在法治的实践中创新法治理论；其二，在各国法治实践的博弈中创新法治理论和学术流派，法治话语权的增强可以增强国家的软实力；其三，在协同创新中促进法治理论和学术流派。学术流派包括中国法治学术学派和中国法治实践学派，勾画法治学派的图景需要注重实体实践、实验、实效，从而为世界人民提供中国元素的法治理论。

韦华腾教授（广东行政职业学院）谈论了两方面问题。其一，对于比较法学研究的方向，韦华腾强调，在比较法学研究会的长期学习，使他体会到各地学者的研究应当有所侧重。地方上的学者的研究就应当更注重研究的实践价值、操作价值，以及注重功能主义的比较，应当能够引起地方的关注，多研究一些为当地实践服务的课题。其二，韦华腾讨论了他提交会议的关于广东与美国各州保安法律制度比较的论文。他指出，我国当前面对维稳的巨大压力，警力有限，但民力无限，而民力主要就表现为保安体制。如何使得保安业在我国从底层职业变为高尚职业，就需要从比较法角度研究美国、德国、我国台湾地区等地的相关制度，为我们提供借鉴。缺乏研究，就缺少关注，因而对于保安法律制度，需要加强研究以引起领导人的关注，从而促进保安业的发展。我国民间保安业的职业化需要认真、全面的研究和设计，加强立法管理与监督，提高职业教育和训练，逐步建立全面而有效的管理体制。

倪正茂教授（上海政法学院）指出，十八大四中全会的举措振奋人心，对四中全会的学习是长期的。如今法治建设的任务艰巨，必须沿着中国特色社会主义法治建设的道路前进。倪正茂将20世纪分为两个50年，前50年共产党推翻三座大山，后50年取得改革开放的伟大胜利。十五大作出了建设具有中国特色的社会主义法治国家的决定，但从1997~2013年这一阶段，我国的法治状况有所下降，政法界出现了许多不良现象。十八大的召开，使得我们可以把 21 世纪的前 50 年视作法治建设的五十年，扎实贯彻四中全会的举措，必能取得法治建设的进步。此外，倪正茂还对比较法学未来的发展提出了自己的看法。他认为，先前所有的比较学著作都是进行法律制度的比较，而完整的比较法学还应包括法律渊源的比较、法律体系的比较、法律原则的比较、法律概念的比较、法律技术的比较和法律文化的比较。因此，拓展比较法学的研究领域仍然是比较法学发展的一个重要方向。

郭道晖教授（中国法学会）也针对法治中国的提出作了主题发言。郭道晖对前面几位教授的看法表示赞同，他认为十八届四中全会为比较法学提出了建立法治中国的任务，并对法治中国、法治国家、法治社会三者的关系进行阐述。他认为，法治中国是比法治国家更宽广的概念，法治中国是法治世界的一个国际化主体，其包含法治国家、法治政府、法治社会；而法治国家仅为国家主权范畴。法治中国中特别要关注法治社会。法治社会是社会的民主化、自治化、法治化，是与法治国家相对应的且互控互补的社会存在形式，是法治国家的基础。郭道晖强调要"将权力关进笼子"，首先需要把公民权利从笼子里面放出来；只有公民社会中的公民权利得到落实和保障，对国家权力的限制才可能真正实现。郭道晖最后指出，四中全会强调法治建设需要党的领导，而党的领导同样必须依靠法治建设。法治社会是党的一个目标，期待有朝一日，宪政也能成为党领导下的政治目标。

二、法律全球化专题

谢立斌副教授（中国政法大学）的论文《论宪法财产权的保护范围：基于中国、德国与美国宪法的比较》从比较法的视角，讨论了宪法的财产权保护问题。谢立斌首先探讨了如何应用比较法的问题。他指出，在十年前，比较法学者的主要方法是介绍国外的评论，五年前是介绍某国的制度及其对中国的启示；而现今，这两个角度已经无法成为比较法学者关注的角度。谢立斌认为，比较法应注重对法的解释，尤其是法律规范在部门法中的具体案件中的比较法角度的应用问题。他从两方面阐述了法律规范的比较法视野：首先，国外对法律规范解释的结论有一定的参考意义，但是对法律规范的解释并非最为重要。比如，美国的受教育权是财产权，但是在中国不是。其次，我们更应该注重国外学者在论证过程中提出的理由。再次，谢立斌还从解释方法进行阐述，认为目的解释是最值得中国比较法学者借鉴的解释方法。例如，解释美国宪法财产权的设立目的。最后，他还阐述了我国宪法财产权的内容，特别是从私法权利和公法权利两方面，构成宪法财产权的具体体现。

王志强教授（复旦大学法学院）对谢立斌的发言作出评议。王志强认为，谢立斌的论文的成功之处在于不再停留于宏大叙事，而是直接进入部门法领域的具体技术层面，而且提出的问题对中国当下的制度建设而言，具有突出的现实意义；同时，在方法论上，立足比较法学基础的功能比较路径，对不同法域具有类似功能的法律现象进行平行比较。但文章中对美国案例的运用也有值得商榷之处，因为所引用案例的判决理由是基于宪法修正案第 14 条平等保护条款，重点在于对平等保护原则的阐释和运用，而且判决中明确指出判定教育权的属性是基于州法，而并非基于宪法，因此用这些案例讨论美国宪法对财产权边界的设定，恐怕不乏争议。

刘双舟教授（中央财经大学）的论文《法律市场的全球化及其影响》讨论了作为市场化产品的法律及其全球化问题。刘双舟首先提出若干社会现象中的问题，例如裸官问题、中国企业在域外注册为外资企业后再到中国投资以规避税收的问题、外国的留学生以中国人居多的现象、中国学生以外国国籍参加中国高考的问题。刘双舟认为，上述行为在很大程度上都是合法的，事实上是一种选择性地消费法律的行为。既然法律可以被消费，那么就可以被视作一种市场化的产品，可以用经济学原理来解读法律问题。其次，他又阐述了全球化法律市场的出现对立法者的影响以及对比较法的影响。刘双舟最后指出，他的论文没有结论，只是提出这个有意思的问题，希望能和与会人员一起探讨。

王伟教授（复旦大学法学院）对刘双舟的发言作出评议。王伟认为，法律市场已经不是一个新的概念，但法律市场全球化却是一个新概念。一般来说，法律市场与法律全球化程度呈正相关的关系。法律全球化程度越高，法律市场的全球化程度也随之越高。但是，还应当看到，本土化也可能促进法律市场的全球化。王伟教授以英国为例，指出英国没有参加国际货物买卖公约，然而英国的法律地方化特色反而能促进英国法律的全球化。也就是说，现在法律市场与法律市场全球化可能呈现出反方向的发展趋势。

鲁楠博士（清华大学法学院）的论文《全球化时代比较法的优势与缺陷》深入探讨了全球化背景下的比较法发展问题。鲁楠首先指出，从脱域的角度看法律全球化，法律全球化不是趋同的过程，而是趋同与趋异的结合。其次,他还指出,目前的比较法研究存在着西方中心论、国家中心论和功能中心论等诸多缺陷,导致很难对法律全球化给出合理的解释,应当以意义的比较补充功能比较的缺陷。再次,鲁楠还阐述了中国比较法的发展方向。他认为,目前需要做的是夯实比较法基本理论,加强与其他学科特别是与法哲学、法社会学的结合。最后,他还指出,中国的比较法学者要具有更宽广的跨文明比较的视野,中国的比较法学者囿于中西比较,而忽略了与印度和伊斯兰国家的比较。

杨亚非教授(北京理工大学法学院)对鲁楠的发言作出评议。杨亚非认为,鲁楠的论文在思想和语言各方面都显示出极大的学术潜力。同时,杨亚非也指出鲁楠的论文中存在三个方面的可期待之处。其一,文章结尾部分论述了比较法中的几个重要关系,完全可以重新整合以凸显主题;其二,对中国比较法的优势与缺陷,还可以作更深入的阐述;其三,对于比较法的基本理论问题,既要脱域也要嵌域,在理论与实践相结合的方面可以更加紧密。

陆宇峰博士(华东政法大学)的论文《宪法新进展:全球社会宪法的形成与碰撞》讨论了全球化时代的社会宪法发展的可能与前景。陆宇峰认为,宪法观念长期为民族国家的政治宪法所垄断,但我们完全可以借用晚近的宪法理论去解释和完善社会宪法的学说。他认为,相对于政治宪法,社会宪法在全球化时代具有更重要的意义;政治宪法无法解决所有问题,社会宪法可能发挥特殊的作用,以支撑和驯服不同的全球社会力量。陆宇峰指出,在目前的全球化过程中,政治全球一体化的程度极低,而经济、科学等领域的全球化程度很高,因此需要全球化的社会宪法加以规制。此外,陆宇峰还强调,应加强管辖权和准据法的确认,并限制国际私法中转致的应用,发展冲突法上超国家的公共秩序的理念。

石茂生教授(郑州大学法学院)对陆宇峰的发言作出评议。石茂生提出三点意见:首先,陆宇峰的发言向我们展示了一种全新的知识,给我们耳目一新的感觉。其次,本文方法论意义大于论文本身的意义,这篇论文对传统宪法学的改变提出了新的启示,但真正的新知识的产生,还需要长期的积累才能实现。最后,该论文向我们提出了问题,提示我们应当扩大宪法学的外延,突破传统宪法学的限制,从全球的角度对待宪法中出现的问题。

三、比较法理论与比较司法制度

杨平教授（甘肃政法学院）的论文《美国、法国和中国的违宪审查模式中政治理念的比较》从比较法的视角重新审视了违宪审查的政治理念问题。对于这一问题，杨平的论文主要从四个方面进行比较：其一，关于主权在民的理念，美国的建国者对于人民的评价并不高，因而采取司法审查的方式；而法国强调人民主权或国民主权，中国则强调一切权力属于人民，因而采取宪法委员会或人民代表大会的模式。其二，在议会意志和民众意志的关系问题上，美国强调议会意志不能等同于民意；而欧洲各国信奉议会主权，中国则强调人民代表来自人民，因此美国倾向于司法审查，而法国和中国倾向于立法机关的审查。其三，在少数服从多数的问题上，美国一直强调对多数人暴政的警觉，法国人则将法律视作公共意志的体现，而中国奉行民主集中制，使得司法审查不可能真正实现。其四，对于司法权的态度，美国的态度比较乐观，法官具有较大能动性；而法国则对司法权较悲观，中国司法机关的地位也明显低于人大。总之，这些政治理念上的差别决定了各国的司法审查模式必定有很大的差别。

季金华教授（南京师范大学法学院）对杨平的发言作评议。季金华指出，杨平的发言主要提到美国、法国、中国违宪审查的不同，主要涉及四个方面的内容，前三个主要是民主理念的问题，最后一个是公正理念的问题。这也反映了违宪审查的解释问题，它的标准究竟是什么？应该是民主和公正。判断主体是什么和由谁来解释的问题，主要涉及行使主体的问题。而审查放到何种程序中才能最公正的问题，则是一个司法程序的问题。从现实来看，无论是法国的宪法委员会，还是中国的全国人大，都存在某种程度上向美国最高法院靠拢的趋势。

李晓辉副教授（北京外国语大学法学院）的论文《比较法研究中的世界法律地图》讨论了法律地图在比较法研究中的功能与意义。李晓辉认为，关于法律地图的研究涉及空间观、时间观的问题，这一研究主要受到菲利普·伍德爵士的启发。本文所提及的法律地图的概念是实体地图的概念，而不是一种比喻。从历史的角度看，地理学意义上的地图是一种工具，法律地图的出现，使得地图不仅仅是地理概念，而且成为比较法上的一个概念。此外，在法律地图中还出现许多专题地图的应用，如安乐死合法化、转基因合法化等。在法律全球化背景下，比较法发展的趋势是主题域的出现。专题地图既是一种工具，也是一种趋势、一种符号。简化地理空间，突破传统意义上的比较，按照法域进行比较，这极大地弥补了静态、传统地图的缺陷。

苏彦新教授（华东政法大学）对李晓辉的论文作出评议。苏彦新教授认为，李老师的论文结构清晰，标题新颖，具有很大的创新性。但是在内容上还是有三点疑问。其一，就本文的研究来说，社会科学的研究所要达到的客观化还有待考验，如果光靠实证主义的研究还是远远不够的。其二，一些新的概念、方法的研究对于拓宽我们的视野是很有帮助的，但本书研究的对象有些狭窄，论文不应局限于对一本书的推崇备至。其三，本文还讨论了法律地图的符号学意义，但在使用语言学、符号学的概念上还是存在一些偏差，符号学作为一门学科还存在许多有待深层次讨论的问题。

刘毅副教授（北京理工大学法学院）的论文《论法治的条件：以历史社会学为方法的比较研究》试图以历史社会学的方法重新检讨西方历史中法治形成的具体条件。刘毅指出，目前国内的研究主要集中在对法治理念的介绍和如何将法治引入中国这两个方面，而这篇论文的重点在于探讨法治所需要的条件。该文的论证思路主要是从两个方面进行的。首先，从法社会学的角度对法治进行阐述，这部分主要以韦伯的学说为主，探讨什么是法治，以及法治的社会学特征，等等。其次，从历史语境入手，论述西方从什么时候开始产生了法治，这部分主要依据伯尔曼的《法律与革命》。在这本书中，伯尔曼探讨了西方法治形成所需要的客观历史条件；这些条件包括但不限于政教分离、法律至上、商业发达、城市兴起和职业法律家出现。通过对这些内容的探讨，可以得出初步的结论：历史上的中国因为缺乏条件没有形成法治；然而在法律全球化的背景下，我们已具备一些客观条件，所以法治是有可能产生的。

马剑银博士（北京师范大学法学院）对刘毅的发言作出评议。他首先对论文的基本观点和方法表示肯定，同时就这篇论文提出三点疑问。其一，从命题上看，历史加社会学并不等于历史社会学。历史社会学是一个整体，并非历史和社会学的简单相加。其二，该文存在一种法学研究的吊诡，这些因素是否真的是西方法治产生的历史条件存在疑问。换言之，这些条件和西方法治产生是否有必然因果关系存在疑问。其三，关于法治的概念，目前学界并没有一致的看法，人们对法治的理解并不单纯是依法治国那么简单。

徐继强教授（上海财经大学法学院）的论文《衡量的界限与法治：规

范衡量论初探》旨在讨论如何在法律衡量中寻求规范性与确定性的问题。徐继强首先对德国、美国、日本以及中国这几个国家有关规范衡量的问题进行了比较研究。德国偏重概念法学和利益法学；美国则偏重实用主义，承认法律需要衡量，但在宪法层面将其交给立法机关；日本的法律也能看出衡量的意味，但界限不太明确；而在中国，"衡量"一词已被滥用，我们的衡量却是非专业性的衡量，它的政治性意义更强烈。徐继强认为，衡量最重要的是界限，这个界限体现了法治的界限。规范衡量论的重点在于区别和界限，在于探究衡量与法体系结构中不同要素、不同层次之间的复杂关系，因此，它不同于利益衡量、实用主义衡量或者价值衡量。

柳经纬教授（中国政法大学）对徐继强的发言作出评议。柳教授认为，徐继强提出的关于衡量的问题很重要，如何来规范衡量，或者说怎么建立衡量的规范，这需要运用法治思维。这一问题也构成了我们今天理解法治的边界的关键问题。同时，柳经纬也提出了他的疑惑，即我们讨论的规范衡量的前提是法治发展到一定的程度，可如果在当代中国，这种法治发达的前提不健全，那该如何去实现规范衡量？

种林副教授（山东政法学院）的论文《最高法院司法解释：中法比较研究》试图以中法比较为视角讨论各国的最高法院司法解释的问题。种林认为，这一研究主要包括四个方面。其一，对司法解释种类和形式的比较。在法国，司法解释的种类有规范效力判决、指导性判决、最高法院意见三种。在中国，有解释、规定、批复三种，最高法院的指导性案例应该也计算在内。其二，对司法解释对象的比较。法国的法官可以解释包括国际条约和国际协定在内的所有法律，但有一个例外，法官不得解释欧盟法律。在中国，解释的对象仅为狭义的法律。其三，对司法解释主体的比较。在法国，理论上各级法官都有权解释，但实际操作中一般是最高院法官。在中国，最高人民法院审判委员会享有司法解释权。其四，对司法解释效力的比较。在法国是有争议的，但多数认为司法解释是一种事实上的法律渊源。在中国尽管没有正式承认，但事实上存在一定的效力。

王娜副教授（上海政法学院）对种林的发言作出评议。王娜指出，法律规范和司法解释是法律适用的永恒话题。在我们目前的语境下，有两个问题是可以进一步探讨的。其一，立法和司法活动越来越相互趋近，司法人员适用法律在某种程度上其实起到了立法的功能。其二，司法的专业化和社会化趋势越来越明显。专业化主要表现为从业人员的专业化水平越来越高；社会化主要表现为群众进入司法领域的形式越来越多样和普遍。

四、比较公法与比较私法

上官丕亮（苏州大学法学院）的论文《废除死刑的全球化与中国死刑罪名立法的宪法控制》讨论了全球化视野下的死刑控制问题。上官丕亮指出，当今世界废除死刑已经成为一个潮流。截止到 2012 年，全球完全废除死刑的有 97 个国家，8 个国家废除了普通犯罪的死刑（战时犯罪除外），35 个国家在事实上废除了死刑，共计 140 个国家在法律或事实上废除了死刑，只有 58 个还没有废除。某种意义上，废除死刑是实现法治、走向理性的标杆，所以各界都十分关注死刑的限制和废止。目前我国的死刑条款有 55 条，《刑法修正案（九）》后，还有 46 个，在世界上死刑罪名算是比较多的。我国可以通过宪法的解释，将生命权入宪，进而使死刑罪名立法受到宪法的约束。此外，还可以通过全国人大的立法权以及违宪审查，逐步减少、限制死刑罪名，并在条件成熟时最终彻底废除死刑。

董茂云教授（复旦大学法学院）对上官教授的发言进行评议。董茂云对论文的基本观点表示赞同，但也提出了一些问题。其一，各国宪政表明，违宪审查是限制死刑的重要手段，作者以美国为例说明这一问题，但是在其他抽象审查的国家是如何实现这一手段的？如果进行审查，以什么为标准？如果不进行核心审查，而是以尊重生命权为核心，重新审视我国的相关立法和刑事政策，进而修改刑法，此路径是否可以参考？其二，对核心审查持保留态度，我国已经签署的国际公约是否可以进行国内法化，也同样存在疑问。此外，本文的比较研究围绕中、日、美三国展开，为何选择另外两个国家，选择标准是什么？其三，对于作者提出的赞成死刑就是赞成暴力的观点，董茂云教授也持不赞同的观点。

罗智敏教授（中国政法大学）的论文《意大利公共参与的经验与启示》从意大利的经验出发寻求对于中国公共参与的有益启示。罗智敏指出，目前我国许多重大事件都涉及公共参与问题，这一课题的解决需要参考世界各国的经验。意大利目前没有全国性的公共参与法律，但托斯卡纳大区的公众参与法律却开创了意大利乃至欧洲制定公众参与法律的先河，取得了丰富的实践经验。该法律于 2007 年颁布，实行 4 年后进行修订；修订主要涉及两种程序，一是公共辩论的程序，二是申请资金支持的程序。依据这一法律，托斯卡纳大区专门建立了一个组织公共参与的独立机构，该机构有三名成员，两名为大区议会指定，一名为机构主席指定。该法律规定了非常广泛的享有参与权的主体，但是只限于自然人。此外，还规定了公开透明的程序，以及相关的强制辩论事项。意大利公共参与对我国的启示主要在于统一立法方面。目前我国无系统化的公共参与规定，其基本都分散在各种部门法之中；在程序方面缺乏具体的条款来实施。虽然我国和意大利的情况不尽相同，但意大利的经验无疑对我国未来的公共参与立法具有重要的借鉴意义。

张礼洪教授（华东政法大学）对罗智敏的发言作出评议。张礼洪认为，意大利的国民性十分特殊，人民往往不太有规则性，而更喜欢自由。因此，意大利在比较法领域有特殊地位，在法、德以后，建立起大陆法系的第三种模式；而且在当今世界的比较法研究中，研究的最好的就是意大利，这些理由都是研究意大利的价值所在。但是，法律的生命在于执行。中国目前的许多法律、法规都无法落实，民众的意识也难以落实。意大利非常注重公民的个人参与，同时对公共机构的公共参与进行限制，这其中的原因值得探究。

张彤教授（中国政法大学）的论文《两岸四地私法冲突与协调的路径》从比较法的视野探讨了中国两岸四地的法律冲突问题及其解决。张彤认为，一国两制以及"九二共识"使我国事实上成为多法域的国家，为此也产生了私法上的法律冲突。对于这一问题，一般有实体法和冲突法两种解决方法。张彤引用欧洲的实践指出，欧洲实体法的统一早于冲突法的统一。20世纪80年代，欧共体发布欧共体实体私法的绿皮书，以指令的方式，统一欧共体内部的私法，但是只能解决部分问题，导致法律的碎片化。到了欧盟的阶段，欧盟试图以超国家的方式促进欧洲私法的统一，采用示范法的方式。中国两岸四地拥有制定示范法的条件，如果抛开意识形态，可以参考采纳这样的方式。而在目前，两岸四地解决法律冲突的方式仍然主要是区际协议解决，但只限于民事程序法的领域，无法解决货物跨境冲突法的问题。张彤建议，两岸四地应制定统一的实体法，可以以合同法先行，注重对消费者的保护；同时制定示范法，尤其是合同示范法，以促进两岸四地私法冲突的解决。

郑祝君教授（中南财经政法大学）对张彤教授的发言作出评议。郑祝君认为，张彤的发言为我们提供了很多信息，特别是欧盟法中的经验与教训。她指出，随着国际环境的变化，私法冲突的影响与冲击越来越成为中国法律的重大问题。解决法律冲突的方式最主要的是冲突法，但冲突法自身也存在很多问题，而实现实体私法的统一则是比较有效的方式。同时，郑祝君也指出该论文存在的一些问题，比如，对中国既有的问题梳理不够，对于中国与欧盟的比较还不够深入。此外，论文主要侧重立法角度的讨论，是否可以从司法角度关注这个问题？

王春梅教授（黑龙江大学法学院）的论文《俄罗斯法中公民与自然人的博弈与启示》试图通过对俄罗斯法中的"公民"与"自然人"的术语变迁考察民事主体制度及其观念的演变史。王春梅认为，从立法语言中的称谓和术语可以看出法律的价值。自从1922年的苏俄民法典首次出现"公民"称谓后，"公民"在社会主义民法典中逐渐取代"自然人"成为主导。王春梅指出，这种立法语言的变化背后蕴含着丰富的理论内涵。"公民"称谓与传统民法个人主义基础相分离，导致个体的利益被忽视；与自由平等的价值相分离，与传统民法的私法属性强调政治相分离。"公民"称谓侧重政治性；而强调个人主义的法德民法典则多使用"自然人"术语。而在"自然人"术语的背后，蕴含着自然法精神、人文主义精神与个人权利内涵等诸多价值。我国法律中虽然已较多使用"自然人"，但"公民"这一术语仍然广泛存在，因此有必要进一步清理民法中的"公民"术语，实现价值理念的转向与更新。

吴一鸣副教授（华东政法大学）对王春梅的发言作出评议。吴一鸣认为，从公民与自然人这对语词在立法中的演变过程切入，入口虽小，但揭示的是一个重大的命题，即私权对于市民生活的意义及私权保护的重要性。吴一鸣用侵权法中的惩罚性赔偿为例，并用美国麦当劳烫伤案这一典型案例，说明了即使在产品质量控制这一公共事务领域，私权也发挥着强大而不可替代的作用。同时，吴一鸣认为，尽管在民法学界，民法规范应使用"自然人"术语而弃用"公民"术语这一观念已达成共识，但正如王春梅的论文所指出的，在晚近和现行的民事立法中还存在着大量"公民"这一术语，这说明对于自然人与公民在民事立法中的关系问题，在立法层面还存在着一定程度的模糊认识，有待进一步完善。私权保护，任重而道远。

附 录

中国法学会比较法学研究会
负责人及常务理事名单

会　　　长　高鸿钧
常务副会长　李秀清

副　会　长　韦华腾　黄文艺　范　愉　钱弘道　张恒山　高　祥
　　　　　　　陶广峰　张少瑜　许传玺　徐鹤喃　张　骐

秘　书　长　王志华
副秘书长　马剑银　于　明

常 务 理 事　丁　玫　赫　然　钱福臣　赵正群　郑祝君　董茂云
　　　　　　　季金华　周世中　李晓辉　苏亦工　苏彦新　丁相顺
　　　　　　　单文华　高旭军　夏锦文　秦前红

名 誉 会 长　江　平　刘兆兴
顾　　　问　郭道晖　孙琬钟　潘汉典　李步云　程信和　严存生
　　　　　　　黄来纪

中国法学会比较法学研究会2014年年会代表合影

中国法学会比较法学研究会部分常务理事合影